Histoire De L'empire D'autriche Depuis Les Temps Les Plus Reculés Jusqu'au Règne De Ferdinand I, Empereur D'autriche: En Six Époques, Volume 6...

Karl Heinrich Joseph Coeckelberghe-Duetzele (Ritter von)

Nabu Public Domain Reprints:

You are holding a reproduction of an original work published before 1923 that is in the public domain in the United States of America, and possibly other countries. You may freely copy and distribute this work as no entity (individual or corporate) has a copyright on the body of the work. This book may contain prior copyright references, and library stamps (as most of these works were scanned from library copies). These have been scanned and retained as part of the historical artifact.

This book may have occasional imperfections such as missing or blurred pages, poor pictures, errant marks, etc. that were either part of the original artifact, or were introduced by the scanning process. We believe this work is culturally important, and despite the imperfections, have elected to bring it back into print as part of our continuing commitment to the preservation of printed works worldwide. We appreciate your understanding of the imperfections in the preservation process, and hope you enjoy this valuable book.

FRANÇOIS CHARLES

Prince impérial d'Autriche

HISTOIRE

DE

L'EMPIRE D'AUTRICHE

DEPUIS

LES TEMPS LES PLUS RECULÉS JUSQU'AU RÈGNE

DE

FERDINAND I,

EMPEREUR D'AUTRICHE;

EN SIX ÉPOQUES.

AVEC PORTRAITS ET GRAVURES, TABLES GÉNÉALOGIQUES, CHRONOLOGIQUES,
ET CARTES GÉOGRAPHIQUES.

PAR

LE CHEV. CHARLES DE COECKELBERGHE DE DUTZELE,

CONSEILLER DE S. M.

TOME SIXIÈME.

VIENNE.

CHEZ CHARLES GEROLD ET FILS, LIBRAIRES-ÉDITEURS,

PLACE ST. ÉTIENNE.

—

1846.

DB38
C6
v.6.

HISTOIRE

DE

L'EMPIRE D'AUTRICHE.

CONTINUATION DE LA CINQUIÈME ÉPOQUE.

SUITE DE LA TABLE DES MATIÈRES
DE LA CINQUIÈME ÉPOQUE.

CHAPITRE IX.

Léopold I,
        de 1657 à 1705 1

CHAPITRE X.

Joseph I,
        de 1705 à 1711 110

CHAPITRE XI ET DERNIER.

Charles VI,
        de 1711 à 1740 132

TABLE DES MATIÈRES
CONTENUES DANS LA SIXIÈME ET DERNIÈRE ÉPOQUE.

CHAPITRE I.

Marie-Thérèse et François I,
        de 1740 à 1780 185

CHAPITRE II.

Joseph II, de 1780 à 1790 . . . . . .

CHAPITRE III.

Léopold II, de 1790 à 1792 . . . . . .

CHAPITRE IV ET DERNIER.

François I (IIème du nom dans la série des empereurs d'Allemagne), premier empereur héréditaire d'Autriche, de 1792 à 1835 . . . . .

―――

Tableau statistique avec la Carte générale de l'empire d'Autriche.

CHAPITRE IX.

Léopold I.
De 1657 à 1705.

À peine ce prince fut-il monté sur le trône, qu'il confirma, le 27 mai 1657, l'alliance avec Jean-Casimir de Pologne, et lui envoya un secours de 16,000 hommes, sous la conduite du général comte Hatzfeld. Les Autrichiens et Polonais réunis conquirent Cracovie, Posen et Brzesc, et forcèrent le prince transylvain Georges II Rakotzi à se retirer. Le général lithuanien Lubomirsky fit une invasion dans le comitat de Beregh, et ravagea plusieurs centaines de villages. Sapiéha, vayvode de Wilna, et Pototzki, général de la couronne, vainquirent les Transylvains, le 18 juillet, près de Jaboru au-dessus de Jaroslaw, et les poursuivirent jusqu'en Podolie. Rakotzi fut atteint près de Czarny-Ostrov par les Polonais. Le 22 juillet, il signa une convention, par laquelle il s'obligea à bonifier au roi de Pologne et au Kan des Tatars les frais de la guerre, pour autant qu'il les avait occasionnés par son propre envahissement. Le prince même retourna en toute hâte dans son pays; mais son armée, sous Jean Kemeny, fut surprise, le 30 juillet, par le Kan des Tatars, qui avait dressé une embuscade, et pour la plus grande partie faite prisonnière.

Le roi Frédéric III de Danemark avait également déclaré la guerre à la Suède (3 juin 1657). Mais cette guerre prit rapidement un tour fort malheureux pour le

Danemark; car Charles X Gustave accourut de la Pologne dans l'Allemagne septentrionale, chassa les Danois de Brème, et conquit en peu de semaines le Holstein, Schleswig et le Jutland. Le 19 septembre 1657 à Welau, l'électeur de Brandebourg fit, sous la médiation de l'Autriche, la paix avec Jean-Casimir, et conclut avec lui une alliance contre la Suède. Le monarque polonais confirma l'abolition de la dépendance féodale du duché de Prusse de la Pologne, et la pleine souveraineté de l'électeur dans ce pays. L'électeur signa aussi, le 30 octobre 1657, avec le Danemark, et le 30 janvier 1658 avec l'Autriche une alliance offensive contre la Suède.

Dans le cours du mois d'août de l'année 1657, les princes électeurs s'étaient réunis à Francfort, pour élire un roi des Romains. Les ambassadeurs français proposèrent leur roi Louis XIV pour chef de l'empire d'Allemagne, et ils avaient déjà gagné quelques suffrages en faveur de leur maître. Mais les électeurs protestants se déclarèrent contre la France et firent échouer ce plan. Alors l'électeur Ferdinand de Bavière, plus tard l'archiduc et grand-maître de l'ordre Teutonique Léopold-Guillaume, enfin le comte palatin de Neubourg, furent proposés pour candidats. Cependant, comme ces princes en partie refusèrent eux-mêmes la couronne qu'on leur offrait, et en partie furent abandonnés de leurs adhérents, le roi de Hongrie et de Bohème *Léopold* fut élu, le 18 juillet 1658, d'une voix unanime *roi des Romains* et *empereur d'Allemagne*, et couronné à Francfort, le 1 août de la même année. Le jeune prince avait déjà juré, le jour de son élection, une capitulation qui, outre qu'elle restreignait encore davantage les droits et l'autorité du chef de l'Empire, contenait encore une clause, qui interdisait à l'Empereur la faculté de se mêler dans la guerre entre la France et l'Espagne, tant dans les Pays-Bas qu'en Italie. Mais le même article stipulait aussi que la France, de son côté, ne pourrait prêter aucun secours aux ennemis de l'Empire germanique et de la Maison d'Autriche.

Charles-Gustave avait été extrêmement favorisé dans ses opérations contre le Danemark par les gelées extraordinaires qu'il y eut dans l'hiver 1657-1658. Il passa, en janvier et février, avec son armée les deux Belts sur la glace, la conduisit par les îles en Seeland et marcha sur Copenhague. Frédéric III se vit obligé d'accepter une paix fort dure qui fut signée, le 8 mars 1658 à Roschild, sous la médiation de la France et de l'Angleterre, et dans laquelle il promit de céder plusieurs provinces à la Suède. Comme ces conditions n'étaient pas de nature à pouvoir être accomplies dans l'instant même, les Suédois élevèrent toujours de nouvelles prétentions, et Charles X recommença, au mois d'avril, les hostilités. Il prit Kronenbourg et assiégea Copenhague. Cette ville fut défendue par Frédéric III avec le courage le plus intrépide; et une flotte hollandaise, qui s'était frayé, le 9 novembre, un chemin au travers des vaisseaux suédois qui fermaient le Sund, apporta des troupes fraîches et des vivres à la ville. Le roi de Suède alors convertit le siège en blocus.

Les électeurs de Mayence et de Cologne, l'évêque de Munster, le comte palatin de Neubourg, les ducs de Brunswick-Lunebourg, le landgrave de Hesse-Cassel et le roi de Suède lui-même, comme duc de Brème et de Verden, avaient conclu à Francfort, le 14 août 1658, la soi-disant *alliance rhénane*. Le but énoncé de cette union était de tenir une stricte neutralité dans la guerre du Nord, mais de prêter secours au roi de Suède, en cas que les possessions de cette couronne dans les cercles de la basse Saxe et de Westphalie fussent attaquées. Les alliés s'engagèrent aussi à s'assister réciproquement contre les attaques ennemies et les vexations militaires. Le 15 août, ces princes admirent le roi de France dans cette ligue. Louis XIV promit aux confédérés son appui pour le maintien de la paix de Westphalie ; les princes, en retour, s'obligèrent à ne point permettre le passage par leur territoire aux troupes destinées à agir contre la France et ses alliés, soit dans les Pays-Bas, soit au delà du Rhin. Cette fédération fut dans la suite souvent prolongée, de trois à trois années. Les avantages qui résultaient de cette union pour la Suède furent contre-balancés par d'autres revers. L'électeur de Brandebourg et le général de l'Empereur, comte Montecucoli, chassèrent en octobre 1658 les Suédois du pays de Holstein, et forcèrent le duc Frédéric à la neutralité. Les habitants des pays de Bornholm et de Drontheim expulsèrent leurs garnisons suédoises. Le général impérial de Souches investit Thorn, qui ne se rendit qu'après un long siège. Montecucoli pénétra aussi en Jutland. Mais les attaques qu'on entreprit sur les îles danoises, pour délivrer la ville de Copenhague, n'eurent point le résultat espéré. Dans l'année 1659, l'électeur de Brandebourg conquit, à l'aide des troupes impériales, qui étaient revenues de la Pologne et du pays de Holstein, la plus grande partie de la Poméranie suédoise, à l'exception de Greifswalde, de Stralsund et de Stettin, laquelle dernière ville fut assiégée inutilement. Charles-Gustave avait reçu de Cronwel, protecteur d'Angleterre, une flotte anglaise pour soutien ; mais la mort de ce vile usurpateur changea la face des choses. L'Angleterre et la Hollande insistèrent sur l'accomplissement du traité de Roschild ; comme Charles X n'accepta point leurs propositions, la flotte anglaise retourna dans son pays. Les Hollandais, sous l'amiral Ruyter, soutenaient, au contraire, les Danois avec la plus grande vigueur. Ces derniers, réunis à des troupes impériales, brandebourgeoises et polonaises, débarquèrent, le 24 novembre 1659, dans l'île de Funen, et en achevèrent la conquête, après avoir vaincu les Suédois près de Nyeborg. Au mois de janvier 1660, les négociations de paix commencèrent, sous la médiation de la France; mais on n'en continua pas moins les hostilités. Charles X Gustave fit assiéger Friedrichshall en Norwège; mais il mourut à Gothenbourg, le 23 février 1660, au milieu des préparatifs qu'il faisait pour pousser vigoureusement la guerre.

Comme Charles XI, successeur au trône, n'était encore âgé que de cinq ans, un Conseil de régence géra l'administration de l'État en Suède. La paix avec la Pologne et ses alliés, l'Empereur et Brandebourg, fut signée au congrès d'Oliva, le 3 mai 1660. Jean-Casimir se désista de toutes ses prétentions sur la couronne de Suède, et céda la plus grande partie de la Livonie à cette Puissance. Le 6 juin de la même année, la paix entre la Suède et le Danemark fut également conclue à Copenhague sur les bases du traité de Roschild. Le Danemark abandonna quatre provinces à la Suède, et confirma à ses vaisseaux l'exemption de péage sur le Sund.

La guerre, commencée depuis l'année 1635 entre l'Espagne et la France, fut enfin terminée par le traité appelé la *paix des Pyrénées*, conclu le 7 novembre 1659, dans l'île des faisans sur la rivière de Bidassoa. La France acquit par ce traité plusieurs villes fortes dans les Pays-Bas, nommément Arrras, Landrecies, le Quesnoi, Thionville et autres; et la possession du Roussillon fut confirmée à cette Puissance. Louis XIV épousa l'infante *Marie-Thérèse*, fille aînée du roi Philippe IV d'Espagne, après que cette princesse eut, avant la consommation de son mariage, renoncé par un acte signé de sa main, et par un serment solennel, pour elle et ses descendants à tous ses droits et prétentions possibles sur la succession d'Espagne et de Bourgogne. En conformité d'une autre condition de la paix, Louis XIV conclut, le 28 février 1661 à Paris, un traité avec le duc Charles de Lorraine, par lequel ce prince fut rétabli dans la plus grande partie de ses États.

Lorsque le prince Georges Rakotzi revint en Transylvanie, humilié par des défaites et déshonoré par le traité honteux qu'il avait conclu, il fut reçu avec mépris et indignation. Bientôt après arriva un envoyé turc avec un firman du Grand-Seigneur, qui déclarait Georges déchu de sa dignité, et ordonnait aux États d'élire un autre prince. En conséquence ils choisirent, le 3 novembre 1657 à Albe-Julie, *François Rhedei* pour leur Souverain. Mais Rakotzi, qui avait rassemblé un corps de troupes dans ses possessions en Hongrie, força, le 25 janvier 1658, les États du pays, réunis à Mediasch, à éloigner Rhedei et à le reconnaître lui-même de nouveau pour leur prince. Le sultan courroucé fit marcher des troupes vers les frontières de la Transylvanie. Rakotzi s'avança vers Jenő, et battit près de Lippa le pacha de Bude. Alors le grand vizir se mit lui-même en mouvement et franchit, conjointement avec le Kan des Tatars et les vayvodes de Moldavie et de Valachie, les frontières de la Transylvanie, dévastant et pillant les terres et les endroits par où il passait. Les États, désolés de ces ravages, députèrent vers le grand vizir pour lui apporter leur soumission. Ils élurent, le 10 octobre 1658, *Achatz Bartsai* pour leur prince et payèrent aux Turcs 500,000 écus, pour les dédommager des frais de la guerre. Le tribut annuel fut fixé à 40,000 ducats. Rakotzi était encore en possession du Grand-Waradin et de beaucoup de châteaux forts dans les contrées occidentales de ses domaines, c'est-à-dire dans les comitats de Szathmar, de Szabolcs &c. Les Turcs insistèrent sur l'évacuation de ces forteresses, et le nouveau pacha de Bude avait 1659 rassemblé près de Belgrade un corps de troupes, pour s'emparer de ces places par la force des armes. Il ne restait qu'une ressource à Rakotzi, c'était d'implorer la protection de l'empereur Léopold; mais Georges n'ayant pas voulu céder à ce monarque les forteresses et districts hongrois dont il était en possession, contre des terres en Silésie, Léopold lui refusa son assistance, et envoya même un corps d'armée dans la haute Hongrie, pour observer le prince transylvain et menacer les places fortes ci-dessus mentionnées. L'année suivante, Rakotzi pénétra de nouveau en Transylvanie, chassa Bartsai son rival, et contraignit les États à le confirmer encore une fois comme prince de Transylvanie. Il fit alliance avec le prince valaque Michna, et en Moldavie il vint à bout de faire élire Constantin, qui lui était entièrement dévoué. Lorsqu'au mois de novembre 1659 le pacha de Bude s'avança par le Banat, Rakotzi alla résolument à sa rencontre; mais il fut vaincu, le 22 novembre, près de Zaykan et éprouva quelques jours après une nouvelle défaite dans le voisinage de Thorda. Bartsai reprit alors le gouvernement de la Transylvanie. Le pacha lui laissa à Hermanstadt une escorte de 15,000 Turcs, et retourna à Bude. Mais à peine l'armée ottomane s'était éloignée, que Rakotzi marcha sur Hermanstadt qu'il assiégea pendant tout l'hiver. Le pacha vint en 1660 au secours de la place. Les généraux de Rakotzi, qui devaient arrêter la marche des Turcs, prirent la fuite. Le Grand-Waradin et plusieurs autres endroits donnèrent même des troupes auxiliaires au pacha. Le 13 mai, Rakotzi leva le siège d'Hermanstadt et marcha à la rencontre du pacha. Le 2 juin suivant, il fut vaincu près de Clausenbourg et mourut, le 6 du même mois, des suites de ses blessures.

Léopold I, qui ne voyait pas sans dépit le sultan de

Constantinople agir toujours en despote dans la Transylvanie, donner et reprendre cette principauté au gré de ses caprices, résolut de profiter, autant que les circonstances le permettaient, des derniers événements qui avaient eu lieu dans ce pays, sans toutefois enfreindre la paix existante avec la Porte. En attendant, le général de Souches se rendit avec un corps de troupes de la Moravie sur les bords de la Teisse. En partie par des négociations avec la veuve de Rakotzi, en partie par la force, tous les districts, châteaux et forteresses en Hongrie qui étaient encore occupés par les troupes Rakotziennes, ou qui appartenaient à cette famille, furent pourvus de garnisons impériales, entre autres Szathmar, Kallo, Tokai, Etsed &c. Le Grand-Waradin était assiégé par Ali pacha avec 50,000 hommes depuis le 14 juillet 1660. De Souches reçut de l'Empereur l'ordre de dégager cette ville, quand même il en résulterait une guerre avec la Porte. Mais comme ce Général avait mis la plus grande partie de ses troupes en garnison dans les places nouvellement occupées, et que son corps d'armée se trouvait par là réduit à 5000 hommes, il ne pouvait tenter aucune entreprise contre les Turcs, qui étaient dix fois plus forts que lui. La forteresse se rendit, le 28 août 1660. Les Turcs rétablirent encore une fois Achatz Bartsai dans la vayvodie de Transylvanie. Mais les seigneurs du pays et la nation avaient de l'éloignement pour ce prince, les premiers à cause de sa faiblesse, et la dernière à cause des extorsions auxquelles les Turcs le contraignaient. Les mécontents choisirent *Jean Kemeny* pour leur Souverain. Ce nouveau vayvode battit en décembre les troupes et les adhérents de Bartsai qui abdiqua, le dernier jour de l'année. Le 1 janvier 1661 dans la Diète de Szaszregen, Jean Kemeny fut proclamé prince de Transylvanie.

Les Turcs marchèrent, en été 1661, avec de grandes forces vers les frontières de ce pays, pour expulser le prince intrus, et rétablir Achatz Bartsai. Mais avant qu'ils eussent atteint la Transylvanie, ce prince infortuné fut fait prisonnier par Kemeny et mis à mort. L'Empereur résolut de garantir, par son entremise à Constantinople ou par la force des armes, la Transylvanie de toute dévastation ultérieure. Sa médiation ayant échoué, Montecucoli reçut l'ordre de s'avancer avec l'armée impériale, rassemblée près de Comorn, en Transylvanie. A la fin du mois de juin, et en juillet, les Turcs et les Tatars pénétrèrent par différents côtés dans la vallée dite *Hatzegger-Thal*. Kemeny s'était retiré devant les Ottomans à Szathmar. Montecucoli marcha par Leva jusqu'à Tokai (le 18 août). Les Turcs firent élire par une Diète, qu'ils avaient rassemblée par force à Maros-Vasarhély le 14 septembre 1661, *Michel Apaffi* pour prince de Transylvanie. Ali pacha, qui s'était auparavant avancé jusqu'à Husst, se replia à l'approche des Impériaux sur la Transylvanie.

Le 15 septembre, Montecucoli arriva avec le corps impérial près de Clausenbourg; Kemeny s'était joint à lui avec quelques mille hommes. Mais la majeure partie des Transylvains avait pris les armes pour Apaffi, et l'aversion pour Kemeny se prononçait si généralement, que Montecucoli jugea qu'il n'était pas de l'intérêt de l'Empereur de soutenir vigoureusement le dernier des deux princes. Comme d'ailleurs le manque de vivres, le temps pluvieux continuel et les maladies faisaient beaucoup souffrir les troupes, ce Général se détermina à quitter la Transylvanie. Il ne laissa dans Clausenbourg qu'une garnison de 1600 hommes de troupes allemandes et de 600 cavaliers kemenyens, et se mit, le 4 octobre, en marche pour retourner en Hongrie. Les Turcs ravagèrent encore les demeures des Szeklers, attachés à Kemeny, et reprirent ensuite également le chemin de leur pays. Montecucoli prit, vers le milieu de novembre, ses quartiers d'hiver près de Cassovie. Au printemps suivant, les troupes furent retirées de la haute Hongrie, et Montecucoli se démit du commandement. Nicolas Zrini, ban de Croatie, avait fait en 1660 une attaque sur Canissa, dont la garnison commettait de fréquents pillages dans les contrées croates voisines. Cette entreprise ayant manqué, Zrini fit bâtir le fort de Neuf-Serinvar *(Neu-Serinvar)*, au confluent de la Drave et de la Mur, pour tenir en bride la garnison de Canissa. Les Ottomans se plaignirent de cette construction, qu'ils regardaient comme une violation de la paix.

Kemeny, qui avait obtenu, en partie de Montecucoli, en partie du comte de Wallis, commandant de Szathmar, quelques troupes allemandes, pénétra, le 3 janvier 1662, en Transylvanie. Le pacha de Temesvar et de Jenő, Kudschuck Mehmed, accourut au secours d'Apaffi. Kemeny perdit, le 23 janvier près de Schæsbourg, la bataille et la vie. Dans la Diète, commencée le 1 mai à Presbourg, un parti nombreux se déclara contre une guerre turque. Les Protestants portèrent itérativement plainte au sujet des oppressions qu'exerçaient envers eux les propriétaires de campagne catholiques, et n'ayant pas obtenu une décision satisfaisante, ils s'éloignèrent entièrement des délibérations. Néanmoins, avant de clore sa session, la Diète arrêta que, si une guerre turque venait à éclater, on soutiendrait l'Empereur par l'insurrection et par des contributions extraordinaires.

L'empereur Léopold, voulant éviter, s'il était possible, une rupture ouverte avec la Turquie, fit entamer par ses envoyés à Constantinople des négociations, afin d'arranger les affaires de la Transylvanie d'une manière avantageuse pour la Hongrie. Mais la Porte ayant insisté sur l'évacuation de toutes les places de la haute Hongrie appartenantes au territoire des princes de Transylvanie, occupées par les Impériaux, à quoi Léopold refusa de consentir, son général Schneidau se mit en marche de Nagybanya et dégagea, le 5 juillet 1662, la ville de Clausenbourg, investie par l'armée ennemie.

Dans le cours de l'hiver suivant, il fut conclu une suspension d'armes par le plénipotentiaire impérial, baron de Goes et le pacha de Temeswar; mais le sultan ne ratifia point cette convention. Vers la fin d'avril 1663, la principale force ottomane se mit en marche de Bude, sous la conduite du grand vizir Achmet Kiuperli, vers le territoire royal de Hongrie. Le 7 août, les Turcs vainquirent le commandant de Neuhæusel, Adam Forgacs, près de Barkany et commencèrent, le 18 du même mois, le siège de cette place. Montecucoli, qui avait été nommé Feldmaréchal et Généralissime de toute l'armée impériale, ne pouvant se maintenir contre les forces supérieures des Ottomans, quitta le camp qu'il occupait près de Lanschitz, et se replia sur Presbourg. Les Turcs prirent Neuhæusel, le 25 septembre, et ensuite Neutra et Leva. Apaffi s'empara de Néograde. Une bande nombreuse de Turcs et de Tatars pénétra en Moravie jusqu'aux portes d'Olmutz et de Brunn, en fit un théâtre d'horreur, et enleva plus de 20,000 habitants. On fait monter l'armée ottomane à 200,000 hommes. À la vérité Montecucoli comptait, à ce qu'on prétend, 50,000 combattants sous ses drapeaux; mais la plupart de ces troupes étaient si peu aguerries et si peu disciplinées, que ce Général n'osa livrer une bataille décisive à un ennemi dont la force était le quadruple de la sienne. Seulement le brave et intrépide Nicolas Zrini, qui avait déjà auparavant battu le corps du pacha de Bosnie qui s'avançait vers l'Autriche, harcela encore en octobre les Turcs lorsqu'ils se retirèrent enfin avec plus de cent mille prisonniers. En hiver les garnisons de Szekelyhid et de Clausenbourg, ne recevant point de solde, rendirent ces places au prince Apaffi.

La Diète de l'Empire à Ratisbonne, craignant que ce torrent n'allât inonder toute l'Allemagne, si on ne lui opposait des digues puissants, accorda, le 4 février 1664, à l'Empereur qui était présent dans cette assemblée, cinquante mois romains pour faire la guerre aux Turcs. Les Puissances étrangères, de leur côté, commençaient à prévoir que les malheurs de l'Empire pourraient bien refluer vers leurs États. Plusieurs d'entre elles, nommément la Suède, promirent des secours en troupes et en argent à Léopold. Mais la Cour de France, quoique moins menacée que le reste de l'Europe, montra un zèle plus actif pour la cause commune. Louis XIV envoya le comte de Coligny, lieutenant-général, et le marquis de la Feuillade, maréchal de camp, avec deux mille chevaux et quatre mille fantassins. Le pape Alexandre VII paya 700,000 florins d'or, et accorda le dixième des revenus ecclésiastiques en Autriche et en Bohème pour les frais de la guerre. La Diète de l'Empire nomma le margrave Léopold de Bade général en chef de l'armée germanique, et lui donna pour lieutenant-général le comte Georges-Frédéric de Waldeck, et le duc Ulric de Wurtemberg pour général de cavalerie. Les princes, appartenants à l'alliance rhénane déjà mentionnée, mirent sur pied un corps particulier de 6520 hommes, sous les ordres du comte Wolfgang-Jules de Hohenlohe, qui était déjà arrivé en Hongrie pendant l'hiver.

Ce Général et Nicolas Zrini avaient commencé, au mois de janvier 1664, avec environ 25,000 Allemands, Hongrois et Croates, les hostilités et conquis plusieurs endroits sur la Save. Le 29 janvier, le pont turc près d'Essek fut brûlé. Le siège du château de Cinq-Églises échoua, et celui de Canissa fut levé à l'approche du grand vizir qui vint, le 22 mai, au secours de la place. Les Turcs assiégèrent ensuite Neuf-Serinvar. Le général de Souches s'empara, au mois de mai, de Neutra. Montecucoli s'était porté avec l'armée impériale sur la rive droite de la Mur. Malgré cela, la garnison de Neuf-Serinvar abandonna cette forteresse, et les Turcs firent sauter la place en l'air, le 30 juin. Ensuite ils se mirent en mouvement vers le Raab. L'armée de Montecucoli qui, par l'arrivée des troupes auxiliaires qu'il attendait, se voyait alors à la tête d'une force imposante, choisit, le 24 juillet, une position entre Saint-Godart et Kœrmend. Le 29 du même mois, les généraux de Souches et Heister vainquirent le pacha de Bude près de Leva, et s'emparèrent de cette place. Les Turcs attaquèrent alors (1 août) la position près de Saint-Godart, et franchirent le Raab; mais ils furent repoussés au delà du fleuve, après un combat opiniâtre de sept heures. Les armées, séparées par le Raab, restèrent encore en présence jusqu'au 10 août, où l'ambassadeur impérial Simon Reninger conclut à Vasvar une trêve de vingt ans. Les conditions de cette paix furent: qu'Apaffi resterait prince de Transylvanie, et payerait à la Porte Ottomane un tribut de 60,000 écus; que la Transylvanie serait évacuée tant par les Impériaux, que par les Turcs. La libre élection d'un prince fut confirmée aux États du pays. Il fut encore stipulé, que chacune des parties contractantes resterait en possession de ses conquêtes. Par conséquent les Turcs gardèrent le Grand-Waradin, Néograde et Neuhæusel, et l'Empereur demeura maître des comitats de Szathmar et de Szabolcs, des villes des Heiduques et de toutes les forteresses et endroits que ses troupes avaient conquis dans cette guerre, et qui étaient encore effectivement occupés par elles. L'Empereur notifia officiellement aux Grands et prélats, assemblés à Vienne au commencement de 1665, la conclusion de la paix. Mais les magnats se montrèrent fort mécontents de ce traité, qui accordait aux Turcs un nouvel accroissement de territoire en Hongrie, et mettait en outre la Transylvanie plus que jamais dans la dépendance de la Porte. Léopold pouvait refuser la ratification du traité de paix, conclu par son ambassadeur; mais le peu de fond qu'il pouvait faire sur une assistance efficace et durable de la part du Corps germanique, sur l'appui des Puissances et sur la coopération des Hongrois mêmes, le délabrement des finances, les querelles toujours renaissantes entre les partis religieux, enfin les symptômes de sédition qui se manifestaient par-ci par-là en Hongrie, engagèrent l'Empereur à sanctionner le traité.

La Diète de Ratisbonne, qui avait déjà ouvert sa session le 20 janvier 1663, tira ses délibérations, surtout au sujet des capitulations d'élection des rois des Romains, tellement en longueur qu'elle se convertit enfin en *Diète permanente*, que Léopold constitua alors dans sa nouvelle forme par des lois organiques. L'Empereur ne prêta aucun secours à l'Espagne dans la guerre qui éclata en 1667 avec la France, après la mort de Philippe IV (17 septembre 1665). La reine douairière, *Anne d'Autriche*, gouverna le royaume comme tutrice de son fils *Charles II*, qui n'était âgé que de quatre ans. Léopold, oncle de Charles II, et aussi son beau-frère par son mariage avec Marguerite-Thérèse, fille de Philippe IV (12 décembre 1666), sentait l'obligation où il était de soutenir le royal orphelin qui avait besoin de secours, mais en même temps aussi celle de ménager les forces de ses propres États pour les futurs événements. La faiblesse visible de la Monarchie espagnole ne faisait pas entrevoir une heureuse issue de cette guerre, et il était d'ailleurs fort incertain, si l'appui autrichien, quand même il parviendrait à prolonger la lutte, serait en état de la faire tourner à l'avantage de l'Espagne.

Mais il n'y avait nul doute que l'Autriche et l'empire d'Allemagne, une fois que Louis XIV aurait vaincu l'Espagne, seraient également attaqués par ce monarque, et auraient alors à porter seuls tout le fardeau de la guerre. L'Empereur avait encore un autre motif pour ne pas se mêler dans cette guerre, c'était la barrière que la ligue rhénane avait élevée en faveur de la France et qui fermait le passage aux troupes impériales. Après la mort du roi Philippe IV d'Espagne, Louis XIV voulut faire valoir le droit de *dévolution*, usité entre particuliers dans les Pays-Bas, ensuite duquel, après le décès de l'un des conjoints, tous les biens du survivant étaient conservés aux enfants issus du premier mariage, à l'exclusion des enfants du second lit. Il réclama par conséquent pour son épouse l'infante Marie-Thérèse, que le roi Philippe IV avait eue de sa première épouse Élisabeth, fille de Louis XIII, le cercle de Bourgogne ou les Pays-Bas espagnols. Sans avoir aucun égard à l'objection fondée, qu'un droit pratiqué entre familles et sujets n'était pas applicable à la souveraineté des États, et que la reine de France, avant son mariage, avait solennellement renoncé à la succession des pays espagnols, Louis XIV enleva en 1667 plusieurs forteresses frontières des Pays-Bas et s'empara, l'année suivante, de la Franche-Comté. Mais la triple alliance, conclue le 23 janvier 1668, entre l'Angleterre, la Hollande et la Suède, mit un terme à ses conquêtes. Par le traité de paix, fait à Aix-la-Chapelle le 2 mai 1668, Louis XIV se contenta de quatorze forteresses frontières des Pays-Bas, et rendit la Franche-Comté. Les trois Puissances précitées garantirent cette paix par la convention conclue à la-Haye, le 7 mai 1669, et déclarèrent en même temps, qu'elles défendraient l'Espagne en cas que la France attaquât ces pays. Le 9 mai, l'Espagne accéda à ce traité. Cette union, si puissante en apparence, fut dissoute, au bout de peu d'années, par la fine politique du Cabinet français. L'Angleterre fut la première qui se détacha de la ligue et elle conclut, le 10 décembre 1670 à White-Hall, avec la France une alliance offensive contre la Hollande. Encore auparavant, Louis XIV avait aussi contracté une alliance défensive avec l'électeur de Cologne (16 février 1669); il fit plus tard un traité pareil avec l'évêque de Munster (1670), et avec l'évêque d'Osnabruck le 23 octobre 1671. Mais ce qui apporta le plus grand avantage à la France, ce fut le traité d'amitié secret conclu, le 1 novembre 1671, entre Louis XIV et l'Empereur. Léopold promit de ne point s'immiscer dans les rapports de guerre de la France avec l'Angleterre, la Suède et les Pays-Bas, tant qu'ils ne toucheraient point les frontières de l'empire d'Allemagne, comme aussi de ne donner aucun secours aux ennemis de la France. Louis XIV avait donné sa parole, qu'il accomplirait strictement la paix d'Aix-la-Chapelle envers l'Espagne, surtout à l'égard des Pays-Bas.

Le 2 janvier 1672, l'électeur de Cologne conclut, tant en son nom qu'en celui de la ligue rhénane, une alliance offensive de trois ans contre les Hollandais, à laquelle accéda aussi, le 4 du même mois, l'évêque de Munster. Dans ce traité, Louis XIV promit expressément qu'il n'attaquerait ni l'Empereur, ni l'empire d'Allemagne, ni l'Espagne, à moins que cette dernière Puissance ne prêtât secours aux Hollandais. Dans le conseil d'État en Suède les opinions étaient partagées, et le parti antifrançais eut longtemps la supériorité. Cependant, comme la Hollande cessait l'envoi des subsides promis et que la France, au contraire, faisait passer des sommes d'argent notables en Suède, la majorité des conseillers d'État se déclara en faveur de Louis XIV; en sorte qu'on conclut, le 14 avril 1672, une alliance de dix ans avec ce monarque. La Suède s'engagea, en cas que l'Empereur, l'Empire germanique ou l'Espagne voulussent assister les Hollandais dans la guerre que la France allait avoir avec eux, à en dissuader les susdites Puissances par des représentations et, si celles-ci restaient infructueuses, à les en empêcher par la force des armes. Pour ce dernier cas, il fut convenu, que la Suède tiendrait sur pied un corps de 16,000 hommes dans le pays de Brème et la Poméranie, et que la France payerait à la Suède un subside annuel de 600,000 écus.

Les électeurs de Mayence et de Trèves, ainsi que le duc Charles de Lorraine avaient offert aux Hollandais de lever une armée de 40,000 hommes pour le service de la République, s'ils voulaient se charger des frais de l'enrôlement et de l'entretien de ces troupes. Mais les deux électeurs se laissèrent tellement intimider par les menaces de Louis, qu'ils renoncèrent à toute relation intime avec la Hollande; et le duc de Lorraine fut, dès l'automne 1670, expulsé de son pays. Le gouvernement hollandais, effrayé de l'orage dont il était menacé, chercha inutilement à le détourner par des négociations à Londres et à Paris. Leurs anciens alliés les avaient abandonnés et s'étaient rangés du côté de leurs adversaires. Cependant ils réussirent à conclure, le 17 décembre 1671, avec l'Espagne une alliance offensive et défensive, et avec le Brandebourg (6 mai 1672) une alliance défensive, par laquelle cette dernière Puissance s'obligeait, moyennant certains subsides, à faire marcher une armée de 20,000 hommes pour soutenir la Hollande. Le 25 février 1672, les États-Généraux nommèrent le prince Guillaume d'Orange capitaine-général pour un an. Le 6 avril suivant, l'Angleterre et la France déclarèrent la guerre à la Hollande.

Dans la campagne de 1672, la flotte anglo-française fut battue, le 7 juin devant le port de Solbay, par l'amiral hollandais de Ruyter. Louis XIV commença avec une armée de 140,000 hommes, commandée par Turenne et Condé, la guerre sur le bas Rhin. Il s'empara, au mois de juin, des places fortes occupées par les troupes hollandaises dans l'électorat de Trèves et le duché de Clèves. Le roi avait dans l'entrefaite occupé aussi la province d'Utrecht et quelques villes de Hollande; il conquit, au mois de juillet, Grave, Nimègue, Crevecoeur et toute la Gueldre. Le chef du gouvernement des Pays-Bas unis, Jean de Witt, avait fort négligé les places fortes, et presque dissous l'armée par la réduction des troupes étrangères et le licenciement des officiers orangistes; mais en revanche il avait tenu la marine sur un excellent pied. Comme il s'était flatté d'éviter par des négociations toute guerre continentale, la Hollande n'était aucunement préparée à cette attaque inopinée; et pour surcroît de disgrâce, l'extrême sécheresse avait si fort affaibli les principaux boulevards, consistant dans les fleuves, qu'il était partout facile de les franchir. Mais la voix du peuple attribuait à la trahison la courte défense de tant de villes renommées par leur force, ainsi que l'évacuation de terres d'une si grande étendue. Le parti orangiste s'efforça de profiter de cette disposition des esprits pour exciter une révolte, qui eut pour résultat que le prince Guillaume fut proclamé en juillet *Stathouder* de Hollande et de Zélande, capitaine-général et amiral des Provinces-Unies. Dès ce moment, les Hollandais sentirent renaître leur courage; les dispositions vigoureuses, faites par le prince Guillaume pour la défense du pays, acquirent de nouveau aux États-Unis la confiance des Puissances étrangères. L'électeur de Brandebourg s'empressa de mettre sur pied les 20,000 hommes stipulés, et négocia avec l'Empereur en faveur de la Hollande. Dès le 25 juillet 1672, on conclut à la Haye une alliance, par laquelle l'Empereur promettait de joindre à l'armée brandebourgeoise pour le moins 12,000, mais non pas au delà de 24,000 hommes de ses troupes, pour l'entretien desquelles la Hollande s'engagea à payer des subsides proportionnés. En effet, Montecucoli arriva, au mois d'août, avec 17,000 hommes à Hildesheim et se réunit avec les Brandebourgeois. Mais cette armée ne vit point d'ennemi; car s'étant portée par la Hesse dans les pays du Rhin pour traverser ce fleuve, elle se vit arrêtée dans sa marche par les princes de ces contrées qui lui en refusèrent le passage sur leur territoire. Cette course des Impériaux et des Brandebourgeois dura encore fort avant dans l'automne, où une armée française si nombreuse s'était enfin rassemblée sur l'autre rive, que le trajet n'était plus exécutable. Les troupes impériales et brandebourgeoises reprirent alors le chemin de la Hesse, et se mirent en quartiers d'hiver en Westphalie. L'armée avait perdu une grande quantité d'hommes et de chevaux par les marches pénibles et la mauvaise saison; elle n'était cependant pas encore au bout de sa mésaventure, attendu que la disette de vivres et l'approche de forces françaises considérables la contraignit à se retirer, au milieu de l'hiver, jusque derrière le Weser. Pendant ce temps-là, l'électeur de Brandebourg s'était vu tellement pressé tant par les invasions des Français dans le comté de Marche et dans le pays de Cléves, ainsi que par celles de l'évêque de Munster sur le territoire de Ravensberg et de Minden, qu'il ne put sauver ses pays qu'en signant, le 6 juin 1673 à Vossem, la paix avec la France, qui rendit à l'électeur tous ses États, et lui assura en outre une somme de 800,000 livres. Louis XIV se rendit maître, le 1 juillet 1673, de la forteresse de Maestricht. L'électeur de Trèves s'étant en ce temps-là déclaré pour l'Empereur, Louis XIV lui fit sentir tout le poids de sa vengeance. La ville de Trèves fut attaquée et conquise, et tout le pays, ainsi que celui de Mayence, pillé et ravagé. Les flottes réunies de France et d'Angleterre tentèrent d'effectuer un débarquement sur les côtes de la Hollande et de la Zélande. Les Hollandais leur livrèrent trois combats, le 7 et 14 juin, près de Schoneveld, et le 21 août sur la hauteur entre Petern et Camperduin. Dans toutes les trois journées, la décision fut si douteuse, que les deux parties belligérantes s'attribuèrent la victoire. Toutefois il resta aux Hollandais l'avantage d'avoir empêché les descentes ennemies. Les États-Généraux avaient dans l'entrefaite acquis de puissants alliés. Dès le 1 juillet, l'Empereur, le roi d'Espagne et les États-Généraux conclurent une convention avec le duc de Lorraine, ensuite de laquelle il devait être mis sur pied, sous le commandement de ce prince, une armée de 18,000 hommes, et lui être payé chaque mois certains subsides. À la Haye, le 30 août 1673, on signa deux traités séparés avec l'Empereur et l'Espagne. Cette dernière Puissance s'obligea à combattre la France par mer et par terre, en cas que les négociations, ouvertes au mois de juin à Cologne sous la médiation de la Suède, n'amenassent point un accommodement, et à engager l'Angleterre aussi à une paix équitable ou à lui déclarer la guerre, en cas de refus. L'alliance avec l'Empereur fut contractée sans aucune restriction, et Léopold promit d'envoyer une armée de 30,000 hommes au Rhin.

L'Empereur avait, dans la campagne précédente, été empêché par le traité secret fait avec la France (1 novembre 1671), d'accomplir dans toute son étendue la convention publique conclue (le 25 juillet 1672) avec la Hollande. Quoique le général Montecucoli se fût alors borné à menacer les Français par de simples démonstrations, et que ces derniers sussent fort bien les raisons secrètes de ce ménagement, ils n'en avaient pas moins violé de diverses manières, sans aucun égard, le territoire de l'Empire. L'embrasement du pont de la ville impériale neutre de Strasbourg, les passages violents par les pays du Rhin, les contributions et extorsions en tout genre, la surprise de la ville de Trèves, l'occupation des dix villes impériales d'Alsace &c. étaient des motifs plus que suffisants pour délier l'Empereur de l'engagement secret qu'il avait pris envers la France. La Diète permanente de Ratisbonne, ayant été plusieurs fois requise par l'Empereur de préparer les moyens, pour mettre le territoire de l'Empire à l'abri des insultes de la part des Français, se décida enfin à adresser une représentation par écrit au Cabinet français, et à demander satisfaction pour le dommage commis. Mais l'Empereur, sans tarder plus long-temps, fit marcher le feldmaréchal Montecucoli avec 30,000 hommes par le Haut-Palatinat vers le Mein, et rappela tous les sujets de l'Empire qui étaient au service de France. Turenne accourut avec son armée en Franconie, et se posta près d'Ochsenfort, pour s'opposer au corps impérial. Cependant Montecucoli passa le Mein dans le voisinage de Wurzbourg, et força par ses manoeuvres l'armée française à se retirer jusqu'à Philipsbourg. Au mois d'octobre, Montecucoli traversa le Rhin près de Coblence, et se réunit dans les environs d'Andernach avec le prince d'Orange. Le 12 novembre, il prit Bonn, et menaça les communications sur les derrières de l'armée française, qui quitta encore dans le cours du mois la Hollande, Utrecht et la plus grande partie de la Gueldre. L'évêque de Munster évacua également la province d'Over-Yssel. Dans les mois d'avril et de mai 1674, les Français abandonnèrent toutes leurs autres conquêtes dans les Provinces-Unies, ainsi que dans le pays de Clèves, à la réserve de Maestricht et de Grave.

La France perdit alors la plupart de ses alliés. A Londres le 19 février 1674, la paix entre l'Angleterre et la Hollande fut signée, sous la médiation de l'Espagne; toutes les conquêtes furent réciproquement rendues. Le 22 avril à Cologne, l'évêque de Munster conclut, sous l'entremise de l'Empereur, la paix avec la Hollande, et restitua les places conquises. Le même jour, il promit par un traité de renoncer à l'alliance française et de fournir son contingent à l'armée de l'Empire. L'électeur de Cologne conclut, le 11 mai, également sous la médiation de l'Empereur, la paix avec la Hollande et restitua tout ce qu'il avait pris. L'électeur palatin signa une alliance défensive avec Léopold. La Diète de l'Empire se laissa enfin persuader par les remontrances énergiques et réitérées de l'Empereur à prendre, le 31 mars, un arrêté qui ordonnait aux États d'Allemagne de fournir leurs contingents pour la guerre contre la France, et de les réunir à 'armée impériale. Outre cela, les ducs de Brunswick et l'électeur de Brandebourg firent, dans le cours de l'été, des alliances particulières avec l'Empereur, le roi d'Espagne et les Etats-Généraux. Les ducs promirent 13,000 hommes, l'électeur 16,000. L'Espagne et la Hollande se chargèrent de l'entretien de ces troupes. Avec ces trois mêmes Puissances le roi de Danemark conclut, le 10 juillet, une convention, et s'obligea à fournir 16,000 hommes, moyennant des subsides que l'Espagne et la Hollande promirent de lui payer.

Louis XIV avait, longtemps avant que les alliés eussent achevé leurs préparatifs de guerre, ouvert la campagne avec trois armées. Lui-même conquit avec la première la Franche-Comté. Le prince de Condé commandait la seconde armée dans les Pays-Bas. Il avait pour adversaires le prince d'Orange et le général de Souches avec 60,000 hommes de troupes impériales, espagnoles et hollandaises. Le 11 août 1674, les deux armées en vinrent aux prises près de Seneff en Brabant. Le combat fut opiniâtre et meurtrier; l'action continua pendant plus de deux heures à la clarté de la lune; les Généraux firent enfin cesser les attaques; et chacun demeura sur le terrain qu'il occupait. Les alliés assiégèrent ensuite inutilement la ville d'Oudenarde; mais ils conquirent, le 26 octobre, la forteresse de Grave. Avec la troisième armée le vicomte de Turenne ravagea le Palatinat du Rhin. Ensuite il battit, le 16 juin, le corps du duc de Lorraine dans le voisinage de Sinsheim, et marcha enfin en Alsace. Le duc de Bournonville commandait une armée impériale, qui venait d'être renforcée par le corps du duc de Lorraine et par différentes troupes de l'Empire au point, qu'il était en état de prendre l'offensive contre Turenne. Bournonville franchit le Rhin; mais il n'osa pas attaquer la position fortement retranchée de Turenne entre Lauterbourg et Weissenbourg. Il se retira par conséquent à Strasbourg, résolu d'attendre l'électeur de Brandebourg, qui s'avançait à grandes marches avec 20,000 hommes vers le Rhin. Mais Turenne le poursuivit et lui livra bataille, le 14 octobre, entre Holzheim et Ensheim; elle fut si peu décisive, que chacune des deux parties s'attribua le triomphe dans cette journée. L'électeur de Brandebourg rejoignit alors Bournonville. Cependant, quoique ces Généraux se trouvassent à la tête d'une armée de 60,000 hommes, ils ne mirent aucun obstacle à la marche de Turenne qui pénétra en Lorraine, et firent hiverner leurs troupes en Alsace. Le vicomte de Turenne, au contraire, dès qu'il eut tiré à lui des renforts, s'avança de nouveau, gagna, le 29 décembre, la bataille près de Mulhausen et attaqua, le 5 janvier 1675, l'armée alliée dans la position entre Colmar et Turkheim. Après cette action, dans laquelle les Français avaient essuyé une plus grande perte que les alliés, ces derniers repassèrent le Rhin, faute de vivres, et prirent les quartiers d'hiver. On attribue le mauvais succès des troupes alliées dans cette campagne sur le Rhin à la mésintelligence qui régnait entre les Généraux, sort assez ordinaire des armées combinées.

Pour éloigner, par une diversion, les armées allemandes, et surtout l'électeur de Brandebourg, des bords du Rhin, le roi Charles XI de Suède avait, à la sollicitation de la France, fait envahir par son général Wrangel, la Marche de Brandebourg, dont les habitants avaient été maltraités de la manière la plus cruelle. Comme l'électeur était trop faible pour chasser les Suédois par la force, et qu'il ne voulait pas faire non plus de son pays le théâtre d'une lutte opiniâtre, il resta avec ses troupes en cantonnement dans la Franconie. Il fit ensuite de pressantes sollicitations auprès de la Hollande, de l'Espagne, de l'Empereur, du Danemark, ainsi que dans la Diète de l'Empire, pour obtenir du secours contre la Suède. Mais ne recevant point l'assistance espérée et même promise, le prince brandebourgeois quitta, l'année suivante (1675), l'armée du Rhin pour aller au secours de ses États. Il traversa rapidement la Franconie, le pays de Magdebourg, franchit l'Elbe et arriva sur les bords du Havel. Sa marche fut si prompte et si secrète, qu'il surprit et anéantit entièrement, le 25 juin au matin près de Rathenow, un corps de 4000 Suédois, dans le temps où ils le croyaient encore au Rhin. Épouvantés de cette attaque imprévue, les garnisons des places voisines, et surtout le corps d'armée, posté près de Brandebourg, s'enfuirent vers le quartier-général de Wrangel à Havelling. Mais l'électeur les fit devancer par des troupes de cavaliers, qui détruisirent tous les ponts. Lui-même avec toute la cavalerie les atteignit près de Fehrbellin, le 28 juin, les attaqua sans attendre l'infanterie, les vainquit et enleva leur artillerie et leurs bagages. Les restes gagnèrent le pays de Mecklembourg et la Poméranie antérieure. Le général Wrangel s'était mis, quelques jours avant, également en marche vers ces contrées. Sur ces entrefaites, la situation générale de la Suède avait beaucoup empiré, malgré qu'elle eût renouvelé, le 25 avril 1675, l'alliance avec la France. Les Hollandais et le roi d'Espagne avaient déclaré la guerre à la Suède. La Diète de l'Empire à Ratisbonne en fit de même, au nom de l'Empereur. Bientôt après, l'évêque de Munster, les duc de Brunswick-Lunebourg et le roi de Danemark se joignirent à l'électeur de Brandebourg contre la Suède. Une telle coalition suffisait pour écraser la Suède. Mais, comme chacun de ces princes espérait arriver par cette guerre à ses fins particuliers, on ne pouvait pas s'attendre à un concours bien ordonné pour parvenir à un but commun. Chaque allié opérait à son gré, à sa convenance, et aucun plan concerté ne dirigeait ces mouvements irréguliers. Le roi de Danemark et l'électeur de Brandebourg firent en octobre une alliance secrète, par laquelle ils partageaient d'avance entre eux les pays allemands qu'ils enleveraient à la Suède. Ensuite ils attaquèrent, conjointement avec l'évêque de Munster, les Suédois de trois côtés. L'évêque conquit le duché de Brème, à l'exception de Stade, et puis Verden aussi; l'électeur, à qui s'était joint un corps impérial, sous le général Coob, s'empara d'une partie de la Poméranie antérieure, et le roi de Danemark se rendit maître de Wismar.

La guerre qu'on se faisait au Bas-Rhin, ne s'était point ralentie. L'armée française avait ouvert cette campagne (1675) par l'occupation du château de Liège, des villes de Dinan, d'Huy et de Limbourg. Sur le Haut-Rhin, le général Montecucoli, qui avec l'armée impériale était campé près de Spire sur la rive droite du

Rhin, marcha, au mois de juillet, vers Strasbourg; mais Turenne, qui avait pris le commandement des forces françaises rassemblées près de Schlettstadt, passa le Rhin dans le voisinage de Rheinau, pour empêcher la marche des Impériaux, et alla camper près de Willstædt. Les deux armées se rapprochèrent l'une de l'autre et assirent leur camp, celle de l'Empereur non loin d'Offenbourg près de Sasbach, celle de France dans les environs de Gamshorst et d'Acheren. Turenne entreprit, le 27 juillet, une grande reconnaissance du camp impérial, pour fonder là-dessus son plan d'attaque. Mais étant arrivé sur une hauteur près du village de Sasbach, ce grand Capitaine fut tué d'un boulet de canon, et le général d'artillerie Saint-Hilaire tomba à ses côtés. Les Français, dans la première consternation que leur causa la perte de leur chef, se retirèrent aussitôt vers le Rhin. Ils furent poursuivis par les Impériaux; et le général français de Lorges fut battu dans un combat qui eut lieu, le 1 août, près d'Altenheim et dans lequel le marquis de Vaubrun fut également tué. Le comte de Lorges posta l'armée française entre le Rhin et l'Ill, près d'Ichtersheim. Mais Montecucoli ayant passé le Rhin près de Kehl et attaqué Haguenau, de Lorges conduisit son armée, le long de l'Ill, à Benfeld. Comme le prince de Condé arriva bientôt après des Pays-Bas avec de grands renforts, et se mit à la tête de l'armée du Rhin, Montecucoli leva le siège d'Haguenau et marcha à la rencontre de l'ennemi. Le prince de Condé n'ayant point accepté la bataille que Montecucoli lui présenta, le 22 août, ce Général mit, le 15 septembre, ses troupes en quartiers d'hiver, partie en Alsace, partie en deçà du Rhin. À l'exemple du général de Montecucoli qui, accablé d'années et d'infirmités, résigna sa place de Généralissime, le prince de Condé abandonna alors le commandement. Le corps d'armée sous la conduite des ducs de Lorraine et de Brunswick avait, le 5 août, commencé le siège de Trèves et après avoir vaincu, le 11 près de Consarbruck, le maréchal Créquy, qui voulait délivrer la place, il l'avait emportée, le 6 septembre, et fait prisonnier ce Général.

Les hostilités furent vivement continuées dans la campagne de 1676. Les Suédois éprouvèrent de grands désavantages. Après que Stade fut tombé aussi, l'evêque de Munster et les ducs de Hanovre et de Lunebourg partagèrent Brème et Verden entre eux, et soutinrent l'électeur de Brandebourg en Poméranie. Le roi de Danemark, à l'aide d'une flotte hollandaise sous l'amiral Tromp, s'empara de l'île de Gothland, et la flotte suédoise fut défaite près d'Oeland le 11 juin 1676. Le roi réduisit alors la plupart des places de la province de Schonen. L'électeur de Brandebourg conquit plusieurs places fortes dans la Poméranie, et l'année suivante (26 décembre), Stettin, la principale forteresse du pays, se rendit aussi après cinq mois de siège. L'île de Rugen fut également occupée par les Danois en septembre 1677.

Dans les Pays-Bas, les Français continuèrent avec succès la guerre contre l'Espagne. Au mois de mars 1677, *Louis XIV* fit prendre Valenciennes d'assaut; dans le cours du mois suivant, les Français enlevèrent Cambrai et ensuite Saint-Omer, après que le prince d'Orange, qui s'était avancé au secours de la dernière place, eut été repoussé, le 11 avril près de Mont-Cassel, par le duc d'Orléans.

Le duc *Charles V de Lorraine*, qui avait remplacé le général Montecucoli dans le commandement de l'armée impériale du Haut-Rhin, assiégea Philipsbourg, qui se rendit le 11 septembre 1676, et se mit ensuite en quartiers d'hiver en Souabe et en Franconie. L'année suivante, le duc s'avança par Trèves, Montmédy et Verdun jusqu'à

Pont-À-Mousson; mais la disette de vivres l'obligea en septembre à repasser le Rhin. Ses troupes s'étant mises en cantonnement, les Français franchirent subitement le Rhin (9 novembre 1677) et assiégèrent Fribourg, qui se rendit dès le cinquième jour par capitulation.

La campagne de 1678 ne fut pas moins riche en faits d'armes. Comme Fribourg, tant que cette forteresse se trouvait dans les mains des Français, mettait obstacle aux entreprises des alliés sur la rive gauche du Rhin, le duc de Lorraine résolut de commencer ses opérations par la reconquête de cette place. Mais il laissa trop de temps à Créquy pour prendre ses mesures. Le duc passa, au printemps, l'Elz et s'avança vers Emmendingen. Les Français occupaient la forte position près de Langen-Denzlingen. Le maréchal Créquy chercha alors à s'emparer des principaux passages sur le Haut-Rhin. Le 6 juillet, il surprit la tête de pont près de Rhinfeld; mais on y mit promptement le feu, et empêcha par là l'ennemi de passer dans la ville. Le 18 du même mois, Créquy abandonna l'attaque sur cette place, et menaça ensuite Offenbourg. Mais le duc Charles ayant envoyé le margrave Herman de Bade, par la Forêt-Noire et par Gengenbach, avec des troupes et de l'artillerie dans cette ville, le maréchal se dirigea sur Strasbourg. Le duc de Lorraine sauva également cette ville, en faisant promptement renforcer la garnison par un corps de 10,000 hommes. Créquy ravagea, au mois d'août, la contrée environnante, et prit bientôt après les quartiers d'hiver. Louis XIV avait, au mois de mars, conquis Gand et Ypres en Flandre, et menacé Anvers.

Pendant que la lutte des armées continuait, des négociations préalables avaient aussi été entamées. Dès l'année 1675, le roi Charles II d'Angleterre avait offert au roi de France et aux États-Généraux son entremise, pour amener un accommodement. Louis XIV ayant accepté cette proposition, toutes les Puissances choisirent la ville de Nimègue pour lieu de la Conférence. Mais elles tardèrent, aussi longtemps que possible, à envoyer leurs plénipotentiaires au congrès, et ce par des motifs différents. La France voulait gagner du temps, pour séparer les alliés par ses intrigues secrètes, et pour conclure avec quelques-uns d'entre eux des conventions particulières. L'Empereur et l'empire d'Allemagne tardaient, parce qu'ils voulaient, encore avant la conclusion d'un traité, humilier la France par d'heureux résultats de guerre. L'Espagne désirait faire entrer le parlement anglais entièrement dans ses intérêts. Le Danemark et Brandebourg aspiraient à expulser les Suédois des limites de l'Allemagne. La Suède, qui craignait d'essuyer encore de plus grandes pertes si la guerre continuait, et la Hollande, dont le commerce avait beaucoup souffert et dont les ressources pécuniaires avaient fort diminué, étaient les seules qui cherchassent à accélérer la paix. Le congrès s'occupa pendant plusieurs mois de formalités, de disputes sur la préséance et d'autres choses minutieuses; et ce ne fut qu'au mois de mars 1677, que la Conférence de Nimègue commença ses délibérations sur l'objet important pour lequel elle avait été convoquée. Le roi Louis fit semblant d'être las de la guerre. Il ne demandait, à ce que ses ambassadeurs assuraient, que le maintien de la paix de Westphalie. L'Empereur et l'Empire, puis l'Espagne et la Hollande réclamaient la restitution de toutes les conquêtes faites par les Français dans cette guerre. Les rois de Danemark et de Suède, le duc de Lorraine, et les princes qui avaient pris une part indépendante à cette guerre, comme Brandebourg, Brunswick, Munster &c., étaient diamétralement opposés dans leurs prétentions. Ceux qui avaient fait des conquêtes, voulaient les conserver, tandis que les autres exigeaient la restitution de ce qu'on leur avait enlevé, et en outre une indemnité suffisante. La France toutefois ne fit aucune réponse positive sur toutes ces propositions.

En automne 1677, le prince d'Orange se rendit à Londres. Le roi Charles II concerta avec lui un plan, qui devait ensuite former la base de la pacification. Comme Louis XIV refusa de consentir à l'abandon d'une grande partie de ses conquêtes stipulé dans ce projet, on conclut, le 10 janvier 1678 à la Haye, entre l'Angleterre et la Hollande une convention, par où elles s'obligeaient à tourner leurs armes tant contre la France, que contre l'Espagne, en cas que l'une ou l'autre de ces Puissances n'acceptât point le projet de paix. Louis XIV, encouragé par les conquêtes qu'il venait de faire dans les Pays-Bas (en mars 1678), rejeta le projet et fit présenter, le 15 avril, un autre, dans lequel il déterminait exactement les places et districts conquis qu'il voulait garder, et ceux qu'il consentait à rendre à la Hollande, à l'Empire germanique, à l'Espagne et à la Lorraine. En même temps le roi de France demanda un entier dédommagement pour le roi de Suède, pour le duc de Holstein et ses autres alliés, et menaça de ne pas même accorder ces conditions, si l'on n'adoptait pas son projet jusqu'au 10 du mois suivant. Trois Puissances se laissèrent persuader, l'Angleterre par la promesse de sommes notables, la Hollande par la crainte d'être abandonnée de l'Angleterre, et l'Espagne par le sentiment de son impuissance, à accepter les propositions françaises qui, au contraire, furent rejetées par l'Empereur, le roi de Danemark et l'électeur de Brandebourg de la manière la plus décisive.

Au moment où les traités séparés des trois premières Puissances avec la France devaient être signés, l'ambassadeur de Louis XIV déclara „que le roi, son maître, ne restituerait les places conquises à ces trois Puissances, qu'après que le roi de Suède aurait effectivement recouvré tout ce qu'il avait perdu en Allemagne". Sur cette prétention, aussi inéquitable qu'inattendue, l'Angleterre et la

Hollande refusèrent de signer la paix et conclurent, le 26 juillet, une nouvelle alliance contre la France. Les Français investirent Mons en Hainaut. Le prince d'Orange marcha au secours de cette ville, et 10,000 Anglais débarquèrent en Flandre pour se joindre à lui. En même temps l'Angleterre s'employa si énergiquement auprès de la Suède, que cette Puissance renonça elle-même à la réserve faite en sa faveur par la France. Dès que le plénipotentiaire suédois eut notifié cette renonciation au congrès de Nimègue, Louis XIV déclara qu'il se désistait également de sa demande. Sur quoi la paix avec la Hollande fut signée encore le même jour (10 août 1678); la ratification des États-Généraux eut lieu le 10 septembre suivant.

Le 17 du même mois, la paix séparée avec l'Espagne fut également signée à Nimègue. L'Espagne recouvra plusieurs endroits et districts conquis par les Français dans les Pays-Bas, ainsi que Puycerda en Catalogne; mais elle céda en revanche à la France toute la Franche-Comté avec Besançon, et dans les Pays-Bas les villes et les territoires de Valenciennes, de Bouchain, de Condé, de Cambrai avec le Cambrésis, Saint-Omer, Ypres, Warwick, Warneton, Popperingen, Baileul, Cassel, Bavai et Maubeuge, puis Dinant à l'évêché de Liège, ou en cas que l'Empereur et l'Empire ne le permissent point, la ville de Charlemont. L'Espagne déclara aussi, qu'elle resterait neutre tant que cette guerre durerait. Ce traité de paix fut ratifié par l'Espagne, le 15 décembre 1678.

Le Danemark et le Brandebourg, cependant, continuaient la guerre contre la Suède avec une activité favorisée par la fortune. L'île de Rugen que les Suédois avaient enlevée aux Danois, fut conquise une seconde fois par les alliés. Stralsund et Greifswalde se soumirent à l'électeur. En novembre 1678, le général Henri Horn, à la tête de

16,000 Suédois, pénétra de la Courlande en Prusse jusque dans le voisinage de Kœnigsberg. Mais il fut attaqué, dans les premiers jours de 1679, par l'électeur, et après avoir perdu dans plusieurs combats cinq sixièmes de son armée, il se retira par Tilsit dans la Livonie.

Le 5 février 1679, la paix de l'Empereur et de l'empire d'Allemagne avec la France et la Suède fut enfin également signée. La France renonça au droit de garnison dans Philipsbourg, et eut en retour Fribourg avec les trois villages appartenants à cette ville. L'Empereur et la France se chargèrent de ménager la paix de la Suède avec ses ennemis. En cas que cet accommodement ne s'effectuât point, l'Empereur promit de garder la neutralité. Il fut stipulé, que le duc de Lorraine recouvrerait son pays, mais qu'il céderait les villes de Nancy et de Longwy à la France, qui lui donnerait Toul en échange, et qu'il céderait en outre quatre routes militaires, chacune de la largeur d'un demi mille, par ses États pour l'usage de la France. Le duc rejeta ces conditions onéreuses; en sorte que la Lorraine demeura encore longtemps au pouvoir de la France. La paix avec la Suède fut conclue entièrement sur le pied du traité d'Osnabruck de 1648. Le 23 mars 1679, l'Empire germanique ratifia ces traités.

Le même jour où l'Empereur et l'Empire conclurent la paix avec la France (5 février 1679), cette dernière Puissance et la Suède en signèrent une particulière avec les ducs de Brunswick. L'évêque d'Osnabruck, les villes de Lubeck, de Brème, de Hambourg, et tous les autres États de la basse Saxe furent compris dans ce traité.

Les Français entrèrent alors en Westphalie pour forcer aussi, par la dévastation de ses pays, l'électeur de Brandebourg à faire la paix. Ce prince, il est vrai, négocia à Paris pour sauver quelques-unes de ses conquêtes en Poméranie; mais dans le traité, conclu à Saint-Germain-en-Laye, le 29 juin 1679, il fut obligé de rendre tout ce qu'il avait pris à la Suède, à la réserve d'un petit territoire étroit sur la rive droite de l'Oder. En revanche, la France lui promit 300,000 écus pour le dédommager des frais de la guerre.

Une invasion que firent les Français dans le pays d'Oldenbourg, contraignit enfin le roi de Danemark à la paix qui fut signée, pour la France à Fontainebleau le 2 septembre 1679, pour la Suède à Lund dans le pays de Schonen le 26 du même mois. Le roi fut obligé de restituer aux Suédois et au duc de Holstein-Gottorp tout le pays qu'il leur avait enlevé. Le 12 octobre 1679, les États-Généraux conclurent aussi la paix et un traité de commerce avec la Suède.

Dans l'année 1680, Louis XIV établit à Metz et à Besançon les soi-disant *Chambres de réunion*, qui étaient chargées de rechercher, quels États et pays allemands avaient jadis été de la dépendance des villes et districts d'Allemagne cédés à la France par la paix de Westphalie et de Nimègue, afin qu'il pût se mettre en possession de ces domaines. Ces nouveaux tribunaux déclarèrent une grande quantité de principautés, comtés, villes et cantons propriété française et sommèrent les possesseurs, parmi lesquels se trouvaient le roi de Suède, relativement à Deux-Ponts, l'électeur palatin, les comtes palatins de Veldenz, le duc de Wurtemberg, les margraves de Bade, les comtes de Nassau, de Linange et plusieurs autres, de faire hommage au roi de France. Comme ces princes ne pouvaient acquiescer à une demande si absurde, sans se rendre coupables de haute trahison envers l'Empereur et l'Empire, et refusèrent par conséquent d'y consentir, leurs territoires furent traités comme des fiefs forfaits, et en grande partie effectivement occupés de vive force par les Français. Louis XIV en agit de même à l'égard de l'Espagne, qui lui fit encore le sacrifice du comté de Chiny, pour ne pas devoir recommencer une nouvelle guerre. Mais cette condescendance ne fit qu'accroître l'avidité du roi Louis; il réclama encore Alost et même, peu de temps après, tout le duché de Luxembourg. Cependant sur les représentations sérieuses et réitérées de la part de l'Empereur et de la Diète de Ratisbonne, Louis XIV consentit à faire examiner et discuter ce qu'il appelait les droits de la France, dans un congrès qui devait s'assembler à Francfort, le 31 juillet 1681. Mais encore avant que ce congrès fut en pleine activité, le roi fit surprendre, le 27 septembre 1681, les ouvrages extérieurs de Strasbourg, força, le 30 du même mois, cette ville libre impériale d'Allemagne à se soumettre et à lui prêter foi et hommage. La Conférence de Francfort fut dissoute au mois de novembre 1682, sans avoir produit le moindre résultat.

L'Empereur et toutes les autres Puissances de l'Europe étaient convaincus, qu'un tel système de spoliation ne pouvait être réprimé que par la force des armes. Mais Léopold était à cette époque empêché, par des troubles en Hongrie et par la guerre qu'il allait avoir avec les Turcs, de faire des démarches décisives pour s'opposer aux usurpations de la France. Cependant le Corps germanique, pour défendre l'inviolabilité ultérieure de son territoire, résolut 1681 de préparer, pour tout événement, la levée d'une armée de 40,000 hommes, et en outre un corps de réserve de 20,000. Les États-Généraux, de leur côté, signèrent, le 10 octobre 1681, avec la Suède une alliance défensive de vingt ans, qui reçut le nom de *traité d'association*, et à laquelle accédèrent l'Empereur le 2 mai 1682, et le roi d'Espagne le 30 du même mois. Une seconde alliance d'association conclurent dans les années 1682-1683 les électeurs de Bavière et de Saxe, le duc Erneste-Auguste de Brunswick-Lunebourg, le landgrave de Hesse-Cassel, l'évêque d'Osnabruck, les cercles de Souabe, de Franconie et de Bavière, et plusieurs autres États rhénans et westphaliens. Les princes et États ci-dessus mentionnés entrèrent successivement dans cette confédération germanique dirigée contre la France. L'empereur Léopold signa l'association le 18 juin 1683 à Laxembourg, de quel endroit l'alliance reçut alors aussi son nom. Mais un traité, beaucoup plus important que ceux allégués ci-dessus, fut l'alliance défensive que l'Empereur, les rois d'Espagne et de Suède, et les États-Généraux conclurent pour vingt ans à la Haye, le 6 février 1683. Mais l'effet de toutes ces alliances fut surtout atténué par la nécessité où Léopold se voyait réduit d'employer ses principales forces militaires en Hongrie. Indépendamment de cela, le roi d'Angleterre resta du côté de la France, et le roi de Danemark s'unit même, le 21 avril 1682, avec Louis XIV pour leur soutien et assistance réciproque. Ensuite le monarque danois conclut, le 14 septembre de la même année, avec Brandebourg et l'évêque de Munster une alliance de trois ans, tendante à empêcher par leur entremise, que la guerre ne vînt à éclater entre l'Empire germanique et la France, à former, en cas de non-réussite, une neutralité armée et à se soutenir mutuellement pour la défendre.

La paix de Vasvar, qui laissait Neuhæusel et le Grand-Waradin entre les mains des Turcs, avait trouvé peu d'approbation en Hongrie et en Transylvanie. Les magnats, assemblés à Vienne dans les premiers jours de l'année 1665, exprimèrent leur mécontentement dans une représentation par écrit. L'ambassadeur impérial Gautier, comte de Leslie, et l'envoyé transylvain Christophe Pasko travaillaient inutilement à Constantinople, pour obtenir une diminution du tribut imposé à la Transylvanie. Ce résultat défavorable fut attribué par les mécontents à la mauvaise volonté du gouvernement. D'un autre côté, on savait déjà dans ce temps-la, que les familles de Rakotzi, de Nadasdy et de Zrini s'étaient mises à la tête des séditieux, et méditaient des desseins criminels. Bientôt les intrigues prirent une face sérieuse. Le palatin Vesselenyi et le prince Apaffi de Transylvanie favorisèrent la propagation de la ligue secrète, et envoyèrent des plénipotentiaires à Constantinople, pour solliciter l'appui du sultan. Au mois de juin 1666, les magnats et Nobles mécontents se réunirent au château de Murany, et affermirent leur union par des serments. Vesselenyi étant mort au mois de mars 1667, Pierre Zrini se mit à la tête des conjurés. Son plan était de se faire, avec l'assistance des Turcs, prince de Hongrie tributaire de la Porte, et d'élever son gendre François Rakotzi à la dignité de prince de Transylvanie. Tous les moyens possibles furent employés pour exciter les Protestants. Les demandes de secours auprès de la Porte furent souvent réitérées, mais chaque fois infructueusement. Pierre Zrini attira 1667-1668 le comte François Frangépani son beau-frère, et le gouverneur impérial en Styrie, comte Erasme Tattenbach, dans la conspiration. Ensuite il fit partir des plénipotentiaires particuliers pour Constantinople. Mais comme le parti transylvain et le parti hongrois tendaient en secret à des buts différents, les envoyés firent des propositions si peu correspondantes, que la Porte conçut de la méfiance, et ne donna aucune espérance de secours. D'ailleurs la guerre avec la république de Venise occupait tellement les Turcs, qu'ils ne pouvaient prêter beaucoup d'attention aux affaires de Hongrie. La France même, qui avait fomenté la sédition, s'abstenait depuis la paix d'Aix-la-Chapelle soigneusement de toute intelligence ultérieure avec les rebelles, et l'espoir dont ceux-ci s'étaient flattés d'être secourus par la Pologne, s'évanouit lorsque

Michel Coribut, prince Wlesnowiczky, fut élu roi de Pologne, et se maria avec la princesse *Éléonore*, soeur de Empereur. Malgré tout cela, Pierre Zrini, n'écoutant que sa passion de dominer, résolut de poursuivre son plan si mal concerté.

Vers la fin de l'hiver 1670, les rebelles commencèrent l'exécution de leurs coupables desseins. L'Empereur, ayant été instruit encore assez à temps de la conspiration, envoya le général Spork avec un corps d'armée dans la haute Hongrie, et le général Spankau avec une autre division de troupes en Croatie. Afin d'apaiser les Protestants, il convoqua, au mois de mars, un congrès à Neusol pour examiner leur griefs. Apaffi fut sommé par Léopold de répondre cathégoriquement à la question, s'il prêterait secours ou non aux rebelles hongroises. Le prince ayant appris de son ambassadeur, qui venait d'arriver de Constantinople, que Zrini n'en agissait pas sincèrement avec lui, renonça à toute participation aux troubles hongrois et se déclara neutre. L'Empereur fit offrir à Pierre Zrini une amnistie générale, que celui-ci accepta; mais immédiatement après, cet homme téméraire viola sa parole. Comme après cela il n'avait plus de pardon à espérer, il poussa la révolte avec d'autant plus d'activité.

Les rebelles enrôlèrent des troupes de tous côtés. Le rebut des différentes nations, établies en Hongrie, en Croatie et en Dalmatie, et la lie du peuple des territoires transylvain, turc et vénitien limitrophes, accoururent en foule se ranger sous les étendards des révoltés. Frangépani commença les hostilités par l'attaque de Kaprontza, de Zagrab et de Pétrinia; mais il ne put se rendre maître d'aucune de ces places. Rakotzi tint une assemblée séditieuse à Cassovie. Il avait rassemblé une armée de 12,000 hommes. Le congrès de Neusol fut dissous, et

Rakotzi ouvrit les hostilités par l'investissement de Tokai et de Szathmar, et enleva Onod. Dans l'entrefaite, les corps de troupes impériales s'approchaient des lieux de leur destination. Le comte Tattenbach fut arrêté à Gratz. Pierre Zrini et Frangépani, abandonnés de la plus grande partie de leurs troupes, furent bloqués dans Tchakathurn par le général Stankau. Ils s'échappèrent, il est vrai, de cette place, mais ils furent pris dans la fuite, le 17 avril 1670, et livrés à Vienne. À l'approche du général Spork, qui s'avançait rapidement dans la haute Hongrie, Rakotzi fut abandonné par ses soudoyers; il obtint, à l'intercession de sa mère, sa grâce de l'Empereur, mais à condition qu'il payerait une amende de 300,000 florins, et recevrait des garnisons impériales dans tous les châteaux de sa famille. La plupart des autres chefs des révoltés de la haute Hongrie se sauvèrent en Transylvanie, en Moldavie et en Pologne; seulement Nadasdy, qui s'était retiré dans sa terre de Pottendorf en Autriche, et quelques autres des complices furent saisis; les châteaux et domaines de tous les fugitifs furent occupés par des troupes impériales et mis en séquestre. Tékély (Tőkőly) mourut pendant qu'on attaquait ses châteaux. Son fils Emmèric s'échappa également en Transylvanie. L'Empereur établit alors à Presbourg un tribunal extraordinaire, devant lequel furent traduits tous les Nobles, prêtres protestants &c. impliqués dans la révolte. Les plus grands coupables furent condamnés à mort, d'autres à l'emprisonnement. On confisqua leurs biens, comme aussi ceux des rebelles fugitifs. Léopold paraissait assez porté à user de clémence, surtout envers Zrini, qui pendant sa captivité lui avait rendu un service essentiel en persuadant Rakotzi à mettre bas les armes; mais quelques seigneurs de la Cour vinrent à bout de convaincre le monarque de la nécessité d'effrayer les révolutionnaires par un exemple éclatant. Léopold châtia le pays en général pour la révolte en laissant vacantes les places de palatin et de ban de Croatie, en faisant garder toutes les forteresses par des troupes allemandes, sous des commandants de la même nation, en augmentant la force militaire en Hongrie, et en imposant au royaume des contributions extraordinaires pour l'entretien de ces troupes, pour les travaux de fortification &c. Il accorda une amnistie à tous les autres individus qui avaient pris part à la révolte.

Les rebelles hongrois, réfugiés en Transylvanie, recherchaient encore toujours l'assistance des Turcs. Mais la Porte, occupée par la guerre qui était près d'éclater avec la Pologne, rejeta leur demande, et enjoignit même au prince Apaffi de ne pas leur accorder plus longtemps un asile dans ses États. Cet ordre, joint aux reproches menaçants que lui adressa l'Empereur, engagea enfin Apaffi à défendre, en été 1673, le pays aux rebelles hongrois. Ces derniers se rendirent alors dans les villes des Heiduques, où ils furent favorisés de toute manière tant par le pacha du Grand-Waradin, que par les Protestants hongrois, aigris des persécutions qu'ils avaient à souffrir de la part du clergé et de la Noblesse catholiques. En effet, le grand-maître de l'ordre Teutonique, Gaspard d'Ampringen, que l'Empereur avait nommé, l'an 1673, gouverneur-général en Hongrie, avait ôté aux Protestants leurs églises et écoles, expulsé leurs prédicateurs et exercé plusieurs violences envers les religionnaires, ce qui était contre l'intention de Léopold, qui avait ordonné au gouverneur de contenir les Protestants, mais non pas de les persécuter. Les rebelles, qui furent alors désignés sous le nom général de *Kurutzes* (mécontents), dévastèrent par leurs irruptions le territoire royal; en revanche, tous ceux qui tombèrent entre les mains des Impériaux, furent empalés ou condamnés à mort.

Les Kurutzes firent en 1675 des courses jusqu'à Cassovie, mais assiégèrent Szathmar inutilement. Dans les années 1675-1676, l'Empereur mitigea considérablement les mesures rigoureuses, par lesquelles tout le pays avait été puni pour sa rebellion. Mais le grand Conseil du royaume, tenu à Vienne, ne vint pas encore à bout d'effectuer un rapprochement, attendu que les mécontents firent des prétentions que le monarque ne voulait pas satisfaire. Dans la haute Hongrie, les séditieux combattirent contre le général impérial Strassoldo avec succès. Les Turcs de Neuhæusel, d'Albe-Royale et de Canissa, qui avaient déjà commencé, l'an 1674, à faire des courses hostiles, continuaient leurs brigandages; en Croatie ils pénétrèrent jusque dans le voisinage de Carlstadt, où Herberstein les repoussa. Le 8 juillet 1676, mourut François Rakotzi. En Pologne, *Jean Sobieski* était assis depuis 1674 sur le trône royal. Le 27 mai 1677 à Varsovie, les plénipotentiaires d'Apaffi et l'envoyé de France, comte Bethune, conclurent une alliance contre Léopold. Au mois d'octobre, Boham et Florval, Français, conduisirent 6000 soudoyers polonais et quelques hordes de Tatars vers Szathmar, où 7000 Kurutzes et 4000 Transylvains se joignirent à eux. Le général impérial Schmidt éprouva des échecs près de Lebenye et de Nyalab. Les Kurutzes dévastèrent ensuite l'Autriche jusqu'à Neustadt et dans le Marchfeld, et maltraitèrent les Catholiques, les Allemands, et surtout les religieux, de la manière la plus cruelle. La Cour de Vienne, pour attirer dans son parti celle de Constantinople, ou du moins l'engager à ne pas soutenir les mécontents, avait fait publier une défense sévère d'entrer sur les terres du sultan et d'y commettre aucun dégât; le sultan fut satisfait de voir son territoire respecté, mais il ne respecta point celui de l'Empereur; car ses troupes stationnées à Neuhæusel firent des courses en Hongrie, comme aussi en Croatie et en Styrie. La conduite sage et modérée de Léopold augmenta l'arrogance des Ottomans; le nouveau grand vizir Kara Mustapha exigea pour la continuation de la paix un tribut de l'Empereur. Le grand Conseil du royaume, assemblée à Presbourg pour délibérer sur les dispositions à prendre dans cette conjoncture difficile, se sépara en se querellant. En été 1678, les Polonais et les Kurutzes s'étaient rassemblés près de Nagybanya sous le commandement en chef d'Emméric Tékély qui enleva, au mois de juillet, Husst et beaucoup de châteaux dans la contrée de Cassovie, vainquit le général Leslie, et fit faire par les Tatars des incursions en Moravie et en Autriche. Au mois d'octobre, Neusol, Schemnitz, Kremnitz et Leva tombèrent au pouvoir des mécontents. Les généraux Wurm et Dunewald battirent à leur tour Tékély près de Sainte-Croix *(Heiligen-Kreuz)*, et le contraignirent par là d'évacuer toutes les villes conquises. Comme les Turcs étendirent leurs courses dévastatrices jusque dans l'Autriche intérieure, les États de la Hongrie, de la Carinthie et de la Carniole formèrent à Marbourg une union pour la défense de leurs frontières. La paix de Nimègue, dans laquelle fut aussi compris le prince de Transylvanie, eut à la vérité la suite, que les officiers français et les troupes polonaises quittèrent la Hongrie, et qu'on conclut avec les mécontents un armistice jusqu'au 28 février 1679; mais la France continua d'exciter en secret le prince Apaffi et les mécontents hongrois contre l'Empereur, et de les soutenir par de l'argent et par des recommandations auprès de la Porte Ottomane. Les négociations entamées à Oedenbourg échouèrent, malgré que l'Empereur eût accordé toute demande équitable aux mécontents, et Tékély recommença les hostilités. On se battit dans cette petite guerre avec des succès variés jusqu'à ce que les troupes impériales arrivèrent du Rhin en Hongrie. Mais alors les mécontents furent vaincus, chassés de plusieurs endroits, et repoussés jusqu'aux bords de la Teisse. Les ravages de la peste arrêtèrent alors ceux de la guerre. Cette contagion moissonna dans la ville de Vienne seule, depuis le mois de janvier jusqu'en novembre, 120,000 habitants. Ensuite elle se répandit avec une violence inaffaiblie dans l'Autriche intérieure, en Moravie, en Bohème et en Silésie.

L'Empereur fit en 1680 de nouveau les premières démarches pour amener une réconciliation; il avait pour cet effet établi une commission particulière à Oedenbourg, et accordé une suspension d'armes. Mais des émissaires français firent tous leurs efforts auprès des chefs des Kurutzes, auprès du prince de Transylvanie et auprès de la Porte, pour empêcher l'accommodement avec l'Empereur, et animer les Kurutzes à continuer la guerre civile. Tékély commença les hostilités, avant l'expiration de la trêve, avec trois corps d'armée. Le premier chercha en vain à pénétrer en Moravie; le deuxième fut battu, pendant sa marche vers la Silésie, dans le voisinage de Jablunka; le troisième s'empara en automne de Kæsmarckt et de Leutschau, laquelle dernière ville toutefois fut bientôt reconquise par le général Caprara. La spoliation de l'Empire germanique par les Chambres de réunion faisant prévoir, qu'on en viendrait bientôt à une nouvelle guerre avec la France, l'Empereur redoubla les efforts pour rétablir la paix dans l'intérieur de ses États. Le 15 novembre 1680, on signa dans le camp de Tékély à Jolsva un armistice qui devait durer jusqu'à la fin de juin 1681, et par lequel l'Empereur assigna aux Kurutzes les comitats de Szathmar, d'Ugocs et de Beregh pour quartiers d'hiver; il promit aussi d'examiner et de satisfaire les prétentions dans la prochaine Diète.

Cette assemblée des États fut ouverte à Oedenbourg, au mois de mai 1681. Elle élut pour palatin Paul Esterhazy, qui fut aussi confirmé par l'Empereur. Les négociations sur les griefs religieux des Protestants et sur les réclamations des mécontents durèrent pendant toute l'année. À l'expiration de l'armistice, les Kurutzes commencèrent de nouveau les hostilités. Le sultan, qui avait désavoué jusqu'alors publiquement la conduite des mécontents, mais l'autorisait en secret, s'était enfin décidé à les soutenir avec vigueur. Vers la fin du mois d'août, le prince Apaffi, à qui le sultan avait confié le commandement général, se joignit avec 10,000 Transylvains, Moldaves et Valaques, aux mécontents, qui furent encore renforcés par les troupes que leur envoya le pacha du Grand-Waradin. Cette armée, forte de 25,000 hommes, avait à peine enlevé quelques châteaux peu importants, que la désunion se mit entre les chefs, et que chaque parti s'en retourna chez lui. La Diète d'Oedenbourg finit avec l'année 1681; les résultats en furent, qu'on confirma aux Protestants les droits qui leur avaient été concédés par la paix de Vienne 1606; qu'on reçut de nouveau leurs prédicateurs et maîtres d'école dans le royaume, et qu'on leur rendit celles de leurs églises qui n'étaient pas encore arrangées pour le service divin catholique. Les franchises politiques du royaume furent confirmées. Le rétablissement de la pleine puissance du palatin, l'intervention du conseil d'État dans toutes les futures négociations avec les Turcs, la sévère discipline militaire des soldats allemands, l'abolition de l'accise &c., furent promis par l'empereur Léopold. On assura à tous les émigrés une amnistie et la restitution de leurs biens. Les États accordèrent à l'Empereur de plus hauts subsides, lui assurèrent en cas de besoin une insurrection partielle *(Particular-Insurrection)*, et après la fin des troubles, aussi une insurrection personnelle *(Personal-Insurrection)*.

Des ambassadeurs impériaux se rendirent, au commencement de 1682, à Constantinople, pour lever les obstacles qui s'opposaient à la conclusion de la paix. Mais Tékély et ses partisans, qui n'étaient aucunement satisfaits par les résultats de la Diète, engagèrent le grand vizir à faire des conditions si outrées qu'on n'en pouvait pas attendre l'accomplissement. La tentative que les envoyés impériaux firent pour amener un accommodement avec Tékély, fut tout aussi infructueuse. Ce chef, dont l'ambition ne connaissait point de bornes, signa en mai 1682 à Bude avec les plénipotentiaires du sultan une convention, par laquelle il fut déclaré prince tributaire de Hongrie, sous la protection de la Porte Ottomane. Tékély commença alors les hostilités par l'attaque du château de Cassovie qu'il emporta d'assaut; la ville se rendit également, le 14 août 1682. Leutschau, Tokai, Epériès, Szadvar, Onod, Filek et la plupart des autres places de la haute Hongrie, tombèrent au pouvoir des mécontents. À Filek, devant laquelle ville Tékély avec les Kurutzes, Apaffi avec les Transylvains, et le pacha de Bude avec 30,000 Turcs, effectuèrent leur jonction, le pacha prit le commandement de cette armée, et l'élévation de Tékély à la dignité de prince de Hongrie fut rendue publique. Au mois de novembre, Tékély conclut de nouveau pour l'hiver un armistice de six mois avec l'Empereur.

Ce Souverain, ayant été instruit que le sultan avait l'intention d'exécuter, cette année (1683), un grand coup contre l'Autriche, prit ses mesures en conséquence, et invita tous les princes chrétiens à lui prêter aide et assistance. Le 31 mars 1683 à Varsovie, l'Empereur et le roi Jean-Sobieski de Pologne conclurent une alliance offensive et défensive contre la Turquie; et le dernier monarque promit de faire marcher une armée de 40,000 hommes contre les Ottomans. L'électeur de Bavière s'était obligé, par le traité du 26 juin 1683, à fournir un secours de 8000 hommes, et l'électeur de Saxe offrit toutes ses troupes. Différents cercles de l'empire d'Allemagne, et d'autres États en particulier promirent d'envoyer des troupes auxiliaires. Le souverain pontife donna des sommes notables pour les préparatifs de guerre.

L'Empereur avait reçu de son envoyé à Constantinople Caprara, quoique celui-ci fût retenu dans cette capitale, par une voie secrète la nouvelle, que *Vienne* était l'objet d'opération du sultan; ensuite de quoi le duc *Charles de Lorraine* fut nommé Généralissime. Son armée, rassemblée au commencement de mai près de Kitsée, était de 33,000 hommes. Le 3 juin, il commença le siège de Neuhæusel, mais l'armée ottomane s'étant avancée vers cette forteresse, il renonça, peu de jours après, à cette entreprise et rétrograda dans la position entre le Raab et la Rabnitz. Plus tard le prince fit marcher l'infanterie, par Comorn, l'île de Schutt et Presbourg, à Vienne; avec la cavalerie il se dirigea par Wieselbourg et Hainbourg, derrière la Fischa. Une troupe de Tatars, qui s'était déjà avancée jusqu'à Petronell, fut taillée en pièces. Le corps d'armée impérial, sous les ordres de Schulz qui opérait contre les mécontents dans la haute Hongrie, et celui sous Herberstein qui était posté sur les bords de la Mur, se replièrent à l'approche du grand vizir sur la force principale.

Le 16 avril 1683, le sultan Mahomet IV partit de Constantinople. Lui-même demeura à Belgrade, où il passa en revue son armée, forte de 200,000 hommes, auxquels se joignirent encore 30,000 Valaques, Moldaves, Transylvains et Hongrois. Le 12 juin, le grand vizir Kara Mustapha franchit le pont sur la Save près d'Essek. Les Tatars et les Kurutzes faisaient en avant des courses dans la contrée de Vienne et menaçaient déjà le voyage de l'Empereur qui sortit, le 7 juillet, de sa capitale; il se rendit par Corneubourg et Linz à Passau. Le lendemain, le duc de Lorraine traversa avec la cavalerie le bras du Danube près de Vienne, et passa dans l'île de la Léopoldstadt (un des faubourgs de Vienne). Le 10 juillet, la tête de l'infanterie, qui remontait le Danube sur la rive gauche, arriva dans la capitale. L'armée ennemie s'approchait par Altenbourg. Un corps ottoman attaqua Neustadt, mais fut repoussé. Le 12 juillet, le grand vizir commença le siège de *Vienne*. Quatre jours après, le prince de Lorraine passa avec toute la cavalerie le principal bras du Danube, fit abattre le pont et marcha dans le Marchfeld. Il établit son quartier général près de la montagne appelée *Bisamberg*, près de Léopoldsau *(Eipeldau)*, fit toutefois garder par de forts détachements la rive gauche du Danube depuis Presbourg jusqu'à Crems. Le général d'artillerie *Erneste-Roger, comte de Starhemberg* commandait en chef dans la ville. L'armée impériale avait laissé 10,000 hommes de troupes de ligne, pour défendre la place. 5000 bourgeois, marchands, étudiants et autres habitants se joignirent à la garnison, pour défendre leurs foyers et leurs temples sacrés. Les Turcs employèrent le feu de leur formidable artillerie, les mines et les assauts avec une activité extraordinaire. Leurs ouvrages furent exécutés d'après un plan que des ingénieurs français, envoyés par Louis XIV au sultan, avaient dressé, toutefois avec peu de connaissance des localités. Tékély avec ses Kurutzes et un corps turc, sous le pacha du Grand-Waradin, s'était avancé sur Presbourg, et avait occupé cette ville. Le vaillant duc de Lorraine, communément appelé le *grand prince Charles*, qui partageait ses alarmes et ses soins entre la capitale de l'Autriche et la dite cité hongroise, marcha avec sa force principale vers Presbourg, et attaqua vigoureusement les ennemis, dans le moment même où ils évacuaient la place. Les Kurutzes furent vaincus; 4000 hommes mordirent la poussière et on poursuivit les restes jusqu'à la rivière de Waag. Dans les premiers jours du mois d'août, Tékély et le pacha du Grand-Waradin passèrent la Morave, et dans le même temps les Turcs essayèrent de rétablir le pont au Tabor. Le duc repoussa Tékély, qui dévastait le Marchfeld par le feu et le fer, au delà du fleuve, et les tentatives que firent les Turcs pour franchir le Danube au Tabor, échouèrent également. D'autres divisions de Kurutzes, ayant en vain assiégé les châteaux de Zips, d'Arva, de Murany et de Likava, firent des courses au delà de la Morave, pillèrent et saccagèrent plusieurs endroits dans le Marchfeld et dans les cantons sur la frontière de Moravie. Le pacha du Grand-Waradin profita de l'absence du duc de Lorraine, qui s'était porté avec sa principale force à Tuln, pour couvrir la construction d'un nouveau pont qu'on y avait commencée, pour franchir encore une fois la Morave. En même temps. Tékély pénétra par Gœding en Moravie. Le 24 août, le pacha fut surpris dans son camp près du Bisamberg par le duc, et tout son corps d'armée anéanti. Lui-même ne se sauva qu'avec peu de ses gens au delà du Danube. Tékély, qui avait déjà atteint Nikolsbourg, s'enfuit derrière la Morave. Cependant les Ottomans poussaient le siège de Vienne avec une vigueur inépuisable. On avait fait de grands ravages dans les fortifications; la bombe en causa de plus grands dans l'enceinte de la ville: mais les assiégés, aussi infatigables travailleurs que soldats intrépides, maniant à la fois la truelle et l'épée, réparaient les breches et repoussaient les assauts presqu'au même instant. Cependant les munitions s'épuisaient, la ville était dans un état déplorable, les flammes avaient consumé plusieurs édifices; les Turcs avaient emporté quelques bastions; déjà on commençait à désespérer du salut de la ville, lorsque la fortune envoya au secours de cette capitale un autre héros dont le nom seul glaçait les Ottomans d'effroi : c'était *Jean Sobieski*, roi de Pologne, lequel s'avançait à la tête de ses troupes, qui sous ses ordres avaient tant de fois triomphé des forces de l'Empire ottoman.

Ce prince arriva, le 4 septembre, avec son avantgarde par Olmutz au pont du Danube près Tuln. Toute son armée, forte de 27,000 hommes, le suivit. L'*électeur Jean-Georges III de Saxe* vint avec 12,000 de ses guerriers; et le duc Charles de Lorraine se joignit avec 27,000 Autrichiens à l'armée des alliés, qui fut encore renforcée par 8000 hommes de troupes de Souabe et de Franconie. Le corps bavarois de 12,000 hommes descendit le Danube, pour concourir à la délivrance de la capitale de l'Autriche.

Le 7 septembre, toute l'armée se réunit près de Crems; le lendemain elle passa le Danube près de Tuln, et le 10 du même mois elle marcha par Closterneubourg vers le mont Cétique *(Kahlenberg)*. Là, cette armée formidable (elle comptait 84,000 combattants avec plus de 180 canons), se rangea en trois colonnes. Les troupes autrichiennes et saxonnes, sous les ordres du prince de Lorraine, formaient l'aile gauche; le centre était commandé par l'électeur de Bavière; les Polonais, conduits par le roi Jean en personne, se trouvaient à l'aile droite. Les Turcs, qui avaient déjà perdu devant Vienne 48,000 hommes, comptaient encore ce jour-là 168,000 combattants. Mais les assiégés, de leur côté, avaient essuyé des pertes non moins sensibles; car 5000 braves défenseurs avaient été mis hors de combat par les fréquentes attaques de l'ennemi, et 25,000 soldats et bourgeois avaient été moissonnés par des maladies. Le 12 septembre à l'aube du jour, l'armée ottomane fut attaquée sur tous les points.

Sobieski anime ses soldats de la voix et de l'exemple; les Turcs sont déconcertés, ils reculent. Le duc de Lorraine fait une charge vigoureuse; tout cède à sa valeur; on pénètre dans le camp des ennemis; la terreur et la mort volent de toutes parts. Kara-Mustapha prend la fuite, entraîne la déroute de son armée, et laisse 370 pièces de canon et un butin immense entre les mains des vainqueurs. Vingt-cinq mille Turcs périrent dans cette fameuse journée. Telle fut la fin du siège de Vienne qui coûta la vie à plus de 70,000 Turcs et avait duré deux mois. Le grand vizir, pour se justifier aux yeux du sultan, désespéré de se voir déçu dans ses orgueilleuses espérances, rejeta sa défaite sur les pachas de Bude, d'Essek et de Posséga, les fit exécuter et déposa le Kan des Tatars; mais il fut lui-même étranglé, le 25 décembre 1683, par ordre du sultan Mahomet.

Le roi Jean de Pologne entra en triomphe dans Vienne; le peuple se pressa de toutes parts pour contempler son libérateur. On chanta le *Te Deum* au bruit de toute l'artillerie de la ville; le prédicateur prit ce texte ingénieux: *Il fut un homme envoyé de Dieu, nommé Jean.* À la première nouvelle de l'heureuse délivrance de Vienne, l'empereur Léopold revint dans sa capitale, impatient de voir le monarque qui la lui avait conservée. Mais ce qu'il y a de singulier, c'est qu'au milieu de ce triomphe, et sur le champ même de la victoire, on délibéra longtemps sur l'étiquette à observer dans l'entrevue des deux princes. Léopold consulta le duc de Lorraine pour savoir de quelle manière il devait recevoir le roi de Pologne; *à bras ouverts*, répondit ce prince généreux, *puisqu'il a sauvé l'Empire*, oubliant dans ce moment que Sobieski lui avait enlevé la couronne de Pologne. Mais Léopold, mécontent de la précipitation avec laquelle le roi Jean fit chanter le *Te Deum*, sans attendre l'Empereur qu'il savait n'être pas éloigné, et surtout de l'avidité de Sobieski à s'approprier les richesses que le grand vizir avait laissées dans son camp, se borna à faire au roi de Pologne quelques honnêtetés qui, pour dire la vérité, étaient peu proportionnées aux services que le roi Jean lui avait rendus. Quant au reproche que lui font des écrivains polonais d'avoir vu Sobieski avec indifférence, et de n'avoir rien dit de flatteur au fils de ce grand prince, ni aux Généraux qu'il lui présentait, il suffit de connaître le caractère de Léopold pour ne point ajouter foi à cette accusation. Ce monarque était fier et pointilleux, mais il n'était point ingrat; et quand même il aurait secrètement jalousé le roi de Pologne, le soin qu'il prenait de sa gloire lui aurait sans doute fait dissimuler ses sentiments.

L'armée chrétienne perdit plusieurs jours près de Vienne, par la raison que la plus grande partie des troupes de l'Empire refusèrent de marcher en Hongrie, et que les Saxons reprirent effectivement le chemin de leur pays. Ce ne fut que le 17 septembre que l'armée se mit en mouvement vers Presbourg, et continua ensuite sa marche sur la rive droite du Danube. Elle passa, le 27 septembre, ce fleuve et la Waag près de Comorn, et se dirigea sur la rive gauche vers Strigonie. La cavalerie polonaise, commandée par Sobieski qui, quoique mécontent de l'Empereur, avait, à la prière du duc de Lorraine, consenti à employer le reste de la campagne au service de son allié, tomba, le 7 octobre, dans une embuscade près de Bakony; mais en revanche le corps ottoman de 20,000 hommes, campé dans le voisinage de cet endroit, fut entièrement anéanti, trois jours après, par le monarque polonais et le duc de Lorraine. Le 20 octobre, on ouvrit les tranchées devant Strigonie qui fut enlevée le 25 du même mois; la citadelle capitula deux jours après. Tékély rechercha l'entremise du roi de Pologne; mais ayant eu l'impudence de demander qu'on lui cédât les treize comitats de la haute Hongrie comme principauté indépendante, il reçut une réponse convenable à sa témérité. Les troupes impériales prirent, au commencement de novembre, les quartiers d'hiver dans la haute Hongrie. Les Polonais reprirent le chemin de leur pays et s'emparèrent, encore pendant cette marche, de Leutschau (11 décembre 1683). Alors les Bavarois et les autres troupes de l'Empire s'en retournèrent également chez eux. En janvier 1684, Tékély renoua les négociations avec l'Empereur; mais il chercha en même temps en secret à se procurer l'appui de la Porte. Une de ses dépêches, adressée au grand vizir, fut interceptée par les Impériaux, et décela la mauvaise foi du Transylvain, dont l'intention était d'amuser l'Empereur jusqu'à ce que les Turcs se fussent préparés à une nouvelle campagne. Léopold ayant accordé une amnistie à tous les rebelles qui lui prêteraient un nouveau serment de fidélité, quatorze magnats, dix-sept comitats et douze villes se soumirent effectivement à leur Souverain. Les Vénitiens accédèrent aussi, le 31 mars 1684, à l'alliance qui subsistait entre l'Empereur et le roi de Pologne. Après qu'une trêve de vingt ans eut été signée, le 15 août à Ratisbonne, entre l'Empereur et le roi de France, le prince de Transylvanie conclut une alliance secrète avec l'Autriche. Il promit de s'abstenir, autant que possible, de toute participation à la campagne prochaine des Turcs, et de se joindre aux troupes impériales, dès qu'elles s'approcheraient de son pays.

Dans cette campagne, le duc de Lorraine commanda la principale force impériale, le général Schulz un corps d'armée dans le pays de Zips, et le général Leslie une division en Croatie. Au mois de juin, le duc conquit Visségrade, battit près de Waitzen le pacha de Bude, et au mois de juillet un corps de cavalerie turc près de

Saint-André, non loin de la ville de Bude, dont on commença le siège, le 15 du même mois. Le prince lorrain fit, il est vrai, échouer plusieurs tentatives que firent les Ottomans pour dégager Bude, mais son armée était tellement diminuée tant par le grand nombre de combats et d'assauts, que par les maladies, qu'on fut obligé de lever le siège. Dans la Hongrie supérieure, le général Schulz avait enlevé plusieurs endroits, et attiré beaucoup d'adhérents de Tékély dans le parti de l'Empereur. En Croatie, la guerre se borna dans cette campagne à des escarmouches et de petits combats.

L'année suivante (1685), le duc de Lorraine rassembla une armée de 60,000 hommes, dans la vue d'enlever aux Turcs l'importante forteresse de Neuhæusel. Il en commença le siège le 7 juillet. Le 16 août, il dégagea Strigonie par une victoire brillante qu'il remporta sur les Turcs qui assiégeaient cette ville. Peu de jours après, Neuhæusel fut pris d'assaut par le général Caprara. Les généraux Schulz, Heister et Mercy conquirent dans la haute Hongrie Epériès, Tokai, Kallo, Cassovie, Unghvar, Patak, Regetz, Onod et Szolnok. Tous ces revers, et principalement la chûte de l'importante forteresse de Neuhæusel, accablèrent la Cour ottomane dont les armes, depuis cette époque, n'éprouvèrent que des échecs désastreux. Voulant prévenir la honte de nouvelles défaites, et la perte des places qui lui restaient encore en Hongrie, Mahomet IV demanda en octobre la paix. Pour y engager d'autant plus l'Empereur, il fit arrêter Tékély au Grand-Waradin et le conduire à Adrinople. Une grande partie des mécontents s'empressèrent alors de se soumettre à l'Empereur, et un nombre plus considérable encore suivit cet exemple lorsque l'amnistie, émanée à Vienne le 9 novembre, fut promulguée. En Croatie, Leslie et Herberstein avaient enlevé aux Turcs Woinitza et Dubitza, pillé Essek, et brûlé cette ville avec une partie du pont connu.

La campagne de 1686 fut encore plus riche en événements que la précédente. Mahomet, s'étant bientôt aperçu qu'il s'était privé, par sa conduite envers Tékély, de son plus ferme appui, avait non-seulement fait remettre ce prince en liberté, mais l'avait encore pourvu d'argent, et lui avait confié un corps de 9000 Ottomans. Mais les efforts que Tékély fit pour délivrer la forteresse de Munkacs, où son épouse était bloquée depuis l'automne précédent, restèrent infructueux. L'armée impériale fut renforcée par un grand nombre de troupes de l'Empire, et par beaucoup de volontaires nobles de tous les pays chrétiens qui, encouragés par les succès des armes hongroises et autrichiennes, vinrent se ranger sous les enseignes du grand prince Charles. Une alliance de vingt ans fut conclue avec l'électeur de Brandebourg, et au mois de mai un corps de 8000 hommes de ses troupes entra en Hongrie. Les plénipotentiaires de Michel Apaffi signèrent, le 28 juin, une nouvelle alliance secrète avec l'empereur Léopold. On assura au prince l'intégrité de son territoire, à son fils le droit de succession, et aux Transylvains la liberté de religion, la libre élection après la mort d'Apaffi et de son fils, enfin l'affranchissement du tribut turc à la prochaine conclusion de la paix avec la Porte Ottomane. Apaffi, de son côté, promit qu'il soutiendrait, quant à présent, l'Empereur en secret par des provisions, des armes &c., mais qu'aussitôt que le Grand-Waradin et Témeswar seraient enlevés aux Turcs, il assisterait ce monarque avec toutes ses forces, qu'il recevrait des troupes impériales pour former les garnisons de Déva et de Clausenbourg, et payerait annuellement à l'Empereur un droit de protection de 30,000 ducats. Mais le prince transylvain refusa ensuite de ratifier cette convention.

L'armée impériale en Hongrie se montait en été 1686 à plus de cent mille hommes. Le duc de Lorraine assiégeait depuis le 18 juin avec 62,000 hommes la ville de Bude. Les généraux Schulz et Hæussler se trouvaient avec 7000 hommes en Croatie, Caraffa avec 10,000 hommes dans la haute Hongrie; Scherfenberg marcha avec 12,000 hommes en Transylvanie pour forcer Apaffi à la ratification du traité de Vienne. Ce prince la retarda sous différents prétextes; il voulait, disait-il entre autres, seulement attendre encore la défaite totale des Turcs pour se déclarer ouvertement contre eux &c. Tékély se trouvait avec un faible corps de Kurutzes et de Turcs à Hunyad. Tout à coup Apaffi le fit attaquer et chasser de la Transylvanie. Le prince fit hasarder par un corps sous Guylaffi une tentative pareille contre Scherfenberg, général de l'Empereur; mais celui-ci vainquit les Transylvains et s'avança ensuite sur Hermanstadt, dont il se serait probablement rendu maître, s'il n'avait reçu, comme Caraffa dans la haute Hongrie, l'ordre de marcher en toute hâte à Bude, pour renforcer la grande armée.

Sur ces entrefaites, le grand vizir Soliman s'était avancé avec des forces considérables pour délivrer *Bude*; mais ayant été défait deux fois de suite dans le cours du mois d'août, il ne put sauver cette place importante, qui fut emportée d'assaut le 2 du mois suivant. Cinq-Églises, Szégedin, Symontornie, Sziklos et Kaposvar furent alors conquis. La division de Caraffa retourna dans la haute Hongrie. En octobre à Szolnok, le grand vizir s'adressa à Caraffa, pour lui faire des ouvertures de paix; mais ce Général demanda préalablement que Tékély fût exécuté, et ensuite que la Porte cédât tout le pays jusqu'à la Maros. Les Turcs ayant refusé l'un et l'autre, les négociations furent rompues.

L'armée, qui s'était rassemblée au printemps 1687,

sous le commandement du duc de Lorraine et de l'électeur de Bavière, consistait en 68,000 combattants, sans compter les corps de troupes dans la Hongrie supérieure et en Croatie. Pendant que Caraffa tenait Erlau cerné, le grand vizir fut de nouveau vaincu, le 12 août près de Mohacs, par la principale armée impériale, et *Essek* conquis par le général Dunewald. Le duc alors marcha vers la Transylvanie et entra, le 16 octobre, dans Clausenbourg; ce qui engagea le prince Apaffi et les États du pays à signer, le 27 du même mois à Blasendorf, un traité qui accordait l'occupation militaire de cette principauté à l'armée impériale. Toutes les places fortes lui furent remises. Le pays se chargea de l'entretien et du payement des troupes. Cependant le gouvernement civil fut laissé au prince sans restriction. La liberté de religion, les emplois d'administration politique, le droit des États de tenir des Diètes &c. furent confirmés. L'Empereur promit aussi que la Transylvanie serait comprise dans la future paix avec la Porte Ottomane, et qu'on stipulerait l'affranchissement du tribut que ce pays payait à la Turquie. Pendant cette même campagne, Valpo, Péter-Waradin, Carlowitz, Ujlak et Posséga en Esclavonie, Costainitza en Croatie, Palota et Erlau en Hongrie tombèrent au pouvoir des Impériaux.

Vers la fin d'octobre, la Diète, convoquée par l'Empereur, s'assembla dans Presbourg. Le prince *Joseph*, fils aîné de l'Empereur, fut élu *futur roi de Hongrie*, et couronné le 19 décembre. Par le diplôme inaugural du 8 décembre 1687 et le recez de la Diète du 25 janvier 1688, le *droit d'hérédité* de la Maison d'Autriche en Hongrie, comme aussi l'*ordre de succession* dans la ligne allemande, et après son extinction dans la ligne espagnole, furent confirmés. L'amnistie de l'année 1684 fut renouvelée; on n'en excepta que Tékély avec les

Hongrois qui tenaient encore alors son parti, et les déclara ennemis de la patrie. On assura encore une fois aux Protestants en Hongrie l'exercice libre de leur culte, qui leur avait déjà été accordée l'an 1681. Cependant les religionnaires en Croatie, en Dalmatie et en Esclavonie, furent exclus du droit de posséder des biens-fonds dans ces pays. C'est ainsi qu'après tant de combats, de ravages et de misères, la Hongrie prit enfin une forme monarchique, et renonça à cette anarchie qui l'exposait aux courses déprédatrices des Mahométans et aux fureurs des factions intestines. Les Hongrois préférèrent enfin leur repos à une liberté qui n'existait que dans leur imagination, et aimèrent mieux vivre heureux sous un roi *héréditaire* qu'opprimés par un maître qu'ils auraient élu. Si les États de ce beau royaume n'avaient pas embrassé ce sage parti, ils auraient essuyé tous les maux dont la Pologne fut plus tard le théâtre, et fini par être démembrés comme elle.

Le 18 janvier 1688, Munkacs se rendit par composition. On assigna à l'épouse de Tékély et aux enfants, issus de son premier mariage avec François Rakotzi, la ville de Vienne pour domicile. Elle et ses enfants conservèrent leur fortune. Tékély fut surpris et vaincu, le 6 février, par le général Hæussler, sur les bords de la Kőrös. Caraffa fut nommé commandant-général en Transylvanie. Une députation de la Diète, assemblée à Fogaras, signa, le 9 mai à Hermanstadt, un traité, par lequel la *Transylvanie* se mettait sous la protection de l'empereur Léopold et de ses descendants mâles, et renonçait solennellement à toute dépendance de la Porte. Le 15 juin, l'Empereur assura aux États le maintien de la liberté de religion et la bonne discipline militaire de ses troupes.

Les Janissaires avaient déposé le sultan *Mahomet IV* et élevé *Soliman III* sur le trône ottoman. Le désordre et la confusion, inséparables d'une telle révolution, empêchèrent la Porte de déployer la force et l'énergie nécessaire, pour défendre ses possessions en Hongrie. La grande armée impériale, que commandait l'électeur de Bavière, à la place du duc de Lorraine qui était tombé malade, conquit, le 19 mai, Albe royale; et Caraffa avec le corps transylvain s'empara de Lippa et de Lugos. L'armée principale enleva ensuite aussi Titel et parut, le 11 août, devant *Belgrade*, qu'elle emporta d'assaut, le 6 du mois suivant. Bientôt après, Sémendria tomba aussi. Le général Vétérani, qui avait remplacé Caraffa dans le commandement du corps transylvain, s'était porté par Caransébès et Orsova dans la contrée de Widdin et de Nicopolis, où il soutint plusieurs petits combats contre les Turcs et les troupes de Tékély. Le margrave Louis de Bade s'était avancé, au mois d'août, en Bosnie, avait battu le pacha de ce pays, pillé et brûlé Banyaluka, occupé et fortifié Zwornik. La grande armée venait précisément de recevoir l'ordre de marcher sur Nissa, lorsque la nouvelle que les Français s'étaient emparés de Philipsbourg, et menaçaient les cercles de l'Empire voisins, vint interrompre les opérations offensives des alliés. Tous les chefs et troupes auxiliaires allemands se mirent promptement en marche, pour aller défendre leurs propres foyers. Les troupes impériales et hongroises prirent les quartiers d'hiver en Serbie.

L'Empereur avait dès l'année 1683 requis le roi de France de se déclarer positivement, s'il consentait à ne pas inquiéter l'Empire pendant la guerre qu'on allait avoir avec la Turquie, afin qu'on pût combattre avec des forces inséparées l'ennemi héréditaire de la Chrétienté. Cette demande ayant été réitérée, pendant le siège de Vienne, l'ambassadeur de France à Ratisbonne déclara, au mois de juillet, que le roi son maître consentait à conclure la paix, ou une trêve de trente ans, mais à condition que l'Empire céderait à la France les pays allemands qui jusqu'au 1 août 1681 avaient été occupés par les Chambres de réunion. Les délibérations de la Diète continuèrent pendant plusieurs mois, sans que les États pussent se résoudre à ce dur sacrifice. Dans l'entrefaite, Louis XIV avait fait envahir, au mois d'août 1683, les Pays-Bas espagnols par trois corps d'armée, qui prirent Courtrai et Dixmunde, et bombardèrent Luxembourg. Cette agression injuste ayant naturellement amené une déclaration de guerre de la part de l'Espagne, Louis XIV offrit alors de nouveau la paix, qu'il voulait toutefois faire acheter par la cession de plusieurs places qui étaient de sa convenance. Comme l'Espagne refusait de souscrire à ce qu'elle appelait une véritable spoliation, Louis fit, en été 1684, ravager les Pays-Bas. Luxembourg et Trèves furent conquis, au mois de juin. La Hollande signa, dès le 29 juin, une suspension d'armes. L'Empereur, l'Empire et le roi d'Espagne, n'étant point dans ce temps-là en état de s'opposer aux usurpations de la France, conclurent, le 5 août à Ratisbonne, un traité d'armistice pour vingt ans avec cette Puissance. Pendant cet espace de temps, la France fut confirmée dans la possession de tous les pays, qu'elle avait enlevés jusqu'au 1 août 1681 à l'empire d'Allemagne. Les Français évacuèrent les endroits et districts dont ils s'étaient emparés plus tard, à la réserve de Strasbourg et de la batterie de Kehl. Mais des conquêtes faites dans les Pays-Bas, la France retint Luxembourg, Beaumont, Bouvines et Chimay.

Le roi de France enfreignit, immédiatement après, le traité par de nouvelles usurpations. Il fit, après la mort de l'électeur Charles du Palatinat (le 16 mai 1685), des prétentions sur tous les biens allodiaux de cette Maison, en faveur de la soeur du défunt, Charlotte-Élisabeth, mariée au duc Philippe d'Orléans, frère du roi. En outre, il fit confisquer les biens de l'ordre Teutonique en Alsace, en Lorraine et en Bourgogne, lesquels servirent à doter son ordre de Saint Lazare. Les chanoines de Strasbourg furent dépouillés de leurs domaines; l'université de Fribourg perdit ses revenus; on éleva près d'Huningue le Fort-Louis dans une île, appartenante à Bade-Durlach, et en 1686 on construisit sur le fleuve un pont de communication avec la rive germanique. Toutes les représentations de l'Empereur contre ces empiétements sur les droits et sur le territoire germaniques furent faites en pure parte. Comme Louis XIV, par un mépris arrogant de tous les principes de droit et d'équité, provoquait ses voisins à la guerre, plusieurs Puissances, entre autres la Hollande, la Suède et le Brandebourg, renouvelèrent leur union, et le 9 juillet 1686, l'Empereur et la Maison d'Autriche, puis le roi d'Espagne pour les Pays-Bas, le roi de Suède pour ses pays allemands, les électeurs de Bavière et de Saxe, et les autres princes saxons, ainsi que les cercles de Bavière, de Franconie et du Haut-Rhin, conclurent encore à Augsbourg une confédération pour trois ans, dont les membres s'engagèrent à mettre sur pied une armée de 40,000 hommes, et à maintenir de toute manière les traités de paix existants contre les prétentions de la France. Louis XIV protesta contre cette coalition, se plaignit de ce que l'Empereur lui enlevait tous ses alliés et n'attendait que la fin de la guerre turque pour traiter hostilement la France, invoqua, en janvier 1687, avec une feinte résignation l'entremise du souverain pontife, et s'offrit à convertir la trêve, conclue pour vingt ans à Ratisbonne, en une paix perpétuelle; mais il stipula, jetant ici la masque, pour première condition, que tous les pays enlevés jusqu'alors par la réunion, seraient pour jamais cédés à la France.

Après la mort de l'électeur Maximilien de Cologne (le 3 juin 1688), Louis XIV chercha à promouvoir à cette dignité le coadjuteur et évêque de Strasbourg, le cardinal de Furstenberg, entièrement dévoué à la France. Mais l'Empereur et l'Empire, comme aussi le pape Innocent XI, soutenaient le prince bavarois Joseph-Clément, évêque de Ratisbonne et de Frisingue. L'élection s'étant faite, le 19 juillet, il se trouva que les suffrages étaient partagés entre les deux candidats. Mais le pape et l'Empereur décidèrent en faveur du prince de Bavière qui fut admis, le 11 décembre, au Collège électoral. Furstenberg avait occupé Bonn, Kaiserwerth, Rhinberg, Neuss et autres endroits avec des troupes françaises, tandis que Cologne avait reçu dans ses murs quelques mille hommes, envoyés par l'électeur de Brandebourg et le comte palatin de Neubourg, pour former la garnison de la ville archiépiscopale. Alors la France déclara la guerre à l'Empereur et à l'Empire, et la justifia le mieux qu'elle put dans un manifeste, publié le 24 septembre 1688. Dès le lendemain, l'armée française, commandée par le Dauphin, marcha vers le Rhin et occupa Kaiserslautern, Spire, Worms, Mayence, Trèves, Heilbron, assiégea Philipsbourg, Heidelberg, Manheim et Frankenthal, et força ces places à se rendre. Seulement devant Coblence les Français furent repoussés. Ensuite un corps français pénétra en Franconie et en Souabe, ravagea ces contrées et occupa Stuttgard, dont les murs furent en partie renversés. Dans le même temps, Louis XIV s'était engagé dans une guerre avec tous ses autres voisins; savoir avec les Hollandais, parce qu'ils avaient placé, par leurs forces de terre et de mer, la Maison d'Orange sur le trône d'Angleterre; avec le nouveau roi d'Angleterre, Guillaume III d'Orange lui-même, et avec l'Espagne. D'après cela il paraissait, que l'armée germanique aurait d'autant moins de peine à chasser les ennemis du territoire de l'Empire. Mais la France eut recours à un moyen fort cruel, pour empêcher les Allemands de s'avancer au Rhin. Un ordre du roi, signé par le ministre Louvois, enjoignit aux Généraux français de tout réduire en cendres dans les pays allemands occupés par leurs troupes. Cet ordre barbare ne fut que trop fidèlement exécuté. Un grand nombre de villes, nommément Heidelberg, Manheim, Offenbourg, Kreuzenach, Germersheim, Bade, Radstadt, Spire, Worms et autres, et plusieurs centaines de villages furent pillés, les habitants maltraités, les ouvrages de fortification détruits et les maisons livrées aux flammes. Cependant cette dévastation, aussi atroce qu'impolitique, loin de produire l'effet que le gouvernement français s'en était promis, fut un puissant aiguillon, pour animer les peuples d'Allemagne non-seulement à garantir leurs propres foyers d'un sort pareil, mais à venger encore le traitement affreux fait à leurs concitoyens innocents. L'Empereur conclut plusieurs nouvelles alliances avec différents princes, savoir avec l'électeur de Bavière (le 4 mai), avec celui de Saxe (12 mai), avec les États-Généraux (le même jour), qui promirent aussi à l'Empereur de soutenir son droit de succession en Espagne, en cas que le roi Charles II vînt à mourir sans laisser d'enfants. Le roi d'Angleterre (20 décembre 1689), le duc de Savoye (4 juin 1690), et le roi d'Espagne même (6 juin 1690), accédèrent à ce traité avec la Hollande, parce que Louis XIV avait déjà alors laissé apercevoir l'intention de placer un de ses petits-fils sur le trône d'Espagne. Le roi de Danemark s'obligea, le 15 août 1689, à fournir un secours de 7000 hommes à l'Angleterre.

L'électeur Frédéric III de Brandebourg avait, vers le milieu du mois de mars 1689, effectivement commencé les hostilités sur les territoires de Liège et de Cologne, et après avoir vaincu les Français près de Neuss, il les avait expulsés, au mois de mai, de toutes les places de cette contrée. Le duc Charles de Lorraine, qui commandait en chef l'armée impériale et germanique réunie, forte de 60,000 hommes, reprit Mayence, le 11 septembre 1689, et l'électeur de Brandebourg se rendit maître de Bonn, le 12 du mois suivant.

En hiver 1689-1690, les électeurs de l'Empire élurent, le 24 janvier à Augsbourg, le roi *Joseph de Hongrie roi des Romains*, qui fut couronné le 26 janvier dans la même ville.

Le duc Charles de Lorraine¹) étant mort le 18 avril 1690 à Wels, l'électeur Maximilien II Emmanuel de Bavière prit le commandement de l'armée germanique, qui comptait alors 70,000 combattants. Dans les Pays-Bas, le maréchal de Luxembourg remporta, le 1 juillet près de Fleurus, la victoire sur l'armée combinée d'Angleterre, de Hollande et d'Espagne, sous les ordres du prince de Waldeck. Comme cette défaite obligea l'électeur de Bavière à détacher une partie de ses troupes, pour renforcer les alliés dans les Pays-Bas, il ne put ni exécuter l'attaque qu'il voulait entreprendre sur Huningue, ni empêcher le Dauphin de franchir le haut Rhin. Cependant les deux armées se mirent en quartiers d'hiver, sans avoir livré aucun combat important. Louis XIV avait envoyé contre le duc de Savoye un corps d'armée, sous le général Catinat qui défit le duc, le 18 août, dans le voisinage de Staf-

---

¹) Ce prince, placé par ses vertus et ses talents au rang des plus grands hommes que son siècle ait produits, fut vivement regretté de toute l'Allemagne, et de la Maison d'Autriche en particulier, dont il était le plus fidèle allié et le plus vaillant défenseur. Son ennemi même, Louis XIV, ne put s'empêcher de faire son éloge. En apprenant la mort du duc, il dit que la moindre qualité de Charles était celle de prince, et qu'il avait eu en lui le plus redoutable, le plus sage et le plus généreux de ses adversaires.

farda, et s'empara d'une grande partie de la Savoye et du Piémont.

Au mois de mars 1691, le grand conseil de guerre des alliés, tenu à la Haye, prit la résolution d'employer 120,000 hommes contre la France; mais Louis XIV ne laissa point aux alliés le temps d'exécuter leur dessein. Il conquit, le 9 avril, Mons et ensuite tout le Hainaut. Cependant le roi Guillaume d'Angleterre, qui commandait l'armée alliée en Flandre, arrêta les progrès de l'ennemi. L'armée de l'Empire, dont Jean-Georges III de Saxe était alors le chef principal, passa, le 8 juillet, le Rhin et alla camper près de Frankenthal et d'Oberrhein; de Lorges avec les Français était placé derrière les lignes de la Queich. Inactifs et désunis entre eux, les Généraux allemands n'empêchèrent point de Lorges d'entreprendre une expédition au delà du Rhin près de Philipsbourg, et de piller Durlach, Pforzheim et Reutlingen. L'armée germanique marcha enfin, le 5 août, sur la rive droite du Rhin, et repoussa les Français jusqu'à Fort-Louis. En Italie, Catinat avait pris Nice et Carmagnole, et menaça Turin. Mais Cunéo qu'assiégaient les Français, fut délivré par le général impérial *prince Eugène de Savoye* [1]). L'élec-

---

[1]) *François-Eugène de Savoye*, petit-fils de Charles-Emmanuel le-Grand et fils d'Eugène-Maurice de Savoye, comte de Soissons, et d'Olimpe Mancini, nièce du cardinal Mazarin, naquit à Paris en 1663. D'abord destiné à l'état ecclésiastique, il demanda à Louis XIV une compagnie de cavalerie. Cette charge lui ayant été refusée, parce que le ministre Louvois était l'ennemi de sa famille, il entra, après des offenses réitérées, en 1683 au service de l'Empereur en qualité de volontaire pour combattre les Turcs. Le prince de Bade, qui prévoyait dès lors ce qu'Eugène serait un jour, le présenta à l'empereur Léopold en lui disant: *Sire, voici un jeune Savoyard que j'ai l'honneur de recommander à Votre Majesté, et qui m'a l'air d'égaler, avec le temps, tout ce qu'il y a eu jusqu'aujourd'hui de grands capitaines.* Le monarque fit au jeune prince un accueil fort gracieux et lui donna, au lieu de la compagnie qu'il n'avait pu obtenir en France, un régiment de dragons. Lorsque

teur de Bavière arriva en automne avec 20,000 hommes en Piémont, et reconquit Carmagnole. Le duc de Savoye avait déjà auparavant commencé des négociations avec la France, qui toutefois furent rompues après cet heureux événement. Catinat acheva par la prise de Montmélian la conquête de la Savoye.

En été 1692 les Français s'emparèrent de Namur et défirent, le 3 août près de Steenkerken, le roi d'Angleterre et l'électeur de Bavière qui, en décembre 1691, avait été nommé gouverneur-général des Pays-Bas espagnols. En revanche les Anglais et les Hollandais détruisirent, le 29 mai près de la Hogue, la flotte française, qui voulait faire une descente en Angleterre et rétablir Jacques II sur le trône. L'armée de l'Empire avait alors pour général en chef le margrave Chrétien-Erneste de Baireuth, qui laissa passer tout l'été sans tenter une attaque contre le général français de Lorges, bien que ce dernier lui fût beaucoup inférieur en forces. Au commencement de septembre, le margrave et le landgrave de Hesse-Cassel, qui s'était joint à lui, passèrent le Rhin près de Manheim; mais ils n'osèrent pas attaquer les Français dans la position qu'ils occupaient sur les bords de la Speyerbach. Le margrave repassa bientôt le fleuve et retourna à Manheim; le landgrave se dirigea vers Kreutzenach, et fit le siège d'Ebernbourg. De Lorges alors traversa également le Rhin près de Fort-Louis, et enleva Pforzheim. Le margrave avait envoyé le duc Frédéric-Charles, administrateur de Wurtemberg avec 4000 hommes au secours de cette place; mais le duc fut surpris, le

---

Louis XIV apprit qu'Eugène était allé servir l'Empereur, il dit en souriant à ses courtisans: *Ne trouvez-vous pas que j'ai fait là une grande perte?* Mais lorsqu'il vit *le petit abbé de Savoye*, comme il appelait le prince Eugène, à la tête de l'armée impériale, couvert de lauriers, il regretta trop tard d'avoir rebuté le jeune héros.

17 septembre près d'Oettisheim, et fait prisonnier. De Lorges s'étant approché au mois d'octobre d'Ebernbourg, le landgrave se retira également sur la rive droite du Rhin. Le 1 janvier 1693, le landgrave dégagea la forteresse de Rhinfels, dont le général français Tallard faisait le siège. Le duc de Savoye pénétra, au mois d'août, en Dauphiné, s'empara d'Embrun, et après avoir ravagé le pays, il retourna en Piémont.

L'Empereur avait conclu, le 22 mars 1692, avec les ducs de Brunswick-Lunebourg, une alliance par laquelle ces princes s'engageaient à fournir, outre leur contingent ordinaire, encore deux à trois mille hommes contre les Français, et à soutenir aussi l'Empereur dans la guerre turque par un corps auxiliaire de 6000 hommes et une somme de 500,000 florins. En retour Léopold créa une *neuvième dignité électorale* en faveur de la Maison de *Brunswick-Lunebourg*. Dans un traité particulier, signé le même jour, les ducs assurèrent à la Maison d'Autriche leur secours d'armes pour maintenir la succession d'Espagne, et leurs suffrages dans la future élection d'un empereur. Cette élévation de la Maison de Brunswick trouva une forte opposition dans le Conseil des électeurs, mais encore davantage dans celui des princes de l'Empire; et cette nouvelle dignité électorale ne fut reconnue par les Puissances étrangères que bien des années après, au congrès de Ryswick, et par les États de l'Allemagne plus tard encore. Dans une convention, faite le 2 février 1693, l'électeur Jean-Georges IV de Saxe s'obligea à joindre 12,000 hommes de ses troupes à l'armée impériale du Rhin.

Louis XIV, las enfin de faire la guerre à tant de Puissances à la fois, offrit en secret la paix et un accommodement tour à tour au duc de Savoye, à l'Empire germanique, à l'Empereur, aux rois d'Espagne et d'Angleterre, et à la république de Hollande. Mais il se montrait en même temps si peu disposé à renoncer à ses usurpations, qu'aucune de ces Puissances n'écouta ses propositions. Les hostilités furent continuées fort activement pendant ces négociations. L'Empereur conféra le commandement en chef de l'armée du Rhin au prince Louis de Bade. Ce Général choisit avec son armée, à peine forte de 30,000 hommes, une excellente position près de Heilbron, et fit fortifier cette ville et le camp. Vers le milieu de mai, l'armée française, sous le maréchal de Lorges, passa le Rhin, enleva par surprise Heidelberg, et s'avança en juillet vers Heilbron; mais n'osant attaquer cette forte position, il marcha par le pays de Wurtemberg dans la Hesse, où il conquit Zwingenberg et rançonna Darmstadt. Après que le Dauphin eut rejoint avec 15,000 hommes cette armée, de Lorges se dirigea encore une fois vers Heilbron. Mais comme dans le temps intermédiaire le prince Louis avait été considérablement renforcé par des Hessois, des Palatins, des Brandebourgeois et des Saxons, de Lorges se vit obligé de renoncer à son dessein et de repasser le Rhin. Dans les Pays-Bas, les Français se rendirent maîtres de Furnes, de Dixmunde, de Huy, en enfin de Charleroi, après qu'ils eurent vaincu le roi Guillaume d'Angleterre près de Neerwinden, le 29 juillet 1693. En Italie, de duc de Savoye fut défait par Catinat près de Marsaglia, le 4 octobre de la même année.

L'année suivante, au mois de juin, le prince de Bade repoussa glorieusement, dans la position près Heilbron, l'attaque du maréchal de Lorges qui avait passé le Rhin près de Philipsbourg, puis celle que le Dauphin entreprit avec la force principale, poursuivit en septembre les Français au delà du Rhin, mais se retira, après huit jours, de nouveau dans son ancienne position. Dans les Pays-Bas, les alliés reconquirent, le 30 septembre, la ville de Huy. En Italie, le duc de Savoye, qui avait entamé en secret des négociations avec la France, resta dans une inaction complète. La flotte batavo-anglaise avait bombardé les ports français de Dieppe, de Havre de Grâce, de Dunkerque et de Calais. Le nouvel électeur de Saxe, Frédéric-Auguste avait, le 2 juin 1694, renouvelé l'alliance, faite par son frère avec l'Empereur. Le 10 décembre de la même année, il fut conclu un traité entre ce monarque et l'électeur Frédéric de Brandebourg. Ce prince restitua le cercle de Schwibus en Silésie à l'Empereur, qui lui donna en retour 100,000 écus, le reconnut pour duc souverain de Prusse, et lui concéda l'expectative de la seigneurie de Limbourg, ainsi que de la principauté d'Ost-Frise. La grande ligue de 1689, dans laquelle entra aussi, le 18 mars 1695, l'évêque de Munster, fut renouvelée, le 8 août à la Haye, par l'Empereur et la Hollande. Bientôt après, les rois d'Espagne et d'Angleterre, les ducs de Lorraine, de Savoye et de Brandebourg accédèrent à cette coalition. Le 24 janvier 1697, les six cercles de l'Empire: la Bavière, la Souabe, la Franconie, le Haut-Rhin, le Palatinat du Rhin et la Westphalie, formèrent une association pour leur défense réciproque, et s'unirent pour mettre et tenir sur pied une armée permanente, qui devait consister en 60,000 hommes pendant cette guerre, et en 40,000 hommes après la conclusion de la paix. Les campagnes de 1695 et 1696 ne furent marquées par aucun événement important. À quelques escarmouches et petits combats près, les armées de France, comme celles des alliés, restèrent constamment dans l'inaction, sans chercher à rien entreprendre l'une sur l'autre.

Le roi de France, forcé de charger ses peuples de nouveaux impôts pour continuer la guerre, et désirant d'ailleurs avoir quelque loisir pour se préparer en repos à l'exécution des vastes projets qu'il avait formés sur l'Espagne, s'efforça sérieusement à terminer cette querelle si longue et si opiniâtre. Par conséquent il commença par faire une paix séparée avec le duc de Savoye. Par le traité, signé à Turin le 29 août 1696, le roi Louis XIV rendit au duc les forteresses qui lui avaient été enlevées, et lui céda la ville et le territoire de Pignérole. La princesse Marie-Adélaïde, fille aînée du duc de Savoye, fut mariée au duc Louis de Bourgogne, l'aîné des petits-fils du roi de France.

Pendant qu'on entamait aussi des négociations avec les autres Puissances, relativement à une paix générale, les hostilités furent continuées de toutes parts. Les Français conquirent Ath en Hainaut et Barcelone en Catalogne. Le prince de Bade qui, faute d'argent et de vivres, se vit pendant longtemps hors d'état de tenter quelque opération importante, franchit enfin, vers la fin du mois d'août, le Rhin près de Mayence, et se rendit maître d'Ebernbourg; ensuite il se dirigea sur Kyrn; mais il fut interrompu, le 27 septembre, dans sa marche par l'annonce qu'une suspension d'armes venait d'être conclue.

Sous la médiation de la Suède, un congrès avait été formellement ouvert, le 9 mai 1697, au château de Nieubourg près du village de Ryswick, entre la Haye et Delft. Les envoyés de l'Empereur, des rois de France, d'Espagne et d'Angleterre, de la Hollande et de l'Empire germanique y étaient assemblés. La principale difficulté était, que Louis XIV voulait qu'on prît la paix de Nimègue pour base des traités, tandis que l'Empereur et l'Empire exigeaient que ce fût la paix de Westphalie. Mais ces derniers restèrent seuls contre la France, attendu que la Hollande, l'Angleterre et l'Espagne avaient déjà signé, dès le 20 septembre 1697, des traités de paix séparés. La France rendit à ces trois Puissances toutes les places et tous les territoires, conquis ou occupés par les réunions depuis la paix de Nimègue. Elle reconnut aussi Guillaume III pour roi légitime d'Angleterre, et promit de ne plus prêter aucun secours aux Stuarts, pour reconquérir les îles britanniques.

L'Empereur et l'Empire conclurent alors, le 22 septembre 1697, un armistice; et dès le 30 du mois suivant la paix avec la France fut également signée. Cette Puissance restitua à l'Empereur et à l'Empire les conquêtes qu'elle avait faites en Allemagne dans la dernière guerre, comme aussi les villes et les districts qu'elle s'était appropriés, hors de l'Alsace, en vertu des jugements rendus par les Chambres de réunion, leur abandonna les forteresses de Kehl et de Philipsbourg, céda Fribourg et Brisac à la Maison d'Autriche et eut en revanche Strasbourg et le territoire de cette ville situé sur la rive gauche du Rhin. Le duc Léopold de Lorraine fut également rétabli dans la possession de ses États héréditaires; mais on stipula en même temps, que les fortifications de Nancy, de Bitsch et de Hombourg seraient démolies; que Saarlouis et Longwy seraient laissés à la France par échange contre d'autres domaines, et qu'on accorderait aux troupes françaises le libre passage par la Lorraine. Ce traité de paix fut ratifié par l'Empereur et l'Empire, le 12 décembre de l'année 1697.

Le sultan *Soliman III* avait, au commencement de 1689, offert la paix à l'Empereur, et consenti à le laisser en possession de toutes les conquêtes faites en Hongrie et en Transylvanie. Il insistait seulement sur la restitution de la forteresse de Belgrade, pour laquelle il offrit Témeswar en échange. Mais l'Empereur exigea pour Belgrade toute la Valachie. Cette demande et les conditions outrées que firent le roi de Pologne et la république de Venise, mirent fin aux négociations et rallumèrent le feu de la guerre. Le margrave Louis de Bade prit le commandement de l'armée impériale. Quoique celle-ci eût été fort affaiblie par le départ d'un grand nombre de troupes pour le Rhin, ce vaillant prince conquit néanmoins, dès le 15 janvier 1689, la forteresse de Szigeth, vainquit, au mois d'août, le sérasquier [1]) ottoman en Serbie près de Patasch, sur le chemin de Nissa, défit cette armée une seconde fois, le 25 septembre, enleva Nissa, et au mois d'octobre Widdin. Le lieutenant-général Piccolomini se répandit de Nissa à droite, par Fetislava, Novibazar et Kossovo, jusqu'à Pristina, et gagna si bien les Serbiens et une partie des Albanais, qu'ils se montrèrent disposés à prendre les armes contre les Turcs. La mort de Piccolomini à Pristina interrompit les progrès de ces négociations importantes, et le duc Charles de Holstein, qui le remplaça dans le commandement, ne sut point inspirer la même confiance à ces nations.

Le général Hæussler avait hiverné avec un corps de troupes dans la Valachie. Mais une armée turco-tatare ayant anéanti le corps du général Strasser, le 1 janvier 1690, près de Katzianeck, Hæussler se vit également contraint de se retirer en Transylvanie. Le 9 avril, Canissa fut réduit par les Impériaux, qui investirent ensuite le Grand-Waradin. Le vieux prince Apaffi mourut le 14 avril. Le grand vizir Mustapha Kuprogli effectua que *Tékély* fût de nouveau nommé prince de Transylvanie et envoyé avec 16,000 Turcs dans ce pays. Le général Hæussler voulut lui en disputer l'entrée; mais il fut vaincu, le 21 août, entre Zerness et Tobau, par Tékély qui avait pénétré en Transylvanie par le défilé de Terzbourg, et tomba au pouvoir de l'ennemi [2]). Le 12 septembre, Tékély

---

[1]) Général d'armée ou commandant.
[2]) Ce Général fut échangé quelque temps après contre la comtesse Tékély, qui alla rejoindre son époux.

prit dans le village de Grossau possession de la principauté. À la nouvelle de ces événements, le margrave de Bade, qui jugeait la conservation de la Transylvanie préférable à celle de la Serbie, quitta au mois d'août cette dernière province, et se joignit à l'armée principale en Hongrie. Il fit couvrir la haute Hongrie par le général Nigrelli, dans la position près de Szolnok, marcha en Transylvanie, et força Tékély à se retirer en Valachie. Alors le grand vizir, n'ayant plus d'autre ennemi en tête que Vétérani, que le prince de Bade avait laissé avec un corps de troupes en Serbie, se présenta devant Nissa qui ne tint que peu de jours. Il reprit avec la même facilité Widdin et les autres places de la Serbie. Les Turcs, ayant tenté de pénétrer en Transylvanie près de Clausenbourg, reculèrent, il est vrai, devant la force supérieure du margrave de Bade; mais ils ne s'en rendirent pas moins maîtres de Lippa, de Lugos, de Caransébès, et dégagèrent en outre le Grand-Waradin, assiégé par les Impériaux. Sur ces entrefaites, le margrave de Bade revenait en diligence de Transylvanie, espérant d'arriver à temps pour dégager Belgrade, investi par les Ottomans. Mais cette forteresse importante s'était déjà rendue, le 8 octobre, après une faible résistance. Après avoir conquis, quelque temps après, Orsova, Brod, Posséga et Vélika, les Turcs entreprirent une attaque sur Essek, mais ils furent repoussés par le général de Starhemberg. Le margrave de Bade, n'ayant pu sauver Belgrade, s'était dirigé vers Essek, déterminé à livrer bataille aux Turcs; mais ils ne l'attendirent point et se retirèrent, au commencement du mois de novembre, avec la plus grande précipitation, sous prétexte qu'il était temps d'entrer en quartiers d'hiver [1]). Lorsque les troupes impériales furent obligées d'aban-

---

[1]) Les Turcs sont dans l'usage de ne pas tenir la campagne au delà des premiers jours de novembre.

donner la Serbie, trente mille familles serbiennes et albanaises les suivirent, et furent établies en Sirmie et en Esclavonie. Des octrois impériaux leur assurèrent en 1690 et 1691 l'exercice libre de leur rit grec.

L'année suivante (1691), le grand vizir, que Tékély était venu rejoindre avec ses troupes, après avoir fait d'inutiles efforts pour rentrer en Transylvanie, passa la Save près de Belgrade, sur la fin de juillet. Il vint se poster dans un endroit presque inaccessible, à peu de distance du camp des Impériaux. Profitant de sa supériorité, il envoya des détachements considérables sur les derrières de l'armée chrétienne pour lui couper les vivres. Cette manoeuvre lui réussit à un tel point, que la disette la plus affreuse se fit sentir dans le camp des Impériaux. Dans cette perplexité, le margrave de Bade, qui continuait à commander l'armée impériale, assembla un Conseil de guerre, dont le résultat fut d'aller attaquer l'ennemi nonobstant l'avantage de sa position. L'action commença le 19 août 1691 près de Szalankamen, à trois heures après midi. Les Impériaux furent d'abord repoussés ; mais la mort du grand vizir, qui fut tué dans le combat, ayant jeté la confusion parmi les Ottomans, les Chrétiens remportèrent une victoire complète. Lippa, puis Brod, Gradisca et autres forteresses en Esclavonie furent conquises, et le Grand-Waradin investi de nouveau. Vétérani repoussa, au printemps, Tékély qui voulait pénétrer par le défilé de la porte ruge (*Rothenthurmpass*) en Transylvanie. Le 22 juin, *Soliman III* avait cessé de vivre, son frère *Achmet II* le suivit sur le trône. Le général Hæussler se rendit maître du Grand-Waradin, le 5 juin 1692. Il fut secondé dans cette entreprise par des Heiduques et des Serbiens. Le pacha de Belgrade réduisit la garnison impériale de la caverne vétéranienne ainsi dite (*Veteranische Höhle*), sur la rive gauche du Danube, à six lieues au-dessus de Neuf-Orsova. La force principale du margrave de Bade, qui ne s'était entièrement rassemblée qu'au mois de septembre, fut tenue dans l'inaction par les épidémies qui régnaient dans cette armée et faisaient chaque jour de plus grands progrès. En attendant, le margrave fit augmenter les ouvrages de fortification de Péter-Waradin.

Dans les mois d'avril et de mai 1693, l'Empereur régla définitivement, sur les propositions des États de Transylvanie, les affaires de religion et de justice, l'administration civile intérieure, les Diètes, les contributions et impôts, l'occupation militaire, et les rapports des différents tribus établis en Transylvanie. Les Diètes suivantes s'occupèrent avec beaucoup d'activité à exécuter effectivement toutes ces dispositions. Le général Hæussler, qui commandait le corps d'armée impérial dans la haute Hongrie près du Grand-Waradin, conquit en été Jénő et Villagosvar. Le prince de Croy, général des Impériaux, commença, le 23 juillet, le siège de Belgrade. Les Turcs avaient depuis peu augmenté les fortifications de cette place, et elle était défendue par une garnison nombreuse qui résista à tous les efforts que les Chrétiens firent pendant cinq semaines pour la réduire. Enfin le grand vizir, qui avait eu d'abord l'intention de marcher en Transylvanie, ayant changé de plan, et s'étant avancé vers Belgrade avec des forces supérieures, le prince de Croy se vit contraint de lever le siège, et de se retirer sous le canon de Péter-Waradin. Dans cette année, de même que dans l'année suivante 1604, les troupes auxiliaires de l'Empire n'arrivèrent que vers la fin de la campagne en Hongrie. Le général Caprara commanda 1694 l'armée principale, qui ne comptait que 26,000 hommes. Le grand vizir la tint renfermée dans son camp près de Péter-Waradin jusqu'à la fin du mois de septembre. Les Impériaux prirent, dans les derniers jours de l'année, Gyula par famine.

Le sultan Achmet II étant mort, le 27 janvier 1695, le jeune et vigoureux *Mustapha II* le suivit dans le gouvernement. L'électeur Frédéric-Auguste de Saxe fut investi du commandement général dans la haute Hongrie. L'armée impériale, qui ne fut rassemblée qu'au mois d'août, entre Carlowitz et Péter-Waradin, se montait à 50,000 combattants. Vétérani avec un corps de 7000 hommes couvrait près de Caransébès la Transylvanie. Le sultan emporta en septembre Lippa d'assaut, et se posta ensuite avec sa force principale dans le voisinage de Témeswar, par où il menaçait Péter-Waradin et Titel. Le beglerbey de Rumélie, Mahomet Oglou, marcha contre la position de Péter-Waradin. L'électeur se borna à couvrir cette ville. Après la réduction de Lippa, 25,000 Turcs vinrent fondre, le 21 septembre, sur le général Vétérani qui, après avoir fait des prodiges de valeur, succomba enfin sous la supériorité du nombre. Il perdit la vie dans cette action. Ses principaux officiers et toute son infanterie éprouvèrent le même sort. Mais le général Truchsess avec la cavalerie se fit jour au travers des ennemis, et gagna la Transylvanie. Après cet événement, le sultan se mit en marche pour retourner à Adrinople. Une faction en Transylvanie chercha dans l'intervalle à élever le jeune *Apaffi* à la principauté. Pour prévenir ces intrigues, une grande partie de l'armée impériale prit les quartiers d'hiver dans ce pays. L'année suivante, Apaffi fut appelé à Vienne, où il renonça ensuite à toutes les prétentions qui concernaient le gouvernement de la Transylvanie, et mourut 1713, sans laisser d'enfants.

La campagne de 1696 commença par des courses que fit Adam Bathiany, ban de Croatie, sur le territoire ottoman, et par les préparatifs de l'électeur de Saxe pour le siège de Témeswar. Mais le sultan accourut en personne au secours de cette place. Il offrit, le 29 août près d'Olaschin, la bataille à l'électeur, qui l'accepta. La cavalerie impériale fut fort maltraitée. L'infanterie combattit avec beaucoup de bravoure; mais elle aurait probablement succombé sous les efforts de l'ennemi infiniment supérieur en nombre, si la nuit n'était venue mettre fin au combat. L'électeur se retira le jour suivant. Comme l'armée impériale reçut des renforts, le sultan, ne jugeant pas à propos de pousser plus loin ses opérations, cette année-ci, reprit la route de Constantinople, sans vouloir céder aux instances que Tékély lui fit d'attaquer la Transylvanie. L'électeur Frédéric-Auguste de Saxe remit alors le commandement au général Caprara et fut élevé, le 15 septembre, par l'élection des États sur le trône de Pologne.

Dans l'année 1697, des partisans de Tékély suscitèrent des troubles dans plusieurs contrées de la Hongrie, surtout dans les comitats arrosés par la Teisse. Les révoltés surprirent Patak et Tokai, et firent main basse sur les garnisons allemandes de ces places. Mais ils furent bientôt attaqués et dispersés par plusieurs divisions de troupes impériales. Cette sédition apaisée, le *prince Eugène de Savoye*, à qui l'Empereur avait confié le commandement en chef, rassembla son armée, forte d'environ 50,000 hommes et vint occuper le fameux camp de Péter-Waradin. Tékély ayant fortement pressé le sultan de passer la Maros et d'assiéger le Grand-Waradin dont la prise lui aurait facilité la conquête de la Transylvanie, le Grand-Seigneur prit la route de Szégédin, en remontant la Teisse. Arrivé à la hauteur de Zenta, il fit jeter un pont sur la rivière, et la fit traverser par la plus grande partie de son armée. Le prince Eugène, qui observait tous les mouvements de l'ennemi, s'apercevant de la faute que venait de faire le sultan en partageant ses forces, attaqua, malgré la défense expresse que l'Empereur lui avait faite, le 11 septembre l'armée ottomane, campée en deça de la Teisse, persuadé que son succès lui ferait pardonner sa désobéissance. Il força les retranchements des Turcs et en fit un carnage affreux. Le grand vizir, l'aga des Janissaires, un grand nombre de pachas et trente mille Turcs périrent dans cette journée. La victoire fut d'autant plus complète que la perte des Impériaux, selon le rapport des différents historiens, n'excédait pas mille hommes. Mustapha II se réfugia à Belgrade. Son artillerie, ses bagages, sa caisse militaire, furent la proie des Impériaux. Après cette victoire éclatante, le prince Eugène fit une grande excursion en Bosnie, où il s'empara de plusieurs châteaux, pilla et brûla Sarajévo, capitale du pays. Il abandonna ensuite cette contrée, et après avoir distribué ses troupes dans les quartiers qu'elles avaient occupés l'hiver précédent, il partit pour Vienne. Léopold le reçut d'un front sérieux; et à peine Eugène fut-il rentré chez lui, que le comte de Schlick vint lui demander son épée. „La voici, répond le prince avec un sourire noble; elle est encore fumante du sang des ennemis. Portez-la à l'Empereur et dites-lui que je consens à ne la reprendre jamais, si ce n'est pour lui rendre de nouveaux services." Cependant le Conseil s'assemble. Le comte Caprara et tous ceux qui sont envieux de la gloire du héros, demandent qu'on lui fasse son procès, pour avoir enfreint les ordres du Souverain. Tous parlent de sa désobéissance, aucun de sa victoire. Mais l'Empereur répondit: „À Dieu ne plaise que je traite comme un malfaiteur un prince, par qui le Ciel m'a comblé de tant de faveurs." Eugène fut non-seulement renvoyé absous, mais Léopold lui donna les plus grands éloges, et lui continua le commandement de son armée avec la liberté d'agir comme il le jugerait à propos.

La Porte Ottomane, que les derniers revers avaient rendue plus traitable, ayant accepté l'entremise que l'Angleterre et la Hollande lui avaient offerte pour rétablir la paix, on ouvrit, en octobre 1698 à Carlowitz, des conférences, auxquelles assistèrent les ambassadeurs d'Autriche, de Pologne, de Russie, de Venise, de Turquie, comme aussi les ministres d'Angleterre et de Hollande, ces derniers comme médiateurs. Le 26 janvier 1699, on signa une paix de vingt-cinq ans. La possession de la *Transylvanie* [1]) et de tous les districts, qui en dernier

---

[1]) Comme depuis la paix de Carlowitz la Transylvanie resta réunie pour toujours à la couronne d'Autriche, je donne ici, conformément au plan de cet ouvrage, une courte notice de ce pays depuis les temps primitifs jusqu'à l'époque où son histoire se lie à celle de Hongrie. La *Transylvanie* appartenait du temps des Romains à la *Dacie*, conquise par l'empereur Trajan. Au déclin de l'Empire romain, cette contrée servit successivement de gite aux Huns, aux Ostrogoths, aux Gépides et aux Lombards, jusqu'à ce que les Bulgares et les Avares se rendirent maitres du pays. Dans le VIème siècle les Petschenègues, alliés avec les Bulgares, enlevèrent la Transylvanie aux Avares et divisèrent ce pays, auquel appartenaient aussi la Moldavie, la Valachie et une partie de la Hongrie, en trois provinces dont une, appelée *Erdem* ou *Erdély*, comprenait la Transylvanie. En 894, les Petschenègues, sous Léontin, furent vaincus par Arpad et poussés dans les montagnes frontières à l'orient du pays, où ils s'établirent, et où leurs descendants, sous le nom de *Szeklers*, se sont maintenus jusqu'à ce jour. Les Hongrois subjuguèrent peu à peu les Petschenègues, et partagèrent le pays en différentes provinces, auxquelles furent préposés des vayvodes, qui se rendirent bientôt indépendants des vayvodes supérieurs. L'un d'entre eux, *Giala* l'ainé, régnait sur la province ou vayvodie de Gyla dont la Transylvanie faisait aussi partie. Il adopta le Christianisme; mais *Giala* le cadet, son cousin et successeur, l'extirpa de nouveau. Par cette raison, le roi Étienne I de Hongrie le combattit (1008), le fit prisonnier avec ses fils, lui enleva ses trésors et réunit le pays à la Hongrie. En 1089 les Cumans envahirent la Transylvanie, conquirent et ravagèrent le pays; mais l'année suivante, le roi Ladislas vainquit et extermina leur armée. Peu de temps après, le roi ou prince des Cumans ayant voulu faire valoir ses droits sur la possession de la Transylvanie, fut défait et forcé à embrasser la religion chrétienne, comme aussi de reconnaitre la suzeraineté du royaume de Hongrie. Les Petschenègues possédaient la partie du

lieu étaient encore réunis à ce pays, fut assurée à l'Empereur, et celle du *district de Témeswar*, entre la Teisse,

nord-est de la Transylvanie, qu'ils avaient divisée en huit cercles ou Sièges (*Szeck*), d'où est provenu leur nom de *Szeklers*. La partie du nord-ouest du pays était entièrement déserte. Pour la peupler, le roi Geisa y appela en 1143 un grand nombre d'habitants de la Flandre et du Bas-Rhin, que des inondations effroyables avaient contraints de s'expatrier. Il leur concéda de grands privilèges et leur donna une constitution nationale particulière, ainsi que des terres et biens-fonds libres. Mais, comme ces colons ne s'entendaient point à l'exploitation des mines, on en aura, par cette raison, probablement fait venir aussi de la haute Saxe et surtout de la Thuringe, d'où plus tard tous les Allemands établis en Transylvanie reçurent le nom de *Saxons*. Ces nouveaux habitants cultivèrent les champs, les vignes et les mines avec tant de diligence, que le pays devint bientôt très-florissant. Ils y bâtirent plusieurs places fortes, nommément Medwis 1146, Muhlbach 1150, Hermanstadt 1160, Schæsbourg 1168, Clausenbourg 1178, Bross et Reismark 1200, Cronstadt 1203, Bistritz 1206. Les Szeklers obtinrent également une constitution convenable à leurs moeurs et à leurs usages. Ils étaient chargés de la défense des frontières, et obéissaient à des chefs particuliers de leur nation, appelés *Primores*; une seconde classe étaient les *primipili*, qui formaient la basse Noblesse; la troisième classe était celle des plébéiens, qu'on nommait aussi *Darabantes (Trabans)*. Leurs juges et leurs capitaines étaient nommés par le roi. La justice chez les Saxons fut au commencement administrée dans sept Sièges ou juridictions; c'est de là, et non de la montagne dite *Siebengebirge* près Bonn, comme quelques-uns se l'imaginent, que le pays fut appelé en allemand *Siebenbürgen*. Le nom latin de *Transylvania* (auparavant *Terra ultra silvas, Partes transilvaniae*), lui fut donné depuis le XIIème siècle par ses voisins, les Hongrois, à cause des vastes forêts qui le séparent de la Hongrie. Le comte supérieur de Hermanstadt, que la nation choisissait elle-même, était le juge suprême; le vayvode royal n'avait que le commandement général de l'armée, et ne pouvait s'arrêter dans le pays qu'en temps de guerre et à des jours fixés. La prospérité dont jouissait depuis un siècle la Transylvanie, fut interrompue par l'invasion que fit en 1240 Kadan, kan des Mogols. À la vérité les Transylvains se défendirent courageusement dans leurs villes fortes et châteaux; mais le plat pays fut ravagé de la manière la plus cruelle par les ennemis, qui égorgèrent ou emmenèrent en esclavage un grand nombre d'habitants. — Indépendamment des *Szeklers* et des *Saxons*, plusieurs autres peuples différents habitent la Transylvanie. Ce sont des *Hongrois*, des *Valaques*, des *Bulgares*, des *Arméniens*, des *Grecs*, des *Serbiens*, des *Polonais*, des *Juifs* et des *Zigains* ou *Zingares*. Parmi les nations les plus la Maros et le Danube, confirmée aux Turcs. On interdit à Tékély et à ses adhérents, encore émigrés, le retour

anciennes, les Valaques occupent le premier rang *). On peut les évaluer à plus de la moitié des habitants de la Transylvanie; sous le rapport du nombre, les Szeklers sont au second, les Saxons au troisième et les Hongrois au quatrième rang. Les autres nations sont peu nombreuses. Tous ces différents peuples, quoique habitants des mêmes contrées, souvent des mêmes villages, vivent isolés les uns des autres et n'ont de commun dans le caractère que la persévérance opiniâtre avec laquelle chacun reste invariablement attaché aux coutumes, au genre de vie et aux préjugés nationaux qui les distinguent. Quoique les vayvodes de Transylvanie n'eussent que peu d'autorité dans le pays même, ils étaient cependant fort puissants par les grands biens et domaines qu'ils possédaient ailleurs, ainsi que par leur position, comme gardes et défenseurs des frontières, et devinrent souvent dangereux au pouvoir royal. On a vu dans le cours de cette histoire, que le vayvode *Ladislas Apor* poussa la hardiesse jusqu'à faire prisonnier Othon-Béla de Bavière, élu roi de Hongrie, lorsque ce prince vint 1310 en Transylvanie, et lui enlever les insignes royaux, qu'il ne rendit qu'après que le pape l'eut excommunié et eut mis la Transylvanie en interdit. À l'avénement du roi Louis I de Hongrie (1342), le vayvode *Thomas*, à qui les franchises des Transylvains causaient du dépit, porta plainte contre les Saxons qu'il accusait de refuser le payement des impôts, et d'être rebelles à leur Souverain. Le roi Louis, ajoutant foi à ce rapport, marcha avec une armée en Transylvanie; mais n'ayant trouvé nulle part ni opposition, ni désobéissance, il confirma les droits et privilèges du pays, et y établit un autre vayvode. Deux ans après, ce monarque nomma son frère *Étienne* duc de Transylvanie. Les peuples de cette contrée rendirent au roi Louis des services fort essentiels dans ses expéditions militaires, et se distinguèrent par leur fidélité et dévouement; c'est pourquoi ce prince sanctionna de nouveau et augmenta leurs droits et franchises. Lorsque le roi Sigismond, après la mort de son épouse Marie, eut pris le gouvernement en Hongrie, les magnats mécontents lui opposèrent un rival dans la personne de Ladislas de Naples. Comme le vayvode *Stibor* de Transylvanie resta fidèle au roi Sigismond, ce monarque confirma 1403 aux Transylvains tous leurs privilèges. Bientôt après, les Turcs firent en 1421 et 1433 leurs premières invasions en Transylvanie, et avec eux parurent les *Zigains* ou *Zinganes*, qui depuis lors sont restés dans le pays. D'autres bandes de ce peuple errant et vagabond ne tardèrent pas à les suivre, et se répandirent en Hongrie, en Bohème, en Pologne, en Russie et dans les autres pays de l'Europe, où ils reçurent différents noms. En Russie on les appelle *Tschingáni*, en Turquie et en Perse

*) Voir la note page 102, tome III.

dans le royaume de Hongrie, et la Porte se chargea de leur assigner une demeure dans des pays lointains. La république de Venise garda la plus grande partie de ses conquêtes en Morée et en Dalmatie. La Pologne recouvra la forteresse de Kaminieck en Podolie, et la Turquie renonça à toutes les prétentions sur l'Ukraine et à la suprême autorité sur les Cosaques.

La *ligne habsbourgeoise*, qui régnait en *Espagne*, était près de s'éteindre avec le roi *Charles II*, qui n'avait aucune postérité; ce riche héritage devait échoir à la *ligne allemande*, conformément aux anciens pactes de famille de la Maison d'Autriche. Cet accroissement de puissance donnait de l'ombrage aux autres potentats de l'Europe, surtout au roi Louis XIV qui, depuis quarante ans, faisait tous les efforts possibles pour empêcher cet agrandissement. Afin de se procurer une prétention apparente sur cette succession, il se maria en 1660 avec l'infante *Marie-Thérèse*, fille de Philippe IV et soeur aînée de Charles II. Nous avons vu, que déjà après la mort de son

Zingarri, en Italie *Zinguri*, en Espagne *Gitanos*, en Portugal *Ciganos*, en Allemagne *Zigeuner*. Tous ces noms ont la même tige, qui est *Ziscali*, ce qui veut dire les gens noirs de Zing ou Ind. Il n'y a que les Anglais et les Français qui se sont écartés de cette étymologie; les premiers nomment les Zigains *Gypsies* (*Égyptiens*), et les derniers leur donnent le même nom, mais plus souvent encore celui de *Bohémiens*, par la raison apparemment que la première bande de ce peuple nomade qu'ils ont connue, sera venue de l'Égypte et aura séjourné en Bohème avant de passer en France. Mais ce nom de *Bohémiens* dont les Français décorent les Zigains, est bien mal choisi; car outre qu'il n'y a jamais eu plus de Zigains en Bohème qu'en Transylvanie, en Hongrie, en Allemagne, en Italie &c., la susdite dénomination doit naturellement blesser les habitants indigènes de la Bohème, attendu que la plupart des écrivains français, au lieu de se servir du mot *Bohèmes* pour désigner les peuples de ce royaume, les appellent également *Bohémiens*, et confondent ainsi cette laboureuse, loyale et vaillante nation avec l'oisive, vile et lâche race des Zigains. — Les événements et révolutions qui eurent lieu en Transylvanie depuis les premières incursions ottomanes, ont été rapportés dans le cours de cet ouvrage.

beau-père, Philippe IV († le 17 septembre 1665), il réclama les Pays-Bas espagnols, et arracha effectivement par le traité d'Aix-la-Chapelle (du 2 mai 1668) douze à quatorze places frontières de ces provinces. Lorsque dans la suite on était sûr que Charles II ne laisserait point d'enfants, Louis XIV manifesta l'intention de procurer, après la mort de ce prince, la succession espagnole au Dauphin.

L'empereur Léopold avait, comme le plus proche descendant mâle de *Philippe I*, archiduc d'Autriche et roi d'Espagne, un droit bien fondé sur ce royaume. Mais, comme la succession linéale cognatique, appelée autrement succession castellane, était établie en Espagne, et que par conséquent les infantes, à défaut d'héritiers mâles directs de la même ligne, recueillaient la succession, Léopold pouvait aussi prétendre à l'héritage en vertu de cette même loi. La fille aînée de Philippe III, *Anna-Marie*, avait épousé Louis XIII, et Louis XIV était son fils. La seconde fille de ce roi d'Espagne, *Marie-Anne*, avait épousé l'empereur Ferdinand III, père de Léopold. Mais l'infante *Anne* avait, avant son mariage, renoncé à la succession d'Espagne, laquelle renonciation avait été plus tard renouvelée et jurée tant par elle que par Louis XIII, et consignée par les suprêmes autorités de France et d'Espagne comme des lois fondamentales de ces royaumes dans les archives de l'État, tandis que la succession du royaume d'Espagne avait été positivement réservée à la jeune infante *Marie*, après l'extinction de ses neveux et de leurs fils, avant son mariage avec l'empereur Ferdinand III. Comme par conséquent la *reine Anne de France* ne possédait aucun droit à la succession d'Espagne, elle n'avait pas non plus celui de le transporter à Louis XIV. L'*impératrice Marie-Anne*, au contraire, étant investie d'un tel droit d'hérédité qui avait encore été confirmé par le testament de Philippe III son père, ce droit passait naturellement à son fils, l'empereur Léopold.

Philippe IV eut également deux filles, qui se trouvèrent absolument dans le même cas que celles de Philippe III. L'aînée, *Marie-Thérèse*, était, comme il a été souvent remarqué, unie au roi Louis XIV; mais elle avait renoncé à la succession, et ne pouvait par conséquent pas la transmettre à ses descendants. Il en était tout autrement à l'égard de sa soeur, l'infante *Marguérite-Thérèse*; le droit d'hérédité avait non-seulement été réservé à cette princesse, mais elle-même avait encore été appelée à la succession par le testament de son père, le roi Philippe IV d'Espagne, qui excluait en même temps la reine de France Marie-Thérèse et tous ses descendants à jamais de l'héritage paternel. Cette infante devint ensuite (le 12 décembre 1666) l'épouse de l'empereur Léopold I. Les prétentions de l'impératrice sur l'Espagne passaient à sa fille unique, l'archiduchesse *Marie-Antoinette*; mais cette princesse y renonça 1685 en faveur de son père l'empereur Léopold, avant son mariage avec l'électeur Maximilien II Emmanuel de Bavière, et son fils unique, le prince électoral *Joseph-Ferdinand*, mourut le 16 février 1699; en sorte que l'empereur Léopold, qui conservait toujours le droit successif que lui avait transmis l'impératrice *Marie* sa mère et qu'avait confirmé aussi la dernière volonté du roi Philippe IV, était, à la mort de Charles II, le seul héritier légitime de toute la monarchie espagnole.

La renonciation à la succession d'Espagne pour la reine *Marie-Thérèse de France* et *ses héritiers naturels*, fut prononcée et constatée dans la paix des Pyrénées, et le contrat de mariage, fait par Louis XIV et Philippe IV, le 7 novembre 1659, par les actes passés le 24 novembre 1659, dans lesquels ces deux princes ratifiaient ces conventions; — par l'acte d'abdication de l'infante *avant* son mariage, par deux actes que la reine signa, le 2 juin 1660, *après* qu'elle eut atteinte la vingtième année de son âge; savoir: celui dans lequel elle acceptait la dot de 500,000 florins d'or, et abandonnait en revanche la succession privée de ses deux parents, et celui dans lequel cette princesse renonçait pour elle et ses descendants au droit d'hérédité sur tous les États espagnols, pour toujours et sans aucune réserve ou restriction quelconque; — par la bulle du pape qui confirmait cette renonciation; — par la ratification que donna Louis XIV à la renonciation de son épouse; — par la promulgation et par l'insertion de la paix des Pyrénées, du contrat nuptial et de l'acte d'abdication aux regîtres du parlement de France et du Conseil d'État espagnol; enfin par l'assemblée des Cortès, convoquée à cet effet, l'an 1662, par Philippe IV, laquelle confirma la renonciation de la reine Marie-Thérèse de France, et déclara cet acte loi fondamentale du royaume. Quelque incontestables et concluants que fussent ces faits, les publicistes français s'épuisèrent cependant en recherches subtiles, pour démontrer l'invalidité de la renonciation faite par Marie-Thérèse. Ils soutenaient, que cette princesse n'avait pas le droit de renoncer pour ses enfants; qu'ainsi ces derniers ne pouvaient pas perdre par là leurs prétentions; que les filles avaient autant de droit sur l'héritage des parents que les fils; que par conséquent la renonciation des filles était injuste, surtout quand elle avait lieu pendant la minorité; que cette renonciation pouvait être tout aussi peu obligatoire pour ceux qui ne vivaient pas encore alors, et qui étaient autorisés à protester contre toute disposition prise par leurs parents, au préjudice de la succession qui leur était due &c.; enfin que la dot de la reine Marie-Thérèse n'avait jamais été payée, et que conséquemment aussi la renonciation à la couronne, stipulée, comme ils alléguaient faussement, en retour de cette somme, était annullée. Les autres États de l'Europe, surtout les Puissances maritimes, l'Angleterre et la Hollande, craignaient beaucoup pour l'équilibre politique, si la monarchie espagnole venait à passer au prince aîné et héritier du trône d'Autriche ou de France. Pour dissiper l'inquiétude des États voisins, l'Empereur destina la succession d'Espagne à son fils cadet, *l'archiduc Charles*. Louis XIV eut recours au même expédient, et réclama l'héritage espagnol pour un de ses plus jeunes petits-fils, le *duc d'Anjou*, ou le *duc de Berri*. A la Cour d'Espagne se croisaient les intrigues de trois partis, qui cherchaient à persuader le roi Charles II à désigner d'une manière positive son successeur. Un parti proposa *l'archiduc Charles d'Autriche*, le second le *prince électoral de Bavière*, le troisième un *petit-fils* de *Louis XIV*. Le roi Charles II même était personnellement porté pour l'Autriche. La reine et plusieurs ministres partageaient ces sentiments. Mais les revers, que l'Espagne avait essuyés dans la dernière guerre contre la France, avaient induit la majorité des Espagnols à considérer une étroite union avec la France comme le seul moyen de salut pour l'État. Le roi d'Espagne avait réquis 1696 l'Empereur de faire passer un corps autrichien de 12,000 hommes en Catalogne, comme aussi d'envoyer l'archiduc Charles à Madrid. Mais les deux Souverains n'ayant pu s'entendre sur les frais relatifs à cet objet, aucun des désirs de Charles II ne fut accompli. On a peine à concevoir la conduite de l'empereur Léopold dans une conjoncture d'une telle importance. Peut-être comptait-il trop sur l'ascendant que la reine d'Espagne, sa belle-soeur, avait acquis sur son faible époux, et sur la répugnance de la nation pour les Français. L'ambassadeur impérial à la Cour de Madrid ne cessait, à la vérité, de mander à la sienne que le roi catholique avait l'intention de nommer l'archiduc Charles pour son successeur; l'on regardait à Vienne cet événement comme infaillible, pendant qu'à Versailles on travaillait activement pour l'empêcher. Cependant Léopold se détermina enfin à donner au roi Charles les troupes qu'il avait demandées; mais encore avant qu'elles se missent en route, la paix de Ryswick était déjà signée, et l'Espagne ne pouvait plus les employer.

Le marquis d'Harcourt, ambassadeur de France à la Cour de Madrid, sut en 1698, par ses manières douces et insinuantes, faire entrer une partie des Grands d'Espagne dans les intérêts du roi son maître. Cette affaire importante fut enfin décidée par la *transaction* que proposa le roi Guillaume III d'Angleterre et signée, le 11 octobre 1698 à la Haye, par les plénipotentiaires anglais, hollandais et français, d'après laquelle la monarchie espagnole devait être *partagée*. Ce traité assurait à *Joseph-Ferdinand, prince électoral de Bavière*, les royaumes d'Espagne, les Pays-Bas et l'Amérique, et en cas que ce prince mourût sans postérité, cette succession devait passer à l'électeur son père. Naples et la Sicile avec les autres possessions espagnoles dans le midi de l'Italie, comme aussi la province de Quipuscoa, furent destinées au *Dauphin*, et le duché de Milan à l'*archiduc Charles*. Le roi Louis XIV était fort éloigné de penser à l'exécution effective de ce projet; il n'avait en vue par là que de faire naître la désunion entre les Puissances alliées, et d'effrayer tellement les Espagnols par la crainte de voir leur royaume démembré, qu'ils seraient obligés de se jeter volontairement dans les bras de la France. Ce qu'il avait désiré, arriva. Les anciens rapports d'amitié entre la Bavière et l'Autriche furent rompus par l'intérêt opposé dans ce traité de partage, et l'électeur s'unit à la France, par l'appui de laquelle il espérait assurer à son fils le brillant héritage dont il avait la perspective.

Le roi d'Espagne fut, comme Louis XIV s'y était attendu, fort indigné de ce qu'on osât faire, de son vivant, le partage de ses États, et pour en empêcher le démembrement, il fit un premier testament, par lequel il appelait à la succession de la monarchie entière le *prince de Bavière;* lequel acte il fit signer, le 28 novembre 1698, par ses conseillers d'État, sans toutefois leur donner connaissance de son contenu. La France et l'Autriche protestèrent contre cette disposition, sitôt qu'elle leur fut connue. Mais elle fut anéantie par la mort prématurée du prince bavarois (le 16 février 1699).

Pendant que les envoyés de Louis à Madrid continuaient de rechercher par tous les moyens imaginables l'entière succession espagnole pour la France, ce monarque employa la même manoeuvre dont il s'était déjà servi une fois, et les ministres plénipotentiaires de France, de Hollande et d'Angleterre signèrent, le 3 mars 1699 à Londres, et le 25 du même mois à la Haye, un *nouveau traité de partage*. On assigna dans cette convention à *l'archiduc Charles* la part principale de l'héritage, telle qu'on l'avait précédemment destiné au prince électoral; savoir: l'Espagne, les Pays-Bas et l'Amérique; au *Dauphin* les royaumes de Naples et de Sicile, et en outre encore les duchés de Lorraine et de Bar; enfin le Milanais au *duc de Lorraine*. L'Empereur fut invité à accéder à cette convention; mais il déclara, le 17 août 1700: „que toute la négociation en général du vivant du roi d'Espagne était fort inconvenante; qu'au reste, quand même Charles II viendrait à mourir sans laisser d'enfants, il ne pourrait pas être question d'un partage, attendu que la Maison d'Autriche seule avait des droits successifs, non sur une partie, mais sur la totalité de l'héritage." La plupart des vrais Espagnols furent révoltées de la conclusion de ce traité. Le roi, qui penchait de nouveau entièrement pour la Maison d'Autriche, invita itérativement l'Empereur à envoyer sur-le-champ l'archiduc Charles à Madrid, et 15,000 Autrichiens dans le duché de Milan. Mais les trois Puissances alliées, la France, l'Angleterre et la Hollande, déclarèrent: „que tant que Charles II vivait, elles ne permettraient point que l'archiduc se rendît soit à Madrid, soit à Milan, et tout aussi peu, que des troupes impériales ou étrangères passassent en Italie". La proposition qu'on fit à Léopold d'envoyer son fils en Espagne sous un déguisement de peu d'apparence, fut rejetée avec indignation par le monarque.

Dans l'entrefaite, le roi Charles II avait pris l'avis des plus célèbres jurisconsultes, théologiens et sénateurs espagnols sur la question, lequel des deux princes, l'archiduc Charles ou le Dauphin, possédait le plus grand droit sur la succession d'Espagne. Mais les ministres, qui tenaient le parti des Français, n'ayant choisi, pour ce qui concerne les deux premières classes de conseillers, que des gens qui étaient déjà gagnés pour la France, leurs déclarations adjugèrent à la Maison de Bourbon le plus proche droit sur la succession d'Espagne. Le Conseil d'État, qui pour la plus grande partie était composé d'adhérents de la France, décida également en faveur de *Philippe d'Anjou*, second fils du Dauphin. Après un combat pénible contre son inclination innée, étourdi par les représentations importunes de ses plus proches alentours, s'acheminant avec des facultés de l'âme affaiblies à grands pas vers le tombeau, et trop prévenu peut-être aussi de l'idée, que la France par sa position était plus en état que l'Autriche d'empêcher le mercellement de son héritage, point qu'il avait fort à coeur, Charles II désigna, le 2 octobre 1700, le *duc Philippe d'Anjou* pour son successeur au trône et unique héritier, lui substituant le *duc de Berri*, son frère cadet, — au défaut de descendants légitimes de ces deux princes, *l'archiduc Charles,* et en cas de mort de l'Archiduc sans enfants, le *duc de Savoye* [1]). Il était stipulé dans le testament que, si le duc d'Anjou parvenait au trône de France, il serait obligé de renoncer à celui d'Espagne, les deux couronnes, selon l'esprit du testament, ne pouvant être possédées par le même Souverain. La même clause était insérée relativement à l'archiduc Charles dans le cas où ce prince monterait sur le trône par le décès des ducs d'Anjou et de Berri, sans postérité, et sur ceux de Hongrie et de Bohème par la mort de l'archiduc Joseph, son frère aîné, afin que toutes ces couronnes ne fussent également pas réunies sur une même tête. Le roi Charles II ne survécut qu'un mois à ces dispositions; il termina sa triste carrière le 1 novembre 1700. Avec ce prince s'éteignit la postérité masculine de Charles-Quint. Le roi Louis XIV ayant déclaré, le 11 novembre à Fontainebleau, qu'il acceptait le testament de Charles II pour son petit-fils, *Philippe d'Anjou* fut proclamé roi le 16 novembre à Versailles, et le 24 du même mois en Espagne. Le 14 avril 1701, il fit en cette nouvelle qualité une entrée solennelle dans Paris. L'Angleterre et la Hollande se sentirent au dernier point offensées de ce que Louis XIV avait rompu le traité de partage qu'il avait fait avec ces Puissances. Elles requirent le roi de France de remplir ses engagements, et refusèrent d'abord de reconnaître Philippe d'Anjou pour roi d'Espagne. Cependant, pour gagner du temps, elles écrivirent, la Hollande le 22 février, et l'Angleterre le 17 avril à Philippe d'Anjou tout comme s'il était roi légitime d'Espagne. Les deux Puissances maritimes s'étant fiées à la parole de Louis, qui avait agréé le projet de partage, n'avaient fait aucuns armements, tandis que la France était depuis longtemps préparée à déployer toutes ses forces

---

[1]) Voir la Table généalogique, page suivante.

Table généalogique de la Maison de Habsbourg-Autriche.
Ligne autrichienne-espagnole.

Charles I (Vème du nom dans la série des Empereurs), fils de Philippe I, duc de Bourgogne (voir la généalogie à la fin de la Vième Époque), roi des Espagnes réunies 1516, et Empereur romain 1519. † 1558. Épouse: *Isabelle*, fille du roi Emmanuel de Portugal. † 1553.

- *Philippe II*, roi d'Espagne. † 1598.
- *Catherine*, épouse de Charles-Emmanuel, duc de Savoye. † 1630.

Descendance de Philippe II:
- *Philippe III*, † 1621.
  - *Anna-Marie*, † 1666, épouse de Louis XIII, roi de France.
  - *Philippe IV*, † 1665. Épouses: 1) *Isabelle*, fille du roi Henri IV de France, † 1644. 2) *Marie-Anne*, sœur de l'empereur Léopold, † 1696.
    - *Marie-Thérèse*, épouse de Louis XIV, roi de France, morte 1715.
    - *Charles II*, roi d'Espagne, † 1 novembre 1700. Épouses: 1) *Marie-Louise* d'Orléans. 2) *Marie-Anne*, princesse du Palatinat-Neubourg.
      - *Louis*, dauphin de France, † 1711.
        - *Louis*, duc de Bourgogne, † 1712.
        - *Philippe V*, duc d'Anjou, † 1746.
        - *Charles*, duc de Berri, † 1714.
  - *Marie-Anne*, † 1646, épouse de l'empereur Ferdinand III, † 1658.
    - *Marguerite-Thérèse*, † 1673, fut unie à l'empereur Léopold I, † 1705.
      - *Marie-Antoinette*, † 1692, épouse de Maximilien-Emmanuel, électeur de Bavière.
        - *Joseph-Ferdinand*, prince électoral de Bavière, † 1699.
      - *Joseph I*, empereur, † 1711.
      - *Charles* (VIème du nom comme empereur), † 1740.

Descendance de Catherine:
- *Victor-Amédée I*, † 1638.
  - *Charles-Emmanuel II*, † 1675.
    - *Victor-Amédée II*, premier roi de Sardaigne, † 1682.
      - *Charles-Emmanuel-Victor*, roi de Sard. † 1773.

dans le temps opportun. L'électeur de Bavière, depuis l'année 1691 gouverneur-général des Pays-Bas espagnols, était intimement dévoué à Louis XIV. Il avait, en novembre 1700, conclu un traité avec la France, dans lequel le roi promit à l'électeur la possession des Pays-Bas espagnols. Peu de temps après, il fut signé entre les électeurs de Bavière et de Cologne, et le roi de France une alliance offensive et défensive secrète, dans laquelle l'électeur de Bavière et ses descendants furent destinés pour gouverneurs-généraux héréditaires des Pays-Bas espagnols. La Hollande avait, depuis la paix de Ryswick, occupé conventionnellement avec 10,000 hommes dix forteresses des Pays-Bas, situées sur les frontières de la France. Dans la nuit du 6 février 1701, l'électeur de Bavière fit entrer des troupes françaises dans ces places, et l'on renvoya les Hollandais dans les limites de leur pays.

L'empereur Léopold résolut sans hésiter de faire valoir son droit par la force des armes. Il protesta itérativement contre le testament de Charles II, fit accélérer les armements et inviter la Hollande, l'Angleterre et l'Empire germanique à se joindre à l'Autriche contre la France. Le prince Eugène de Savoye marcha avec 30,000 hommes en Italie, le prince Louis de Bade avec 20,000 hommes vers le Rhin; 30,000 hommes restèrent en Autriche pour couvrir le pays. Le gouverneur espagnol de Milan, le prince Vaudemont, gagné par la France, refusa au plénipotentiaire impérial, comte Castelbarco, la remise du duché de Milan, dévolu comme fief vacant à l'Empire germanique. Victor-Amédée, duc de Savoye, dont la fille Marie-Louise-Gabrièle avait épousé Philippe d'Anjou, accepta le commandement des troupes franco-espagnoles en Italie qu'on lui avait offert; il les renforça par 10,000 de ses propres soldats, accorda à ses alliés le libre passage par le Piémont et la Savoye, et reçut un subside de 50,000 écus par mois. Le Conseil aulique d'Empire cita ce prince devant son tribunal et le déclara, provisoirement jusqu'à sa justification, déchu de tous les fiefs de l'Empire. Les Suisses refusèrent l'alliance qui leur avait été offerte par Louis XIV, et se déclarèrent neutres. Le pape, Venise, Gènes, la Toscane et Parme en firent de même, tandis que Modène et Guastalla se prononcèrent ouvertement en faveur de l'Autriche. Charles IV, duc de Mantoue, fit, au mois de mars 1701, alliance avec Louis XIV et Philippe d'Anjou; on lui assura des subsides et il reçut, le mois suivant, un corps de troupes françaises et espagnoles dans sa capitale. Il fut cité, le 20 mai suivant, à cause de cette forfaiture, à comparaître devant le Conseil aulique d'Empire, pour rendre compte de sa conduite.

Sur les pressantes sollicitations de l'électeur de Bavière et de son frère, l'archevêque de Cologne, les cercles de l'électorat du Rhin, de Franconie, de Bavière, de Souabe et du Haut-Rhin, formèrent, le 11 août 1701, une association de défense; ils refusèrent à l'Empereur le secours qu'il avait demandé, et déclarèrent leur neutralité. L'électeur de Cologne, qui était en même temps évêque de Liège, admit en novembre 1701 des garnisons françaises dans Liège, dans Bonn et les autres places fortes. Les ducs de Brunswick-Wolfenbuttel conclurent, le 1 mai 1701, une alliance avec la France, et s'obligèrent à fournir un corps de 12,000 hommes moyennant des subsides que cette Puissance promit de leur payer. Comme les lettres monitoriales, adressées à ces princes par ordre de l'Empereur, étaient restées sans effet, un corps de Hanovriens et de Brunswick-Zellois entra, dans la nuit du 19 au 20 mars 1702, sur le territoire des ducs, surprit et désarma une partie de leurs troupes, et investirent les villes de Brunswick et de Wolfenbuttel. Le résultat de cette courte, mais énergique expédition fut, que les ducs signèrent, le 19 avril, une convention par laquelle ils mirent sept régiments à la disposition de l'Empereur.

Cependant, les hostilités entre l'Autriche et les deux couronnes de France et d'Espagne avaient déjà commencé en Italie. Le maréchal français Catinat s'était posté fort avantageusement près des défilés des alpes tridentines. Mais le prince Eugène conduisit l'armée impériale, par un sentier tenu pour impraticable, au delà des monts lésins dans la plaine près de Vicence et de Vérone. Il réussit par ses habiles manoeuvres à passer l'Adige près de Castelbaldo. Le 9 juillet 1701, le prince Eugène remporta la victoire près de Carpi, et obligea ensuite le maréchal Catinat à se retirer au delà du Mincio et de l'Oglio. Le 1 septembre, le maréchal de Villeroi, qui avait pris le commandement en chef des troupes de France, attaqua le camp d'Eugène près de Chiari; mais il fut repoussé avec grande perte. Les Français occupèrent alors un camp, sur les bords de l'Oglio, à peu de distance de celui des Impériaux, dont ils n'étaient séparés que par plusieurs canaux. Les deux armées restèrent plus de deux mois à s'observer l'une l'autre dans cette position. Enfin, vers le milieu de novembre, celle des confédérés se retira au delà de l'Oglio, pour prendre les quartiers d'hiver sur le territoire de Milan et de Crémone. Ce ne fut qu'alors que le prince Eugène s'avança, et occupa tout le duché de Mantoue, à l'exception de cette capitale et de Goito, puis Guastalla et Mirandole.

L'électeur de Brandebourg, Frédéric III, avait conclu, le 6 novembre 1700 à Vienne, un traité par lequel Léopold le reconnaissait pour *roi de Prusse*. En retour, Frédéric promit de soutenir l'Autriche avec 10,000 hommes dans la guerre de succession, de la seconder dans toutes les occasions et de l'aider surtout aussi dans les négociations en Empire de ses conseils, de sa main et de sa voix électorale. Le 18 janvier 1701 à Kœnigsberg, Frédéric se plaça lui-même la nouvelle couronne royale de Prusse sur la tête. Le nord de l'Europe fut dans ce temps-là inquiété par la guerre qui éclata entre le czar Pierre de Russie et le roi Charles XII de Suède. Les rois Auguste de Pologne et Frédéric IV de Danemark se joignirent au czar contre la Suède. Le monarque danois combattit d'abord, en février 1700, le duc de Holstein qui toutefois, à l'aide des Anglais, des Hollandais, des Hanovriens et des Brunswickois, repoussa cette attaque. La flotte alliée ayant menacé en juin Copenhague, le roi de Danemark se vit contraint de faire (le 18 août) la paix de Travendal. Les Polonais et les Saxons avaient inondé la Livonie, et les Russes l'Ingrie. Le 30 novembre 1700, Charles XII vainquit les Russes, qui assiégeaient Narva et vint à bout, après plusieurs victoires remportées 1701-1703 sur les Polonais et les Saxons, de faire déposer le roi Auguste (le 14 février 1704), et élire Stanislas Lesczinsky (le 12 juillet), avec lequel il était en alliance.

La Hollande, ayant considérablement augmenté son armée par des enrôlements extraordinaires, et par la grande quantité de troupes étrangères qu'elle avait prises à la solde, on signa, le 7 septembre 1701 à la Haye, la grande alliance entre l'Empereur, l'Angleterre et la Hollande. Les Pays-Bas et toutes les possessions espagnoles en Italie devaient être conquises; et les trois Puissances alliées s'engagèrent formellement, à ne faire la paix avec la France, que lorsque l'Empereur se trouverait entièrement satisfait, qu'on aurait assuré à la Hollande une barrière en Flandre contre la France, et que l'Angleterre aurait obtenu une sûreté suffisante pour ses pays et son commerce. Il fut aussi convenu, qu'on exigerait une garantie complète que la France et l'Espagne ne seraient jamais réunies sous un *seul* Souverain. Les Puissances maritimes reconnurent le roi de Prusse dans sa nouvelle dignité, et ce prince accéda, le 30 décembre 1701, à la grande alliance.

Le parlement d'Angleterre n'avait accordé pour cette guerre que les 10,000 hommes, stipulés par le traité de la Haye. Mais Louis XIV provoqua lui-même la colère de la nation anglaise par un nouveau coup d'éclat. Le roi déposé Jacques II étant mort le 16 septembre 1701 à Saint-Germain-en-Laye, le roi de France proclama Jacques III, fils de ce prince, roi légitime d'Angleterre. La Suède, l'Angleterre et la Hollande protestèrent contre cette violation de la paix de Ryswick, et les deux dernières de ces Puissances rappelèrent aussitôt leurs ambassadeurs de Paris. Le nouveau parlement confirma, en janvier 1702, la grande alliance, et accorda des subsides pour 40,000 soldats et pour le même nombre de matelots. Le roi Guillaume mourut, à la vérité, le 19 mars 1702; mais *Anne*, sa belle-soeur qui lui succéda, entra dans tous les engagements qu'avait pris le roi Guillaume avec l'Autriche et la Hollande.

Les cercles de Franconie, de Souabe, d'Autriche, du Haut-Rhin et de l'électorat du Rhin conclurent, au mois de mars 1702 à Nœrdlingue, une nouvelle association, par laquelle ils s'engagèrent à lever une armée de 44,300 hommes. Ils furent admis dans la grande alliance. Dans cette association et alliance entrèrent encore, le 8 mai, l'électeur de Trèves, et le 1 août le cercle de Westphalie, avec un contingent de troupes de 9200 hommes. Vers le milieu du mois de mai, l'Empereur, l'Angleterre et la Hollande avaient déclaré la guerre à la France et à l'Espagne, et le 6 octobre elle fut dénoncée par l'Empire germanique. L'Empereur avait dès le mois de février 1702 fait attaquer par une armée d'exécution, sous le prince de Nassau, l'électeur de Cologne, qui s'était montré l'ennemi ouvert de l'Empire. Le 15 juin, la ville de Kaiserwerth fut conquise. Le prince Louis de Bade, Général en chef de l'armée impériale sur le Haut-Rhin, se rendit maître le 10 septembre de Landau. Dans l'entrefaite, l'électeur de Bavière avait pris les armes pour la France; il s'était emparé d'Ulm par un coup de main, le 8 septembre, et avait ensuite aussi occupé Biberach, Memmingen et autres places en Souabe. Ensuite il chercha à se réunir avec le corps français sous Catinat, qui était posté près d'Huningue. À ces fins le marquis de Villars s'empara, le 11 octobre, de Neuenbourg-sur-le-Rhin, passa avec une division le fleuve près d'Huningue et livra, le surlendemain, un combat au prince de Bade dans le voisinage de Friedlingue. Les deux parties s'attribuèrent la victoire. Mais, comme la réunion des Bavarois et des Français ne put s'opérer, l'avantage resta du côté des Impériaux. Néanmoins Trèves et Trarbach tombèrent encore au pouvoir des Français.

Les troupes françaises dans les Pays-Bas furent commandées en 1702 par le duc de Bourgogne, l'aîné des petits-fils de Louis XIV, et par le maréchal Boufleurs. La tentative qu'ils firent, au mois de mai, pour enlever Nimègue par surprise, échoua. Le duc de Marlborough prit le commandement en chef de l'armée alliée, qui conquit en automne Venlo, Ruremonde et Liège. En Italie, le prince Eugène surprit, le 1 février, Crémone, et y fit prisonnier le maréchal Villeroi. Le duc de Vendôme, qui le remplaça dans le commandement, livra, le 15 août près de Luzzara, une bataille au prince Eugène, qui demeura indécise; après quoi il prit Luzzara et Guastalle, et resta, malgré la présence de Philippe d'Anjou, qui avait donné dans cette campagne des preuves d'une valeur intrépide, dans l'inaction en face de l'armée impériale jusqu'au commencement de novembre, où il distribua ses troupes dans le Modenais, le Crémonais et le Mantouan.

La flotte anglo-hollandaise parut, au mois d'août, devant Cadix, dans la vue d'attaquer cette place; mais l'entreprise manqua. En revanche, elle conquit en octobre dans le port de Vigo les riches galions espagnols des Indes-Occidentales, et détruisit une grande partie de la marine espagnole. Une escadre française, sous le chevalier Forbin, entra dans l'Adriatique, bombarda Trieste sans effet, mais causa à l'armée impériale en Italie une disette sensible, en capturant et détruisant les navires chargés de grains.

Au printemps 1703, les pays bavarois furent attaqués par deux corps impériaux. Le général Schlick conduisit l'un dans la haute Bavière; mais il éprouva un échec près de Schærding et l'électeur prit, le 11 mars, Neubourg-sur-l'Inn. Le comte de Styrum pénétra avec le deuxième corps dans le Haut-Palatinat, et occupa un camp fortifié entre Amberg et Neumarkt. Le maréchal Villars avait, le 9 mars, enlevé la forteresse de Kehl. Après avoir en vain attaqué l'armée germanique, sous le prince Louis de Bade, dans les lignes près de Stollhofen, il prit le chemin de la Bavière, par la Forêt-Noire et se réunit, le 12 mai, à l'électeur dans le voisinage de Duttlingue. Tandis que Villars avec la plus grande partie de ses troupes observait le corps du général Styrum, l'électeur s'avança vers le *Tyrol*, s'empara de Kuefstein, de Rattenberg, de Schwatz, de Hall, de Charnitz, d'Ehrenberg, et entra, le 25 juin, dans Inspruck. Mais Vendôme, qui voulait pénétrer de la Lombardie dans le Trentin, et prêter la main aux Bavarois en Tyrol, se mit en marche trop tard. L'électeur avait, dans l'intervalle, réduit les Tyroliens au désespoir par les contributions excessives qu'il leur avait imposées, et par plusieurs autres oppressions qu'ils avaient à souffrir de sa part. Ils prirent les armes, se joignirent à un corps de troupes autrichiennes qui venait d'entrer dans le pays, et vers la fin de juillet les Bavarois furent attaqués de toutes parts et expulsés du pays avec grande perte. Kuefstein seul resta encore dans les mains des Bavarois, et ce ne fut qu'en 1704 que les Impériaux reconquirent cette forteresse.

Le prince de Bade, qui s'était également dirigé de Stollhofen vers la Bavière, et avait opéré sa jonction avec le corps du général Styrum, occupa, le 5 septembre, la ville d'Augsbourg, menacée par l'électeur de Bavière, et conquit ensuite Friedberg. Mais l'électeur et Villars battirent, le 20 du même mois, le général Styrum entre Oberklau et Hœchstædt. Ensuite l'électeur et Marsin, qui avait succédé à Villars dans le commandement, se rendirent maîtres d'Augsbourg. Les Impériaux terminèrent cette campagne, en décembre, par la prise de la forteresse de Rothemberg et de la ville d'Amberg; les Bavarois, avant d'entrer dans les quartiers d'hiver, prirent encore, en janvier 1704, possession de Passau.

Au Bas-Rhin, Marlborough conquit, au mois de mai, la ville de Bonn; en revanche les Français, sous Villars et Boufleurs, se rendirent maîtres de Tongres. Ensuite il y eut des combats sanglants entre les corps détachés des deux armées, sur différents points des frontières des Pays-Bas. Marlborough prit, au mois d'août, Huy, en septembre Limbourg. Les efforts qu'il fit, pour contraindre Villeroi au combat, furent inutiles. Le corps prussien avait enlevé, au mois de février, la forteresse de Rhinberg, appartenante à l'archevêché de Cologne, et au mois de décembre la ville de Gueldre. Sur le Haut-Rhin, l'armée française, sous les ordres du duc de Bourgogne, s'empara en septembre de Brisac. Ensuite le maréchal Tallard, qui avait pris le commandement en chef, fit le siège de Landau et vainquit, le 15 novembre, le corps du prince héréditaire de Hesse-Cassel, qui s'était avancé au Speyerbach, pour secourir la place qui se rendit le jour suivant.

L'armée impériale en Italie était commandée par Guy de Starhemberg. Au mois de juin, la forteresse d'Ostiglio-sur-le-Pô, assiégée par les Français, fut délivrée par les Impériaux, qui repoussèrent aussi une attaque sur Mirandole que les ennemis voulaient enlever par un coup de main. Cependant au mois de juillet, les Français prirent Bresello et occupèrent le duché de Modène. Comme le traité, conclu par le duc de Savoye pour trois ans seulement avec la France, expirait précisément alors, et que Louis XIV n'avait point tenu les conditions qu'il lui avait assurées, Victor-Amédée noua des négociations avec les alliés. Vendôme reçut de son maître l'ordre de désarmer les troupes savoyardes qu'il avait dans son armée, et de les incorporer dans des régiments français; ce qui fut effectivement exécuté vers la fin de septembre. Le duc fit alors également arrêter tous les Français qui se trouvaient dans ses États, leva promptement une nouvelle armée et accéda, le 25 octobre 1703, à l'alliance. Par ce traité l'Empereur abandonna au duc la part mantouane au Montferrat, et promit aussi de lui céder Alexandrie, Valence, Lumelline et Val di Sesia. Le 4 décembre, le roi de France déclara la guerre au duc de Savoye, et fit occuper ce pays par le maréchal Tessé. Starhemberg marcha avec 16,000 hommes au secours du duc en Piémont et se joignit à lui près de Canelli, le 13 janvier 1704.

Le roi Pierre II de Portugal qui, dans la crainte d'être accablé par les forces de la France, avait aussi reconnu *Philippe V*, suivit l'exemple du duc de Savoye. Il conclut, le 16 mai 1703, une alliance offensive et défensive avec les Puissances coalisées, et reconnut Charles d'Autriche pour roi d'Espagne. L'Empereur et son fils aîné, le roi Joseph de Hongrie et de Bohème, renoncèrent, le 12 septembre 1703, à toutes leurs prétentions sur l'Espagne; le roi Charles partit, le 19 du même mois, pour la Hollande, et fit voile par l'Angleterre vers le Portugal. Il aborda au Tage le 7 mars 1704.

Les alliés avaient pris la résolution d'employer, dans la campagne de 1704, la plus grande partie de leurs forces contre la Bavière, pour contraindre l'électeur à la paix. Le secret fut si bien gardé, que Louis XIV avait la ferme croyance que les alliés feraient marcher leur armée principale en Flandre. Il renforça par conséquent considérablement ses troupes dans ce pays, et en confia le commandement au maréchal Villeroi. Le maréchal Tallard, qui se trouvait sur le Haut-Rhin, devait se joindre à l'armée de l'électeur de Bavière et du maréchal Marsin. Marlborough, qui avait rassemblé une armée alliée près de Maestricht, sut, par ses fins et adroits mouvements durant tout le mois de mai, retenir les Français dans l'idée que son dessein était de pénétrer en Lorraine ou en Alsace, et se dirigea tout à coup vers le Necker. Il se concerta à Heilbron avec les princes Eugène de Savoye et Louis de Bade sur les opérations. Le prince Eugène se chargea de la défense des lignes de Stollhofen sur le Rhin. Marlborough et Louis de Bade réunirent leurs troupes près d'Ulm. Ils défirent, le 2 juillet, un corps de Bavarois et de Français, sous le général Arco, sur le *Schellenberg*, non loin de Donauwœrth. Pendant ce temps-là, Tallard avait passé le Rhin, et s'était porté par la Forêt-Noire vers le Danube. Il rejoignit au commencement d'août l'électeur près d'Augsbourg. Eugène vint trop tard pour empêcher cette réunion, et se joignit alors près de Hœchstædt à Marlborough. L'armée française s'avança ensuite vers Donauwœrth. Lorsqu'elle fut arrivée dans la plaine de *Hœchstœdt* près de Blenheim, le prince Eugène et Marlborough résolurent de lui livrer bataille. Elle eut lieu, le 13 août 1704. Je n'entreprendrai pas ici de faire le détail de cette action, à jamais mémorable dans les fastes de l'Europe. Je me bornerai à dire, qu'après la prise du maréchal Tallard et la défaite entière de son armée, l'électeur et Marsin se retirèrent avec le reste de leurs troupes derrière le Rhin, dans les lignes de la Queich. La conquête d'Augsbourg, de Ratisbonne, d'Ulm, de Straubingen et de Passau, de Landau, de Trèves et de Trarbach furent le fruit de cette victoire. Ensuite du traité que les plénipotentiaires bavarois conclurent, le 7 novembre à Ilbersheim non loin de Landau, avec le roi Joseph, les Impériaux prirent possession militairement de toute la Bavière.

Le duc de Vendôme et son frère le grand-prieur conquirent en Italie Suse et Ivrée, coupèrent à l'armée savoyarde en Piémont la communication avec la Suisse, et repoussèrent les Impériaux de la Lombardie jusqu'en Tyrol. Vérone seule se défendit si vaillamment que Vendôme fut contraint d'en lever le siège avec grande perte, après avoir été vaincu par le duc dans une vigoureuse sortie, le 26 décembre. Dans les Pays-Bas, il ne se passa dans cette campagne aucun événement intéressant. Dans la péninsule des Pyrénées, Charles d'Autriche publia un manifeste, daté le 9 mars 1704 de Lisbonne, dans lequel il développait ses prétentions sur l'Espagne. Le roi de Portugal avait déjà antérieurement justifié, dans deux manifestes, aux yeux du monde son accession à la grande alliance. Philippe d'Anjou déclara, le 30 avril, la guerre à ces deux princes. Les combats que les deux parties belligérantes se livrèrent sur les frontières du Portugal, se soutinrent avec assez d'égalité. Les alliés firent, le 4 août, la conquête de l'importante forteresse de *Gibraltar*; et le

24 du même mois, on livra la bataille navale à la hauteur de Malaga, laquelle ne décida rien.

Vers le même temps, de grands troubles s'élevèrent en Hongrie; ils dégénérèrent bientôt, comme on verra, en une guerre ouverte, qui fut très-préjudiciable à l'Empereur, parce qu'il se vit obligé d'employer à la réduction des rebelles une partie des forces destinées à agir contre la France. *François Rakotzi*, qui habitait ses terres, situées dans le comitat de Sarosch, entretenait depuis 1700 une correspondance secrète avec le roi Louis XIV, et était d'intelligence avec tous les mécontents de la Hongrie. La trahison ayant été découverte à temps, Rakotzi fut arrêté vers la fin du mois de mai 1701. Mais il réussit à s'échapper de sa prison de Wiener-Neustadt, et s'enfuit en Pologne. Il trouva bientôt de nombreux adhérents en Hongrie, et surtout parmi les religionnaires, las de l'oppression qu'ils avaient à souffrir de la part du clergé catholique, qui se servait de moyens cruels pour effectuer une contre-réformation. Lorsque par conséquent au mois de mai 1703 quelques soldats, qui avaient déserté, se rassemblèrent dans les forêts de Béregh, et commencèrent à troubler la tranquillité publique, ils trouvèrent bientôt de nombreux compagnons. Mais les révoltés furent battus en été près de Dolha par la Noblesse des comitats de Szathmar, de Béregh et d'Ugocs, qu'on avait appelée sous les drapeaux. Le 14 juin, Rakotzi lui-même, qui avait été proscrit avec tous ses partisans par l'Empereur, éprouva une défaite dans la contrée de Munkacs. Mais dès ce moment la cause de la révolte fit des progrès rapides. De nombreuses bandes armées se rassemblèrent autour de Rakotzi; la Noblesse et les troupes impériales eurent le désavantage dans plusieurs rencontres; beaucoup de châteaux furent enlevés par les rebelles, qui firent des courses jusqu'à Neutra, et avaient déjà occupé Albe-Julie

(*Weissenbourg*, aujourd'hui *Carlstadt*) en Transylvanie. Les Heiduques s'étaient également déclarés pour Rakotzi, et les villes des mineurs (*Bergstædte*) tombèrent dans l'arrière-saison entre ses mains. Au mois de novembre, Rakotzi contraignit le général comte Schlick à se retirer de la haute Hongrie à Léopoldstadt et à Presbourg. Les rebelles ravagèrent une partie de l'Autriche, et firent des courses jusqu'aux portes de Vienne. L'Empereur, craignant qu'ils ne missent le feu aux faubourgs, les fit enclorre, par le conseil du prince Eugène, des *lignes* qui existent encore actuellement. Ensuite les rebelles se répandirent dans les comitats sur la rive droite du Danube, prirent Cinq-Églises et Tschakathurn, et menacèrent de ce côté aussi l'Autriche et la Styrie. Pendant l'hiver se rendirent plusieurs endroits, que les troupes impériales ou des Nobles fidèles occupaient encore sur les derrières des révoltés.

L'Empereur, qui était occupé de la guerre contre la France, chercha, par une diminution considérable des impôts et une amnistie, à ramener les mécontents à leur devoir. Mais, comme Rakotzi se voyait à la tête d'une armée qui était en état de s'opposer aux forces impériales, et que des émissaires français l'invitèrent à se réunir, dans la campagne prochaine, aux armées de Louis XIV dans le coeur de l'Autriche, il rejeta les propositions de Léopold. Au printemps 1704, les mécontents furent chassés des comitats sur la rive droite du Danube par le général Heister avec un corps allemand, et par Jean Palffy, ban d'Esclavonie. Ensuite Heister passa le fleuve près de Comorn, et vainquit Simon Forgacs, sous-général de Rakotzi, près de Koromso, le 14 juin 1704. Quelques divisions de rebelles firent alors de nouvelles courses dans la contrée de Vienne, d'autres en Moravie, et un de leurs corps battit le général Rabatta près de Saint-Godart sur le Raab. Les Kurutzes s'avancèrent ensuite en Styrie jusqu'à Gratz. Cependant les victoires des alliés au Schellenberg et près Hœchstædt ayant rabaissé les espérances de Rakotzi, des plénipotentiaires de l'Empereur et des mécontents se réunirent en octobre à Gyöngyös, pour convenir d'une trêve; mais les prétentions outrées que fit le chef des rebelles, rompirent bientôt les négociations. Sur ces entrefaites, Cassovie s'était rendue, le 20 octobre, à Rakotzi qui investit, le mois suivant, Léopoldstadt et Neuhæusel. Mais il fut défait par le général Heister, le 26 décembre, près de Gerenczer dans le voisinage de Tyrnau. Ce Général fit hiverner ses troupes dans cette ville et la contrée environnante; Rakotzi prit les quartiers d'hiver dans les cantons voisins de la Waag et près d'Erlau. En Transylvanie, le général Rabutin maintint les places fortes contre les tentatives des rebelles qui dans une Diète, tenue au mois d'août, avaient élu Rakotzi pour prince de ce pays.

Au mois de février 1705, Rakotzi fit faire de nouveau par ses troupes légères des courses jusqu'à Vienne, et obligea par là le général Heister à se retirer en Autriche. Les places que les Impériaux occupaient encore dans les comitats du nord-ouest, comme Pœsing, Modern et Saint-Georges, se rendirent aux mécontents. De nouvelles propositions d'accommodement alors furent faites à ces derniers, par l'intermédiaire des envoyés de Hollande et d'Angleterre, intéressées à la pacification, dans la vue d'accabler plus aisément Louis XIV avec le secours de l'Empereur. Mais Rakotzi, devenu encore plus exigeant par ses derniers succès, ne voulait pas se contenter de l'entremise des Puissances maritimes; il demandait encore qu'elles garantissent aussi les articles du futur traité. L'Empereur, de son côté, refusait, comme de raison, de consentir à ce que des Puissances étrangères exerçassent une intervention si étendue dans les rapports intérieurs de ses

États. Pendant ces négociations l'empereur *Léopold I* termina un règne long et glorieux, mais fort agité. Il mourut à Vienne, le 5 mai 1705, dans la soixante-cinquième année de son âge.

Léopold avait procréé avec trois épouses cinq princes et dix princesses, desquels quinze rejetons neuf moururent en bas âge. L'impératrice *Marguerite-Thérèse*, infante d'Espagne (mariée le 12 décembre 1666, morte le 12 mars 1673), lui donna quatre enfants, dont *Marie-Antoinette* survécut à sa mère; cette archiduchesse (née le 18 janvier 1669, † le 24 décembre 1692), fut mariée à Maximilien II Emmanuel, électeur de Bavière. La seconde épouse de Léopold fut l'archiduchesse *Claudine-Félicité* de *Tyrol*, princesse d'une grande beauté et remplie de talents (mariée le 15 octobre 1673, † le 8 avril 1676). Enfin la troisième épouse de l'Empereur, *Éléonore-Madeleine-Thérèse*, de *Palatinat-Neubourg* (mariée le 14 décembre 1676, † le 19 janvier 1720), princesse spirituelle, pieuse, bienfaisante et douée de toutes les vertus qui honorent l'humanité, fut la mère de *Joseph* et de *Charles*, qui succédèrent à leur père, et de *Marie-Élisabeth*, régente des Pays-Bas (née 1680, † le 26 août 1741); de *Marie-Anne*, épouse de Jean V, roi de Pologne (née 1683, mariée le 9 juillet 1708, † le 14 août 1754), et de *Madeleine-Joséphine* (née 1689, † le 1 mai 1743).

L'empereur Léopold I était de petite stature et d'une constitution délicate. Cependant, quoiqu'il fût sans cesse dans un état valétudinaire, comme l'annonçait sa maigreur et la pâleur de son visage, il sut, par une sobriété rigoureuse et toujours réglée, prolonger la durée de sa vie jusqu'à un âge fort avancé. Il avait l'air morne et réfléchi, la démarche lente, le caractère flegmatique et froid. Son éducation, qui avait été conforme à l'état ecclésiastique auquel il avait été d'abord destiné, lui avait inspiré une prédilection invariable pour le clergé en général, et pour les Jésuites en particulier. Lorsque la mort inattendue de Ferdinand IV, son frère aîné, l'appela subitement à un poste si opposé à ses dispositions naturelles et à ses habitudes, son humeur noire fut alimentée et fortifiée de plus en plus par les circonstances politiques difficiles où il se trouva pendant la plus grande partie de son règne, et par les luttes continuelles et dangereuses qu'il eut à soutenir contre tant d'ennemis puissants. Cependant sous ces dehors sombres et peu prévenants, Léopold cachait un coeur excellent, une âme sensible, bienfaisante, amie de la justice, de la vérité, et ferme dans le malheur. Ses vêtements, le cérémoniel de la Cour, les solennités, les fêtes, tout portait l'empreinte de l'ancienne dignité espagnole. Les premières années de son règne n'annonçaient qu'un prince faible, timide et peu habile. Mais bientôt son génie se développa, et les revers qu'il éprouva lui enseignèrent les moyens d'assurer les succès. Une longue étude des événements et des hommes lui apprirent à se rendre maître des uns et des autres. Il fut fort heureux dans le choix de ses ministres, et ce fut par eux qu'il exerça un pouvoir presque absolu dans les Diètes, où la liberté d'opiner se réduisait à adopter sans résistance la volonté de l'Empereur. Il aimait mieux régner que vaincre. Sa conduite envers Sobieski fut moins l'effet de la jalousie, que celui des discours de ses courtisans qui lui peignaient ce héros comme un ami dangereux. Les connaissances de Léopold étaient étendues et variées. La théologie, l'histoire, l'archéologie, la numismatique et l'architecture lui étaient familières. Il savait le grec, le latin et plusieurs langues vivantes. La musique et surtout les représentations dramatiques mêlées de chant, étaient son délassement favori. On prétend qu'il composa lui-même des vers latins, et quelques morceaux de musique. Il passait aussi pour un grand connaisseur en peinture. Ce prince donna les plus grands soins à la propagation des arts et des sciences; Inspruck et Breslau lui doivent leurs universités; il améliora et soutint plusieurs autres instituts d'éducation, enrichit la bibliothèque impériale à Vienne, et seconda son oncle, l'archiduc Léopold-Guillaume, dans l'agrandissement de la galerie de tableaux; enfin il fonda et protégea plusieurs autres établissements publics, nommément l'Académie léopoldine des naturalistes, le Collège impérial de l'histoire allemande, et celui pour les artistes et mathématiciens à Nuremberg. C'est aussi à Léopold I, qu'on est redevable de l'entière abolition de l'ancien calendrier en Allemagne. Les États évangéliques de l'Empire décrétèrent, le 23 septembre 1699, qu'à commencer du 1 janvier 1700, le calendrier grégorien serait introduit dans tout l'Empire d'Allemagne.

Les rapports de l'empereur Léopold envers la *Hongrie* étant déjà connus, je ferai seulement encore remarquer ici, que parmi les nombreux motifs qui excitèrent le mécontentement dans ce royaume, le dur traitement qu'on fit éprouver aux religionnaires, ne doit sans doute être attribué qu'à l'influence des conseillers de Léopold, qui lui persuadèrent que l'extirpation du Luthéranisme était seule capable d'assurer le repos en Hongrie. Mais dans les autres provinces aussi, les Protestants ne furent point traités plus équitablement. En *Autriche* la contre-réformation continuait depuis 1653 à s'opérer sans interruption. En *Silésie* les Luthériens et surtout les Réformés étaient en butte à des violentes persécutions. En *Bohème* il n'y avait plus de Protestants depuis que l'empereur Ferdinand II les avait bannis de ce royaume, et par conséquent les querelles de religion y avaient cessé aussi. En revanche les paysans s'étaient soulevés en 1680 contre les oppressions de la part des seigneurs fonciers, et avaient pris les armes. L'Empereur fit, à la vérité, marcher des troupes contre ces rebelles; mais il les vainquit, encore avant qu'on en vînt aux mains, par sa clémence. Il leur accorda une amnistie générale, diminua les corvées, et par une exacte détermination de ces travaux, il mit les gens de la campagne en sûreté contre les actes arbitraires des seigneurs. Les Israélites furent 1669 - 1670 bannis de *Vienne*, et leur quartier dans le faubourg appelé alors *Unter-Werd*, fut transformé en celui de la *Léopoldstadt* d'aujourd'hui.

Malgré les guerres que Léopold eut à soutenir presque sans relâche dans le cours de son règne contre les Turcs, les Français et les mécontents hongrois, il ne s'en appliqua pas moins à relever toutes les branches de l'administration dans l'intérieur de ses États. La douane et le monnayage furent organisés, et Léopold confirma non-seulement 1662 les privilèges des négociants en gros qui s'étaient établis à Vienne sous Maximilien I, mais il y ajouta encore l'affranchissement de toutes les contributions directes et indirectes. On régla le commerce du tabac et introduisit l'entrée de celui des pays étrangers. En 1669 on forma un Collège commercial, et une manufacture de soie à Vienne. Pour augmenter les revenus de l'État, Léopold introduisit, le 29 février 1686, le papier timbré et créa, le 15 juin 1703, une Banque de change. Ce prince porta aussi son attention sur la législature; il établit ou réforma les tribunaux civils et criminels dans les provinces qui n'en avaient point, ou dans lesquelles ils étaient défectueux. Il interdit sérieusement à ses sujets de recourir, en fait de procès, au jugement d'une Cour étrangère; en 1679 parut un traité des droits incorporels (*Tractatus de juribus incorporalibus*), et en 1683 on publia un décret impérial, qui défendait à toutes les congrégations d'avoir recours à Rome. Enfin le fameux Code autrichien *(Codex austriacus)*, si important pour la procédure de ce temps-là, est la preuve la plus évidente du zèle actif avec lequel on s'appliqua, sous le règne de Léopold, à l'organisation du droit national en Autriche. La Police générale, cette gardienne vigilante des peuples civilisés contre les dangers qui, dans l'intérieur de l'État, menacent la sûreté publique et la propriété ou la vie des citoyens, fut perfectionnée sous le règne de Léopold, tant dans la théorie que dans l'exécution.

Quoique l'empereur Léopold ne fût ni soldat, ni capitaine, qu'on ne le vît jamais à la tête de ses armées, il eut le bon esprit de s'entourer de grands et habiles Généraux, tels que le duc Charles de Lorraine, le prince Eugène de Savoye, le margrave Louis de Bade, les comtes Montecuculi, Starhemberg, Vétérani, de Souches, Heister, Caraffa, Rabutin et autres. Par les conseils du prince Eugène, auquel l'Empereur avait confié la direction du Conseil aulique de guerre, ce monarque améliora et changea le système militaire des États. Les fortifications des places furent réparées, et on en construisit de nouvelles; à sa mort, il laissa à son fils 29 régiments d'infanterie, 8 régiments de cuirassiers, 2 régiments de chevaux-légers, 6 de dragons et 3 de hussards, formant ensemble une armée de 60-70,000 hommes.

Sous le règne de l'empereur Léopold I, le territoire autrichien fut considérablement agrandi, en partie par des héritages et des négociations, en partie par d'heureuses campagnes; les pays autrichiens antérieurs seuls avaient été retrécis par la cession de l'Alsace à la France. Après l'extinction de la ligne collatérale habsburgo-autrichienne dans la personne de l'archiduc Sigismond, l'an 1665, le *Tyrol* et les *pays antérieurs* échurent à l'empereur Léopold. Après la mort du dernier des princes silésiens de la Maison de Piastes en 1675, les principautés de *Liegnitz*, de *Briey* et *Wohlau* passèrent aussi à la Maison d'Autriche. Enfin par la paix de Carlowitz, l'empereur Léopold fut confirmé dans la possession de la *Transylvanie* et des comitats et districts qui avaient été enlevés aux Turcs en Hongrie, en Esclavonie et en Croatie.

Le règne de Léopold I fut fécond en écrivains célèbres, dont les principaux sont: en fait d'histoire, Lambeccius, Balbin, Thomas Pessina de Czechorod, Valvalsor, Wagner de Wagenfels et l'archiduchesse *Marie-Élisabeth*, fille de l'empereur Léopold qui écrivit en langue latine une chronique depuis l'origine du monde jusqu'en 1697; en matière de jurisprudence, Suttinger, Weingœrtler, Finsterwalder, Walther et Weingarten; en médecine, Paul de Sorbeck, et en politique, Christophe Forstner. Les artistes qui acquirent de la réputation sous le règne de Léopold, sont: en peinture Ange Vaterberger, né Tyrolien, qui fut nommé directeur de la galerie de tableaux à Vienne, dont l'archiduc Léopold-Guillaume, frère de l'empereur Ferdinand III, doit être regardé comme un des premiers fondateurs, puis Brandel, de Prague, Rothmayer, Spielberger, Chrétien Brand, Laucher, Halwachs, Jean Graf, Martin Altomonte, Schreter, G. Flegel, peintre de fruits et d'animaux, natif de Moravie; enfin en sculpture Donner, Viennois, et Strudel, Tyrolien.

CHAPITRE X.

Joseph I.
De 1705 à 1711.

Joseph I naquit à Vienne le 26 juillet 1678. À peine échappé aux liens de l'enfance, ce prince annonça les plus heureuses dispositions. Son père, jugeant fort sagement que l'éducation de l'héritier d'un vaste Empire ne saurait être confiée à des mains trop habiles, eut soin d'entourer son fils d'instituteurs, que leurs rares talents et leurs vertus rendaient dignes d'un si glorieux emploi. Il éloigna aussi de la conversation de son fils les flatteurs, les complaisants, les hommes frivoles et tout ce qui pouvait obscurcir les dons précieux que le Ciel et la nature avaient versés à pleines mains sur le jeune prince. Joseph eut pour gouverneur le prince Charles-Théodore-Othon de Salm, et pour précepteur un prêtre séculier, nommé Rumel, savant distingué [1]. Fidèle aux leçons de ses maîtres, doué d'un esprit vif, les grandes qualités du jeune archiduc se développèrent avec rapidité. Mais il ne suffisait point à l'empereur Léopold d'avoir procuré à son fils une si parfaite éducation; bien différent de ces princes jaloux et méfiants, qui craindraient de compromettre leur rang et leur autorité, s'ils accordaient pendant leur vie à l'héritier du trône la moindre part au gouvernement, Léopold voulait que son fils se préparât de bonne heure à remplir un jour dignement le poste éminent auquel il était destiné. À ces fins,

---

[1] Il devint dans la suite évêque de Vienne.

il avait ordonné, que Joseph assistât dès sa seizième année aux séances du Conseil d'État. Par cette sage disposition, le jeune prince acquit bientôt une idée complète tant de l'état intérieur des pays autrichiens et de leur administration, que des rapports politiques extérieurs. En sorte que l'Empereur son père dans ses dernières années, abandonna à son fils et successeur le gouvernail des affaires avec la plus grande sécurité. Immédiatement après la mort de son père, Joseph fut proclamé *Empereur*, après qu'il eut signé une nouvelle capitulation d'élection, qu'il avait promise aux électeurs, lors de son élévation à la dignité de roi des Romains (1690), et confirma la continuation de la Diète de l'Empire à Ratisbonne. Joseph fit pousser vigoureusement la guerre pour les droits de son frère *Charles* contre la France.

Le prince Eugène commandait 1705 l'armée impériale en Italie, laquelle devait être soutenue par le duc de Savoye. Mais pendant que ces forces se rassemblaient près de Roverédo, les Français conquirent Mirandole, Villafranca, Verrua et autres endroits, et le maréchal Vendôme menaça Turin. Le duc de Savoye s'était posté avec le reste de ses troupes près de Chivasso, dont les Français faisaient le siège. Vers la fin de juillet le duc se retira sur Turin.

Dans la vue de se réunir à ce monarque, Eugène avait quitté son camp fortifié près de Gavardo sur la Chiésa, et se mit en marche vers l'Adda. Le combat que les deux armées se livrèrent, le 16 août, près de Cassano, resta indécis. Comme dans la position où étaient les deux armées, le prince Eugène ne pouvait s'avancer en Piémont, et que le duc de Vendôme, de son côté, ne crut pas prudent de s'éloigner de l'Adda pour faire le siège de Turin, les Français terminèrent la campagne, après avoir fait encore la conquête de Montmélian et du château de Nice.

En Allemagne, le plan que les alliés avaient formé de pénétrer de Trèves en Champagne, échoua par la désunion de Marlbourough et de Louis de Bade, ainsi que par l'extrême lenteur avec laquelle les États de l'Empire fournissaient leurs contingents. Les Français, sous Villars et Marsin, emportèrent, au commencement de juillet, les lignes de Weissenbourg, mais furent repoussés dans le voisinage de Lauterbourg. Les Allemands, sous le prince de Bade, conquirent en septembre les lignes de Pfaffenhofen, et les villes de Drusenheim et de Haguenau. Marlborough dégagea, à la fin du mois de juin, le château de Liège, assiégé par Villeroi, s'empara, le 11 juillet, de Huy et surprit, le 17 du même mois, les lignes des Français près de Tirlemont. En Espagne, les Français furent obligés, au mois d'avril, de changer le siège de Gibraltar en blocus. Un corps d'armée, composée d'Anglais, de Hollandais et de Portugais, sous les ordres de Galloway et Minas, prit, au mois de mai, Valence de Alcantara, et Albuquerque; mais il se vit contraint de lever le siège de Badajoz qu'il avait commencé. Le roi Charles lui-même conquit Barcelone, le 9 octobre; et les provinces de Catalogne et de Valence se soumirent à sa domination. Les électeurs de Bavière et de Cologne furent mis au ban de l'Empire, qui fut publié le 29 avril 1706.

La campagne de 1706 sur le Rhin ne fut point avantageuse aux Impériaux, par la faute des États d'Allemagne, qui en partie envoyèrent leurs contingents de troupes beaucoup trop tard à l'armée de l'Empire, et en partie n'en fournirent pas du tout. Le maréchal Villars contraignit, le 1 mai, le prince de Bade à lever le siège de Fort Louis, et à se retirer au delà du Rhin, dans les lignes de Stollhofen. Dans les Pays-Bas, Marlborough battit, le 23 mai, le maréchal Villeroi et l'électeur de Bavière près de Ramillies, et conquit ensuite le Brabant, la Flandre et le Hainaut pour Charles d'Autriche. En Italie Vendôme défit, le 19 avril, le corps impérial du général Reventlau près de Calcinato-sur-la-Chiésa. Mais en revanche Eugène, s'étant mis promptement en marche de Saint-Martin (près de Vérone) vers le Piémont, où il se réunit avec le duc de Savoye dans le voisinage de Carmagnole, vainquit, le 7 septembre, l'armée, sous les ordres du duc d'Orléans et de la Feuillade qui assiégeait Turin, et la força à s'enfuir dans la plus grande confusion par Pignérole en France. Après cette victoire, le prince Eugène soumit la Lombardie, et le duc de Savoye reconquit le Piémont. Par un édit du 12 février 1707, l'Empereur investit son frère Charles du duché de Milan et donna, le 23 du même mois, au duc de Savoye les quatre districts milanais: Alexandrie, Valence, Lomelline et Val di Sessia. Les restes de la force française en Italie capitulèrent, le 13 mars 1707, évacuèrent toutes les places fortes qu'ils occupaient, et obtinrent une libre retraite au delà des Alpes.

En Espagne, la flotte alliée dégagea, le 11 mai 1706, Barcelone que les Français assiégeaient par terre et par mer. Philippe d'Anjou, vivement pressé par les alliés, évacua, le 24 juin, la capitale de l'Espagne, et se rendit à Burgos. Les Portugais et les Anglais entrèrent, le 24 juillet, dans Madrid, où Charles fut proclamé *roi*, le 2 du même mois. Toutefois ce prince se fit inaugurer à Saragosse, et ne parut point dans la capitale. Les alliés quittèrent cette ville au mois de septembre, et repassèrent le Tage. Philippe d'Anjou rentra, le 22 septembre, dans Madrid. Charles prit les quartiers d'hiver en Aragon.

Au mois de mai 1707, le comte *Wiric de Daun* marcha avec 8000 hommes vers la basse Italie, et conquit en trois semaines tout le royaume de Naples. En juillet le duc de Savoye et le prince Eugène traversèrent, à la tête de 30,000 hommes, la Savoye, et entrèrent dans la Provence; mais après avoir assiégé Toulon inutilement, ils retournèrent, au mois de septembre, en Italie, où Eugène s'empara de Suse, le 3 du mois suivant. Les Français évitèrent, pendant toute cette campagne dans les Pays-Bas, d'accepter la bataille que leur présenta intérativement le général Marlborough. Au Rhin, le margrave Chrétien-Erneste de Baireuth commanda, après la mort du margrave Louis de Bade, l'armée de l'Empire. Villars passa, le 22 mai, le Rhin près de Neubourg, entre Lauterbourg et Hagenbach, enleva, le lendemain, les lignes de Stollhofen, et força le margrave à se retirer jusqu'à Ellwangen. Les Français inondèrent et rançonnèrent les cercles de Franconie et de Souabe, et une partie de l'Autriche antérieure, et Villars s'avança jusqu'à Schwæbisch-Gemund. Mais ayant reçu des renforts, le margrave repoussa, au mois d'août, les Français jusqu'au Rhin et derrière la Murg, près de Rastadt; après quoi il se démit de sa place de général en chef; l'électeur Louis de Brunswick-Hanovre prit le commandement de l'armée de l'Empire dans les lignes d'Ettlingue. Le comte Mercy battit, le 24 septembre, le corps français, sous Vivans, dans le voisinage d'Offenbourg, et bientôt après le manque de vivres contraignit le maréchal Villars à se retirer au delà du Rhin. En Espagne, le maréchal Berwick vainquit, le 25 avril, les alliés près d'Almonza, et réduisit les royaumes de Valence et d'Aragon.

Eugène et Marlborough commandèrent conjointement, dans la campagne de 1708, l'armée alliée dans les Pays-Bas, qui remporta de grands avantages sur les Français, malgré la supériorité de leur force. Le 11 juillet, le duc de Bourgogne et le maréchal Vendôme éprouvèrent une défaite près d'Oudenarde; le 22 octobre la ville, le 8 décembre la citadelle de Lille, le 30 du même mois Gand, tombèrent au pouvoir des alliés, et immédiatement après, les Français évacuèrent Bruges. L'électeur de Bavière s'étant avancé, le 22 novembre, sur Bruxelles qu'il bombarda les jours suivants, le duc Marlborough et le prince Eugène remirent le commandement de l'armée de siège devant la citadelle de Lille au prince Alexandre de Wurtemberg, et accoururent au secours de Bruxelles. Mais avant qu'ils fussent arrivés dans le voisinage de cette ville, l'électeur s'était déjà retiré et avait abandonné son artillerie et ses munitions. Sur le Haut-Rhin, l'armée de l'Empire, commandée par l'électeur de Hanovre, fut empêchée d'agir offensivement par le refus que les Cercles firent de fournir une grande partie de leurs contingents: ceux de Franconie, de Souabe et du Haut-Rhin alléguaient pour raison qu'ils étaient épuisés par les contributions considérables que le maréchal de Villars avait exigées d'eux dans le cours de la dernière campagne, tandis que les autres Cercles, qui n'avaient rien à craindre des Français, se lassaient de soutenir une guerre qui ne les intéressait qu'indirectement. Ce furent ces calculs de l'égoisme qui, dans des temps plus récents, conduisirent la patrie allemande au bord de sa ruine. En Espagne, les Français se rendirent maîtres d'Alcoy, de Tortosa, de Denia et d'Alicante. Le feldmaréchal comte Starhemberg prit alors le commandement de l'armée en Catalogne. Les Anglais s'emparèrent des îles de Sardaigne et de Minorque.

Le pape Clément XI, dévoué à la France, avait refusé de reconnaître Charles pour roi d'Espagne; mais l'empereur Joseph trouva moyen de l'y forcer; il commença par revendiquer quelques domaines du pape, comme fiefs de l'Empire et fit, au mois de mai 1708, occuper Commacchio, dans la province de Ferrare. Le souverain pontife rassembla une armée de 25,000 hommes, et commença les hostilités. Mais le comte Daun s'étant mis en marche du Piémont et étant entré dans l'État ecclésiastique, où il s'avança jusqu'à Jesi, les Romains effrayés persuadèrent enfin le pape à céder. Le 15 janvier 1709, la paix fut publiée, et le 10 octobre de la même année, Clément XI reconnut par une bulle Charles d'Autriche pour roi d'Espagne. Le duc de Savoye et le comte Daun conquirent dans cette campagne les forts d'Eriles, de Perouse et de Fénestrelles, sur la frontière du Dauphiné.

Le duc Charles IV de Mantoue fut mis, le 30 juin 1708, au ban de l'Empire, à cause de son union avec la France. Il cessa de vivre dès le 5 du mois suivant. Le Général en chef impérial, le prince héréditaire de Hesse-Cassel, occupa les pays vacants du prince défunt. La ligne des Gonzague de Guastalle obtint Bozzolo, Sabionetta, Ostiano et Pomponesco, et le duc de Savoye fut investi, le 7 juillet, de la part mantouane du Montferrat. Quant au *duché de Mantoue*, l'Empereur le conféra à son frère le roi d'Espagne. Le duc de Lorraine qui descendait, du côté des femmes, de la Maison de Gonzague, eut plus tard pour dédommagement de ses prétentions la principauté de Teschen en Silésie. Dans l'année 1709, le ban de l'Empire fut aussi prononcé contre le duc François-Marie de Mirandole, partisan zélé de la France, et l'Empereur donna, le 12 mars 1711, sa principauté confisquée au duc de Modène.

L'empereur Joseph transporta, le 23 juin 1708, la dignité électorale du duc de Bavière proscrit au comte palatin Jean-Guillaume, et investit en même temps ce prince du Haut-Palatinat, du comté de Cham et des fiefs bohèmes, situés dans le premier de ces pays. Le 30 juin 1708, le duc Georges-Louis de Brunswick-Hanovre fut publiquement déclaré et reconnu pour prince électeur et introduit, le 7 septembre, dans le Collège électoral. Le même jour, la Maison d'Autriche prit de nouveau possession de la *dignité électorale bohème*, dont elle n'avait pas fait usage dans les derniers siècles, et l'ambassadeur royal de Bohème commença à en faire les fonctions. Le royaume de Bohème qui, durant cette époque, s'était regardé comme indépendant de l'empire d'Allemagne, s'assujettit alors aux charges et devoirs de chaque autre pays de l'Allemagne, mais acquit aussi les mêmes droits et prétentions sur le soutien et la protection de l'Empire germanique contre des attaques ennemies.

Tandis que les affaires de l'Autriche prospéraient partout, celles de la Cour de France allaient empirant chaque jour. Louis XIV, voyant ses frontières entamées, ses troupes affaiblies, toutes ses ressources épuisées, songea enfin sérieusement à terminer la guerre, d'autant plus que la Nation, accablée d'impôts et exposée à mourir de faim à la suite d'une mauvaise récolte, demandait à grands cris la paix. Le roi avait déjà en 1705 fait offrir secrètement la paix à la Hollande. Mais ce ne fut qu'au mois de mars 1709 que ces négociations commencèrent à prendre une forme régulière. Au mois de mai, le ministre des affaires étrangères de France, de Torcy, et le président Rouillé eurent des conférences avec les plénipotentiaires hollandais, auxquelles prirent alors part Eugène, Marlbourough et les envoyés impériaux et anglais. Les demandes des alliés, bien qu'au fond elles ne fussent pas outrées, en considérant la triste situation où se trouvait la France, étaient cependant, toutes prises ensemble, si dures que Louis XIV, quelque touché qu'il fût du malheur de ses sujets, ne put se résoudre à les accepter. Au commencement du mois de juin, les négociations furent rompues et les armées se mirent en campagne.

Le comte Daun entra, au mois de juillet, dans la Savoye, emporta les retranchements français dans la Tarantaise près de Moutiers, conquit cette ville et celles de Conflans et d'Annecy. Il devait ensuite passer le Rhône et se joindre à l'armée de l'Empire dans la Franche-Comté. Mais ce plan échoua, attendu que le comte Mercy, qui avait reçu l'ordre de marcher par le territoire de Bâle dans la haute Alsace, fut battu, le 26 août, près de Rumersheim par le général français du Bourg.

Dans les Pays-Bas, Marlborough et Eugène enlevèrent, le 13 juillet, Tournai, et le 3 septembre la citadelle de cette ville. On résolut ensuite d'attaquer Mons. Le maréchal Villars s'avança pour faire lever le siège; mais les alliés lui épargnèrent une partie du chemin; ils se rencontrèrent au débouché de Malplaquet, le 11 septembre, et on en vint aussitôt au combat. L'action fut des plus sanglantes, des plus opiniâtres, et finit par la défaite des Français. Mons tomba, le 20 du mois suivant, entre les mains des vainqueurs. En Espagne, les alliés, sous lord Galloway, furent vaincus, le 7 mai, près de la rivière de Caya dans la plaine de Gudina. En revanche, le comte de Starhemberg se rendit maître, au mois d'août, de Balaguer en Catalogne.

Cependant la détresse en France croissait de plus en plus. Ce royaume n'était plus en état de faire face plus longtemps à tant de Puissances coalisées contre lui; il n'avait plus de barrière à leur opposer du côté de la Flandre, et les alliés pouvaient bientôt pénétrer jusqu'à Paris. Dans cette extrémité, Louis XIV fit lui-même entamer de nouveau des négociations à Gertruidenbourg, vers la fin de l'année 1709. Il consentit à toutes les conditions préliminaires déjà établies à la Haye. Elles stipulaient: que le roi de France abandonnerait son petit-fils Philippe et l'électeur de Bavière à leur sort; qu'il reconnaîtrait Charles d'Autriche pour roi d'Espagne; qu'il bannirait le prétendant d'Angleterre de ses Etats; que le port de Dunkerque serait comblé; que le roi céderait

Lille, Tournai et plusieurs autres places à la Hollande, et rendrait Strasbourg, Kehl et Landau à l'empire d'Allemagne, et Brisac à l'Autriche. Oui, Louis XIV s'engagea même à soutenir les alliés par de l'argent et des troupes pour expulser son petit-fils Philippe de l'Espagne, en cas qu'il ne renonçât point de bon gré à l'héritage espagnol. Mais les alliés exigèrent encore, que Louis XIV se chargeât tout seul d'éloigner Philippe de l'Espagne, soit par la voie de la persuasion, soit par la force des armes. On faisait même valoir comme une grâce de permettre aux troupes des alliés, qui étaient en Catalogne, de concourir avec celles de Louis XIV à détrôner son petit-fils, pour mettre son rival à sa place. Cette dernière prétention immodérée et indélicate qui, comme nous verrons par la suite, fit perdre l'Espagne à l'Autriche, révolta et indigna tellement Louis XIV, qu'il prit la résolution de s'ensévelir plutôt sous les ruines de son royaume que de s'abaisser à ce point; il ordonna à ses ministres de quitter Gertruidenbourg sur-le-champ.

Cette négociation n'avait point interrompu les opérations de guerre. Dans cette année (1710), le prince Eugène et le duc Marlborough conquirent Douai, Bethune, Saint-Venant et Aire dans les Pays-Bas. Sur le Haut-Rhin, l'armée de l'Empire se trouvait encore toujours trop faible pour former quelque entreprise. La campagne en Italie n'offrit guère plus d'intérêt que celle au Rhin. Un différend qui s'était élevé, l'année précédente, entre le duc de Savoye et la Cour impériale, au sujet de quelques fiefs de l'Empire, fit rester ce prince dans une inaction complète. Le général impérial comte Daun n'avait point des forces suffisantes pour entrer dans le Dauphiné, bien défendu par le maréchal Berwick. Les événements en Espagne furent beaucoup plus remarquables que ceux au Rhin et en Italie. Le roi Charles et le comte de Starhemberg n'eurent pas plutôt reçu les renforts qu'ils attendaient, qu'ils allèrent chercher l'armée franco-espagnole, campée près d'Almenara. Ils l'attaquèrent et la vainquirent, le 27 juillet, et lui firent éprouver une seconde défaite, le 20 du mois suivant, dans le voisinage de Saragosse. Au mois de septembre, Philippe quitta Madrid et s'enfuit à Valladolid; Charles entra dans la capitale. Mais ce brillant état des choses prit soudainement un tour très-fâcheux. Les Portugais refusèrent de se joindre aux Allemands et aux Anglais. L'armée alliée était dans le plus pressant besoin, et Philippe reçut des renforts considérables. Au mois de novembre, Charles se vit obligé d'abandonner Madrid, et ensuite toute la Castille. Le corps anglais du général Stanhope fut entouré dans Brihuega et fait prisonnier (le 9 décembre). Le lendemain, le comte Starhemberg, qui était arrivé trop tard pour sauver Brihuega, défit Philippe et Vendôme près de Villaviciosa; mais il ne put profiter de cet avantage, vu l'insuffisance de ses forces. Les alliés se retirèrent en Catalogne. Le duc de Noailles leur enleva encore dans cette contrée Gironne, le 23 janvier 1711.

Un changement du ministère qui avait eu lieu en Angleterre, eut une influence décisive sur le progrès de cette guerre. Le parti des Whigs ou républicains, auquel appartenait le duc Marlborough, fut culbuté, et toutes les places de ministres furent conférées à des zélés Torys ou royalistes. Marlborough ne se maintint dans son poste de Général en chef que par la réputation militaire qu'il avait acquise, et par la difficulté qu'on avait à le remplacer dans le commandement. Mais le nouveau ministère, ennemi de ce fameux capitaine, restreignit d'abord son pouvoir et chercha ensuite à faire la paix le plus tôt possible, pour ne pas avoir besoin plus longtemps de Marlborough. À ces fins, on entama de nouveau vers la fin de 1710, par des voies secrètes, des négociations avec la France.

Les troubles de la Hongrie, qui continuaient toujours, avaient empêché l'Empereur de faire marcher des forces suffisantes tant en Italie, que vers le Haut-Rhin. Joseph I était prêt à redresser les griefs des Protestants, à leur tendre sincèrement la main pour rétablir la paix, et à leur pardonner leur rebellion; mais il était tout aussi décidé à ne pas laisser restreindre les droits que sa Maison avait possédés antérieurement, ni à encourager par une trop grande condescendance l'obstination des perturbateurs du repos public. Le 10 mai 1705, Joseph notifia par un édit son avénement aux Hongrois, accorda en même temps une amnistie aux mécontents, et promit d'avoir égard à toutes les plaintes fondées.

Rakotzi, qui avait reçu des secours d'argent et de troupes de la part de la France, avait, encore peu auparavant, enlevé plusieurs endroits et nommément Epériès et Saint-Georges. Mais il paraissait vouloir prévenir les bonnes intentions de l'Empereur; car il consentit à négocier. Joseph agréa l'entremise de la Hollande et de l'Angleterre que Rakotzi lui proposait. Pendant ce temps-là, les hostilités n'en furent pas moins continuées. Le général en chef impérial Herbeville vainquit, le 11 août près Pudmeritz, Rakotzi qui s'était lui-même avancé avec son armée principale jusqu'aux bords de la Waag. Rakotzi, qui avait convoqué une assemblée de ses partisans dans le champ de Rakos, la transféra alors à Szecsény, donna à ses adhérents le nom de *Confédérés*, et se fit proclamer lui-même, le 20 septembre, *chef de la Confédération*. Les mécontents rédigèrent alors le cahier de leurs doléances, jurèrent leur union, et déclarèrent qu'ils voulaient être regardés comme un corps politique et contracter, comme tel, des alliances formelles avec des Puissances étrangères. Un sénat de vingt-cinq conseillers fut adjoint à Rakotzi. Les premiers actes de ces gouvernants furent: un édit qui accordait aux Catholiques, aux Luthériens et aux Calvinistes une égale liberté de religion; le rappel de Tékély et de ses partisans, qui tous devaient rentrer en possession de leurs biens; le bannissement de tous les Hongrois qui n'accéderaient point à la ligue, la confiscation de leurs biens &c. Emméric Tékély ne revit plus sa terre natale. Cet homme, qui avait joué un si grand rôle en Hongrie, s'était vu réduit à ne tenir sa subsistance que des bienfaits du sultan. Il se retira, après la paix de Carlowitz, à Nicomédie, où Mahomet IV lui avait donné une maison assez agréable. Mais le chagrin et l'ennui d'une vie oisive le consumèrent bientôt. Il mourut, le 15 septembre 1705, dans le voisinage de Nicomédie, et selon d'autres à Constantinople.

Le 2 août de la même année, la Diète de Transylvanie à Hermanstadt assura au plénipotentiaire impérial Rabutin son fidèle dévouement à l'Empereur. L'élection de Rakotzi comme prince de Transylvanie, faite l'année précédente (1704), fut déclarée illégale et non valide, et on menaça de la perte des biens et de la vie tous ses adhérents. Pour soutenir Rabutin en Transylvanie, Herbeville marcha lui-même, en septembre, par Bude, le Grand-Waradin et Debreczin, vers cette principauté. Il vainquit, le 11 novembre, l'armée de Rakotzi, qui voulait lui fermer près de Zsibo le passage, et mit ensuite, par une soigneuse occupation, ce pays à couvert contre les agressions ennemies.

Le général Palfy, qui commandait les troupes impériales dans la Hongrie occidentale, fut repoussé par d'autres bandes rakotziennes jusqu'au delà de la Leitha; et les terres frontières de l'Autriche, tant celles situées sur ce fleuve que celles sur la Morave, furent pillées et dévastées. Rakotzi, qui n'avait d'autre soutien que l'amitié chancelante du roi Louis XIV, ne se dissimulant point qu'avec ses troupes mal armées, mal vêtues, il ne pourrait résister longtemps aux forces impériales, avait pendant le congrès de Tyrnau, ouvert le 27 octobre 1705, recherché l'alliance des rois Charles XII de Suède et de Stanislas Leszinsky de Pologne. Mais ayant été éconduit par ces deux princes, il se détermina enfin à offrir une trêve qui fut acceptée, le 11 mai 1706. Les envoyés de Rakotzi présentèrent un projet de pacification. L'Empereur rejeta toute prétention extravagante contenue dans ce mémoire, mais il agréa tous les articles qui étaient conciliables avec le repos et le bien-être du royaume. Il persévéra principalement à vouloir, que l'état de la Transylvanie demeurât tel qu'il avait été fixé par la paix de Carlowitz; sur quoi Rakotzi rompit, à la fin de juillet, les négociations. Le comte de Starhemberg, qui avait été nommé Général en chef de l'armée impériale en Hongrie, reprit au mois d'octobre Strigonie, que les rebelles avaient occupée environ deux mois avant, et Palfy les chassa de l'île de Schutt. Rabutin reçut ordre de se réunir avec une partie des troupes qui se trouvaient en Transylvanie, à l'armée principale en Hongrie. Mais il assiégea Cassovie inutilement; et après avoir en vain tenté d'opérer sa jonction avec Starhemberg, il se vit obligé de se diriger, à la fin de l'année, par Tokai et Debreczin vers Bude. Le général Tige que Rabutin, pendant cette marche, avait renvoyé en Transylvanie, défit près de Kotsard le corps de rebelles de Laurent Pekri, qui parcourait tout ce pays, et s'ouvrit par là le chemin d'Hermanstadt. Dans cette année et les suivantes, les mécontents firent plusieurs courses en partie au delà de la Morave, surtout près de Skalitz, en Moravie, en partie au delà de la Leitha dans la contrée autrichienne autour de Neustadt, en partie au delà de la Mur dans la basse Styrie et la Croatie. L'assemblée des confédérés, tenue en hiver 1707 à Rosenau, résolut, à l'instigation de l'ambassadeur français Desalleurs, de continuer vigoureusement la guerre. Le comte Rabutin marcha, par ordre de l'Empereur, de nouveau en Transylvanie; Guy de Starhemberg devait couvrir l'Autriche, et Jean Palfy la Styrie. Starhemberg remporta dans plusieurs petits combats des avantages sur les rebelles; mais il fut obligé de passer, au mois d'août, le Danube pour soutenir Palfy. En Transylvanie Rakotzi tint à Maros-Vasarhély une Diète, dans laquelle il fut élu prince le 28 mars 1707. Les États du pays, qui étaient demeurés fidèles, réunis à Hermanstadt, protestèrent contre cette élection séditieuse. Dans l'entrefaite, Rakotzi avait assemblé, dans les mois de mai et de juin, les États à Onod, où ils renoncèrent formellement à la domination autrichienne. Rakotzi alors demanda du secours à la France, qui toutefois ne se montra point disposée à le lui accorder; il sollicita l'entremise du czar Pierre I, pour que la Transylvanie lui demeurât à la paix; mais le czar le renvoya également sans l'écouter. L'Empereur convoqua, au mois de mars, une Diète à Presbourg pour pacifier le pays. Rakotzi avait, à la vérité, cherché en vain à empêcher par ses troupes légères l'ouverture de cette assemblée dans la dite ville; mais l'Empereur en ajourna lui-même la continuation, attendu que les États avaient commencé par s'occuper uniquement de querelles de religion. Le général Heister remporta, le 4 août près de Trentschin, une victoire décisive sur les rebelles; il conquit ensuite Neutra, et fit bloquer Neuhæusel par le général Palfy. En revanche, les mécontents ravagèrent la basse Styrie, l'Esclavonie et la Moravie. Károly, l'un des principaux chefs de la confédération, pénétra en Transylvanie; mais il fut bientôt contraint, par les habiles manoeuvres du général impérial Kriechbaum, à évacuer le pays. Rakotzi chercha aussi à engager le roi de Prusse à des démarches contre l'Autriche, et en faveur des rebelles, ou du moins en faveur de sa propre personne seule. Mais il ne reçut que la promesse que le roi s'employerait auprès de l'Empereur, pour faire obtenir aux Hongrois protestants la liberté de religion.

La Diète, convoquée le 15 mai 1709 à Presbourg, déclara Rakotzi et le comte Bertsény, son intime ami et partisan, ennemis du royaume, et l'Empereur fit publier cet arrêt par un édit, le 14 juillet. Le feldmaréchal Heister et ses sous-généraux conquirent Sumegh, Vesprim, Simontornya, Liptau, Kæsmarkt et autres endroits. Le général Kriechbaum tint la Transylvanie dans la soumission. La peste empêcha les progrès ultérieurs des armes impériales. Un bref papal du 17 août 1709 enjoignit au clergé catholique de s'abstenir de toute union avec Rakotzi. Les généraux de l'Empereur publièrent de nouveau l'amnistie, et un édit de Joseph, émané le 12 décembre, promit aux Protestants une pleine justice et une protection efficace.

Rakotzi ayant été renforcé par un assez grand nombre de déserteurs suédois et polonais qu'il avait pris à sa solde, attaqua, le 22 janvier 1710, le général impérial Sickingen entre Vadkert et Rombay; mais il fut vaincu après un chaud combat. Leutschau se rendit sur la fin de janvier 1710 aux Impériaux, et plusieurs chefs des rebelles se joignirent avec leurs troupes à eux. Le czar Pierre essaya alors effectivement d'amener la paix en Hongrie par un accommodement. Mais les mécontents formèrent des prétentions si hardies, qu'il fut impossible d'y souscrire. Neuhæusel tomba le 23 septembre 1710, et dans les mois suivants se rendirent le château de Zips, Ujvar, Szolnok, Bartfeld, Erlau et Epériès. Jean Palfy, qui avait succédé au général Heister dans le commandement en chef, mit ses troupes en quartiers d'hiver; mais il les cantonna de manière à ce que Cassovie se trouvât entièrement cernée. Rakotzi sollicita vainement l'assistance de l'Angleterre et de la

Porte. Enfin voyant qu'il ne pouvait compter sur aucun secours réel de la part des États étrangers, que la plus grande partie de la Noblesse hongroise l'avait abandonné et que ses troupes, découragées par les revers qu'elles avaient éprouvés, regrettaient leurs foyers et désertaient ses drapeaux, Rakotzi entama des négociations indirectes avec Palfy, et se montra prêt à céder. Un nouvel édit de religion, émané de l'Empereur le 10 novembre 1710, acheva de tranquilliser les Protestants. Le 30 janvier 1711, Palfy eut une entrevue avec Rakotzi à Vaja; mais cet homme arrogant et opiniâtre refusa absolument de renoncer à la possession de la Transylvanie, se fondant à cet égard sur l'opposition de ses conseillers qui avaient, à ce qu'il prétendait, refusé de consentir aux conditions proposées par l'Empereur.

Rakotzi se rendit, au mois de février, en Pologne, où il espérait trouver de grandes ressources, pour continuer la guerre; il se flattait encore d'ailleurs de l'espoir d'obtenir le secours de la Russie et de la France, et perdit pendant ce temps-là les partisans qui lui restaient en Hongrie. Dès le 14 mars, Károly avait juré secrètement fidélité à l'Empereur. Comme tous les efforts que fit ce magnat pour ramener Rakotzi à la raison, furent inutiles et infructueuses, il convoqua, au commencement d'avril, les chefs de la confédération à Szathmar, et l'assemblée accepta les articles préliminaires de la paix, accordés par l'Empereur. Les points principaux de ce traité furent: que l'Empereur et Roi accordait à François Rakotzi la grâce de la vie et lui rendait ses biens, s'il se soumettait jusqu'au 27 avril, et qu'il serait libre ensuite de demeurer dans les États autrichiens, ou de se rendre en Pologne; que la même grâce était accordée, sous la même condition, aux magnats, Nobles, prélats et capitaines hongrois et transylvains, ainsi qu'à tous ceux qui avaient suivi le parti de Rakotzi; qu'on restituerait même les biens aux veuves et aux enfants des insurgés qui étaient morts pendant ces troubles; que les droits, libertés et immunités du royaume de Hongrie et de la Transylvanie seraient conservés et maintenus; que chacun des Nobles aurait dans les Diètes la faculté entière de proposer ses griefs et de représenter ce qui pourrait être convenable pour le salut et l'honneur de la nation, le Roi voulant bien permettre la liberté des suffrages; que les charges et dignités de l'État ne seraient conférées qu'aux régnicoles &c. Une députation de cette assemblée invita Rakotzi à accéder à la convention; et comme il s'y refusa positivement, la confédération fit remettre, le 27 avril, Cassovie aux Impériaux; on leur livra ensuite aussi Szathmar, Etzed et Somlyo. Munkacs ne fut réduit par Palfy que le 23 juin. Le 1 mai 1711, la paix définitive fut jurée à Szathmar par les mécontents qui étaient rentrés dans leur devoir. On accorda encore une fois à Rakotzi et à ses partisans obstinés un terme de trois semaines pour mériter par leur soumission d'être compris dans l'amnistie et réintégrés dans leurs possessions, avec l'assurance que les privilèges religieuses et politiques légalement fondés des Hongrois et des Transylvains seraient maintenus. L'empereur Joseph n'eut pas la satisfaction de voir cette grande affaire entièrement conclue avant sa mort. Il était descendu au tombeau dès le 17 avril. Comme le roi Charles, son frère et successeur, se trouvait absent en Espagne, l'impératrice-mère *Éléonore*, que Joseph avait établie régente, ratifia la paix de Szathmar, le 26 mai, et tint la main à ce qu'on procédât incontinent à l'exécution des articles de l'acte de pacification. Ce traité est un des plus importants que la Maison d'Autriche ait conclus avec les Hongrois. Il fut l'olive de la paix. Lui seul mit fin à une lutte opiniâtre et meurtrière qui avait duré près de deux siècles, et rétablit une harmonie parfaite entre le Souverain et ses sujets.

Charles XII, roi de Suède, avait, sur ces entrefaites, continué la guerre dans le Nord avec des succès variés. Les Saxons, sous la conduite de Schulenbourg, qui voulaient de nouveau occuper la Pologne pour le roi Auguste II, furent battus, le 13 février 1706 près de Fraustadt, par le feldmaréchal suédois Rheinschield. Charles XII lui-même traversa, au mois d'août, la Silésie, sans en avoir demandé la permission à l'Empereur, et marcha par la Lusace en Saxe, pour forcer Auguste à résigner. Effectivement les plénipotentiaires de ce prince signèrent, le 24 septembre 1706 à Altranstædt, une convention, par laquelle Auguste renonçait à la Pologne, et reconnaissait Stanislas Leszinsky pour roi de ce pays. Ce nonobstant, Charles resta encore pendant toute une année avec ses troupes en Saxe, et extorqua de fortes sommes de ce pays. Comme l'Empereur avait reçu avec bonté et bienveillance les soldats russes, réfugiés sur le territoire autrichien, et favorisé leur retour dans leur patrie, Charles XII demanda à l'Empereur satisfaction de cette prétendue offense. Par suite des négociations qui eurent lieu à cet égard, Joseph assura, sur la demande du roi de Suède, aux Silésiens évangéliques l'exercice libre de leur culte et la restitution des églises dont ils avaient été dépossédés. En 1708 le roi Charles chassa les Russes de la Pologne, et pénétra ensuite dans l'Ukraine. Mais la fortune, après avoir favorisé pendant neuf ans cet Alexandre du Nord, l'abandonna enfin tout à coup. Son général Lœwenhaupt éprouva une défaite près de Leszno, le 11 octobre 1708; Charles lui-même fut battu, le 8 juillet 1709 près de Pultawa; les restes de son armée furent enveloppés et faits prisonniers. Le roi s'enfuit dans la forteresse turque de Bender. Auguste II, soutenu par le Danemark, la Prusse et la Russie, s'empara de nouveau du royaume de Pologne, et se replaça sur le trône de ce pays.

L'empereur *Joseph I* mourut à Vienne le 17 avril 1711, dans la trente-troisième année de son âge. Son épouse, *Guillelmine-Amélie*, fille du duc Jean de Brunswick-Lunebourg, fonda, étant veuve (1717), le couvent des Salésiennes à Vienne, au faubourg appelé *Rennweg*, et y termina ses jours, le 10 avril 1742. Joseph I laissa deux filles: *Marie-Josephine-Élisabeth* (née le 8 décembre 1699, morte le 17 novembre 1755) et *Marie-Amélie* (née le 22 octobre 1701, morte le 11 décembre 1756). La première fut mariée, le 20 août 1719, à *Frédéric-Auguste, prince électoral de Saxe*, la seconde à *Charles-Albert, prince électoral de Bavière*, le 5 octobre 1722. Joseph I était d'une taille moyenne; il avait le maintien à la fois noble et rempli de grâces. Ses yeux bleus, son teint délicat, sa chevelure blonde lui donnaient, il est vrai, dans sa jeunesse un air efféminé; mais lorsqu'il se livra plus tard aux travaux de la guerre, à la fatigue de la chasse, qu'il aimait avec passion, sa physionomie prit du caractère, et annonça la grandeur et la majesté. Il avait l'âme élevée, l'esprit ferme et résolu. Il était sujet à l'emportement; mais la raison reprenait bientôt l'empire sur son humeur exaspérée, qui faisait place à sa douceur ordinaire. Envers ses sujets, Joseph était bon, affable, libéral et humain; juste et généreux dans tous les rapports. Quoiqu'ennemi d'une étiquette trop sévère et de la gêne espagnole, il aimait assez à voir sa Cour étaler un luxe et une splendeur convenables à la dignité des Souverains. À l'exemple de ses aïeux, Joseph était fort attaché à la religion catholique et en remplissait les devoirs avec la plus grande exactitude. Mais il avait en même temps une tolérance, libre de préjugés, pour ceux qui étaient d'une autre communion. Les principaux fruits de l'excellente éducation qu'il avait reçue furent: une rare facilité à parler et à écrire sept langues; des connaissances étendues dans les mathématiques, dans l'histoire, dans la législature et la jurisprudence ; enfin une vive prédilection pour les beaux-arts ; la musique surtout avait des charmes pour lui ; il en connaissait non-seulement la théorie, mais il jouait lui-même de plusieurs instruments ; il estimait l'architecture civile et militaire, à cause de leur grande utilité publique. Il était extrêmement actif dans les affaires du gouvernement, et sa grande pénétration en accélérait beaucoup la marche. Il appréciait les avis d'hommes éprouvés et sages avec beaucoup de reconnaissance. Ce prince possédait dans un haut degré l'art de bien choisir ses serviteurs ; et les ministres et Généraux autrichiens de son temps vivent honorablement dans le souvenir de la postérité. Nonobstant la courte durée du règne de l'empereur Joseph, la monarchie autrichienne lui doit cependant plusieurs arrangements et institutions, également utiles au bien-être public et à l'État, entre autres la fondation de la banque de Vienne (le 24 décembre 1705) ; le perfectionnement de la judicature en Autriche, en Bohême &c. ; l'amélioration des finances par l'introduction d'impôts indirects plus convenables ; l'ouverture de l'académie des peintres et des sculpteurs (le 18 décembre 1708), qu'avait fondée l'empereur Léopold.

Les exploits des princes Charles de Lorraine et Eugène de Savoye avaient éveillé le courage de Joseph, et fait naître de bonne heure dans son âme le désir d'imiter ces illustres héros ; aussi ne tarda-t-il pas à se montrer au champ de l'honneur. Les sièges de Landau 1702-1704 lui offrirent les moyens de signaler son jeune courage et ses connaissances militaires. Après la mort de Léopold, Joseph s'attacha avec ardeur à réaliser les projets, formés par son père ; mais il adopta un autre système que celui qu'avait suivi Léopold, surtout à l'égard des mécontents en Hongrie. Pour retenir les insurgés vaincus sous son obéissance, il les traita avec bonté et indulgence, et ses bienfaits firent sur les esprits une impression plus profonde que la sévérité des ministres et Généraux de son père n'en avait fait dans les premiers troubles. Joseph avait déjà aussi tout préparé pour continuer vigoureusement la guerre en Italie, en Allemagne et dans les Pays-Bas, tandis que son frère Charles combattait en Espagne pour la succession de cette couronne. De nombreuses troupes autrichiennes allaient se mettre en marche pour se joindre aux alliés; Joseph lui-même se disposait à se mettre à leur tête, lorsque les troubles qui menaçaient d'éclater en Bohème, et les progrès que faisaient les mécontents en Hongrie, l'engagèrent à abandonner la conduite de ses armées au prince Eugène, qui avait toute sa confiance, et à d'autres chefs habiles et intrépides qui les meneraient à la victoire, tandis que lui-même veillerait du sein de sa capitale à l'administration de son Empire, contiendrait les factieux, étoufferait les révoltes et punirait des princes infidèles. Cependant, si Joseph I ne se montra plus à la tête de ses légions, sa sagesse, sa fermeté, lui acquirent une gloire non moins solide et durable, que celle que lui auraient procurée les lauriers qu'il aurait sans doute cueillis, s'il s'était présenté de nouveau dans la lice.

CHAPITRE XI ET DERNIER.

Charles VI.
De 1711 à 1740.

À la mort de l'empereur Joseph I, tous les États de l'Europe étaient épuisés par une guerre de dix ans; ils se trouvaient dans une espèce d'impuissance de se faire plus de mal, et l'Allemagne avait besoin d'un chef qui pût la protéger et la défendre contre les factions intérieures et les ennemis du dehors. Cependant, lorsque les princes électeurs s'assemblèrent, le 20 août 1711, à Francfort pour l'élection d'un roi des Romains et empereur, les opinions se divisèrent, les cabales grossirent, les Puissances ennemies de la Maison d'Autriche s'efforcèrent de lui enlever cette couronne, il est vrai, toujours élective, mais qui depuis près de trois siècles n'avait plus brillé que sur la tête d'un prince autrichien. Auguste, roi de Pologne et électeur de Saxe, voulait élever à l'Empire son fils, le prince électoral. Louis XIV proposa le roi Frédéric de Prusse pour empereur. Mais ce prince sage et prudent écarta lui-même la demande faite en sa faveur par le roi de France. Ce dernier monarque s'employa alors pour faire absoudre du ban et admettre à l'élection les électeurs de Bavière et de Cologne qui avaient été exclus de l'assemblée. Comme on n'eut aucun égard à l'entremise du roi de France, ni aux protestations des princes proscrits, Louis XIV ordonna au maréchal Villars de se mettre en marche de la Flandre vers Francfort. Mais le prince Eugène couvrit cette ville avec une si bonne armée, que le Général français ne jugea pas à propos de se mesurer avec lui. Quelques électeurs étaient indécis sur le choix à faire; mais la nécessité d'opposer aux Turcs un prince redoutable par son courage, par ses domaines, par ses richesses, réunit enfin tous les suffrages en faveur de *Charles d'Autriche* qui fut élu, le 12 octobre 1711, *roi des Romains* et proclamé *Empereur* sous le nom de *Charles VI.* Ce prince avait déjà un caractère décidé, un courage à l'épreuve, et beaucoup d'expérience. En Espagne il avait combattu en soldat, commandé en Général; et il continuait à disputer à Philippe V le trône de ce royaume, lorsque la mort de son frère Joseph l'appela en Allemagne. Charles était parti, le 26 septembre, de Barcelone, après y avoir établi un Conseil de régence, à la tête duquel se trouvait son épouse Élisabeth. Il aborda à Vado sur la côte de Gênes, d'où il se rendit à Milan. Ayant reçu dans cette ville, de la main du comte palatin Philippe de Neubourg, le décret d'élection, il continua par le territoire de Venise et le Tyrol son voyage vers le Mein, et fut couronné à Francfort le 22 décembre 1711.

Le prince Eugène plaça en été de la même année une partie des troupes autrichiennes, sous le général Vehlen, qui s'étaient trouvées auparavant dans les Pays-Bas, dans les lignes d'Etlingue, et l'armée de l'Empire dans le camp près de Muhlbourg sur le haut Rhin. Ces troupes observaient les maréchaux français Harcourt et Bezons, dont le premier était campé dans les lignes de Weissenbourg, le second près d'Offenbach derrière la Kintzing, ainsi que les trois autres corps ennemis, postés près de Stollhofen, Seltz et Brisac. Eugène se mit, au mois d'août, avec l'armée principale en marche de Muhlbourg, passa près de Philipsbourg le Rhin, et assit son camp dans le voisinage de Spire, tandis que des troupes françaises traversèrent le fleuve, pour passer dans le Brisgau. On se borna de part et d'autre à faire de pareils mouvements jusqu'à l'entrée de la mauvaise saison, où les armées prirent les quartiers d'hiver. En Italie, le duc Victor-Amédée chassa avec son armée, composée en partie d'Autrichiens sous le feldmaréchal Daun, les Français de la Savoye et menaça d'envahir le Dauphiné. Cependant vers l'hiver il se retira de nouveau en Piémont. En Espagne, le comte Guy Starhemberg conserva au roi Charles les places catalanes qui étaient encore au pouvoir de ce Souverain. Le 22 décembre, il contraignit les Français à lever le siège de la citadelle de Cardone. Enfin dans les Pays-Bas, Marlborough enfonça les lignes ennemies entre Bouchain et Arras, et le général Fagel conquit Bouchain même, le 12 septembre 1711.

La mort de l'empereur Joseph I et celle du Dauphin, qui l'avait précédé peu de jours avant (14 avril 1711) au tombeau, eurent une grande influence sur les négociations déjà pendantes entre la France et les Puissances maritimes. La crainte de voir l'équilibre de l'Europe dérangé si Charles VI, déjà empereur d'Allemagne et maître de tous les royaumes et pays autrichiens, y joignait encore tous les États de la monarchie espagnole, engagea le Cabinet anglais à proposer un partage de ces derniers, ensuite duquel les Pays-Bas et les pays italiens devaient échoir à Charles d'Autriche, et l'Espagne et l'Amérique à Philippe d'Anjou. Pour elle-même, l'Angleterre demandait le rasement des fortifications de Dunkerque, et l'encombrement du port de cette ville, la cession de Gibraltar, de Port Mahon, de Terre neuve et de la baie d'Hudson, un traité de commerce avantageux, et surtout la traite exclusive de nègres en Amérique et en outre la reconnaissance de la reine Anne, et de la succession protestante en Angleterre; — pour la Hollande une barrière de forteresses dans les Pays-Bas situées sur la frontière de France, et sûreté pour son commerce;— pour l'Empereur et l'Empire germanique, du côté du Rhin, un boulevard qui les couvrît contre la France;— pour le duc de Savoye la restitution des places qui lui avaient été enlevées par la France, et la remise de plusieurs autres, que les alliés lui avaient encore assurées;— enfin l'accomplissement de tous les points que les alliés s'étaient mutuellement garantis par des traités. Il devait être aussi stipulé, que les couronnes de France et d'Espagne ne pourraient jamais être réunies sur une seule tête. Ces négociations furent d'abord continuées entre la France et l'Angleterre seules; mais ensuite, lorsque les déclarations de Louis XIV parurent favoriser les espérances de paix, on les communiqua aussi à l'Empereur et aux États-Généraux. Charles VI refusa de prendre part à la négociation sur les bases modifiées par la France. Mais les États-Généraux firent ouvrir le congrès à Utrecht, le 29 janvier 1712. Tous les alliés, et même l'Empereur, y envoyèrent leurs plénipotentiaires. Les prétentions de tous ces princes étaient si outrées et se croisaient au point, qu'il s'éleva bientôt des collisions et des querelles qui mirent de grands obstacles au rapprochement des partis.

  Après la chûte de Marlborough, le commandement de l'armée anglaise dans les Pays-Bas avait été conféré au duc d'Ormond, tandis que les troupes impériales et hollandaises étaient sous les ordres du prince Eugène. Au mois de mai, la grande armée des alliés, qui était encore plus nombreuse qu'elle n'avait été les années précédentes, se mit en mouvement. Le prince de Savoye avait proposé au duc d'Ormond de se joindre à lui pour attaquer le maréchal de Villars, qui avait pris une position fort avantageuse entre Cambrai et Arras, afin de l'éloigner de la première ville et de faire ensuite le siège de cette forteresse. Mais le Général anglais, qui avait des ordres secrets de ne rien entreprendre d'important, éluda cette demande et resta dans l'inaction jusqu'au 17 juillet où il publia une suspension d'armes de deux mois avec la France. Le 19 du même mois, les Français remirent par suite des négociations Dunkerque aux Anglais. Ormond occupa Gand et Bruges. Pendant ce temps-là, Eugène conquit le Quesnoy, le 6 juillet, et assiégea Landrecies. Le maréchal Villars arriva alors avec des forces supérieures, battit le général hollandais Albemarle, le 24 juillet près de Denain et enleva, le 1 août, Marchiennes, où Eugène avait son principal dépôt de vivres et de munitions de guerre. Ce prince se vit obligé par ce revers de lever le siège de Landrecies, le jour suivant. Villars réduisit alors encore Douai, le Quesnoy et Bouchain. Sur le haut Rhin et en Italie, il ne se passa rien d'intéressant dans le cours de cette campagne; en Espagne, le feldmaréchal Starhemberg continuait à tenir Gironne et Rosas bloqués.

Le 5 novembre 1712 à Madrid, Philippe d'Anjou renonça pour lui et ses héritiers à toutes les prétentions sur la couronne de France. Une pareille renonciation fut signée, le 19 et 24 novembre, par les princes français, à l'égard de l'Espagne. Le 19 août il avait été encore conclu à Paris pour l'Angleterre, la Hollande et l'Espagne, un armistice de quatre mois avec la France, lequel fut prolongé plus tard jusqu'à la paix. Le 29 janvier 1713, le *traité de barrière* fut signé à Utrecht. Il accordait à la Hollande le droit de garnison dans les forteresses des Pays-Bas espagnols; savoir: Furnes, fort de la Kenoque, Ypres, Menin, Tournai, Mons, Charleroi, Namur, dans la citadelle de Gand, et dans les forts de Perle, de Philippe et de Damme, ainsi que la propriété de la batterie de Saint-Donan. L'Angleterre garantit cette barrière avec

10,000 hommes et vingt vaisseaux de guerre, la Hollande avec vingt vaisseaux et 6000 hommes la succession protestante en Angleterre.

L'Empereur fit, le 14 mars 1713, conclure à Utrecht un traité pour l'évacuation de l'Espagne et signer ensuite, de concert avec le duc de Savoye, une trêve pour l'Italie et la France méridionale jusqu'à la paix prochaine. La Catalogne fut abandonnée, au mois de juillet, par les troupes impériales. Cependant cette province, et surtout la ville de Barcelone, continua de résister à Philippe V jusqu'en 1714, et ne fut réduite qu'après bien des combats opiniâtres et sanglants.

Le 11 avril 1713, les paix séparées de l'*Angleterre*, de la *Savoye*, du *Portugal*, de la *Prusse* et de la *Hollande* avec la *France* furent signées. La France reconnut la succession protestante en *Angleterre*, promit de n'accorder aux Stuart ni asile dans ses pays, ni aucun autre secours, — de ne réunir jamais les deux couronnes de France et d'Espagne sous un *seul* Souverain, — de raser les ouvrages de Dunkerque à ses propres frais et de combler le port de cette ville ; elle céda en outre quelques districts américains, savoir : la nouvelle Écosse ou l'Arcadie, l'île de Terre neuve et la baie d'Hudson &c. à l'Angleterre. Au *Portugal* la France abandonna également ses prétentions sur plusieurs districts américains. La France satisfit le roi de *Prusse*, en lui cédant le quartier supérieur de la Gueldre, et en reconnaissant sa dignité royale, ainsi que sa souveraineté sur la principauté de Neufchâtel et Valengin. En retour, la Prusse se désista de ses prétentions sur la principauté d'Orange, et sur les biens en Bourgogne qui appartenaient à l'héritage orangiste. La *France* et la *Savoye* se firent des cessions réciproques, ensuite desquelles la ligne frontière entre les deux États s'étendit alors le long de la plus haute crête des Alpes; le duc gagna par cet arrangement tout le vallon de Pragelas, les forteresses d'Eriles et de Fénestrelles, et les vallées d'Oulx, de Sezanne et de Bardoneche, avec le château Dauphin. Il eut en outre l'île de Sicile avec le titre royal, et le droit de succession sur l'Espagne, en cas que Philippe V et ses descendants vinssent à s'éteindre. Les Pays-Bas espagnols furent, après que les limites eurent également été réglées par la cession réciproque de différentes forteresses et cantons, confiés à la Hollande, pour les remettre à la Maison d'*Autriche,* aussitôt que cette Puissance se serait accordée avec les États-Généraux sur l'affaire de barrière. La France promit de s'employer auprès de l'électeur de Cologne et évêque de Liège, pour que les fortifications de Bonn fussent rasées, et qu'on laissât des garnisons hollandaises dans les villes de Huy et de Liège. Il fut encore signé un traité de commerce particulier entre la France et la Hollande. Les villes anséatiques et la Confédération suisse furent comprises dans ces traités.

Le 13 juillet de la même année, les traités de paix de l'*Espagne* avec l'*Angleterre* et la *Savoye* furent également conclus. L'Espagne céda Gibraltar et l'île de Minorque à l'Angleterre, et lui abandonna pour trente ans la traite exclusive de nègres dans l'Amérique espagnole. On établit, pour un des articles fondamentaux de la paix, que jamais un *seul* monarque ne régnerait sur l'Espagne et sur la France à la fois. Philippe V céda à la Savoye la Sicile, et lui confirma, en cas d'extinction de ses propres descendants mâles et fémelles, le droit d'hérédité sur la monarchie espagnole.

À l'égard de l'*Empereur* et de l'*Empire,* la France fit des propositions de paix si excessives, que leurs ambassadeurs quittèrent Utrecht. La guerre fut continuée; mais la fortune favorisa les armes françaises. Le maréchal

Villars rançonna les pays d'Allemagne sur la rive gauche du Rhin, conquit Landau le 20 août, et ayant franchi le fleuve vers le milieu de septembre, il se rendit maître aussi de Fribourg, le 16 novembre 1713. Le prince de Savoye était beaucoup trop faible pour s'opposer à ces conquêtes, d'autant plus que la désunion toujours renaissante des princes de l'Empire et leur extrême tiédeur dans le fournissement des contingents mettaient de grands entraves à ses opérations. Effrayé des malheurs qui allaient de nouveau accabler l'Allemagne, l'empereur Charles VI, quoiqu'indigné de la défection de ses alliés, consentit par amour pour ses peuples à renouer les négociations. On choisit pour terminer la guerre Eugène et Villars, qui l'avaient faite avec tant de gloire, et dont les talents destructeurs leur avaient mérité l'admiration de l'Europe, la haine de leurs égaux et leur estime réciproque. Radstadt fut le lieu de leurs conférences. Ils eurent bien de la peine à s'accorder, à cause des nouvelles prétentions que faisait la France, qui ne s'en tenait plus aux conditions qu'elle avait offertes elle-même au congrès d'Utrecht. Enfin on parvint à franchir toutes les difficultés, et le 6 mars 1714 les points préliminaires furent arrêtés et signés par les deux plénipotentiaires. Les principaux articles étaient, que la France, sur les bases de la paix de Westphalie, de Nimègue et de Ryswick, rendrait ses conquêtes en Allemagne, et notamment Vieux-Brisac et Fribourg à l'Empereur, Kehl à l'Empire, et ferait démolir les fortifications qu'elle avait élevées au Rhin sur le territoire de l'Empire; que Landau avec trois villages demeurerait à la France; que Louis XIV reconnaîtrait la dignité électorale conférée à la Maison de Brunswick-Lunebourg; que les électeurs de Bavière et de Cologne seraient réintégrés dans leurs dignités et leurs droits, tels qu'ils existaient avant la guerre; que la *Maison d'Autriche* entrerait en possession héréditaire des *Pays-Bas espagnols*, mais accepterait en même temps le *traité de barrière* fait avec la Hollande; que l'Empereur conserverait *Naples*, le *Milanais*, la *Sardaigne* et les ports et places sur la côte de Toscane. Le 17 mars, l'Empereur ratifia ces préliminaires; et le 4 mai suivant l'Empire germanique déclara qu'il consentait à faire la paix sous les conditions précitées. Les négociations ayant été continuées au mois de juin 1714 à Bade dans l'Argovie, le traité définitif fut signé le 7 septembre, et l'échange des ratifications eut lieu dans la même ville, le 15 du mois suivant.

Le 26 juin 1714, l'*Espagne* fit aussi la paix avec la *Hollande*, et le 6 février de l'année suivante, avec le *Portugal*. La Hollande et l'Espagne accordèrent à leurs sujets respectifs les privilèges commerciaux des nations le plus favorisées; et l'Espagne concéda aux Hollandais le commerce exclusif et la navigation dans l'Amérique espagnole, à l'exception toutefois de la traite de nègres, qui appartenait conventionnellement aux Anglais. L'Espagne et le Portugal se restituèrent réciproquement leurs conquêtes, et la première de ces couronnes céda la colonie de San Sagramento au Portugal.

Pendant qu'on tenait le congrès à Bade, la reine Anne d'Angleterre descendit au tombeau (le 12 août 1714), et l'électeur de Hanovre, Georges I, monta sur le trône. Par son entremise, l'Empereur et les Hollandais réglèrent tout ce qui concernait la barrière, promise à ces derniers; il fut stipulé, le 15 novembre 1715 à Anvers, que l'Empereur et la République entretiendraient à frais communs dans les Pays-Bas espagnols une armée de 35,000 hommes en temps de paix, et une de 40,000 hommes en temps de guerre, dont deux cinquièmes consisteraient en troupes hollandaises, et trois cinquièmes en troupes autrichiennes; que les États-Généraux auraient le droit de mettre garnison dans les villes de Namur, de Tournai, de Menin, de Furnes, de Varneton, d'Ypres et dans le fort de la Kenoque, dont les commandants toutefois seraient obligés de jurer fidélité à l'Empereur aussi. La ville de Termonde devait avoir une garnison commune, composée d'Autrichiens et de Hollandais. L'Empereur céda entièrement à la Hollande une partie de terre et quelques batteries en Flandre, la ville de Venlo et les forts de Saint-Michel et de Stivensward dans la Gueldre, ainsi que l'ammanie de Montfort. Enfin il fut convenu, que l'Empereur payerait tous les ans 500,000 écus d'Empire pour l'entretien des garnisons hollandaises et des fortifications des places de barrière.

Louis XIV mourut le 1 septembre 1715. Son arrière-petit-fils *Louis XV* lui succéda sur le trône de France. Mais comme ce prince n'était âgé que de seize ans, le duc Philippe d'Orléans, neveu de Louis XIV, prit la régence du royaume. Si le jeune roi, qui était d'une constitution faible, venait à mourir sans postérité, le duc d'Orléans avait par la renonciation de Philippe V le plus proche droit au trône. Cependant il appréhendait que le roi d'Espagne, prince rempli d'ambition et peu scrupuleux, n'élevât dans ce cas-là, malgré cette renonciation, des prétentions à la couronne de France; c'est pourquoi il s'unit étroitement aux Puissances maritimes, dans l'espoir d'obtenir leur soutien contre Philippe V. Les Puissances, alliées antérieurement contre l'Espagne et la France, renouvelèrent leurs anciennes confédérations. L'Angleterre et la Hollande conclurent, le 17 février 1716, une alliance à Westmunster; l'Empereur et l'Angleterre s'unirent, le 5 juin suivant, pour leur défense réciproque; enfin l'Angleterre, la France et la Hollande signèrent, le 4 janvier 1717, une convention qui confirmait le traité d'Utrecht, en garantissait l'accomplissement, et fixait le secours de troupes que ces trois États avaient à se fournir mutuellement, pour retenir l'Espagne dans les justes bornes qui lui avaient été fixées par la paix d'Utrecht.

L'Europe était tranquille; les peuples, après tant de combats, de ravages et de misères, commençaient à respirer. Les potentats, satisfaits d'avoir rétabli la balance politique, l'objet de leurs éternelles alarmes, ne désiraient et ne craignaient plus rien. La Maison d'Autriche était en paisible jouissance des États qui lui avaient été assignés par le traité de Radstadt; la Porte Ottomane recherchait son amitié, et tout était calme dans l'intérieur du pays. J'ai déjà rapporté que la paix avec les mécontents en Hongrie avait été définitivement conclue à Szathmar, le 1 mai 1711, et ratifiée par l'impératrice-mère Éléonore, en sa qualité de régente du royaume, le 26 du même mois. L'empereur Charles VI sanctionna, le 10 mars 1713, le traité de pacification. Rakotzi refusa de souscrire à cet acte qui révoltait sa fierté; et comme son espoir d'être secouru par le czar Pierre-le-Grand avait disparu depuis la malheureuse journée du Pruth (20 et 21 juillet 1711), et la paix dommageable, faite par ce monarque avec la Turquie, il s'embarqua avec les partisans qui lui étaient restés fidèles à Danzig pour la France. Son attente que Louis XIV s'employerait pour lui d'une manière efficace à la conclusion de la paix, fut également déçue; il n'obtint qu'une pension pour lui et ses compagnons. Au mois d'avril 1712, la Diète fut ouverte à Presbourg. Après que Charles VI eut confirmé les privilèges et immunités du royaume, il fut couronné, le 22 du mois suivant, *roi de Hongrie*. Comme Charles VI, marié depuis le 23 avril 1708 avec *Élisabeth-Christine*, princesse de Brunswick-Lunebourg, était encore sans postérité, et qu'il craignait que l'Europe ne fût peut-être aussi troublée un jour à l'occasion de son héritage, il résolut de régler dès à présent d'une manière solennelle l'ordre de succession dans sa famille. Dans cette vue, il fit, le 19 avril 1713, dans un conseil secret d'État à Vienne des dispositions qu'il voulait revêtir d'un caractère sacré, en le faisant garantir par les Puissances de l'Europe, sous le nom de *Pragmatique Sanction*. Cet acte statuait, „que les royaumes et États de la Maison d'Autriche seraient toujours indivisibles; qu'on ne pourrait porter aucune atteinte au droit de primogéniture, et de succession de mâle-en-mâle; qu'au défaut de mâles, les filles pourraient succéder, selon l'ordre de primogéniture; qu'en conséquence, si l'empereur Charles VI venait à mourir sans postérité masculine, tous les royaumes et pays héréditaires de la Maison d'Autriche appartiendraient à l'aînée de ses filles; qu'en cas que ce monarque ne laissât point de filles non plus, celles de l'empereur Joseph I et leurs descendants hériteraient tous les États autrichiens; que, si la postérité des princesses *Josephines* [1]) venait aussi à s'éteindre, alors les descendants des filles de l'empereur Léopold seraient appelés à la succession, observant toujours l'ordre de primogéniture, et sous la condition que le prétendant à l'héritage professerait la religion catholique."

Charles VI ne goûta pas longtemps les douceurs de la paix. Les Turcs avaient en 1715 subitement attaqué les Vénitiens dans la Morée, et s'étaient emparés de cette

---

[1]) Pour distinguer les filles de Joseph I et de Charles VI, on nomma celles du premier *Josephines*, et *Carolines* celles du second. On s'habitua peu à peu tellement à cette dénomination, que les écrivains de ce temps appelaient *Josephines* et *Carolines* toutes les princesses étrangères qui n'avaient rien de commun avec la Maison d'Autriche; ils ont donné depuis le nom de *Josephines* à toutes les *Josephes* et celui de *Carolines* à toutes les *Charlottes*; aujourd'hui cet usage est devenu si général qu'on ne fait plus distinction entre ces deux mots. Il est encore à remarquer que, relativement au dernier nom, *Caroline* me parait seul convenable, *Charlotte* n'étant pas la terminaison féminine de *Charles*, qui n'en avait point, mais celle de *Charlot*.

presqu'île ¹). Venise, cette République, jadis si fière et si redoutable, et maintenant tremblante lorsqu'elle était

¹) *Venise*, qui se disait toujours État libre, mais n'était qu'une Aristocratie héréditaire sous des doges impuissants, avait depuis la guerre de 1570-1573, qui lui fit perdre le royaume de Chypre *), éprouvé maints nouveaux revers de fortune et subi bien des changements dans ses rapports extérieurs et intérieurs. Dans l'année qui suivit cette guerre malheureuse (1574), une nouvelle peste éclata dans Venise, et fit périr plus de 40,000 habitants de la capitale, au nombre desquels se trouvait le fameux peintre Titien. Les règnes de *Sébastien Veniéro*, successeur du doge *Louis Mocénigo* († 1576) et de *Nicolas Da Ponte* (1578-1585), furent stériles en événements politiques. Pendant le dogat de *Pascal Cicogna* (1585-1595), le grand-duc de Florence, François de Médicis, épousa Blanche, fille du patricien de Venise, Barthélémi Capello qui, suivant l'usage, fut adoptée et dotée par la République. Sous le gouvernement de *Marin Grimani* (1595-1605), on restreignit le Conseil des Dix, qui depuis son érection dans le XIVème siècle s'était arrogé toujours une plus grande autorité. Il avait usurpé la judicature, ainsi que toute l'administration, avait déposé des doges, conclu la paix et cédé des provinces, sans y être autorisé par le Conseil suprême de l'État; et sous prétexte d'avoir soin du bien-être de la République, il avait fondé une domination arbitraire presqu'insupportable. Pour atteindre plus facilement le but de son pouvoir despotique, le Conseil des Dix s'était associé des membres d'autres Corps politiques, premièrement de la Seigneurie ou du Conseil du doge; mais, comme on ordonna 1402, en cas que le Conseil des Dix fût complet, de conférer les autres places vacantes aux présidents de la Quarantaine criminelle, et que ce complément déplut au Conseil des Dix, il se fit autoriser en 1414 à choisir lui-même encore vingt patriciens, comme remplaçants. Plus tard les Dix voulurent augmenter le nombre de ces remplaçants jusqu'à celui de cinquante; mais le Grand-Conseil rejeta 1582 cette proposition, et en 1605 il fit une loi, ensuite de laquelle les attributions des Dix furent réduites à la répression des crimes, des conspirations et révoltes publiques. L'immixtion dans les affaires politiques et financières fut interdite (au Conseil des Dix. Dès lors il ne resta plus qu'une autorité publique ordinaire, qui toutefois continua à juger clandestinement, sans forme et sans règle. Le doge Grimani eut ensuite des démêlés avec le pape Paul V, par rapport à une loi, émanée du sénat, qui défendait toute aliénation ou donation en faveur de fondations ecclésiastiques. Comme on avait en outre arrêté deux prêtres, accusés d'un grand crime, le pontife mit Venise en interdit, qui ne fut levée qu'en 1607, où le doge *Léonard Donati* (1606-1612) remit les deux ecclésiastiques captifs au

*) Voir Tome V page 233.

sans alliés, inquiète même lorsque de grandes Puissances s'armaient pour sa défense, n'avait pris qu'à la dernière

roi de France, qui s'était porté médiateur, et se réconcilia avec la Cour de Rome. Quelle fut la part que Venise prit aux guerres et événements de l'Italie sous les doges *Marc-Antoine Memmo* (1612-1615), *Jean Bembo* (1615-1618), *Antoine Priuli* (1618-1623), *François Contarini* (1623-1625), *Jean Cornaro* (1625-1630), *Nicolas Contarini* (1630-1632) et *François Erizzo* (1632-1646), a déjà été rapporté en temps et lieu. Le doge Cornaro eut la douleur de voir son propre fils condamné à mort parce qu'il avait assassiné un ennemi de sa famille, Rénier Zeno; toutefois le coupable s'étant enfui, la sentence ne put être exécutée. Cet événement accrut la haine qui régnait depuis longtemps entre les deux maisons de Zeno et de Cornaro; des factions s'élevèrent qui portèrent des plaintes l'une contre l'autre au Conseil des Dix, ce qui donna lieu à une quantité d'actes de violence de la part de ce tribunal, encore toujours redoutable. Vers le même temps, la paix avec la Turquie fut interrompue, le sultan Amurat IV ne voulant pas souffrir que les Vénitiens punissent les pirateries des États barbaresques et leur déclara la guerre, parce qu'une flotte vénitienne avait conquis dans le port ottoman de Vallona seize navires barbaresques. Cependant on n'en vint point aux hostilités, les Turcs s'étant contentés d'un modique dédommagement que leur paya Venise. Le sultan Ibrahim, successeur d'Amurat, eut envie de faire la conquête de l'île de Candie, à cause que quelques galères malthoises lui avaient 1644 enlevé une flotte marchande, et étaient ensuite abordées avec leur butin sur les côtes de Candie. Quoiqu'alors l'ambassadeur de Venise eût facilement démontré, que cela ne prouvait aucunement que la République voulût favoriser les Malthois, le sultan ne se calma cependant qu'en apparence, et arma secrètement sa grande flotte, avec laquelle il voulait surprendre la susdite île. Mais le sénat de Venise, ne se fiant pas aux Turcs, fit équiper 23 galères dans la Candie, et organiser les milices de cette contrée. Au mois de mars 1645, la Porte déclara que sa flotte, qui consistait en 348 galères et avait à bord 50,000 hommes, était destinée contre Malthe; mais peu de temps après qu'elle eut mis à la voile, et lorsque le grand vizir la croyait arrivée près de l'île de Candie, il fit arrêter l'envoyé de Venise et dénonça la guerre à la République. Encore avant que cette dernière nouvelle fût parvenue à Venise, on apprit que les Ottomans étaient débarqués dans l'île de Candie, près de Canée; et pendant qu'on s'armait encore dans la capitale, arriva aussi l'annonce que Canée avait été emportée d'assaut (17 août). Vainement les Vénitiens cherchèrent-ils, par une diversion sur Patras dans la Morée, à éloigner les Turcs de la Candie; ils avaient une fois pris pied ferme dans cette île, et faisaient des dispositions pour renforcer leur armée. Afin de faire face aux dépenses des armements, le sénat exigea de tous extrémité la résolution de venger les outrages multipliés qu'elle avait reçus de la Turquie. Le sénat vénitien im-

les bourgeois et du clergé de fortes contributions, vendit plusieurs emplois à un très-haut prix, élut pour de l'argent quatre-vingt nouveaux patriciens, et vint à bout par là de rassembler une flotte considérable, à laquelle se joignirent 21 galères fournies par des princes italiens. Le généralissime Jerôme Morosini, à la tête de 100 galères, partit en septembre de l'île de Suba, pour aller à la recherche de l'ennemi. Mais des circonstances accidentelles l'empêchèrent de livrer un combat aux Ottomans, et il dut se contenter d'approvisionner les places fortes dans l'île de Candie ; après quoi la flotte vénitienne se sépara pour prendre les quartiers d'hiver dans les ports, tandis que celle des Turcs retourna également à Constantinople. Cette guerre, à laquelle les Français aussi prirent part en faveur des Vénitiens, se fit avec des succès variés, et dura jusqu'en 1669. Pendant cette longue lutte, les doges de Venise avaient souvent changé. À François Erizzo († 1646) succédèrent *François Molino* (1646-1655), *Charles Contarini* (1655-1656), *François Cornaro* (régna 20 jours); *Bertucci Valiéro* (1656 - 1657), *Jean Pesaro* (1657-1659), enfin *Dominique Contarini* (1659-1674). Sur les sollicitations de ce dernier doge, quelques princes d'Allemagne accordèrent en 1669 à la République un corps de 4000 hommes pour la durée de six mois, et Louis XIV aussi envoya de nouveau un corps de 6000 hommes en Candie. Mais ce renfort considérable ne fut d'aucun secours pour les Vénitiens. Le généralissime Morosini voulait employer les troupes françaises à une attaque contre Canée. Mais elles refusèrent de se charger de cette expédition, et comme une sortie, que la garnison de la capitale entreprit par l'incitation des Français, eut une mauvaise issue, ils s'embarquèrent, au mois d'avril, pour retourner en France ; et ils furent, bientôt après, suivis par les autres troupes auxiliaires. Ce départ ayant laissé Morosini sans moyens pour défendre la capitale, assiégée depuis longtemps par les Turcs, il conclut, le 6 septembre 1669, avec eux un traité, par lequel l'île de Candie fut cédée à la Porte, toutefois avec la clause que les Vénitiens garderaient trois parts dans ce pays, comme aussi toutes leurs possessions en Dalmatie et en Bosnie. Les suites de cette guerre furent fort tristes pour Venise ; car elle avait perdu sa plus belle colonie, accumulé ses dettes, et épuisé ses forces et son crédit. Mais d'un autre côté aussi les Vénitiens avaient vingt-cinq ans combattu avec gloire contre les forces redoutables de l'Empire ottoman ; ils avaient été vainqueurs dans dix batailles, et s'étaient acquis par la longue et héroïque défense de la Candie, dont la conquête coûta 100,000 hommes à la Turquie, la plus brillante réputation. Cette même guerre aurait aussi reveillé l'esprit national dans Venise, s'il en était resté la moindre étincelle. Mais on ne voulait vaincre que pour jouir de ses trésors ; on ne voulait la paix que plora le secours de l'Empereur. Ce prince, regardant la conquête de la Morée comme une infraction au traité de pour amasser de nouvelles richesses. Le commerce continuait à fleurir dans Venise; car, bien que de nouvelles voies commerciales fussent ouvertes, les négociants vénitiens restèrent cependant encore sans concurrence, d'autant plus que les autres peuples de l'Europe étaient enveloppés dans des guerres extérieures ou, comme p. e. l'Angleterre, dans des troubles intestins. En 1674 mourut le doge Contarini, qui eut pour successeur *Nicolas Sagrédo* (1674-1676), *Louis Contarini* (1676-1683) et *Marc-Antoine Giustiniani* (1683-1688). Sous le gouvernement de ce dernier prince, les Turcs montrèrent par l'insulte du pavillon vénitien, ainsi que par les offenses qu'ils se permirent envers l'ambassadeur de la République, leur intention de ne pas la ménager. Le doge et le sénat répondirent à ce procédé par une patience infatigable. Mais la défaite de Kara Mustapha devant Vienne changea la face des choses, et Venise entra en alliance avec l'Autriche, la Pologne et la Russie contre le sultan. François Morosini débarqua 1685 avec une flotte imposante et un corps de 8000 hommes en Morée, et s'empara de Coron. Dans les deux années suivantes, ce Général et sous lui le comte suédois Koenigsmark, qui était entré au service de Venise, furent vainqueurs dans le Péloponèse; ils conquirent Patras, Corinthe, Lépante, Castelnuovo et Athènes; ils assiégèrent ensuite Napoli di Romania, et Morosini était 1688 sur le point d'attaquer Négropont, lorsqu'il fut élu doge à la place de Giustiniani, mort dans la même année. *François Morosini* (1688-1694) eut à peine été décoré du chapeau ducal, qu'il partit pour faire le siège de Négropont. Mais dès cet instant la fortune abandonna les armes de la République. La peste éclata dans son armée, et en moissonna la troisième partie. Le comte de Koenigsmark fut aussi la victime de cette affreuse maladie. Un assaut sur Négrepont ayant manqué, le doge se retira à Napoli di Romania qui était encore investi par les Vénitiens. Une maladie, dont Morosini fut alors attaqué, l'obligea à retourner à Venise. Sous le dogat de son successeur *Silvestre Valiéro* (1694-1700), les Vénitiens, commandés par Alexandre Molino, défirent un corps ottoman près d'Argos en Morée, et une flotte turque dans l'Archipel (1696); l'année suivante, ce Général fut encore une fois vainqueur près d'Andros. En 1698 les Vénitiens sous Jacques Cornaro, défirent de nouveau la flotte ottomane. Mais tous ces combats ne décidèrent rien, et la guerre aurait encore duré longtemps, si la prochaine extinction de la Maison royale d'Espagne n'avait engagé l'empereur d'Allemagne à faire la paix avec la Turquie. Par le traité qui fut signé à Carlowitz (le 26 janvier 1699), la république de Venise garda de ses conquêtes toute la Morée, les îles d'Égine et de S. Maure, puis Castelnuovo à l'entrée du canal de Cattaro, et quelques places en Dal-

Carlowitz, et croyant d'ailleurs l'abaissement des Turcs important pour le repos de la Hongrie, promit son assistance aux Vénitiens. Toutefois avant de prendre une part active à cette guerre, il fit requérir le sultan *Achmet III*, qui avait suivi 1703 sur le trône à son frère *Mustapha II* (successeur d'Achmet II, mort 1695), d'évacuer la Morée. Mais le sultan, fier des avantages que ses Généraux avaient remportés sur les Russes, avait formé le projet de réunir à son Empire tout ce que son prédécesseur avait été obligé de céder par la paix de Carlowitz, et refusa par conséquent de satisfaire la demande de l'Empereur. Sur ce refus, Charles VI contracta, le 13 avril 1716, une alliance offensive et défensive avec Venise.

Pour faire la guerre avec d'autant plus de vigueur, Charles VI invita le corps germanique à l'assister contre les Mahométans. Tandis que les princes électeurs disputaient sur la nature et la quantité des secours qu'ils devaient accorder, le prince Eugène marchait à la victoire. Ce grand capitaine avait rassemblé, au mois de juillet 1716, l'armée impériale, forte de 60,000 hommes, près de Futak.

matie. Le doge Valiéro ne survécut qu'un an à la conclusion de la paix; *Louis Mocénigo* (1700-1709) le remplaça sur le trône ducal. Venise ne prit point part à la guerre pour la succession d'Espagne; mais cela ne garantit point son pays de la dévastation; car les armées des Puissances belligérantes traversèrent le territoire de la République sans respecter sa neutralité. Pendant le règne de *Jean Cornaro* (1709 - 1722) qui suivit le doge Mocénigo, la paix d'Utrecht fut conclue (1713). Mais à peine cette longue guerre de succession était-elle terminée, que la Porte Ottomane fit des armements pour punir, à ce qu'elle disait, les Monténegrins, mais dans le fait pour combattre les Vénitiens. Le sénat ne voulait pas croire que ces préparatifs de guerre fussent dirigés contre la République, et n'osa même prendre aucunes mesures de précaution, d'où il résulta que le Proviseur (*Proveditore*) de la Morée Jerôme Delphino avait à peine un corps de troupes de 8000 hommes et une petite flotte lorsqu'il fut attaqué par 100,000 Ottomans, commandés par le grand vizir lui-même, qui firent en quarante-cinq jours la conquête de toute la péninsule.

Les Hongrois, sous la conduite du comte de Palfy, se réunirent aux Allemands ; ils combattaient pour la même cause, et ces deux nations ne rivalisaient plus entre elles que de fidélité. Cette heureuse révolution était l'ouvrage d'Eugène qui, par ses manières affables, avait gagné tous les coeurs. On rencontra, le 5 août, les ennemis, commandés par le grand vizir Mahomet pacha, dans la plaine de Péter-Waradin dont ils voulaient faire le siège. Les Impériaux, loin de reculer devant cette masse immense et redoutable qui se déploie devant eux, poussent des cris de joie, s'élancent sur une batterie qui les foudroie et s'en emparent. En même temps la cavalerie se précipite au milieu des Ottomans et en dissipe une partie. S'étant aperçu que les Turcs avaient découvert leur front, le prince de Savoye, aussi prompt à profiter des fautes de ses ennemis, qu'attentif à ne pas en faire lui-même, fait marcher de ce côté un corps d'infanterie et de cavalerie. Le choc est terrible ; mais les Janissaires plient, reculent et entraînent les Spahis dans leur déroute. La victoire des Impériaux est complète, le butin immense. Eugène assiégea ensuite Témeswar, et ayant vaincu le sérasquier qui était accouru au secours de la place, il la força, le 14 octobre, à se rendre par capitulation. Cette conquête avait déjà été précédée de celle de Turkisch-Gradisca, de Dubitza et d'autres endroits. Le général de cavalerie comte de Mercy enleva Pancsova et Ujpalanka. Du côté de la Transylvanie, le général de cavalerie comte de Stainville détacha une division en Valachie, qui surprit en novembre Bukarest et fit le prince Mauro Cordato prisonnier. Cependant le prince Eugène, voulant profiter de la consternation que la bataille de Péter-Waradin et la prise de Témeswar avaient répandue parmi les Turcs, marcha sur Belgrade, qu'il investit le 19 juin 1717 avec une armée de quatre-vingt mille hommes, qui fut renforcée, quelque temps après, par cinq à six mille hommes de troupes choisies que l'électeur de Bavière, oubliant ses anciens démêlés avec la Maison d'Autriche, avait envoyées en Hongrie sous les ordres du marquis Afféy. Le grand vizir s'avança, à la tête de 150,000 hommes, au secours de la place assiégée. Il se saisit des avenues du camp des Impériaux et fit jouer sur lui le feu de son artillerie formidable. Le ravage causé par les bombes et les boulets, la disette de vivres et une maladie épidémique qui moissonnait une grande partie de l'armée chrétienne, la mirent dans l'état le plus critique, et ne laissèrent au prince de Savoye d'autres ressources que celle de livrer bataille à l'ennemi, nonobstant sa grande supériorité et l'avantage de sa position. Profitant d'un brouillard épais qui cachait ses mouvements aux Turcs, Eugène sortit, dans la nuit du 15 au 16 août, de son camp avec 40,000 hommes, et marcha contre les Ottomans d'un pas intrépide. Ces derniers, surpris de l'audace d'un ennemi qu'ils croyaient abattu par les accidents fâcheux qu'il avait éprouvés, n'opposèrent qu'une médiocre résistance. Ils furent forcés dans leurs postes, et obligés de se retirer dans leur camp, qu'ils abandonnèrent dès qu'ils virent qu'on le canonnait avec l'artillerie qu'on venait de leur enlever. Ils prirent la fuite avec la plus grande précipitation vers Orsova et perdirent, au rapport de quelques historiens, le quart de leur armée. Deux jours après, *Belgrade* se rendit aux vainqueurs. Sémendria, Sabacs et Orsova tombèrent également au pouvoir des Chrétiens. Les Tatars, qui faisaient des courses par la Moldavie dans la Transylvanie et la Hongrie, furent repoussés par l'insurrection de la Noblesse. Le général de Stainville occupa la petite Valachie jusqu'à l'Alt; et les hospodars de Valachie et de Moldavie offrirent de payer un tribut à l'Empereur. Les démêlés que l'Angleterre et la France avaient avec l'Espagne, engagèrent les deux premières de ces Puissances à conseiller à la Porte Ottomane de faire la paix. L'Empereur, de son côté, ayant à soutenir une guerre contre l'Espagne, ce qui divisait nécessairement ses forces, se vit obligé de prêter la main à un accommodement avec la Turquie. On tint, au mois de mai 1718 à Passarowitz, un congrès auquel assistèrent les envoyés d'Angleterre et de Hollande, en qualité de médiateurs. Dès le 21 juillet de la même année, on signa un traité de paix pour vingt-cinq ans. L'Empereur conserva les pays et les villes qu'il avait conquis dans les deux dernières campagnes; savoir: le *banat de Témeswar*, la *petite Valachie*, *Belgrade* avec la *Serbie* jusqu'au Tinok et à la Drina, et en outre la *Bosnie* jusqu'à l'Unna. Le même jour, la paix fut aussi conclue avec Venise. La Morée demeura aux Turcs, qui cédèrent en revanche à la République quelques places qu'elle avait conquises dans la Dalmatie ottomane et en Albanie, et nommément Voinizza, Butrinto, Provésa, et en outre l'île de Cérigo. Le 27 du même mois, un traité de commerce fut encore conclu entre l'Autriche et la Turquie. Le sultan Achmet n'avait pas oublié Rakotzi et ses compagnons d'infortune, qui après la chûte de leur parti avaient cherché un asile dans ses États. Charles VI, ne voulant pas poursuivre hors de ses frontières des ennemis dont les disgrâces excitaient plus sa pitié, que leur révolte n'avait excité son courroux, leur accorda la liberté de rester en Turquie avec leurs familles. Ce monarque poussa la clémence encore plus loin; deux fils de Rakotzi étaient en Hongrie; il leur donna des fiefs dans le royaume de Naples, qui les mettaient à même de vivre agréablement et d'une manière convenable à leur rang.

On sait que déjà depuis l'année 1713 il existait pour l'*Italie* un traité de neutralité, qui avait été agréé et accepté par toutes les Puissances y intéressées. La paix de la Savoye avec la France et l'Espagne avait été également conclue dans le cours de la même année. Nonobstant tout cela, le roi Philippe V d'Espagne recommença, bientôt après, les hostilités contre l'Autriche et la Savoye. Ce prince avait épousé 1713 en secondes noces Élisabeth, fille d'Odoardo, prince héréditaire de Parme. Cette princesse ambitieuse forma, de concert avec le cardinal Albéroni, premier ministre de Philippe V, le projet de réunir de nouveau à la monarchie espagnole tous les États italiens qui en avaient été détachés par les traités de paix. On choisit pour l'exécution de ce plan l'époque où la plus grande partie des forces impériales étaient employées contre la Turquie. Le 22 août 1717, le marquis de Leyde (Lede) aborda inopinément en Sardaigne et s'empara de cette île. Philippe V rejeta toutes les propositions de paix offertes par l'Angleterre et la France, propositions fort avantageuses pour lui, puisqu'en les acceptant il aurait obtenu la renonciation de Charles VI à toutes ses prétentions sur les Espagnes et les Indes, et la certitude de voir, l'infant Don Carlos, fils de la reine Élisabeth, en possession indépendante de la Toscane, de Parme et de Plaisance, à l'extinction des Maisons de Médicis et de Farnèse. Le marquis de Leyde fit voile vers la Sicile, où il débarqua le 2 juillet, s'empara de Palerme, et de la plus grande partie de cette île. Il assiégea ensuite la citadelle de Messine. L'amiral anglais, chevalier Georges Bing, vainquit, à la vérité, la flotte espagnole entre Syracuse et le cap Pessaro (le 11 août), et le comte Caraffa débarqua avec un corps de troupes impériales près de Melazzo; mais cela n'empêcha point le marquis de Leyde de se rendre maître de la citadelle de Messine (29 septembre), et d'occuper ensuite toute la Sicile, à l'exception de Syracuse, de Trapani et de Melazzo.

L'Empereur avait sur ces entrefaites accepté le projet de paix de l'Angleterre. Pour le mettre à exécution, on conclut le 2 août 1718 à Londres la soi-disant *quadruple alliance* entre l'*Empereur*, la *France* et l'*Angleterre*. Le quatrième membre de la ligue, sur lequel on comptait, devait être la *Hollande*. Mais les États-Généraux, offensés de ce que les alliés avaient fait ce traité sans les en avoir prévenus, refusèrent au commencement d'y accéder; ils firent attendre plus tard aussi leur adhésion, jusqu'à ce qu'elle devînt inutile par le changement des circonstances. Les autres trois Puissances se garantirent réciproquement la possession de leurs pays, telle qu'elle avait été fixée par les traités d'Utrecht et de Bade, comme aussi par le nouveau projet de paix; sauf que l'Autriche devait céder la Sardaigne à la Savoye, et avoir la Sicile en échange. Il fut arrêté que, si l'Espagne et la Savoye n'acceptaient, d'ici à trois mois, cet arrangement, la première de ces deux couronnes perdrait l'héritage de Toscane et de Parme qui lui avait été offert, et qu'on reprendrait à la seconde les districts dans le Milanais et le Montferrat, dont elle avait déjà la jouissance. En exécution du traité de paix projeté, l'Empereur signa à Vienne, le 16 septembre 1718, une renonciation à l'Espagne et à l'Amérique en faveur de Philippe V et de ses descendants, ainsi que du duc de Savoye. Le 18 octobre, ce dernier prince, avec son nouveau titre de *roi de Sardaigne*, accéda à la grande alliance. Le roi Philippe V, ou plutôt la reine Élisabeth et le cardinal Albéroni, qui gouvernaient à leur gré les volontés de ce prince, refusèrent obstinément de céder. Ils projetèrent même deux attaques contre les Anglais et les Français, non moins astucieuses que l'étaient celles, que l'Espagne avait effectivement entreprises contre l'Empereur et la Savoye. Une descente en Angleterre devait reconduire le prétendant au trône britannique dans ce royaume. En France, le prince Cellamare, ambassadeur d'Espagne, trama une conspiration contre la vie du régent. Mais les Français conjurés furent trahis au gouvernement et arrêtés.

Georges I d'Angleterre et le régent de France, justement indignés de cette politique déloyale, déclarèrent la guerre à l'Espagne, le premier vers la fin de 1718, et le second au mois de mai de l'année suivante. La flotte espagnole, destinée à conduire le prétendant en Écosse, fut détruite par des tempêtes au mois de mars 1719. Les Français, sous le maréchal Berwick, pénétrèrent en Biscaye, et prirent Fuentarabbia et San Sébastiane; les Anglais débarquèrent en Galice, où ils conquirent Vigo et Pontevedra; et un grand nombre de vaisseaux espagnols furent brûlés par les alliés dans les ports de ces deux dernières villes. Ensuite les Français s'avancèrent en Navarre vers Pampelune, et enlevèrent sur la frontière de Catalogne, Rosas et plusieurs autres places. L'amiral Bing avec sa flotte était posté de manière à ce que la Sicile ne pouvait recevoir des renforts de l'Espagne. Le feldmaréchal Mercy, qui avait abordé en Sicile, le 27 mai 1719, avec un corps de troupes impériales, dégagea, il est vrai, la ville de Melazzo; mais il perdit, le 20 juillet, la bataille près de Francavilla contre le marquis de Leyde. Néanmoins les Impériaux et les Anglais assiegèrent Messine par mer et par terre; la ville se rendit le 9 août, et la citadelle le 20 octobre.

Tant de revers abaissèrent la fierté arrogante de la reine Élisabeth, qui comprit enfin qu'il était plus facile de former des projets ambitieux, que de les exécuter. Dans l'impossibilité de résister aux principales Puissances de l'Europe, coalisées contre l'Espagne, Philippe V ne cacha pas plus longtemps son désir de faire la paix. La Hollande se chargea de la médiation. L'Empereur, l'Angleterre et la France accordèrent par une convention, faite à la Haye le 18 novembre 1719, au roi d'Espagne encore un terme de trois mois, pour accéder à la quadruple alliance, et déclarèrent en même temps que, si après l'expiration de ce temps l'Espagne n'avait pas satisfait cette demande, l'héritage toscan et parmésan serait irrévocablement perdu pour l'infant. Les alliés exigèrent le renvoi d'Albéroni, comme condition préalable de la paix. Philippe V, ne voyant pas d'autre moyen pour se tirer de la crise dans laquelle il se trouvait, exila son premier ministre de l'Espagne (le 9 décembre 1719). Toutes les prétentions de Philippe, contraires aux traités de paix d'Utrecht et de Rastadt, furent rejetées par les alliés. Par une déclaration du 26 janvier 1720, le roi accéda enfin à la quadruple alliance, et le nouvel acte de pacification fut signé à la Haye, le 17 février, par les plénipotentiaires des cinq Puissances. Il fut convenu qu'on tiendrait un congrès à Cambrai, où une paix formelle devait être conclue. En attendant, les Puissances précitées et le roi de Sardaigne firent signer une trêve, à la Haye, le 2 avril 1720. Les troupes espagnoles évacuèrent la Sardaigne et la Sicile. La première de ces îles fut remise par des commissaires impériaux au duc de Savoye. La Sicile prêta, le 30 septembre, foi et hommage à l'Empereur. Le roi d'Espagne avait dès le 22 signé la renonciation à tous les pays qui avaient été séparés de l'Espagne et adjugés à l'Autriche par la paix d'Utrecht et la quadruple alliance. A la requisition de l'Empereur, l'Empire germanique accorda, le 9 décembre 1722, à l'infant Don Carlos l'expectative et l'investiture préalable de la Toscane, de Parme et de Plaisance. Mais le Saint-Siège demanda, que les pays de Parme et de Plaisance, comme fiefs masculins conférés par les papes à la Maison de Farnèse, fussent, à son extinction, dévolus à l'État de l'Église. Les ducs de Toscane et de Parme refusèrent également de reconnaître les dispositions faites à leur insu, relativement à leurs États. La paix entre l'Angleterre et l'Espagne avait été signée à Madrid, le 13 juin 1721, et ces deux Puissances conclurent en même temps une alliance défensive avec la France.

La guerre du Nord, cependant, continuait avec la plus grande fureur. Le séjour de Charles XII en Turquie servit à faciliter au czar Pierre ses entreprises contre la Suède. Il s'empara 1710 de la Livonie et de l'Esthonie. Les Danois et les Polonais envahirent en 1711-1712 les pays de Mecklembourg, de Brême et de Poméranie, et attaquèrent Stralsund. Mais la Porte ayant déclaré la guerre au czar Pierre, ce prince fut enveloppé, dans les journées du Pruth (10 et 11 juillet 1711), par les Turcs, et contraint d'acheter du grand vizir la libre retraite et la paix. La campagne de 1712 dans l'Allemagne septentrionale se termina par la victoire que les Suédois remportèrent, le 20 décembre, sur les Danois dans le voisinage de Gadebusch.

L'Empereur avait envoyé des plénipotentiaires à Brunswick pour travailler, de concert avec les envoyés des États voisins, au rétablissement de la paix pour l'Allemagne septentrionale. À la vérité le congrès, tenu en 1713-1714, n'amena point le résultat désiré; cependant les États du nord de l'Allemagne conclurent avec des plénipotentiaires suédois des traités de séquestration, relativement à l'occupation des forteresses de Stettin et de Wismar par des troupes neutres de Holstein et de Prusse, et les étendirent par des conventions postérieures sur les autres pays suédo-allemands. Lorsque Charles XII revint, vers la fin de novembre 1714, de la Turquie à Stralsund, il rejeta cette séquestration, et réclama Stettin, que la Prusse toutefois refusa d'évacuer. La Prusse avait contracté une alliance avec le Danemark, et ensuite avec Auguste de Pologne, comme électeur de Saxe, ainsi qu'avec Georges d'Angleterre, comme électeur de Hanovre. Ces alliés conquirent alors toutes les possessions suédoises en Allemagne. Stralsund tomba le 23 décembre 1715, et Wismar, la dernière place suédoise, se rendit le 19 avril de l'année suivante. Le roi de Suède, qui avait quitté Stralsund quelques jours avant la reddition de cette place, porta la guerre en Norwège, où il trouva la fin de sa courte, mais pénible carrière; car ayant entrepris le siège de Friedrichshall, il fut tué le 11 novembre 1718, n'étant âgé que de trente-sept ans. Sa sœur, Ulrique-Éléonore, qui lui succéda sur le trône de Suède, tâcha de se réconcilier, même par de grands sacrifices, le plus tôt possible avec tous ses ennemis. Elle obtint la paix 1719 de l'électeur de Hanovre, moyennant la cession qu'elle lui fit des duchés de Brème et de Verden; — de la Saxe, en reconnaissant Auguste pour roi de Pologne. Le roi de Prusse s'accommoda ensuite aussi avec la reine; il eut pour sa part Stettin et une grande partie de la Poméranie jusqu'à la Peene. Le traité avec le Danemark stipulait, qu'on leverait un péage sur les vaisseaux suédois qui passeraient le Sund et les deux Belts &c. Le czar fut le dernier à faire la paix; elle ne fut conclue qu'en 1721. La Suède lui céda presque toutes les conquêtes qu'il avait faites depuis la bataille de Pultawa; savoir: la Livonie, l'Esthonie, l'Ingrie, une partie de la Carélie, la province de Wiborg en Finlande, et toutes les îles situées sur les côtes de ces provinces.

L'impératrice *Élisabeth-Christine* mit, le 13 avril 1716, au monde un fils, l'*archiduc Léopold*. Cet événement, qui comblait tous les vœux de l'Empereur, causa une joie générale dans le pays. Mais un deuil profond succéda bientôt à l'allégresse; car la mort enleva ce précieux rejeton le 4 novembre de la même année. Le 13 mai 1717, naquit l'archiduchesse *Marie-Thérèse*, le 14 septembre 1718 l'archiduchesse *Marie-Anne*, et le 5 avril 1724 l'archiduchesse *Marie-Amélie*. Les deux filles de l'empereur Joseph I, — dont l'aînée, *Marie-Josephine*, fut unie, le 20 août 1719, à Frédéric-Auguste, prince électoral de Saxe, et prince royal de Pologne, et la cadette, *Marie-Amélie*, devint, le 5 octobre 1722, l'épouse du prince électoral Charles-Albert de Bavière, — renoncèrent avant leur mariage, de la manière la plus solennelle et par serment, à tous les droits et prétentions sur la succession autrichienne, en faveur des filles de l'empereur Charles VI leur oncle, et dans le sens strict et rigoureux de la pragmatique sanction. Pareils actes de renonciation furent signés par les princes, leurs fiancés. La pragmatique avait alors été communiquée aux États des différents pays et provinces autrichiens, afin qu'ils confirmassent cet ordre de succession. Au mois d'avril 1720, les États de l'*Autriche*, et puis ceux de la *Silésie* adoptèrent cet acte, comme une loi fondamentale du pays. Les États de *Transylvanie* y accédèrent dans la Diète à Hermanstadt, le 30 mars 1722. Les États de la *Hongrie* acceptèrent, dans la Diète de Presbourg, le 20 juin suivant, d'une voix unanime la pragmatique sanction, et déclarèrent que, dès cet instant, la Hongrie serait regardée comme ne formant qu'une seule monarchie avec les autres États appartenants à la Maison d'Autriche. En 1723, l'Empereur tint une Diète à Prague, dans laquelle les Bohèmes reconnurent le nouvel ordre de succession pour une loi fondamentale de leur royaume. Dans cette assemblée se fit aussi, en septembre, le couronnement de Charles VI et celui de l'impératrice Élisabeth, comme roi et reine de Bohème. Les États des *Pays-Bas autrichiens* adoptèrent, le 6 décembre 1724, la pragmatique sanction. Le 11 janvier 1732, émana, nonobstant l'opposition des électeurs de Bavière, de Saxe et du Palatinat, l'avis de la Diète germanique, ensuite duquel tous les trois collèges de l'Empire se chargeaient de garantir la pragmatique. Cet avis fut agréé par un décret impérial du 3 février de la même année, et érigé par là en loi fondamentale de l'Empire. Les électeurs de Bavière et de Saxe persistèrent toutefois dans leur protestation et conclurent à Dresde, le 4 juillet 1732, une alliance défensive pour trois ans.

La Diète de Hongrie de 1722, dont les membres ne furent congédiés que le 19 juin 1723, jour où les conclusions de cette assemblée furent sanctionnées par l'Empereur, délibéra principalement sur l'administration intérieure du royaume de Hongrie, sur les droits des différents états, la judicature, les douanes, les impôts, contributions et autres charges publiques, la construction de routes, l'amélioration du commerce et autres objets. Avant la clôture de la Diète, l'Empereur fit expédier un rescrit énergique, pour empêcher la persécution des religionnaires qu'on molestait et maltraitait encore assez fréquemment. Charles VI avait aussi octroyé la colonisation d'ouvriers et artistes étrangers que les États avaient sollicitée. Il promit en 1728 par un édit, publié à Worms, à tous les colons allemands qui viendraient s'établir en Hongrie, l'exercice libre de leur religion, et la franchise d'impôts durant quinze années.

L'Empereur avait, comme il a déjà été mentionné, conclu à Passarowitz 1718 un traité de commerce avec la Porte Ottomane. Il favorisa particulièrement la compagnie du Levant, érigée 1717 à Trieste. À Vienne aussi se forma en 1719 une société de commerce orientale, à laquelle le monarque concéda des privilèges. Depuis l'année 1716, plusieurs marchands des Pays-Bas avaient commencé dans le port d'Ostende, un commerce lucratif avec les Indes orientales. Ils obtinrent 1722 de l'Empereur des lettres d'affranchissement. Mais la jalousie de la France, de l'Angleterre, de l'Espagne, et surtout de la Hollande, chercha à entraver de toute manière ce commerce. Les États-Généraux s'efforçaient même à démontrer, que ce négoce était contraire aux traités, en vertu desquels l'Autriche était entrée en possession des Pays-Bas. Enfin cet objet fut également soumis à la délibération du congrès de Cambrai.

Cette assemblée, où furent présents les plénipotentiaires de toutes les Puissances alliées, avait déjà commencé ses conférences en été 1721. Mais la défectuosité de leurs instructions, et les difficultés qui s'amoncelaient de plus en plus, eurent pour résultat que le congrès ne fut effectivement ouvert qu'au mois d'avril 1724. Mais les prétentions en partie outrées que fit le duc de Parme, et l'appui qu'elles trouvèrent auprès des ministres des Puissances médiatrices, donnèrent lieu à des déclarations énergiques de la part des plénipotentiaires impériaux; et comme les ministres médiateurs y répondirent sur le même ton, tout espoir de rapprochement s'évanouit. Dans ces circonstances le roi d'Espagne jugea qu'il ne pouvait, dans l'intérêt de son fils Don Carlos, prendre de meilleur parti que d'arranger avec l'Empereur seul les affaires qui les regardaient réciproquement. En conséquence, il chargea son plénipotentiaire, le baron de Ripperda, de faire avec les ministres de l'Empereur à Vienne une convention qui vidât tous les différends entre les deux Cours. Les négociations du ministre espagnol furent si heureuses, que dès le 30 avril 1725 la paix entre l'Espagne et l'Autriche fut signée à Vienne. La quadruple alliance fut confirmée. Les deux monarques se garantirent réciproquement la possession de leurs pays. L'Empereur renonça à la couronne d'Espagne, et reconnut Philippe V et ses descendants pour légitimes possesseurs de cette monarchie. Philippe V renonça, de son côté, à toutes les prétentions sur le trône de France et sur les ci-devant Pays-Bas espagnols, sur la Lombardie, sur Naples et la Sicile. L'Empereur confirma à Don Carlos l'expectative de la Toscane, de Parme et de Plaisance ; ces pays devaient, après la mort de l'infant, passer à ses héritiers mâles, et au défaut de tels, au plus proche frère cadet de Don Carlos. Charles VI garantit l'ordre de succession en Espagne adopté par la paix d'Utrecht, — Philippe en retour la pragmatique de Charles VI. Le même jour (30 avril 1725), les deux Puissances conclurent aussi un traité de commerce et d'alliance ; l'Empereur promit de s'employer auprès de l'Angleterre pour que Gibraltar et Minorque fussent restitués à l'Espagne, et Philippe V, en revanche, accorda à tous les vaisseaux, naviguant sous le pavillon autrichien, la liberté de commerce dans ses pays, sous les conditions qu'elle avait été effectivement concédée aux deux nations les plus favorisées, les Anglais et les Français. Le roi d'Espagne octroya aux navires de la compagnie d'Ostende en particulier les droits, dont les habitants des Pays-Bas jouissaient sous le gouvernement espagnol. L'Espagne s'obligea à soutenir, chaque fois qu'elle en serait requise, l'Empereur avec 20,000 hommes et quinze vaisseaux de guerre ; Charles VI, de son côté, promit de secourir Philippe V avec une armée de 30,000 hommes. Peu de temps après (7 juin 1725), l'Empereur conclut la paix avec l'Espagne pour l'*empire d'Allemagne*, et le traité fait à cet égard fut approuvé par l'assemblée des États, le 20 du mois suivant.

Les négociations entre l'Espagne et l'Autriche à Vienne avaient été tenues si secrètes, que la conclusion de la paix causa une profonde surprise aux autres Puissances. Le congrès de Cambrai, devenu superflu par cet événement inattendu, se sépara aussitôt. Différents bruits, qui s'étaient répandus sur les buts et desseins de l'alliance contractée entre les deux couronnes d'Autriche et d'Espagne, ayant alarmé les autres Cours et excité leurs soupçons, l'Angleterre, la France et la Prusse, pour prévenir les dangers inconnus, formèrent, le 3 septembre 1725 à Herrenhausen, entre elles une ligue de quinze ans, qui fut appelée l'*alliance hanovrienne*. Elles se garantirent mutuellement la possession de leurs États, leurs rapports de commerce existants, ainsi que la paix de Westphalie et d'Oliva. On convint qu'en cas d'une guerre entre l'Empire germanique et la France, le Hanovre et la Prusse chercheraient de toute manière à retenir les contingents qu'ils étaient obligés de fournir, comme États de l'Empire. Le landgrave de Hesse-Cassel signa, le 12 mars 1726, avec l'Angleterre un traité de subsides, par lequel il s'engageait à tenir prêt un corps de 12,000 hommes pour le service de cette Puissance. Le 9 août 1726, les États-Généraux entrèrent dans l'alliance hanovrienne, et garantirent les articles de cette union; les alliés, de leur côté, promirent à la République de protéger leur commerce des Indes orientales, et d'en exclure les Pays-Bas autrichiens. Au printemps 1727, les rois de Danemark et de Suède accédèrent à la confédération.

Quoique l'empereur Charles VI ne fût guère effrayé de cette coalition, il opposa, pour plus de sûreté, alliance à alliance; il négocia, à la fin de 1725, un traité avec le Portugal, qui accordait à la compagnie orientale un commerce libre dans le Brésil. Le 6 août 1726 à Vienne, la Russie signa aussi une alliance défensive avec l'Empereur, accéda à la paix conclue à Vienne avec l'Espagne et se chargea de la garantie de la pragmatique. Dans la même année se joignirent encore à l'Empereur et à l'Espagne les électeurs du Palatinat, de Cologne, de Bavière et de

Trèves. Le roi de Prusse se détacha dans le même temps de l'alliance hanovrienne. Il fit conclure dans le plus grand secret une alliance défensive avec l'Empereur à Wusterhausen, le 12 octobre 1726, accéda à l'union de l'Autriche et de la Russie, et garantit également la pragmatique sanction. L'Empereur promit en retour de procurer à la Prusse la succession de Juliers, de Berg et de Ravenstein. Le secours à fournir réciproquement fut fixé à 10,000 - 12,000 hommes. Un décret impérial, émané le 17 mars 1727, ayant averti l'Empire germanique de se mettre en garde contre la ligue hanovrienne, les cercles de l'électorat du Rhin, d'Autriche, de Franconie, de Souabe et du Haut-Rhin renouvelèrent effectivement, le 31 mai de la même année, leur association existante, et augmentèrent du triple le nombre de leurs troupes, tenues prêtes conformément au pacte fédératif.

Comme ces différentes alliances annonçaient une guerre prochaine, chaque Puissance songea à se précautionner pour n'être pas prise au dépourvu; mais aucune n'osait, ou ne voulait pas être la première à attaquer, et l'on se contentait de se fortifier de part et d'autre autant qu'on le pouvait. Enfin le roi d'Espagne, qui entretenait alors une armée de près de cent mille hommes de vieilles troupes aguerries et commandées par d'habiles Généraux, las d'avoir les armes à la main sans s'en servir, fit commencer en février 1727 le siège de la forteresse de Gibraltar, afin de retirer cette clef de sa monarchie des mains de l'Angleterre. Dès que le roi Georges I fut informé de cette attaque subite, il ordonna à la flotte anglaise de traiter hostilement les vaisseaux espagnols. Le pape Bénoit XIII, inspiré par l'amour de l'humanité, avait offert sa médiation aux Puissances qui étaient déjà en guerre. L'empereur Charles VI, guidé par les mêmes sentiments, leur avait fait faire des ouvertures, qui con-

Sur ces entrefaites, les alliés de Séville s'étaient déjà désunis. Le roi d'Espagne était mécontent de ce que les Puissances maritimes n'avaient point transporté les 6000 Espagnols en Italie, comme elles l'avaient promis. Mais les alliés voulaient éviter la guerre avec l'Empereur, et ils cherchèrent à obtenir l'agrément de ce monarque à l'amiable. Charles VI, craignant de voir l'Europe désolée par une nouvelle guerre, se montra disposé à céder sur le point des fiefs impériaux en Italie; mais il exigea, comme première condition, que l'Angleterre, la France et la Hollande se chargeassent de garantir sa pragmatique. En 1731 tout s'accommoda; le 16 mars de cette année à Vienne, l'Angleterre conclut pour elle et la Hollande un traité d'amitié avec l'Empereur, et se déclara garante de la pragmatique sanction. En revanche, l'Empereur donna son consentement à l'entrée des 6000 Espagnols en Italie, et promit d'effectuer aussi l'approbation de l'Empire. Charles VI s'obligea en outre à supprimer la compagnie d'Ostende et tout négoce des Pays-Bas dans les Indes orientales. Le libre commerce avec la Sicile fut de nouveau concédé aux Anglais et aux Hollandais. Comme l'Espagne voyait tous ses désirs accomplis par ce traité, elle y accéda dans tous les points, le 22 juillet de la même année. La Diète de l'Empire donna, le 13 juillet 1731, son assentiment à l'entrée de troupes espagnoles dans les duchés de Toscane, de Parme et de Plaisance. La France, à son grand dépit, fut entièrement mise à l'écart dans ces conventions. Le grand-duc Jean-Gaston de Florence fit, le 25 juillet 1731, un pacte de famille avec l'Espagne, et institua Don Carlos son héritier. L'Empereur nomma, le 17 octobre suivant, le grand-duc et la duchesse douairière Dorothée de Parme tuteurs de l'infant, et leur fit remettre en décembre Parme et Plaisance pour le jeune prince. La Hollande qui, par les intrigues du cardinal Fleuri, avait projets du roi d'Espagne. Philippe n'hésita point à rompre l'alliance avec l'Empereur. À Séville, le 9 novembre 1729, il fut conclu entre l'Espagne, l'Angleterre et la France une convention qui confirmait tous les traités de paix et de commerce, faits antérieurement entre elles. Ces Puissances, quoiqu'au fond elles ne fussent pas trop d'accord elles-mêmes, s'engagèrent à s'assister réciproquement avec un corps de 12,000 hommes. L'Espagne retira toutes les faveurs commerciales, accordées 1725 aux sujets autrichiens. Afin d'assurer à Don Carlos la succession de Toscane, de Parme et de Plaisance, un corps de 6000 Espagnols devait passer sur-le-champ en Italie, et occuper Livourne, Porto-Ferrajo dans l'île d'Elbe, Parme et Plaisance, sans attendre la mort des princes qui régnaient alors sur ces pays. Les États-Généraux entrèrent, le 21 novembre 1729, dans cette ligue, après que les alliés leur eurent promis d'effectuer la suppression de la société impériale de commerce à Ostende.

L'Empereur se sentit profondément blessé d'un traité qui arrangeait sans sa participation, la succession des fiefs en Italie, relevants de l'Empire. Il communiqua, le 22 mars 1730, cette usurpation à l'assemblée des États de l'Allemagne, et la requit de prendre des mesures énergiques, nécessaires au maintien des droits de l'Empire. Les cinq cercles d'Allemagne associés résolurent de mettre sur pied leurs triples contingents, ainsi qu'ils s'y étaient obligés, et invitèrent les cercles de Bavière et de Westphalie à entrer dans la confédération. L'Empereur fit marcher des troupes dans les duchés de Milan et de Mantoue, lesquelles devaient empêcher la descente des Espagnols sur les côtes de Toscane. Antoine Farnèse, le dernier duc de Parme et de Plaisance, étant mort le 20 janvier 1731, l'Empereur, comme seigneur suzerain, fit, au nom de l'Empire, occuper aussitôt par ses troupes ces deux duchés.

Sur ces entrefaites, les alliés de Séville s'étaient déjà désunis. Le roi d'Espagne était mécontent de ce que les Puissances maritimes n'avaient point transporté les 6000 Espagnols en Italie, comme elles l'avaient promis. Mais les alliés voulaient éviter la guerre avec l'Empereur, et ils cherchèrent à obtenir l'agrément de ce monarque à l'amiable. Charles VI, craignant de voir l'Europe désolée par une nouvelle guerre, se montra disposé à céder sur le point des fiefs impériaux en Italie; mais il exigea, comme première condition, que l'Angleterre, la France et la Hollande se chargeassent de garantir sa pragmatique. En 1731 tout s'accommoda; le 16 mars de cette année à Vienne, l'Angleterre conclut pour elle et la Hollande un traité d'amitié avec l'Empereur, et se déclara garante de la pragmatique sanction. En revanche, l'Empereur donna son consentement à l'entrée des 6000 Espagnols en Italie, et promit d'effectuer aussi l'approbation de l'Empire. Charles VI s'obligea en outre à supprimer la compagnie d'Ostende et tout négoce des Pays-Bas dans les Indes orientales. Le libre commerce avec la Sicile fut de nouveau concédé aux Anglais et aux Hollandais. Comme l'Espagne voyait tous ses désirs accomplis par ce traité, elle y accéda dans tous les points, le 22 juillet de la même année. La Diète de l'Empire donna, le 13 juillet 1731, son assentiment à l'entrée de troupes espagnoles dans les duchés de Toscane, de Parme et de Plaisance. La France, à son grand dépit, fut entièrement mise à l'écart dans ces conventions. Le grand-duc Jean-Gaston de Florence fit, le 25 juillet 1731, un pacte de famille avec l'Espagne, et institua Don Carlos son héritier. L'Empereur nomma, le 17 octobre suivant, le grand-duc et la duchesse douairière Dorothée de Parme tuteurs de l'infant, et leur fit remettre en décembre Parme et Plaisance pour le jeune prince. La Hollande qui, par les intrigues du cardinal Fleuri, avait été empêchée pendant toute une année de ratifier l'alliance de Vienne, y accéda enfin le 20 février 1732 à la Haye, et se rendit également garante de la pragmatique sanction. Alors l'Empereur supprima effectivement la compagnie d'Ostende.

Cependant quelque grands que fussent les avantages que l'alliance de Vienne avait procurés à l'Espagne, ils n'assouvirent point son ambition. Tandis que l'Empereur, dans la ferme croyance que le calme était solidement rétabli, congédiait une partie de ses troupes, et ne tenait ses États italiens que faiblement garnis, l'Espagne, au lieu des 6000 hommes qu'on lui avait permis d'envoyer en Italie, y fit passer un nombre de troupes beaucoup plus considérable; elle tint en outre un autre corps prêt à Porto-Longone dans l'île d'Elbe, et continua ses armements avec la plus grande activité. Don Carlos osa, sans avoir reçu l'investiture, et sans en avoir averti auparavant l'Empereur et l'Empire, se faire inaugurer à Florence, au mois de juin 1732. L'Angleterre chercha, mais en vain, par ses représentations à détourner l'Espagne de ces démarches hardies et arbitraires. Mais l'Empereur, en sa qualité de suzerain suprême, fit déclarer en décembre 1732, par un décret du Conseil aulique d'Empire, cette inauguration illégitime et non valable. Le Cabinet de Madrid, de son côté, protesta contre ce décret qui lésait, à ce qu'il prétendait, la souveraineté du grand-duc. Enfin Charles VI, ayant égard à l'intervention amicale de l'Angleterre, consentit en 1733 à donner effectivement à l'infant l'investiture de la Toscane, et à se prêter à l'accommodement de tous les autres points contentieux. Mais la Cour d'Espagne, qui avait déjà pris la résolution de s'emparer de Naples et de la Sicile pour Don Carlos, éluda toute offre de réconciliation. Le 13 septembre, Philippe V conclut avec le roi de Sardaigne, — le 25 octobre avec la France des traités d'alliance, et ces trois potentats se préparèrent avec la plus grande activité à l'exécution de la grande entreprise qu'ils avaient projetée.

Le trône de Pologne étant venu à vaquer par la mort d'*Auguste II,* arrivée le 1 février 1733, l'électeur Frédéric-Auguste de Saxe aspira à joindre, comme son père, la couronne royale de Pologne au bonnet électoral. Cependant Stanislas Leszinsky, qui avait déjà auparavant (1704-1709) occupé ce trône, se flattait d'y remonter par le secours de Louis XV son beau-père. Mais l'empereur Charles VI, l'impératrice Anne de Russie et le roi de Prusse s'étaient unis, encore du vivant d'Auguste II, le 31 décembre 1731, pour procurer la couronne de Pologne à l'infant Emmanuel de Portugal. Lorsqu'après la mort d'Auguste, Charles VI et l'impératrice Anne, abandonnant leur premier projet, cherchèrent à faire avoir la couronne de Pologne à l'électeur de Saxe, la Prusse, par aversion pour ce prince et par crainte de la France, se borna à la neutralité. Afin de se mettre en bonne posture contre tout événement, l'empereur Charles, l'impératrice Anne et le roi de Danemark conclurent une alliance défensive à Copenhague, le 27 mai 1733. Dans le cours du mois de juillet, l'électeur de Saxe fit avec l'Empereur et la Russie des conventions, par lesquelles le secours de ces Puissances lui fut assuré. En retour il accéda à la pragmatique sanction, garantit en même temps à l'impératrice Anne la possession de ses pays, et promit de reconnaître, comme roi de Pologne, le titre impérial de Russie. Pendant ce temps-là, l'influence française avait prévalu en Pologne, et les États assemblés à Varsovie choisirent, le 12 septembre 1733, Stanislas pour leur roi. Un corps de troupes autrichiennes se posta alors sur la frontière de Pologne; une armée russe entra incontinent dans le pays et força Stanislas à s'enfuir à Danzig; sur quoi le parti saxon proclama, le 5 octobre à Grokow, Frédéric-Auguste III roi de Pologne. Stanislas fut assiégé 1734 dans la ville de Danzig par les Russes. Il s'enfuit en Prusse, d'où il se retira plus tard en France, et termina ses jours à Nancy en Lorraine (le 23 février 1766). Frédéric-Auguste III régna sur la Pologne jusqu'à sa mort, arrivée le 5 octobre 1763.

La France, irritée de l'obstacle que les Russes mettaient à l'élévation de Stanislas, s'en prit à l'Empereur, leur allié, et lui déclara la guerre par un manifeste, daté de Fontainebleau le 10 octobre 1733. L'Espagne et la Sardaigne, qui espéraient acquérir, celle-là Naples et la Sicile, et celle-ci le Milanais, se joignirent à la France contre l'Empereur. La Hollande promit de rester neutre, si on n'attaquait point les Pays-Bas. Georges II d'Angleterre, qui avait succédé en 1727 à son père Georges I, ne prit également point part à cette guerre.

Les Français commencèrent les hostilités le 12 octobre 1733, où ils passèrent le Rhin près de Strasbourg. Le maréchal Berwick s'empara, le 28 du même mois, du fort de Kehl, tandis qu'un autre corps, sous le comte Belleisle, occupa la Lorraine. Le duc Ferdinand de Brunswick-Bevern, qui commandait l'armée impériale, ne put rien faire qu'observer l'ennemi qui lui était fort supérieur. Le maréchal Villars, réuni aux Sardes, conduits par leur roi, entra dans la Lombardie qui se trouvait dégarnie, l'Empereur ne s'étant pas attendu à être attaqué sitôt dans ce pays. L'armée combinée conquit pendant l'hiver Pizzighettone, la citadelle de Milan, Novare, Tortone, les châteaux de Crémone et de Serravalle, puis les points fortifiés d'Arone, de Trezzo, de Lecco et le fort de Fuentès. Les alliés hivernèrent en Lombardie et observèrent les troupes impériales, qui se rassemblaient dans et autour de Mantoue. Le comte de Montemar fit voile avec une armée espagnole vers les côtes de la Toscane. Don Carlos s'arrogea en décembre le gouvernement effectif dans Parme et Plaisance et marcha ensuite, à la tête de 40,000 Espagnols, sur Naples.

L'Empereur avait requis, le 4 novembre 1733, l'Empire germanique de le soutenir dans cette guerre. Mais ce ne fut qu'après une délibération de quatre mois (le 26 février 1734), que l'assemblée des États conclut la guerre contre la France et l'Espagne, ainsi que contre tous leurs alliés. À la vérité les électeurs de Cologne, de Bavière et du Palatinat protestèrent contre cet arrêté, sous prétexte que l'élection d'un roi de Pologne, la cause de cette querelle, ne regardait aucunement l'Empire; mais cela n'empêcha point, que la déclaration de guerre ne fût effectivement publiée, le 13 mars de la même année. Ensuite la Diète accorda la levée d'une armée de 120,000 hommes, et le versement de fonds proportionnés dans la caisse d'opération de l'Empire. La république de Venise, le pape, le duc de Modène et la Confédération helvétique se déclarèrent neutres.

Le prince Eugène commandait l'armée au Rhin, à laquelle le roi de Prusse avait joint le secours de 10,000 hommes, stipulé dans le traité de 1726. Elle s'était rassemblée dans les lignes d'Ettlingue, et comptait 35,000 combattants, y compris les troupes de l'Empire. Le maréchal Berwick enleva, au mois d'avril, Spire, Worms, Trèves et Trarbach. Il passa ensuite avec l'armée principale le Rhin près de Kehl et de Fort-Louis. Une seconde armée, sous le marquis d'Ahsfeld, le suivit, vers le milieu de mai, près de Manheim au delà du fleuve. Eugène évacua, le 6 et 7 mai, les lignes d'Ettlingue et se retira dans la position près de Heilbron, pour attendre ses renforts. Il laissa ainsi au duc de Berwick la liberté d'assiéger Philipsbourg. Mais cette entreprise coûta la vie à ce maréchal qui fut tué, le 12 juin, dans les tranchées par un boulet de canon parti de la forteresse. Le prince Eugène marcha avec son armée, forte alors de 70,000 hommes, par Bruchsal et Weissenthal au secours de Philipsbourg, enveloppa le camp de l'armée de siège, et le fit foudroyer par son artillerie. Mais la position de l'ennemi était si bien fortifiée, que le prince Eugène renonça au projet qu'il avait formé de l'attaquer; en sorte que rien n'empêcha les Français de continuer le siège de Philipsbourg, qui se rendit par capitulation le 18 juillet 1734. Après la prise de cette forteresse, les deux armées se contentèrent de s'observer pendant le reste de la campagne.

Dans la basse Italie, Don Carlos avait déjà occupé la ville de Naples, le 15 mai 1734; et par la victoire que le duc de Montemar avait remportée près de Bisonto, le 25 du même mois, sur les Impériaux, commandés par le prince Belmonte, la conquête de ce royaume était presqu'entièrement achevée. Gaëte tomba le 7 août; Capoue résista jusqu'au 24 novembre. Montemar passa vers la fin d'août en Sicile, fit proclamer, à son entrée dans Palerme, l'infant Don Carlos, et occupa la plus grande partie de cette île. Syracuse, Trapani et la citadelle Gonzague de Messine furent bloqués.

Dans la haute Italie, le feldmaréchal impérial comte Mercy perdit, le 29 juin près de Parme, la bataille et la vie. Le feldmaréchal comte Kœnigseck, qui le suivit dans le commandement, surprit, il est vrai, le 15 septembre le camp français du maréchal Broglie près de Guistello sur la Secchia, et força l'ennemi à fuir en désordre; mais ayant engagé, quatre jours après, une action générale près de Guastalla, il fut repoussé à son tour par cette même armée et contraint de repasser le Pô. Il prit les quartiers d'hiver dans le Mantouan.

Les grands progrès des armes alliées en Italie menaçant d'accroître immensément la puissance de la Maison de Bourbon, l'Angleterre et la Hollande offrirent aux Puissances belligérantes leur médiation, et présentèrent vers la fin de janvier 1735, à Londres et à la Haye, un projet de paix. La base en était: que l'Empereur céderait à Don Carlos Naples et la Sicile, et aurait en échange, outre la Lombardie, Parme, Plaisance et la Toscane: Stanislas Leszinsky devait renoncer à la couronne de Pologne, en faveur du roi Auguste. La France et ses alliés, espérant obtenir encore de plus grands avantages, rejétèrent ces propositions, et refusèrent même de conclure un armistice. L'Empereur invita les Puissances maritimes à intervenir à main armée dans ce différend; mais leur réponse fut évasive et offensante pour l'Empereur par le ton arrogant qui y régnait. Charles VI, obligé de se passer du secours des Anglais et des Hollandais, ne fut pas plus heureux dans la campagne de 1735 que dans les précédentes, surtout en Italie; c'est pourquoi il prêta l'oreille aux offres secrètes que lui fit le cardinal Fleuri, et entra séparément en négociation avec la France.

L'armée du prince Eugène occupait entre Bruchsal et Heidelberg une position si avantageuse, que les Français ne purent ni pénétrer en Allemagne, ni assiéger Mayence ou Brisac, comme ils en avaient eu l'intention. Après que le feldmaréchal Lacy fut arrivé au Rhin avec 20,000 Russes, Eugène détacha, sur la fin de septembre 1735, le feldmaréchal comte Seckendorf avec une division nombreuse vers la Moselle, qui remporta en octobre quelques avantages près de Closterclausen et au Salambach. Les Espagnols achevèrent la conquête des places fortes de la Sicile, et Don Carlos se fit couronner roi des Deux-Siciles à Palerme, le 3 juillet 1735. Les Français, sous le maréchal de Noailles, et les Espagnols, sous le duc de Montemar, forcèrent l'armée impériale, commandée par le feldmaréchal comte de Kœnigseek, à évacuer le Mantouan et à se retirer en Tyrol. Les alliés s'emparèrent ensuite de Mirandole et investirent Mantoue.

Cependant les préliminaires de la paix entre l'Autriche et la France avaient été signés à Vienne, le 3 octobre 1735, et ratifiés par l'Empereur le 11 du même mois. Ils portaient en substance: que Stanislas Leszinsky renoncerait à la couronne de Pologne; que l'électeur Auguste de Saxe serait reconnu pour roi de Pologne et grand-duc de Lithuanie; que le duc *François-Étienne de Lorraine* ¹) céderait le duché de ce nom et celui de *Bar* au roi Stanislas pour en jouir sa vie durant, et qu'après la mort de ce prince, les deux duchés seraient réunis à la couronne de France; que le duc de Lorraine aurait en échange le *grand-duché de Toscane;* que Naples et la Sicile, puis les places sur les côtes de la Toscane, et Porto-Longone dans l'île d'Elbe, appartiendraient à l'infant Don Carlos; que le roi de Sardaigne, à qui la France avait fait espérer le Milanais, se contenterait du Novarais et du Tortonais avec quatre autres seigneuries; que les duchés de Parme et de Plaisance seraient cédés à l'Empereur, et qu'on lui restituerait la Lombardie. Le roi de France garantit la pragmatique de Charles VI. Une suspension d'armes fut publiée, et on commença ensuite à traiter avec les autres Cours. Les Puissances maritimes paraissaient approuver le traité de Vienne; du moins il n'éprouva aucune contradiction de leur part; mais l'Espagne ne fut pas trop contente de cet arrangement, qui lui enlevait les États de Parme, de Plaisance et de Toscane, qu'elle s'était flatté de conserver, comme tout ce qu'elle avait conquis en Italie. Mais, comme il ne lui était pas possible de continuer la guerre

---

¹) Ce prince avait succédé, l'an 1729, à son père Léopold-Joseph-Charles, duc de Lorraine et de Bar.

sans la France, le roi Philippe V accepta les préliminaires, le 15 avril 1736; le nouveau *roi des Deux-Siciles* suivit son exemple, le 1 du mois suivant. Stanislas Leszinzky, comme aussi la Russie et la Pologne, accédèrent, le premier le 27 janvier, et les deux dernières le 15 mai, aux articles qui les concernaient. Le 18 mai l'Empire germanique, — et le 16 août le roi de Sardaigne déclarèrent leur adhésion aux préliminaires.

Par un traité particulier, conclu entre l'Empereur et la France à Vienne, le 28 août 1736, il fut réglé, que les duchés de Lorraine et de Bar seraient aussitôt remis au roi Stanislas; que les forteresses toscanes seraient occupées par des troupes impériales, et que la France payerait au duc François jusqu'à la mort du grand-duc Jean-Gaston, et jusqu'à la prise-de-possession effective de la Toscane, une rente annuelle de quatre millions et demi de livres, pour le dédommager de la perte des revenus de la Lorraine. Dans les années 1736-1737, les troupes impériales avaient déjà occupé les pays italiens, qui avaient été assignés à l'Empereur ou au duc François. La France avait, en janvier 1737, rendu Philipsbourg, Kehl et Trèves à l'Empire germanique. Le 8 février Stanislas Leszinsky prit possession de la Lorraine et du Barrois. Tous les monarques avaient fait expédier les actes de renonciation sur les pays qu'ils cédaient les uns aux autres. Le 9 juillet 1737, mourut le grand-duc Jean-Gaston, et le duc François de Lorraine prit alors effectivement possession de la *Toscane*. Ce prince était marié depuis le 12 février 1736 à l'*archiduchesse Marie-Thérèse*, fille aînée de l'Empereur. Le 18 novembre 1738, le traité définitif entre l'Empereur et la France fut signé à Vienne, par où les préliminaires et tous les traités séparés et déclarations d'assentiment subséquents furent confirmés. L'Empereur ratifia ce traité pour l'Autriche et l'empire d'Allemagne, encore le dernier jour de cette même année; la France y donna son adhésion le 7 janvier 1739; et peu de temps après, suivit aussi l'acte d'accession des rois de Sardaigne, d'Espagne, des Deux-Siciles, — de l'impératrice de Russie et du roi de Pologne.

L'empereur Charles VI, satisfait de l'idée consolante d'avoir détourné le fléau de la guerre, qui menaçait de ravager de nouveau l'Allemagne, croyait n'avoir plus à s'occuper que du bien-être et de la prospérité de ses vastes États, lorsqu'il se vit contraint de reprendre les armes, pour remplir un engagement sacré qu'il avait contracté envers une Puissance, qui s'était constamment montrée l'amie de la Maison d'Autriche. La *Russie* avait déclaré la guerre (12 avril 1736) à la Porte qui, indépendamment des incursions réitérées de Turcs et de Tatars sur le territoire de l'Empire russe, lui avait encore donné différents autres sujets de plainte. L'Autriche avait promis, par le traité de 1726, à la Russie un secours de 30,000 hommes en cas de guerre; par conséquent l'Empereur ne pouvait se dispenser de fournir ce contingent. Toutefois avant de rompre avec la Turquie, Charles VI tenta la voie des négociations pour réconcilier les deux Empires; mais tous ses efforts ayant été infructueux, il déclara, au mois de juin 1737, également la guerre à la Porte. Malheureusement le *prince Eugène de Savoye* était mort l'année précédente (le 20 avril 1736) et, comme le disait Charles VI, *la fortune de l'Empire était morte avec lui.* Les soldats avaient perdu leur courage, en perdant un héros qui était plutôt leur ami que leur chef. Le *duc François de Lorraine* fut nommé Généralissime des armées impériales. Sous lui commandaient le feldmaréchal comte de Seckendorf qui était à la tête de l'armée principale en Serbie, le général d'artillerie (*Feldzeugmeister*) prince de Hildbourghausen qui était posté avec un corps sur les bords de la Save, et le général d'artillerie comte François Wallis qui se trouvait avec une seconde division en Transylvanie. Le prince de Hildbourghausen devait s'avancer en Bosnie, et le comte Wallis en Valachie et en Moldavie. L'armée principale pénétra par la Morawa en Serbie, et occupa *Nissa*, capitale du pays, sans presque coup férir. L'armée impériale dirigeait sa marche vers la Valachie, où elle devait se joindre aux Russes; mais les Turcs prévinrent cette jonction. Le duc François se vit alors obligé, par une grave indisposition et par la nécessité d'aller prendre possession de la Toscane, vacante, comme il a été dit plus haut, par la mort de Jean-Gaston (9 juillet), de retourner de l'armée à Vienne. Au mois d'août le feldmaréchal comte de Khevenhuller assiégea Widdin infructueusement, et le prince de Hildbourghausen fut vaincu au siège de Banyaluka par le pacha de Bosnie. Le comte Khevenhuller, après avoir vaillamment résisté dans sa position près de Radojowatz aux attaques des Ottomans, repassa avec sa division le Danube au commencement de novembre, et se rendit à Orsova et Méhadia. Le corps d'armée, sous le comte Wallis, fut également forcé de quitter la Valachie; en Serbie le général Dorat, qui avait négligé de relever les fortifications de Nissa, se rendit, à l'approche des Turcs, sans faire aucune résistance (22 octobre). Le comte de Seckendorf, qui commandait l'armée principale, fort affaiblie par la disette de vivres et les maladies, s'était retiré vers Schabacz et Belgrade. Il fut remplacé, l'an 1738, par le feldmaréchal de Kœnigseck.

Les Turcs avaient appelé à Constantinople Joseph Rakotzi, fils de Georges, qui était mort à Rodosto, le 8 avril 1735, et le sultan le nomma prince de Transylvanie. Joseph arriva 1738 à Widdin, et invita par des proclamations les Hongrois à la révolte; mais cet appel ne produisit pas le moindre effet. La Porte lui avait promis par un traité particulier la possession de la Hongrie et de la Transylvanie, tandis que l'Empereur mettait sa tête à prix. Mais Rakotzi étant mort dès le 10 novembre 1738, tous ses plans et ceux des Turcs furent enterrés avec lui. Les Ottomans conquirent au mois de mai Vieux-Orsova (*Alt-Orsowa*) et Méhadia, et assiégèrent ensuite Neuf-Orsova (*Neu-Orsowa*). L'armée impériale, conduite de nouveau par le *grand-duc François*, délivra cette place par la victoire qu'il remporta, le 4 juillet, près de Kornia; sur quoi les Turcs abandonnèrent Vieux-Orsova et Méhadia. Le 17 du même mois, les Turcs éprouvèrent une nouvelle défaite dans le voisinage de ce dernier endroit. Au mois d'août, le comte Kœnigseck campa avec l'armée principale près de Sémendria. Les Ottomans emportèrent, à la fin du mois, Neuf-Orsova d'assaut, et Kœnigseck se retira, à l'approche de l'armée du grand vizir, fort supérieure à la sienne, dans les lignes de Belgrade. Les Turcs prirent Sémendria; mais ils furent vaincus près de Pancsova sur la Temés, et dans les environs de Ratscha sur la Save. Les Russes avaient remporté de grands avantages dans la Crimée et en Bessarabie.

L'année suivante (1739), le feldmaréchal comte Georges-Olivier Wallis, à qui l'Empereur avait confié le commandement en chef de son armée, se mit en marche de Belgrade, pour aller à la rencontre du grand vizir qui, à la tête de 120,000 hommes, s'avançait de Sémendria le long du Danube. Le 20 juillet, l'avant-garde des Impériaux rencontra les Turcs près de Krotzka, bourg sur le Danube, et ayant été attaquée par l'ennemi, elle fut obligée de se retirer avec une perte considérable. Les Ottomans, enhardis par cet avantage, attaquèrent, le lendemain, l'armée impériale et la battirent complètement. Les Impériaux se retirèrent par Belgrade au delà du

Danube. A la fin de juillet, les Turcs commencèrent le siège de cette forteresse. Wallis avait chassé, le 30 juillet, un corps turc de son camp près de Pancsova, qui fut alors occupé par les Impériaux. Telle était la situation des affaires, lorsque le feldmaréchal reçut de l'Empereur l'ordre d'entamer des négociations pour rétablir la paix avec la Turquie. Ce Général fit faire par le colonel Gross les premières ouvertures au grand vizir, et envoya ensuite le général comte de Neipperg au quartier-général de ce dernier, pour continuer la conférence sous la médiation du marquis de Villeneuve, ambassadeur de France. Le comte de Neipperg ne fut pas plus heureux dans les négociations, que le comte de Seckendorf ne l'avait été dans la guerre. Le 1 septembre, les préliminaires furent signés. Sans attendre la ratification impériale, on remit, le 4 du même mois, une des portes de *Belgrade* aux Turcs, et on commença, les jours suivants, la démolition des nouveaux ouvrages de fortification, stipulée dans la convention. Dès le 18 septembre la paix définitive pour vingt-sept ans fut également signée au camp turc devant Belgrade. Conformément à ce traité, Belgrade, Schabacz, les districts en Serbie, encore occupés par les Impériaux, puis Neuf-Orsova et la petite Valachie, le fruit des conquêtes du vaillant prince Eugène, furent cédés à la Turquie. L'Empereur, irrité de la conclusion précipitée d'une paix si dommageable, désavoua ses plénipotentiaires, et fit arrêter les comtes de Wallis et de Neipperg pour avoir outre-passé leurs pouvoirs. Cependant, malgré son désaveu, Charles VI aima mieux perdre quelques parties de ses vastes États que la réputation de bonne fois qu'il avait acquise. Il ratifia, le 22 octobre, le traité. On ajouta plusieurs articles à ceux dont on était déjà convenu. On régla que la Save et le Danube seraient les limites des deux Empires; on établit entre eux la liberté de commerce), et rendit de part et d'autre les prisonniers de guerre. Le sultan défendit aux corsaires d'Afrique d'insulter dorénavant le pavillon impérial, et promit de punir le kan des Tatars, s'il osait troubler le calme qui, d'après ce traité, devait régner entre les deux Empires pendant la trêve de vingt-sept ans. Les Russes avaient conquis Asof, Oczakow et Choczim, et occupé la Moldavie. Mais l'impératrice Anne avait également fait conclure, le 19 septembre, par le même ambassadeur de France, marquis de Villeneuve, comme son plénipotentiaire, un traité de paix, par lequel la Russie obtint une délimitation des frontières fort avantageuse.

L'empereur *Charles VI* avait trop de courage pour succomber au chagrin que lui causaient les pertes sensibles qu'il avait éprouvées dans les dernières années; mais une maladie dangereuse l'étendit sur un lit de douleur et le conduisit, le 20 octobre 1740, au tombeau. Ce prince fut le dernier rejeton mâle de la Maison de Habsbourg. Il laissa deux filles: *Marie-Thérèse*, mariée au *grand-duc François de Toscane*, — et *Marie-Anne*, qui épousa, le 7 janvier 1744, le *duc Charles de Lorraine*, frère du grand-duc, mais qui cessa de vivre dès le 16 décembre de la même année.

Le prince Antoine de Liechtenstein, seigneur aussi recommandable par ses moeurs que par son érudition, avait dirigé l'éducation de Charles VI. Doué de cette imagination vive, qui embrasse avec ardeur tous les objets, ce jeune prince acquit une profonde connaissance du latin et des principales langues vivantes, de la philosophie, des mathématiques, de l'architecture de l'art de fortification, de l'histoire, de la numismatique &c. Il était aussi versé dans les beaux-arts et fort habile dans les exercices militaires. Charles dessinait parfaitement; il était lui-même poète, et avait fait de grands progrès dans la musique. Il protégeait et soutenait les hommes savants, les entreprises et instituts scientifiques dans chaque occasion. L'empereur Charles fonda l'académie des ingénieurs (le 7 janvier 1718), releva (1726) celle des beaux-arts qui allait en décadence, augmenta le cabinet impérial de monnaies, la galerie de tableaux, surtout la bibliothèque de la Cour, et entretenait une excellente chapelle. En 1735, l'organisation de tous les instituts publics pour l'enseignement et l'éducation fut examinée et améliorée.

Aucun empereur d'Allemagne ne fit exécuter un si grand nombre d'admirables constructions que Charles VI. Les plus beaux monuments architectoniques de Vienne lui doivent leur origine. Parmi ces édifices la bibliothèque impériale de la Cour, l'aile du bourg ou palais impérial désignée sous le nom de Chancellerie de l'Empire, le manège impérial et l'église de Saint-Charles occupent le premier rang. Il faut y ajouter encore l'arsenal, la Favorite (aujourd'hui l'académie thérésienne), les écuries impériales, plusieurs casernes, et quelques colonnes mémoriales et fontaines sur les principales places de la capitale. Charles VI joignait à un attachement intime à la Foi catholique des sentiments de tolérance envers les Chrétiens qui professaient une autre doctrine religieuse. Il rétablit si bien la bonne intelligence avec le Siège apostolique, que le pape Innocent XIII, se rendant avec plaisir aux voeux que le monarque lui avait exprimés, érigea, le 1 juin 1722, l'évêché de Vienne en *archevêché*.

Charles était d'une activité infatigable dans les affaires du gouvernement. Il voulait lui-même tout examiner, approfondir et décider. Les objets d'administration furent divisés en différentes branches, sous des chefs indépendants, qui ne se réunissaient que dans le Conseil d'État, auquel présidait le monarque en personne. Il s'appliquait constamment à perfectionner par de nouvelles lois et ordonnances l'administration de la justice et de la sûreté publique dans ses différents pays. L'Empereur chercha à rétablir par une sage économie les finances de l'État, qui se trouvaient fort dérangées à son avénement; mais ces mesures économiques furent pour la plupart rendues infructueuses par les guerres multipliées que l'Autriche eut à soutenir. Cependant, malgré toutes ces guerres et les efforts que les Puissances belligérantes firent pour déranger ses projets, il fit fleurir le commerce, qu'il regardait avec raison comme le plus sûr moyen d'accroître la prospérité publique. Afin d'établir ou de rendre plus faciles les communications entre les diverses parties de ses États, il fit tracer plusieurs grands chemins, entre autres celui par la Forêt de Vienne *(Wiener-Wald)*, par la montagne dite *Semmering*, et puis la voie caroline *(Carlsstrasse)* par les Alpes de Croatie; il fit aussi réparer à grands frais la route militaire que Trajan avait fait construire dans la Valachie, pour conduire ses légions en Transylvanie. Charles VI ouvrit ses ports de Trieste et de Fiume aux négociants étrangers, et fit restaurer ceux de Porto Ré et de Buccari. On travailla activement à rendre la Save navigable; on avait formé le projet de faire de Vienne le point central du commerce du Levant, et de rendre à cet effet la navigation du Danube aussi florissante que possible. Pour la protéger, Charles fit construire une flotille militaire près de Vienne. Nombre de fabriques et de manufactures furent établies dans toute l'étendue de la monarchie sous le règne de ce Souverain, qui pour les encourager leur octroya des privilèges exclusifs et autres franchises. La société de commerce d'Ostende était une de ses affaires favorites; cependant il se résigna à en faire l'abandon, pour procurer la paix et le repos à ses pays.

Charles VI était d'une taille moyenne; son teint était brun et son regard plein de vivacité. Flegmatique et

grave, il était cependant affable et compâtissant. B[ien]
parent, ami fidèle, ennemi généreux, il pleura son fr[ère]
à qui il succédait, et soutint constamment ses alliés, s[ou]
vent même avec le sacrifice de son propre intérêt. [Sa]
libéralité encourageait les talents, sa reconnaissance p[ré]
venait les services. Accessible à tous ses sujets, il éc[ou]
tait leurs plaintes, les faisait examiner par des hom[mes]
intègres et impartiaux; il protégeait l'innocent faibl[e]
sans appui qu'on opprimait, et toutes ses actions porta[ient]
l'empreinte de la justice et de la magnanimité, hérit[age]
précieux du héroïque Rodolphe I, qui s'était transmis j[us]
qu'à Charles VI, dernier prince de son illustre Maison.

FIN DE LA CINQUIÈME ÉPOQUE.

DE
MA

M † 12
, † 2

Jean, p
voye

01, fut
oi de D
19 jai

mars 1
duc Ch

reur Fe

e l'empe

e 1533,
1) le
de antoue;
Po guste,
ère.

morte re
Inspruck
521.

ilien, ne
154 de Polo
de l'ordre
yrol et d
† 2

Anne, née 16 août 1573, mariée à Sigismond III, roi de Pologne; † 10 février 1598.	Marie-Christine, née 10 novembre 1574; elle fut unie à Sigismond Bathori, prince de Transylvanie, depuis l'an 1595 jusqu'en 1599, où son époux se sépara d'elle; † 6 avril 1621 au couvent à Halle.	Cathérine, née 4 janvier 1576, † 11 juin 159	Léo évê Stra rol 161 Épo
			Isal 162 de N
			7

Christine, née 25 mai 1601, † 12 juin 1601.	Charles, né et mort 1603.	Jean-Charles, né 1 1605, † 26 décembre	no 16 ju s, roi mars 1
Ferdinand IV, né 8 septembre 1633, roi de Bohême 1646, de Hongrie 1647, roi des Romains 1653; † avant son père 9 juillet 1654.	Marie-Anne-Josephe, né 24 décembre 1635, épous du roi Philippe IV d'Espagn 1649, veuve 1665; † 16 mai 1696.	arie-Jo épouse ne, vei c de L décemb	
Ferdinand-Venceslas, né 28 septembre 1667, † 3 janvier 1668.	Marie-Antoinette, née 18 janvier 1669, mariée à Maximilien-Emmanuel, électeur de Bavière, 1685, † 24 décembre 1692.	Je obre 1 Léo ouronn né et a 1740, 16 Brunsv † 21 d	
		Marie éritièr le 20 a re, 20 teur de 12 ma in Éli oscane. utriche	

...pold, né 9 octobre 1586, ...que de Passau 1597, de ...sbourg 1608, régent du Ty... et de l'Autriche antérieure 9; † 13 septembre 1632. ...use: *Claudine* de Médicis 1626, † 1648.	*Constance*, née 24 décembre 1588, unie à son beau-frère le roi Sigismond III de Pologne 1605; † 10 juillet 1631.	*Marie-Madeleine*, née 7 octobre 1589, épouse de Côme II, grand-duc de Toscane, 1608, † 1 novembre 1631.	*Charles*, né 7 août 1590, évêque de Breslau 1608, de Brixen 1613, grand-maître de l'ordre Teutonique 1619; † 26 décembre 1624.
...elle-Claire, née 12 août 9, fut mariée à Charles, duc ...antoue, 1649, veuve 1665, † 24 février 1685.	*Sigismond-François*, né 18 novembre 1630, évêque de Brixen 1644, de Gurk 1644, d'Augsbourg 1646, de Trente 1658, régent du Tyrol 1662; † 15 juin 1665.		*Marie-Léopoldine*, née 6 avril 1632, épouse de l'empereur Ferdinand III 1648; † 19 août 1649.

...illet 1611, ...de Pologne, ...644.	*Léopold-Guillaume*, né 6 janvier 1614, évêque de Passau et de Strasbourg 1625, de Halberstadt 1626, archevêque de Brême 1630, évêque d'Olmutz 1637, de Breslau 1655, grand-maître de l'ordre Teutonique et gouverneur des Pays-Bas; † 20 novembre 1662.		
...sephe, née 31 1) de Michel, ...ve 1673, 2) de ...orraine, 1678, ...re 1697.	*Marie-Anne-Josephe*, née 30 novembre 1654, mariée à Jean-Guillaume-Joseph, comte palatin de Neubourg, 1678, † 4 août 1689.	*Ferdinand-Joseph-Aloyse*, né 11 février 1657, † 16 juin 1658.	*Marie* et *Thérèse-Marie-Josephe*, mortes au berceau.
...685, roi d'Espagne 1703, empe... roi de Hongrie 1712, de Bohême Épouse: *Élisabeth-Christine*, fille ...wick-Lunebourg, 23 avril 1708, ...écembre 1750.	*Marie-Josephe*, née 1687, † 14 avril 1743.	*Marie-Madeleine-Josephe*, née 1689, † 1 mai 1743.	*Cinq autres princesses*, mortes dans l'enfance.
...e de tous les États autrichiens, en octobre 1740; couronné reine de ...i 1743, impératrice 1745. † 29 ...nne de Lorraine, grand-duc de	*Marie-Anne*, née 14 septembre 1718, mariée, 7 janvier 1744, au prince Charles de Lorraine, frère de l'empereur François I, morte 16 décembre de la même année.		*Marie-Amélie*, née 5 avril 1724, † 19 avril 1730.
...-Lorraine, qui se trouve à la fin de			

HISTOIRE
DE
L'EMPIRE D'AUTRICHE.

SIXIÈME ET DERNIÈRE ÉPOQUE,

DEPUIS LA FONDATION DE LA MAISON D'AUTRICHE – LORRAINE
JUSQU'À L'AVÉNEMENT DE L'EMPEREUR

FERDINAND I,
ACTUELLEMENT RÉGNANT.

DE 1740 À 1835.

HISTOIRE DE L'EMPIRE D'AUTRICHE.

SIXIÈME ET DERNIÈRE ÉPOQUE.

CHAPITRE I.
Marie-Thérèse et François I.
De 1740 à 1780.

L'empereur *Charles VI* ayant perdu son fils unique, l'archiduc Léopold, avait fait, comme nous l'avons vu dans le dernier chapitre de l'époque précédente, toutes les dispositions qu'il jugea nécessaires pour assurer à sa fille aînée, l'auguste *Marie-Thérèse*, la succession de ses vastes pays. Cette princesse avait reçu de la nature un caractère si heureux, qu'il aurait pu se passer des secours de l'éducation, et une mère si sage, qu'elle aurait conduit vers le bien les penchants les plus indomptables. L'impératrice *Élisabeth* avait elle-même élevé sa fille; elle lui avait donné de grandes leçons et de grands exemples. Déjà les lumières de la jeune archiduchesse avaient dévancé les années. Elle joignait à un esprit juste et pénétrant un coeur sensible et bienfaisant, les grâces et la beauté. La modestie, la douceur et la majesté, qui étaient empreintes sur son front, inspiraient autant de confiance que de respect. Bonne, compâtissante, généreuse, les détails de la misère du peuple, loin de blesser ses yeux, intéressaient son coeur. Sa bouche était l'organe des plaintes des malheureux. Sa main était le canal des bienfaits de son père. Elle s'employait avec empressement pour obtenir des grâces; c'était pour elle un doux plaisir que de pouvoir en accorder. Elle regardait comme un de ses premiers devoirs celui de soulager l'indigent, et elle s'en acquittait avec une affabilité, avec une prévenance, à toucher sensiblement ceux sur qui elle répandait ses largesses. Telle était Marie-Thérèse, avant qu'elle portât la couronne. Assise sur le trône de ses pères, elle montra qu'elle possédait non-seulement toutes les belles et aimables qualités de son sexe, mais aussi les vertus et les talents qui constituent un bon et un grand Souverain. Dans sa dix-neuvième année (12 février 1736) elle devint l'épouse de *François-Étienne de Lorraine*, grand-duc de Toscane. Cet hymen ne fut point l'ouvrage seul d'une politique saine et éclairée, il fonda aussi la félicité de deux coeurs, déjà unis par un attachement intime, qui avait pris naissance à la Cour de l'empereur Charles VI, où ces illustres époux avaient été élevés ensemble. Cette alliance a encore cela de particulier, qu'elle réunit, après une séparation de plus de dix siècles, les deux branches de l'ancienne Maison d'*Alsace* qui, selon l'opinion commune, tirent leur origine, dans le VIIème siècle, d'Étichon I, duc en Alsace, et formèrent les lignes de *Habsbourg* et de *Lorraine*[1]).

---

[1]) Comme j'ai déjà remarqué l'origine primitive de ces deux illustres familles (Tome III, page 1), de même que celle du duché de *Lorraine* (Tome I, note page 321), comme aussi l'ancienne étendue de ce pays, et les vicissitudes qu'il a éprouvées jusqu'à sa réunion à la couronne de France, je remonterai seulement à l'histoire de Lorraine jusqu'à l'époque où ce duché devint domaine de la Maison d'Alsace. L'empereur Othon I conféra (943) le duché de Lorraine, fief relevant de l'Empire germanique, à Conrad de Franconie, son gendre; mais il lui subordonna deux autres

En vertu de la pragmatique sanction, adoptée par tous les royaumes et provinces qui composent la monar-

ducs, dont l'un (Godéfroi) devait administrer le pays sur la Meuse, et l'autre (Frédéric) celui sur la Moselle. Depuis lors la Lorraine qui, réunie, paraissait trop puissante, fut divisée en *basse Lorraine* (*Lotharingia mosona* ou *riparia*, entre le Rhin, la Meuse et l'Escaut) et en *haute Lorraine* (*Lotharingia mosellana*, entre le Rhin et la Moselle jusqu'à la Meuse). Othon II protégea, comme on sait, le prince français Charles, qu'il avait investi de la Lorraine, dans la possession de ce pays contre son frère, le roi Lothaire de France. Les successeurs d'Othon II surent aussi retenir la Lorraine dans la dépendance de l'empire d'Allemagne, nonobstant les tentatives réitérées que les ducs lorrains firent pour s'en affranchir; entre autres Godéfroi II, duc de la basse Lorraine, dont le père Gozelin avait possédé les deux duchés, prit les armes contre Henri III (1044), parce que ce monarque ne lui avait pas donné aussi la haute Lorraine, mais en avait investi *Adalbert* d'*Alsace* et, après que celui-ci eut été assassiné, son frère Gérard, tige de tous les autres ducs suivants de la haute Lorraine. Pendant les troubles et les guerres, le clergé, qui dans ce temps-là était fort puissant et indépendant, arracha de grandes parties de terre au duché de Lorraine. La mort du duc Charles II (1431) occasionna une guerre de succession entre l'époux de sa fille Isabelle, René I d'Anjou (qui possédait le duché de Bar et la seigneurie de Guise) et le fils de son frère Antoine, comte de Vaudemont. René obtint, à la vérité, ensuite d'une décision favorable du conseil de Bâle, l'investiture de l'empereur Sigismond; mais il tomba, après un combat malheureux, au pouvoir de son adversaire; après quoi un mariage entre Ferry ou Frédéric, fils d'Antoine, et Jolanthe, fille de René et d'Isabelle, arrangea le différend (1444). René II († 1508), issu de cet hymen, réunit de cette manière de nouveau les États paternels et maternels. Il fut le fondateur de la Maison de Lorraine, dont la ligne principale ou aînée fut continuée par son fils *Antoine* († 1544), qui lui succéda dans la souveraineté de la Lorraine. Ce pays resta à cette ligne jusqu'à *François-Étienne*, qui par son mariage avec *Marie-Thérèse*, fonda la Maison d'*Autriche-Lorraine*. Le deuxième fils de René II, Claude, duc de Guise (1508), fonda la branche cadette de la Maison de Lorraine, qui par ses trois fils: François († 1563), Claude († 1573) et Renaud († 1566), se subdivisa en trois branches, celle des ducs de Guise, qui s'éteignit en 1775 dans la personne du duc François-Joseph; celle d'Aumale, dont le duc Charles, décédé 1616, fut le dernier rejeton, et celle d'Elboeuf et d'Harcourt-Armagnac, dont la première cessa de fleurir par l'extinction de ses trois branches, d'Elboeuf, d'Harcourt et de Lislebonne en 1702, 1747 et 1763, et la seconde (Harcourt-Armagnac) s'éteignit, le 21 novembre 1825, dans la ligne masculine chie autrichienne, approuvée par le Corps germanique, et garantie par les Puissances de l'Europe, Marie-Thérèse se mit, après la mort de son père, l'empereur Charles VI, en possession de tous les États héréditaires de la Maison d'Autriche. Ces États se composaient alors de la *Hongrie* avec les pays réunis à ce royaume: la *Transylvanie*, le banat de *Témeswar*, l'*Esclavonie*, la *Croatie*, la *Dalmatie*, — du royaume de *Bohême*, avec le margraviat de *Moravie* et tous les duchés *silésiens*, — de l'*archiduché d'Autriche*, au-dessus et au-dessous de l'Ens, — des pays de l'*Autriche intérieure;* savoir: les duchés de *Styrie*, de *Carinthie* et de *Carniole*, le comté de *Gorice* et *Gradisca* et le *Littoral*, — du *Tyrol* et des terres du *Vorarlberg*, — des duchés de *Milan*, de *Mantoue*, de *Parme* et de *Plaisance*, — enfin des *Pays-Bas autrichiens*. Le 20 octobre 1740, Marie-Thérèse, qui n'avait pas encore accompli sa vingt-quatrième année, fut proclamée seule Souveraine de tous ces pays. Le 22 du mois suivant, elle reçut à Vienne l'hommage des États de la basse Autriche. Les députés de ceux des autres pays et provinces firent briller leur zèle en faveur de leur nouvelle Souveraine, et lui donnèrent des marques de leur fidèle dévouement. Dans les quatre années suivantes, Marie-Thérèse se fit inaugurer en personne, selon que les affaires de l'État le permettaient, dans les autres provinces autrichiennes, et plaça sur sa tête les couronnes de Hongrie et de Bohême. Le premier acte de son autorité fut d'associer au gouvernement son illustre époux, le *grand-duc François-Étienne de Toscane*, et de lui transporter aussi l'exercice de la voix électorale de Bohême (21 novembre 1740). Un acte de clémence suivit cette sage disposition. La nouvelle Souveraine brisa les

---

avec Charles-Eugène, prince de Lorraine, général d'artillerie des armées impériales d'Autriche, et capitaine de la garde noble allemande.

fers des feldmaréchaux comtes de Seckendorf et de Wallis, ainsi que du général comte Neipperg, détenus, le premier pour les fautes commises dans la campagne de 1737 contre les Turcs, et les deux derniers pour avoir, comme on sait, outre-passé leurs pouvoirs à la paix de Belgrade (1739). Elle fit dans l'armée et à la Cour une grande promotion, dans laquelle le prince *Charles de Lorraine*, frère du grand-duc, fut déclaré feldmaréchal, et elle admit parmi ses conseillers intimes le fameux comte de *Kœnigseck*.

L'empereur Charles VI avait acheté de la *France*, de l'*Espagne*, de la *Sardaigne*, de l'*Angleterre*, de la *Hollande* et de la *Prusse*, la garantie de sa pragmatique par la cession de *Naples*, de *Sicile*, de *Novare*, de *Tortone*, de la *Lorraine* &c., et les deux époux des princesses josephines, Frédéric-Auguste de Saxe et Charles-Albert de Bavière, avaient accepté et reconnu cette loi de succession, lors de leur mariage. Ce nonobstant, lorsque Marie-Thérèse monta sur le trône, les *Turcs* furent les seuls qui ne cherchèrent point à tirer avantage du malheur de l'Autriche; oui, ce fut le grand vizir des *Infidèles* qui rappela aux ministres des princes *chrétiens* la sainteté des traités! Les alliés du père paraissaient tous disposés sinon à dépouiller entièrement la fille de son héritage, du moins à lui en arracher les morceaux qui leur convenaient. Ils ne voyaient en Marie-Thérèse, qu'une jeune princesse, sans expérience pour la guerre, sans fermeté dans le péril, et qu'il serait facile d'opprimer. Mais ces Puissances ne tardèrent pas à reconnaître, combien elles avaient mal jugé cette grande Souveraine. Il est vrai, que Marie-Thérèse avait trouvé, à son avénement, la Monarchie dans une situation qui entravait infiniment les efforts que les circonstances lui commandaient d'employer. L'armée avait été considérablement réduite dans les dernières années; les arsénaux et les munitions dé guerre de tout genre étaient dans un mauvais état; les finances épuisées n'offraient qu'un faible espoir de se procurer avec la promptitude requise tout ce qui manquait pour une résistance efficace. Mais l'âme élevée et courageuse, la fermeté inébranlable de la jeune princesse, le fidèle attachement de ses peuples et la valeur intrépide de ses armées sauvèrent son patrimoine du morcellement dont il était menacé.

Plusieurs Puissances reveillèrent d'anciens droits pour s'approprier l'héritage autrichien en tout ou en partie. *Charles-Albert, électeur de Bavière,* réclama la succession toute entière, se fondant sur une interprétation forcée du testament de l'empereur Ferdinand I (du 1 juin 1543), de la fille aînée duquel, Anne, épouse d'Albert V, duc de Bavière, il descendait; — sur les droits de son épouse l'archiduchesse Marie-Amélie (auxquels toutefois les deux époux avaient renoncé avant leur mariage), et sur l'ancienne réunion de l'Autriche avec la Bavière, réunion qui n'avait rapport qu'au pays au-dessus de l'Ens et avait déjà été dissoute, l'an 1156, par l'empereur Frédéric I. *L'électeur de Saxe Auguste III,* roi de Pologne, chercha à faire valoir les prétentions de son épouse Marie-Josephe, fille aînée de l'empereur Joseph I, bien que cette princesse et son époux eussent formellement renoncé, avant leur mariage, à la succession d'Autriche. Le *roi Philippe V d'Espagne* prétendait à tout l'héritage de l'empereur Charles VI, comme descendant en ligne féminine d'Anne, épouse de Philippe II et fille de l'empereur Maximilien II. La reine Élisabeth voulait procurer par cette voie à son fils Don Philippe les duchés de Milan, de Mantoue, de Parme et de Plaisance, et l'élever au rang de roi de Lombardie. *Charles-Emmanuel II, roi de Sardaigne,* réclama le duché de Milan, comme étant issu d'une fille du roi Philippe II d'Espagne, l'infante

Cathérine (mariée 1585 à Charles-Emmanuel I, duc de Savoye). Le *roi Louis XV de France*, de son côté, voulait profiter du moment favorable pour affaiblir la puissance de la Maison d'Autriche, objet constant de jalousie et de crainte pour la plupart des potentats de l'Europe. Sous le nom de médiateur ou d'arbitre, il comptait partager la succession d'Autriche entre la Bavière et l'Espagne, et espérait en même temps pouvoir se réserver une petite portion de l'héritage, sur lequel il croyait d'ailleur avoir droit du chef des épouses de ses prédécesseurs, Louis XIII et Louis XIV, qui avaient été toutes deux des princesses de la Maison d'Espagne-Habsbourg.

 Mais pendant que tous ces princes ne contestaient encore que par des manifestes les pays héréditaires, le roi de Prusse, le plus entreprenant, et peut-être le plus dangereux de tous les concurrents, se préparait à profiter le premier de la confusion générale, qu'il prévoyait bien que cette querelle de tant de têtes couronnées allait occasionner. L'électeur Frédéric III de Brandebourg avait été reconnu par l'aïeul de Marie-Thérèse, l'empereur Léopold I pour roi de Prusse (le 6 novembre 1700). La sage activité de son successeur Frédéric-Guillaume avait élevé le nouveau royaume à un haut degré de prospérité et de puissance. Ce prince laissa à son fils, *Frédéric II*, qui monta sur le trône le 31 mai 1740, un grand trésor d'argent et une excellente armée. Le jeune roi demanda les quatre duchés de *Jægerndorf*, de *Brieg*, de *Liegnitz* et de *Wohlau* en Silésie. Le margrave Jean-Georges de Brandebourg avait jadis possédé le premier de ces duchés; mais il l'avait perdu par suite de sa proscription, l'an 1621. La Maison de Brandebourg revendiquait les trois autres pays en vertu du pacte d'hérédité, fait 1537 entre les Maisons de Liegnitz et de Brandebourg, quoique les électeurs eussent, par les transactions de 1686 et 1694, déjà renoncé à leurs prétentions sur ces duchés, ainsi que sur celui de Jægerndorf. Vers le milieu de décembre 1740, Frédéric II entra en *Silésie*, à la tête de 40,000 hommes, sans avoir notifié officiellement à la Reine les motifs de cette invasion. Comme on ne s'attendait point à cette agression soudaine, les troupes prussiennes trouvèrent la Silésie dégarnie, et se rendirent en peu de temps maîtres d'une grande partie du pays. La capitale Breslau ouvrit ses portes au roi par une convention de neutralité (le 2 janvier 1741). Ce ne fut qu'après l'entrée des Prussiens en Silésie que l'envoyé de Frédéric, comte Gotter, arriva à Vienne. Le roi fit proposer par l'organe de ce ministre un accommodement à Marie-Thérèse, et lui offrit son assistance contre tous ses ennemis, une somme de deux millions de florins pour les préparatifs de guerre, et le suffrage de Brandebourg en faveur de son époux, le grand-duc François, à l'élection d'un empereur, si la reine de Hongrie voulait lui céder toute la Silésie. Cette proposition ayant été prise en très-mauvaise part à Vienne, Frédéric II rabattit de ses prétentions, et déclara vouloir se contenter d'une partie de la Silésie. Mais Marie-Thérèse rejeta toutes ces offres avec fermeté, rappela au roi l'engagement qu'il avait pris de garantir la pragmatique et lui fit signifier, ainsi qu'aux autres prétendants, sa résolution de défendre jusqu'à l'extrémité le patrimoine, qu'elle tenait de la nature, et de la plus solennelle des sanctions.

Le roi de Prusse se répandit alors de plus en plus en Silésie. Il investit Brieg et Neisse, et fit repousser par le général Schwerin le lieutenant-général autrichien comte Browne près de Grætz au delà de la Mora en Moravie. Ce Général se retira dans la position entre Leipnik et Sternberg. Frédéric prit ensuite les quartiers d'hiver en Silésie. Glogau, Brieg et Neisse restèrent bloqués.

Dès le mois de février 1741 Frédéric II revint à l'armée en Silésie. Le feldmaréchal Schwerin s'était avancé, en janvier, par Jægerndorf et Troppau jusqu'à la frontière de Moravie, près de Jablunka, et y fit établir, tant contre la Moravie que contre la Hongrie, un cordon fortifié par des batteries et des abatis. Le 9 mars, Grand-Glogau (*Gross-Glogau*) fut conquis. Le général de cavalerie comte de Neipperg, qui dans l'entrefaite avait rassemblé un corps autrichien près d'Olmutz, s'avança, à la fin de mars, en Silésie vers Neisse. Le roi concentra ses troupes, réparties dans les postes et cantonnements, près de Steinau. Le comte de Neipperg, alors feldmaréchal, avait l'intention de marcher sur Ohlau, où les Prussiens avaient leurs principaux magasins; et il s'approchait déjà de cette place par Grottkan et Mollwitz, qui n'est pas éloigné de Neisse, lorsque le roi, pour sauver ce point dont dépendait la subsistance de son armée, s'avança vers Mollwitz. Les Prussiens engagèrent le combat près de cet endroit, le 10 avril, et furent vainqueurs. Le feldmaréchal Neipperg se retira en bon ordre, et occupa un camp sous le canon de Neisse; le plus grand fruit que le roi de Prusse retira de sa victoire, fut la prise de Brieg, que le général Piccolomini rendit le 5 du mois de mai.

Le 11 mars 1741, l'ambassadeur autrichien, comte d'Uhlefeld, avait signé à Constantinople un traité de délimitation des frontières avec la Porte Ottomane. Le 13 du même mois, la reine Marie-Thérèse donna le jour à un fils, *l'archiduc Joseph*. Après qu'elle fut rétablie de ses couches, elle se rendit à Presbourg, où elle fut couronnée *reine de Hongrie*, le 25 juin 1741. Elle confirma non-seulement les droits et privilèges de la nation, mais elle fit encore, de son propre mouvement, des concessions que ses aïeux avaient constamment refusé de sanctionner. Par là elle gagna tellement les coeurs des Hongrois, qu'ils jurèrent d'éteindre à jamais le flambeau de la guerre civile, qui désolait depuis deux siècles leur pays, et ils tinrent fidèlement parole. Le roi de Prusse fit occuper Breslau, au mépris de la convention qui assurait la neutralité à cette ville. En octobre le feldmaréchal Neipperg marcha de Neisse, par Jægerndorf, en Moravie. La forteresse de Neisse s'étant rendue aux Prussiens, le 1 novembre, après quinze jours de siège, le général Schwerin pénétra en Moravie. Ses troupes légères firent des courses en deçà de la Taya en Autriche jusqu'au Danube.

Sur ces entrefaites la France, au lieu de défendre, conformément aux traités, la pragmatique caroline, s'était décidée à soutenir les prétentions de l'électeur de Bavière. L'avis du vieux ministre-cardinal Fleury avait été contraire à cette entreprise; mais le maréchal duc de Belle-Isle et son frère le chevalier, deux hommes d'une politique hardie et d'une imagination brillante, avaient si bien plaidé la cause de l'électeur auprès de leur jeune roi, qu'il résolut d'aider de toutes ses forces la Bavière. Au printemps 1741, le maréchal Belle-Isle parcourut toutes les Cours allemandes dont les intérêts étaient opposés à ceux de l'Autriche, ou que la France pouvait espérer de faire facilement entrer dans ses vues. Par ses soins il fut signé, le 18 mai à Nymphenbourg, par la France et l'Espagne une alliance avec la Bavière. Les électeurs du Palatinat, de Cologne et de Saxe, les rois de Sicile, de Sardaigne et de Prusse, accédèrent dans le cours de la même année, à cette coalition. En août 1741, le maréchal Belle-Isle conduisit 40,000 Français de l'Alsace par la Souabe en Bavière; et le mois suivant, le maréchal Maillebois se mit avec une force égale en marche de la Meuse, par la Westphalie, vers le Hanovre, afin d'empêcher le roi d'Angleterre de soutenir Marie-

Thérèse. Un troisième corps se rassembla en Flandre pour attaquer les Pays-Bas, et une quatrième division fut envoyée dans le Dauphiné, d'où elle devait pénétrer en Italie. Dans tous les ports français on équipa des vaisseaux, pour s'opposer aux flottes anglaises qu'on s'attendait à voir paraître dans ces parages. Le 24 juin, Georges II s'engagea envers Marie-Thérèse à employer tout son crédit, pour faire élire le grand-duc François empereur d'Allemagne, et à défendre la pragmatique sanction caroline. Cependant intimidé par les armements formidables que faisait la France, il s'obligea, peu de temps après, par le traité conclu le 27 septembre avec cette Puissance, à ne pas assister en sa qualité d'électeur de Hanovre la reine de Hongrie. Le Hanovre fut alors déclaré neutre, et l'Angleterre et la Hollande se contentèrent de soutenir, en attendant, Marie-Thérèse par des subsides. L'électeur Charles-Albert de Bavière n'avait pas attendu le secours que la France lui envoyait, pour se mettre en mouvement. Dès les premiers jours du mois d'août 1641, il s'avança par Passau dans la haute Autriche; le 15 du même mois, après l'arrivée des Français, il occupa Linz, capitale de cette province, et se disposa à continuer sa marche vers la basse Autriche.

Marie-Thérèse, seule contre tant de Puissances liguées contre elle, chercha en vain des secours en Russie, en Angleterre, en Hollande; on craignait de s'associer à son malheur, et d'être enveloppé dans sa ruine. Dans ces circonstances critiques, Marie-Thérèse part avec son fils Joseph, âgé de six mois, pour Presbourg, où elle avait convoqué la Diète de Hongrie, le 11 septembre 1741. Elle se présente devant les ordres de l'État, portant son fils dans ses bras. „Abandonnée de mes alliés, dit-elle, trahie par mes parents, persécutée par mes ennemis, votre fidélité et votre valeur si souvent éprouvée sont ma seule ressource; je viens remettre entre vos mains la fille et le fils de vos rois." Ces paroles, qu'elle prononça d'une voix plaintive et touchante, sa jeunesse, sa beauté et son infortune, firent une telle impression sur les auditeurs, que le cri: *Moriamur pro rege nostro Mariâ Theresiâ (Mourons pour notre roi Marie-Thérèse)* [1]) rétentit dans toute la salle, et que les magnats et les députés jurèrent de sacrifier toutes leurs forces, leurs biens et leur vie pour la défendre. Le 21 du même mois, ils acceptèrent aussi le grand-duc François pour corégent du royaume; après quoi une insurrection ou levée en masse générale fut décrétée par les États. Dans cette Diète, close le 20 octobre, de même que dans l'assemblée des États de la Transylvanie, tenue 1743-1744, on prit un grand nombre d'arrêtés concernant les affaires politiques, militaires et religieuses du pays; et les propositions de la Diète, pour autant qu'elles étaient profitables au bien public, furent sanctionnées par la Reine.

Cependant la situation de cette auguste princesse devenait chaque jour plus alarmante. Une armée de 24,000 Saxons avait franchi la frontière de la Bohême, et s'était avancée jusqu'à Leitmeritz. L'électeur de Bavière s'était fait inaugurer, le 2 octobre, par les États de la haute Autriche; ses troupes légères et celles des Français faisaient des courses par Saint-Hippolyte jusque dans les environs de la ville de Vienne, qui fut déjà alors sommée de se rendre. Mais le gouverneur de cette capitale, comte de Khevenhuller, ayant déclaré qu'il était résolu à la défendre jusqu'à la dernière extrémité, l'électeur Charles-Albert abandonna le projet de l'assiéger [2]); et

---

[1]) Les Hongrois n'appelaient jamais Marie-Thérèse autrement que leur *Roi*, tant pour la distinguer des reines précédentes qui n'étaient que les épouses des rois régnants, que parce qu'elle était élevée au-dessus de son sexe, et possédait toutes les qualités qui constituent un grand roi.

[2]) On prétend que l'électeur ne renonça à cette entreprise, que parce qu'il s'y vit contraint par la France, qui s'opposait à ce qu'on assiégeât Vienne.

au lieu de continuer sa marche vers la basse Autriche, il partit, vers la fin d'octobre, de Linz avec la plus grande partie de ses troupes, qui se répandirent par Budweis et Pilsen également dans la Bohême. Après leur réunion avec les Français, qui avaient pris la même direction, l'électeur de Bavière prit le commandement de toute l'armée. Dans la nuit du 25 au 26 novembre, le comte Maurice de Saxe emporta Prague d'assaut, tandis que le grand-duc François avec les troupes du feldmaréchal comte Neipperg et le corps du prince de Lobkowitz, qui venaient seulement d'arriver de la Moravie, s'était avancé par Neuhaus et Beneschau au secours de la capitale. Le grand-duc retourna alors avec son armée à Budweis, et envoya une partie de ses troupes à Chrudim. Le 7 décembre, l'électeur de Bavière se fit proclamer *roi de Bohême* à Prague, et le 19 du même mois, les États furent obligés de lui faire hommage. Les Saxons s'avancèrent jusqu'à Deutschbrod, et les Français se rendirent maîtres de Pisek. Le grand-duc, ayant fait en vain une tentative pour reprendre cette place, remit bientôt après le commandement à son frère, le prince *Charles de Lorraine*, et quitta la Bohême. — Les Prussiens avaient en novembre 1741 continué activement leurs opérations. Frédéric II se fit prêter foi et hommage par les États de la Silésie à Breslau, le 7 du mois précité. Comme ses troupes ne trouvèrent nulle part de la résistance, il se vit vers la fin de l'année en possession du comté de Glatz, dont toutefois la capitale du même nom ne succomba que le 9 janvier 1742, — des villes de Kœniggrætz, de Pardubitz, de Leitmeritz et de Bunzlau en Bohême, ainsi que de la forteresse d'Olmutz qui se rendit, le 27 décembre 1741, au feldmaréchal Schwerin, avec une grande partie de la Moravie. Dans l'entrefaite, les envoyés français avaient réussi à persuader la plupart des princes électeurs, que leur intérêt et celui du Corps germanique exigeait, qu'on élevât l'électeur de Bavière à l'Empire. En conséquence, le Collège électoral, qui s'assembla à Francfort, élut, le 24 janvier 1742, l'*électeur Charles-Albert de Bavière roi des Romains* et *futur empereur;* le 12 février suivant, il fut couronné en cette dernière qualité, sous le nom de *Charles VII.*

Tant de revers ne servirent qu'à faire connaître à toute l'Europe la fermeté de Marie-Thérèse, et la grandeur de son courage. Pleine de confiance dans l'équité de sa cause et dans le dévouement de ses peuples, cette grande princesse continua à faire face de tous côtés, et sa constance la fit triompher de ses ennemis. On doit ici cette justice à la nation hongroise, que ce fut elle qui contribua principalement aux succès qu'obtinrent les armes de Marie-Thérèse. Les États de la Hongrie accomplirent loyalement les promesses qu'ils avaient faites à leur jeune Reine. Une grande partie des Nobles de ce pays prirent en personne les armes. D'autres mirent sur pied des troupes nombreuses de gens armés. Le clergé donna de grandes sommes d'argent, les propriétaires fournirent des vivres et provisions en abondance. Le nom déjà célèbre de Marie-Thérèse, et l'abandon général où elle se trouvait, avaient porté l'enthousiasme martial en Transylvanie, en Esclavonie, en Croatie et jusque dans les coins les plus reculés du royaume; on vit arriver de ces contrées des bandes nombreuses de cette milice redoutable, si connue depuis sous le nom de *Pandours* [1]), qui par leur aspect

---

[1]) Les *Pandours*, qui tiennent leur nom de *Pandour (Pandur)*, hameau du comitat de Sol dans la basse Hongrie, étaient une milice indisciplinée et indépendante, commandée autrefois par un chef, nommé *Harus Buscha*, qu'elle choisissait elle-même. Le vêtement des Pandours consistait en un manteau, des culottes longues à la hongroise, et un bonnet. Leurs armes étaient un long fusil, un sabre hongrois, deux couteaux turcs et deux pistolets qu'ils portaient à la ceinture. L'Autriche se servit pour la première fois de cette milice dans la guerre de succession d'Es-

effrayant, par l'étrangeté de leur costume et par leur manière de combattre, étonnèrent les troupes disciplinées de la France et de l'Allemagne, et portèrent la terreur dans les États ennemis de Marie-Thérèse. L'enthousiasme de la Hongrie se communiqua aussi aux pays étrangers, surtout à l'Angleterre, où toutes les classes de la société prirent le plus vif intérêt aux malheurs d'une jeune reine qui se soutenait seule contre tant d'ennemis réunis. Des particuliers proposèrent de faire un don gratuit à Marie-Thérèse; elle eut la générosité de ne pas l'accepter; elle ne voulait d'autre secours que celui que la nation, assemblée en parlement, lui accorderait, conformément aux traités. En effet, le roi Georges II qui, par crainte de s'engager dans une lutte si inégale, s'était borné jusqu'alors à soutenir la reine de Hongrie par des subsides notables, se détermina, au printemps 1742, à défendre aussi par les armes la pragmatique caroline. Des troupes anglaises, hanovriennes, et plus tard aussi des troupes hessoises, se concentrèrent en deux grandes masses dans les Pays-Bas et l'Allemagne septentrionale, et des flottes anglaises entravèrent, autant que possible, le passage de troupes espagnoles en Italie.

Par les grandes levées de troupes, faites en Hongrie et dans les pays autrichiens encore inconquis, les forces militaires de la Reine étaient devenues si considérables, qu'elles furent bientôt en état d'arrêter les progrès des alliés. Le feldmaréchal comte de Khevenhuller s'était déjà avancé avec 30,000 hommes vers l'Ens, dans les

pagne, et puis dans celle pour l'héritage autrichien, où le fameux baron *François de Trenk* leva à ses propres frais un corps de Pandours, qui avec le temps s'accrut au nombre de 5000 hommes. On les employa également dans la guerre de sept ans en Allemagne. Les Pandours échangèrent plus tard leur nom contre celui de *Croates* ou troupes de frontière, parmi lesquelles ils forment depuis le règne de Marie-Thérèse une infanterie régulière et enrégimentée.

derniers jours de décembre 1741. Il chassa les ennemis de leurs retranchements sur ce fleuve, les força à évacuer les villes de Steyer et d'Ens et attaqua Linz, défendu par 10,000 Bavarois. Le général Bærenklau pénétra jusqu'à l'Inn et occupa, le 7 janvier 1742, Schærding et Vilshofen. Un corps bavarois, sous le feldmaréchal Torring, qui s'approchait pour dégager Linz, fut repoussé dans l'attaque qu'il entreprit contre la position des Autrichiens, dans le voisinage de Schærding (le 17 janvier). Linz capitula le 23 du même mois. Le lendemain Bærenklau enleva Passau et la forteresse d'Oberhaus. Le général Stentsch envahit du côté du Tyrol la Bavière. Les Autrichiens occupèrent, le 13 février, Munich et se rendirent en peu de semaines maîtres de toute la Bavière. Cependant le duc d'Harcourt passa, le 10 du mois suivant, le Rhin avec un corps français, et après l'avoir renforcé par des troupes du Haut-Palatinat et de Hesse-Cassel, il le conduisit en Bavière, où il délivra la ville de Straubingen, assiégée par les Autrichiens. Le comte Maurice de Saxe conquit, le 19 avril, la forteresse d'Egre.

Le roi Frédéric II qui était arrivé, à la fin de janvier 1742, en Moravie avec une armée, composée de Prussiens, de Saxons et de Français, s'empara d'Iglau et de Znaim, fit faire des courses en Autriche vers le Danube, et paraissait avoir l'intention d'attaquer Brunn. Mais l'armée autrichienne, sous le prince Charles de Lorraine, s'étant avancée de Budweis (en Bohème), les corps de coureurs prussiens se retirèrent de l'Autriche septentrionale au delà de la Taya, et le roi se hâta de rentrer par Wischau et Littau en Bohème, par crainte que le prince Charles ne lui coupât la communication avec ce royaume. Le prince lorrain s'étant dirigé sur Olmutz, le corps prussien du prince de Dessau, qui se trouvait dans cette contrée, se retira à Troppau. Charles de Lorraine marcha alors en

Bohème, et arriva dans les environs de Czaslau, où le roi de Prusse avait fait cantonner ses troupes. La position avantageuse que celles-ci occupaient, n'empêcha cependant point Charles de Lorraine de s'avancer plus avant dans le pays, et le 17 mai 1742 les deux armées se trouvèrent en présence. Dès qu'on fut à portée de se canonner, l'action s'engagea ; elle dura depuis huit heures du matin jusqu'à midi, où le prince Charles se vit obligé d'abandonner le champ de bataille aux ennemis. Par cette victoire le roi ouvrit sa communication avec le maréchal Broglie. Ce dernier avait remporté, le 25 mai près du village de Zahay, des avantages sur le général prince de Lobkowitz qui, posté à Budweis, avait tenté de s'emparer de Frauenberg (*Hluboky*), que les Français avaient fortifié. Le prince Charles reconduisit, après la bataille, l'armée à Willimov.

Pendant que les armées de la reine de Hongrie et du roi de Prusse se combattaient en Bohème, le Cabinet britannique négociait un accommodement entre ces deux Souverains. Le 11 juin 1742, les préliminaires, et le 28 du mois suivant, la paix définitive avec la *Prusse* furent signés à Breslau. Marie-Thérèse, voulant écarter le plus dangereux de ses adversaires, lui céda une province pour reconquérir tout le reste ; c'est-à-dire, elle abandonna au roi la *haute* et la *basse Silésie*, avec le comté de *Glatz*, et ne se réserva que les duchés de Troppau, de Teschen et Jægerndorf. Le roi d'Angleterre garantit les préliminaires par un acte, expédié le 24 juin, et l'impératrice de Russie accéda à la paix par une déclaration du 12 novembre 1743. Auguste, roi de Pologne et électeur de Saxe, qui avait donné, le 28 juillet 1742, son adhésion au traité de Breslau, conclut, le 11 septembre de la même année, une paix séparée avec l'Autriche et contracta, le 20 décembre 1743, avec Marie-Thérèse une alliance, qui fut consolidée par un nouveau traité, le 13 mai de l'année suivante.

Le prince Charles s'était réuni, sur la fin de mai 1742, au prince de Lobkowitz près de Sobieslau, dans la vue d'attaquer le maréchal Broglie, qui toutefois se retira au delà de la Moldave à Prague, étant vivement poursuivi par les troupes légères de la Reine. Pisek, Kruman et Pilsen furent conquis par les Autrichiens. Le feldmaréchal comte de Kœnigseck bloqua, le 27 juin, la ville de Prague et l'armée française, campée près de cette capitale. Cette armée se sentait trop faible pour oser tenter sa retraite à travers les forces ennemies qui les entouraient, et la famine dont elle se voyait menacée laissait tout aussi peu d'espoir de continuer longtemps la résistance. Par conséquent les maréchaux de Belle-Isle et de Broglie, qui commandaient les troupes françaises, offrirent, le 2 juillet, de rendre Prague, à condition qu'on leur accordât tous les honneurs de la guerre, ce qui toutefois leur fut refusé. Le cardinal Fleury, qui avait désapprouvé cette guerre, inquiet sur le sort de tant de braves guerriers, abandonnés loin de leur patrie au milieu d'un pays ennemi, fit des propositions d'accommodement à l'Autriche, et l'empereur Charles VII chercha à s'arranger avec l'Angleterre; mais tous les deux essuyèrent un refus. Après la mort du cardinal Fleury († le 29 janvier 1743), des ouvertures de paix furent faites aussi à la reine de Hongrie de la part de la France et de la Bavière; mais ces démarches n'eurent pas un meilleur succès que les précédentes.

En automne 1742, le maréchal de Maillebois partit, à la tête de 40,000 hommes, de la Westphalie vers la Bohème, pour aller délivrer les restes de l'armée française à Prague. Au commencement d'août, le feldmaréchal Kœnigseck avait commencé le siège de cette capitale. Mais l'approche de Maillebois contraignit le comte de Kœnigseck à abandonner cette entreprise (le 14 septembre);

il ne laissa qu'un faible corps de troupes pour observer la place. Le maréchal français pénétra par Egre et Ellnbogen en Bohème; mais il fut coupé de Prague par le prince Charles, qui avec la plupart de ses troupes était accouru de la Bavière en Bohème, et tellement harcelé qu'il se vit obligé de se retirer, à la fin d'octobre, par le Haut-Palatinat en Bavière. Le prince de Lorraine suivit les Français jusqu'au delà du Danube.

Cependant le maréchal Broglie s'était mis en marche avec 12,000 hommes de Prague vers Teplitz, et y attendit l'arrivée de Maillebois. Cette réunion ayant échoué, Broglie fit occuper le château de Tetschen et la ville de Leitmeritz par une partie de ses troupes, et renvoya le reste à Prague. Lui-même se rendit à l'armée de Maillebois. Le prince de Lobkowitz prit alors le commandement du corps d'observation près de Prague, qui avait été considérablement renforcé. Dans la nuit du 16 au 17 décembre, le maréchal Belle-Isle sortit résolument de la ville avec l'armée et atteignit, par de grands détours, Egre le onzième jour. Il avait laissé dans Prague le maréchal-de-camp Chevert avec un corps de 6000 hommes. On accorda, le 2 janvier 1743, à cette garnison une libre retraite, le commandant, homme courageux et déterminé, ayant menacé de détruire plutôt la ville que de mettre bas les armes. Dans les premiers jours de la même année, la Bohème était entièrement soumise à la Reine, à l'exception de la forteresse d'Egre, occupée par les Français, qui ne se rendit que le 8 septembre suivant. Le 12 mai, Marie-Thérèse fut couronnée à Prague.

La Cour d'Espagne avait, dès le mois de novembre 1741, fait passer 15,000 hommes, sous les ordres du duc Montemar, en Italie; cette armée, qui débarqua sur les côtes des Présides, devait être encore suivie dans le cours de l'hiver par d'autres troupes espagnoles. Le roi des Deux-

Siciles et le duc de Modène, qui espérait recouvrer Ferrare dans cette occasion, se préparèrent à soutenir l'entreprise sur la Lombardie. Quant au roi de Sardaigne qui, comme on l'a dit plus haut, avait également accédé à la ligue, formée pour dépouiller Marie-Thérèse de son héritage, il se convainquit bientôt que ses alliés ne songeaient pas à lui procurer la possession de Milan, mais qu'on destinait la Lombardie à l'infant Don Philippe. Par conséquent, Charles-Emmanuel se rapprocha de nouveau de l'Autriche et conclut, sous l'entremise de l'Angleterre, le 1 février 1742 à Turin, une convention militaire pour la défense des États italiens respectifs. Le roi Charles-Emmanuel obtint des subsides de l'Angleterre, et promit en revanche de faire la guerre en faveur de l'Autriche. Immédiatement après, le roi joignit ses troupes à l'armée du feldmaréchal de Traun, qui conquit en juillet Modène et Mirandole. Le roi Carlos voulait envoyer une armée au secours de son frère Philippe, lorsque la flotte anglaise de l'amiral Matthews parut soudainement devant la ville de Naples (le 19 août), et menaça de bombarder la ville, si le roi ne rappelait ses troupes de l'armée de l'Italie centrale, et ne se déclarait neutre. Ces menaces intimidèrent tellement le monarque napolitain, qu'il consentit aux demandes de l'amiral anglais. Après le départ des troupes napolitaines, le duc de Montemar avec les Espagnols se retira aussi par Foligno dans l'État des Présides. En septembre, le comte de Gages se mit à la tête des troupes espagnoles, et le mois suivant, il s'avança de nouveau jusqu'à Bologne, où il se retrancha. Don Philippe conduisit en automne une autre armée espagnole au delà des Pyrénées et pénétra, au mois de décembre, par la Provence en Savoye.

Le comte de Khevenhuller ayant évacué dans les derniers mois de 1742 la Bavière, d'où il était allé rejoindre le prince Charles de Lorraine en Bohême, le feld-maréchal bavarois, comte de Seckendorf, avait de nouveau occupé Munich (le 8 octobre), et Charles VII retourna dans sa résidence. Mais au mois d'avril 1743, le prince Charles ayant commencé ses opérations, des colonnes autrichiennes pénétrèrent, de la haute Autriche et du Tyrol, de nouveau en Bavière. Le 9 mai, le corps bavarois du général Minuzzi fut anéanti près de Sempach, non loin de Braunau. Les Français ne firent rien pour sauver la Bavière, bien que le maréchal Broglie avec l'armée que commandait auparavant Maillebois, et le comte de Segur avec 12,000 hommes, détachés de celle du duc de Noailles, se fussent réunis près d'Ingolstadt et du Schellenberg. Charles VII quitta encore une fois sa capitale qui fut occupée, le 9 juin, par les Autrichiens, et se retira à Francfort. Broglie marcha par Donauwœrth et la Souabe vers le Rhin. Le 27 du même mois, les comtes de Seckendorf et de Khevenhuller signèrent au couvent de Nieder-Schœnfeld un traité préliminaire, en vertu duquel tous les pays bavarois furent occupés militairement par les Autrichiens. En septembre, les Bavarois et les habitants du Haut-Palatinat firent hommage par intérim à la reine Marie-Thérèse. La forteresse d'Ingolstadt, occupée par les Français, se rendit, le 1 octobre, par capitulation.

Le même jour où cette convention entre l'Autriche et la Bavière fut conclue (le 27 juin), un combat eut lieu près Dettingue entre l'armée austro-anglaise et les Français. Le maréchal de Noailles commandait l'armée qui avait été formée en Alsace et qui, après avoir effectué le passage du Rhin, s'était postée dans le voisinage de Stockstadt. Le roi Georges II d'Angleterre, son second fils, le duc de Cumberland, et le lord Stairs, à la tête de l'armée pragmatique ainsi dite, forte de 50,000 hommes et composée de Hanovriens, d'Anglais, de Hessois et du corps autrichien sous le duc d'Aremberg, se trouvaient dans le voisinage d'Aschaffenbourg. Dans cette bataille, qui fut très-sanglante, les Français furent vaincus. Les deux armées restèrent ensuite encore pendant deux semaines en présence, séparées par le Mein. Enfin le 12 juillet, le duc de Noailles se mit en marche pour se retirer derrière le Rhin, et prit position près de Spire pour couvrir l'Alsace. Le roi Georges, ayant passé, vers la fin du mois d'août, avec l'armée pragmatique le Rhin près de Mayence, se dirigea par Oppenheim sur Worms et, le mois suivant, vers Spire et Germersheim. Le roi fit détruire les lignes sur la Queich près Landau, que le maréchal Noailles avait abandonnées; après quoi les troupes repassèrent le Rhin et prirent les quartiers d'hiver.

Cependant Don Philippe s'était rendu maître de toute la Savoye. Il tenta en été 1743 de pénétrer en Piémont; mais cette entreprise échoua, parce que les Valésins lui refusèrent le passage de leur pays. En automne, il fut renforcé par un corps français de 24,000 hommes; il essaya alors de nouveau de pénétrer par Château-Dauphin en Piémont; mais il fut repoussé par le roi de Sardaigne (le 7 et 8 octobre). Le comte de Gages attaqua, le 8 février 1743, avec l'armée espagnole dans la haute Italie, la position des Autrichiens et des Piémontais sous le feld-maréchal Traun, rassemblés près de Campo Santo; mais il fut vaincu et repoussé jusqu'à Rimini. Le duc de Modène, qui se mit alors à la tête de l'armée espagnole, ne se signala par aucun fait d'armes dans cette campagne.

L'année 1744 eut un commencement fort malheureux pour les Français. La flotte combinée d'Espagne et de France, qui était sortie de Toulon, fut dispersée, le 22 février, par l'amiral anglais Matthews sur les côtes de la Provence. Une seconde flotte française, qui devait transporter le prince Édouard Stuart, fils du prétendant Jacques

III, avec un corps espagnol de Dunkerque en Angleterre, fut détruite, au mois de mars, par des tempêtes. Le roi Louis XV n'avait combattu jusqu'alors que pour Charles VII; mais, comme il était moins jaloux d'élever la Maison de Bavière que d'humilier celles d'Autriche et de Lorraine, il prit tout à coup la résolution de faire la guerre en son propre nom et pour son propre compte; il la déclara, au mois de mars 1744, à l'Autriche et en avril à l'Angleterre, par des manifestes détaillés que Georges II et Marie-Thérèse ne laissèrent point sans réponse. Cependant les revers que les armes françaises avaient éprouvés en Allemagne, ayant dégoûté Louis XV de la guerre dans ce pays, il choisit les Pays-Bas pour théâtre de ses opérations.

Au mois de mai 1744, le monarque français, accompagné du fameux comte Maurice de Saxe, promu au grade de maréchal, se rendit à l'armée destinée à attaquer les Pays-Bas. Cette armée, forte de 100,000 hommes, et encouragée par la présence du roi, ouvrit la campagne par le siège de Menin, qui capitula le 9 juin. Après cette conquête, les Français assiégèrent Ypres, qui ne tint pas davantage. Quelques jours après, les Hollandais, qui avaient en vain demandé qu'on respectât leur frontière, rendirent le fort de la Kenoque, que le maréchal de Saxe avait inutilement tenté d'emporter d'assaut. De là l'armée française marcha sur Furnes qui, n'étant défendu que par une faible garnison hollandaise, n'opposa qu'une courte résistance. Le roi Louis XV se disposait à poursuivre le cours de ses conquêtes, lorsqu'il apprit que le prince Charles de Lorraine était entré en Alsace avec des forces considérables et pénétrait plus avant en France. En effet, le prince lorrain et le feldmaréchal Traun, après avoir réuni près de Heilbron une armée de 60,000 hommes, et chassé le général bavarois Seckendorf des environs de Philipsbourg, derrière le Rhin jusqu'à Spire, avaient passé, le 1 et 2 juillet, le fleuve en deux colonnes près de Schreck et Weissenau. Les troupes du maréchal Coigny furent délogées des lignes de Germersheim, de Lauterbourg et de Weissenbourg, et le maréchal ayant été repoussé jusqu'à Haguenau derrière la Motter, plus tard par Brumpt jusqu'à Molsheim, les troupes légères autrichiennes firent des courses vers Strasbourg. Le roi Louis, qui était arrivé au mois d'août en Alsace, ordonna au maréchal Noailles de marcher avec 30,000 hommes de l'armée des Pays-Bas à Molsheim ; une seconde division sous le duc d'Harcourt eut ordre de se diriger vers Pfalzbourg ; un troisième corps se rassembla sous le commandement de Belle-Isle en Lorraine, près de Metz, Toul et Verdun. Ces grandes forces devaient protéger les provinces, menacées par le prince Charles. Toute l'armée autrichienne avait passé le Rhin, et l'on s'attendait que les deux parties en viendraient bientôt aux prises ; mais un nouvel incident changea tout à coup la face des choses.

Le 13 septembre 1743, il avait été conclu à Worms entre l'Autriche, l'Angleterre et la Sardaigne une alliance, tendante à défendre l'Italie contre les entreprises des rois d'Espagne et des Deux-Siciles. La paix, l'amitié et les anciens traités entre ces trois Puissances furent confirmés. Charles-Emmanuel renonça à ses prétentions sur Milan, garantit la pragmatique sanction, et se chargea du commandement en chef de l'armée réunie de l'Autriche et de la Sardaigne. Le roi d'Angleterre lui promit des subsides et l'envoi d'une flotte dans les mers d'Italie. L'Autriche lui céda le Vigévanasque et des parties du duché de Pavie et du comté d'Anghiéra, puis la ville et une partie du duché de Plaisance, enfin aussi ses droits sur la ville et le marquisat de Finale. On laissa à la Hollande nominativement, et puis en général à tous les princes et

États, qui avaient à coeur l'indépendance et la sûreté de l'Europe, de l'Empire germanique et de l'Italie, la liberté d'accéder à l'alliance. Cette étroite union entre l'Autriche, l'Angleterre et la Sardaigne donna de grandes inquiétudes au roi Frédéric II de Prusse, par la raison que parmi les articles de ce traité il y en avait un qui garantissait à la reine de Hongrie la possession de tous ses pays, d'après les conclusions de paix et les traités depuis 1703 jusqu'en 1739, dans lesquels conséquemment était comprise aussi la pragmatique caroline, tandis qu'il n'y était fait aucune mention du traité de paix de Breslau, ni de la cession de la Silésie faite en vertu de ce dernier. Frédéric II, qui déjà auparavant commençait à craindre que Marie-Thérèse ne devînt assez puissante pour le contraindre à rendre la Silésie dont la perte, comme il savait, lui causait de grands regrets, résolut de prévenir promptement le danger dont il se croyait menacé, et d'affaiblir l'Autriche encore davantage, avant que l'occasion favorable en fût perdue. En conséquence, il conclut premièrement un traité secret avec la France (le 5 avril 1744). Ensuite il contracta, le 22 mai à Francfort, avec l'empereur Charles VII, l'électeur palatin et le roi de Suède, comme landgrave de Hesse-Cassel, une alliance à laquelle le roi de France accéda, le 6 du mois suivant. Dans un article additionnel secret du 24 juillet, Frédéric promit de conquérir la Bohème pour Charles VII; en revanche ce prince devait céder au roi de Prusse tout le reste de la Silésie autrichienne avec les districts de Moravie qui l'environnaient, outre la partie septentrionale de la Bohème depuis la rivière d'Elbe et les frontières de la Saxe jusqu'à la Silésie et au comté de Glatz, dans laquelle étaient compris aussi les cercles de Kœniggrætz, de Leitmeritz et de Bunzlau, et les villes de Pardubitz et de Colin avec les districts y appartenants. Le roi de Prusse garantit à l'Empereur la possession du reste de la Bohème, et aussi celle de la haute Autriche, dès que Charles VII aurait fait la conquête de ces pays.

Le roi de Prusse, après avoir répandu dans l'Europe un manifeste où il voulait justifier sa rupture, pénétra, le 24 août 1744, à la tête de 80,000 hommes en Bohème, et réunit cette armée, le 2 septembre, devant Prague. En même temps, la Moravie fut menacée, du côté de la haute Silésie, par le lieutenant-général Marwitz avec 22,000 hommes, tandis que le prince d'Anhalt, qui commandait un corps de 17,000 Prussiens, marchait vers les frontières de la Saxe. L'envahissement de la Bohème jeta la Reine dans de grands embarras. Charles de Lorraine, qui s'était avancé jusque dans le voisinage de Strasbourg, reçut l'ordre de quitter l'Alsace et d'aller au secours de la Bohème. Pour faire ce qui lui était commandé, le prince lorrain devait repasser avec ses troupes le Rhin à la vue de l'armée française, qui venait d'être considérablement renforcée. Tout le monde était persuadé, que ce second passage ne s'effectuerait qu'avec difficulté, et non sans éprouver une grande perte. Mais Charles de Lorraine prit si bien ses mesures pour couvrir sa retraite, que son armée défila tranquillement sur les ponts qu'il avait fait construire à une lieue au-dessous du Fort-Louis, malgré les attaques réitérées que le maréchal de Noailles fit entreprendre contre les retranchements, occupés par l'arrière-garde autrichienne. Après avoir heureusement atteint la rive droite du Rhin (23 août), il traversa rapidement l'Allemagne et marcha vers le Danube. De Donauwœrth, pendant que le prince se rendait à Vienne, le feldmaréchal Traun conduisit l'armée par la Bavière en Bohème. Cette marche, admirée de tous les Généraux, méritait un succès plus heureux. La ville de Prague avait été forcée de capituler, le 16 septembre, et une grande partie du royaume se trouvait déjà au pouvoir des Prussiens. Le prince Charles arriva trop tard pour sauver la capitale de Bohème; mais il sut, comme nous verrons, bientôt reconquérir ce qu'il n'avait pu conserver. Le général de cavalerie comte de Batthiany, commandant-général en Bavière, qui avec la plupart de ses troupes s'était mis également en marche vers la Bohème, se réunit, le 2 octobre, près de Mirotitz au prince de Lorraine. Vingt-deux mille Saxons, sous le duc Jean-Adolphe Weissenfels, entrèrent aussi au commencement d'octobre en Bohème, et se joignirent, le 22 du même mois, près de Wosseczan et Raditsch à l'armée autrichienne. Le prince Charles manoeuvra avec beaucoup d'habilité dans le voisinage de Prague; il coupa le roi des garnisons réparties dans le pays et des corps détachés; il conquit Tabor, Budweis, Frauenberg et plusieurs autres endroits, menaça les communications de Frédéric avec la Silésie, et évita en même temps avec soin le combat que lui présentait le monarque prussien. La crainte de perdre sa communication avec Kœniggrætz, où il avait ses principaux magasins, engagea Frédéric à se rapprocher de cette ville. Il repassa, le 9 novembre, l'Elbe près de Colin. Mais alors le prince coupa à la garnison de Prague la communication avec le roi, et bloqua la capitale. Le général Einsiedel évacua, le 26 novembre, Prague et n'atteignit la Silésie que vers le milieu de décembre, après avoir perdu beaucoup de monde pendant sa retraite. Le roi Frédéric II s'était déjà mis en marche vers la Silésie (27 novembre), parce qu'il avait reçu l'avis que le feldmaréchal autrichien comte Esterhazy avec l'insurrection hongroise s'approchait des frontières de cette province. Le prince Charles et le comte Esterhazy occupèrent alors tout le comté de Glatz et la haute Silésie, à l'exception des forteresses de Glatz et de Kosel.

Après que Charles de Lorraine eut quitté les bords du Rhin, le maréchal Coigny avec la principale force française avait franchi ce fleuve, et était entré dans le Brisgau, où il commença, le 21 septembre, l'attaque sur Fribourg. Le duc de Belle-Isle réduisit avec un corps particulier la Souabe autrichienne, les villes frontières et Constance; mais il fut repoussé par les habitants du Vorarlberg, dont il voulait se rendre maître aussi. Le siège de Fribourg, où Louis XV était présent, fut continué avec une telle vigueur que la place succomba le 7 novembre 1744; les châteaux de la ville se rendirent le 30 du même mois.

Du côté de l'Italie, les armées d'Espagne et de France ne firent point de plus grands progrès dans cette campagne que dans la précédente. Le prince Georges-Chrétien de Lobkowitz contraignit, au mois de mars 1744, les Espagnols, qui sous le comte de Gages occupaient une forte position près de Pésaro, à se retirer sur le territoire napolitain. Le roi Don Carlos qui, comme il a été remarqué plus haut, avait été forcé par l'amiral Matthews à se déclarer neutre, reprit alors les armes; il joignit ses troupes aux Espagnols, s'avança, au mois de mai, vers l'État de l'Église, et prit une position dans le voisinage de Vellétri. Le 11 août, le prince de Lobkowitz tenta de surprendre cette ville, et de faire prisonniers le roi Don Carlos et le duc de Modène; mais l'entreprise manqua, et les troupes autrichiennes se virent obligées de se retirer; elles le firent en bon ordre, emmenant avec elles beaucoup de prisonniers. Le roi de Sardaigne avait attaqué sans succès l'infant Don Philippe et le prince Conti qui avaient, à la fin de mars, pénétré en Piémont par le Var et le comté de Nice, et assiégeaient depuis le 12 septembre la forteresse de Cunéo. Cependant les ennemis levèrent le siège, le 21 octobre, et se retirèrent en plusieurs colonnes partie à Nice et en Savoye, partie vers les Pyrénées et en Dauphiné.

Le feldmaréchal bavarois comte de Seckendorf profita de l'éloignement de la principale armée autrichienne, occupée en Bohème, pour reconquérir la Bavière; il y réussit d'autant plus aisément, que le lieutenant-général Bærenklau, que le comte de Batthiany avait laissé avec un petit corps pour couvrir ce pays, était beaucoup trop faible pour s'opposer aux entreprises de l'armée bavaroise, renforcée encore par des troupes hessoises, palatines et par dix à douze mille Français. La ville de Munich ouvrit, le 16 octobre, les portes aux Bavarois. Les Autrichiens, dont le comte Batthiany avait de nouveau pris le commandement, ne tenant enfin plus occupés qu'Ingolstadt, Schærding, Braunau et Passau, l'empereur *Charles VII* revint dans sa capitale et y termina sa vie, le 20 janvier 1745, n'étant âgé que de quarante-huit ans. Ce prince était doué de belles qualités. Allié fidèle, politique sans intrigues, prince humain et compâtissant, affable et généreux, il est un exemple affligeant des disgrâces que peut essuyer la vertu, même au faîte des grandeurs. Son fils, l'électeur *Maximilien-Joseph*, fut soutenu de la part de la France par un corps de troupes sous le comte de Segur, composé pour la plus grande partie de soldats de Hesse-Cassel, du Palatinat, et d'autres Allemands à la solde de Louis XV. Les Autrichiens, sous les ordres du feldmaréchal baron Thungen, avaient conquis dès le mois de janvier 1745 tout le Haut-Palatinat. Vers le milieu de mars un corps d'armée, sous le général de cavalerie comte de Batthiany, s'avança de nouveau en Bavière. Il conquit Vilshofen, Straubingen, Kehlheim, Landshut et autres places, et repoussa les Bavarois et les Hessois jusqu'à Munich. Le Général autrichien défit les Français et les Palatins, commandés par le comte Ségur, près de Pfaffenhofen, le 15 avril, et les poursuivit, par Rain et Donauwœrth, en Souabe. Les troupes de Bavière et de Hesse-Cassel évacuèrent Munich et se placèrent derrière le Lech. L'électeur se retira à Augsbourg. Toute la Bavière fut alors occupée par les Autrichiens. Mais l'électeur Maximilien-Joseph, à qui l'exemple de son père avait inspiré une saine philosophie, renonça, dès le 22 avril 1745, par le traité de Fussen à toutes ses prétentions sur les États de Marie-Thérèse, et se contenta de gouverner les siens en bon prince, en sage Souverain. Il reconnut en outre la pragmatique caroline, et promit même sa voix au grand-duc François à la prochaine élection d'un empereur. La reine de Hongrie, de son côté, restitua à l'électeur ses États, à la réserve d'Ingolstadt, de Braunau et de Schærding, qu'elle jugea à propos de garder jusqu'après l'élection d'un empereur. Peu de jours avant, Hesse-Cassel et le Palatinat électoral avaient abandonné la ligue de Francfort, et s'étaient déclarés neutres pour l'avenir. La bonne intelligence entre l'Autriche et la Bavière fut dans la suite encore consolidée par une convention, conclue le 21 juillet 1746. L'Angleterre, la Hollande et la Saxe avaient renouvelé, à Varsovie le 8 janvier 1745, l'alliance avec l'Autriche pour le maintien de la pragmatique sanction; et la Saxe conclut encore, le 18 mai de la même année à Leipzig, une alliance offensive particulière avec l'Autriche contre la Prusse.

Dans les Pays-Bas, les Français firent au mois de mai 1745 le siège de Tournai, auquel assista le roi Louis XV. L'armée combinée d'Angleterre, de Hanovre et de Hollande, commandée par le duc de Cumberland, s'avança au secours de la place. De la part de l'Autriche il ne se trouvait que huit escadrons et le feldmaréchal Kœnigseck à cette armée. Les Français, commandés par le maréchal de Saxe, gagnèrent, le 11 mai, la célèbre bataille de Fontenoy, qui fut suivie de conquêtes les plus rapides; Tournai, Gand, Bruges, Oudenarde, Termonde, Ostende, Nieuport, Ath et plusieurs autres endroits tombèrent au pouvoir des vainqueurs.

Les armées de la Reine ne furent pas plus heureuses en Silésie. Le prince Léopold de Dessau contraignit, au commencement de cette campagne (1745), les Autrichiens à évacuer la haute Silésie, ainsi que le comté de Glatz, et à se retirer en Bohème et en Moravie. Mais dès le mois d'avril, des troupes autrichiennes et saxonnes, sous la conduite des lieutenants-généraux Caroly et Nadasdy, rentrèrent de nouveau sur plusieurs points dans la haute Silésie. Elles occupèrent plusieurs villes et se rendirent, le 27 mai, maîtres de Kosel aussi. Vers la fin du mois, le prince Charles et le duc de Saxe-Weissenfels avec la principale force austro-saxonne marchèrent de la Bohème à Landshut dans la basse Silésie. Mais ils furent vaincus, le 4 juin, près de Hohenfriedberg et Striegau par le roi Frédéric. Les Autrichiens et les Saxons retournèrent en Bohème, où le roi les suivit. Le prince de Lorraine occupa les camps sur les bords de la Mittau et de l'Adler. Pendant trois mois les Autrichiens se bornèrent à fatiguer le roi de Prusse par la petite guerre, espérant que le manque de vivres obligerait ce prince à quitter le pays en automne, sans qu'il fût nécessaire de lui livrer bataille. Dans l'entrefaite, l'armée autrichienne avait reçu des renforts assez considérables pour prendre l'offensive; mais elle avait été de nouveau affaiblie par le départ d'une partie des Saxons, qui coururent défendre leur pays que les Prussiens menaçaient d'envahir. Le feldmaréchal comte Joseph d'Esterhazy fit en automne une irruption dans la haute Silésie. Mais les Prussiens, sous les ordres du lieutenant-général comte de Nassau, s'étant emparés de

Kosel (le 6 septembre), le comte Esterhazy se retira, le mois suivant, à Troppau.

Comme il était de l'intérêt de la France de rompre la ligue formée par le traité de Varsovie entre l'Autriche, la Saxe et les Puissances maritimes, le cabinet de Versailles avait invité Auguste III, roi de Pologne et électeur de Saxe, à entrer en concurrence pour le trône impérial, et lui avait promis de l'appuyer efficacement. Mais Auguste ne se laissa pas éblouir par l'éclat de cette couronne, et rejeta sans hésiter la dangereuse proposition. Pendant que les princes électeurs d'Allemagne délibéraient sur le choix d'un chef de l'Empire, une armée française, sous le maréchal Maillebois, plus tard sous le prince Conti, avait passé, dans les mois de mars et d'avril, le Rhin et le Mein et repoussé le corps autrichien, commandé par le duc d'Aremberg, derrière la Lahn. Le feldmaréchal Batthiany, qui avait relevé, le 13 juin à Herborn, le duc d'Aremberg dans le commandement, et le feldmaréchal Traun, qui s'avançait avec une division de la Bavière vers le Mein, se réunirent, vers la fin de juin, dans le voisinage d'Orbe. Le grand-duc de Toscane se mit, le 5 juillet, à la tête de l'armée et s'avança contre le prince Conti qu'il força, le 18 du même mois près de Rhin-Turkheim, à repasser le Rhin. Le Grand-Duc posta son armée, qui comptait 60,000 combattants, près de Heidelberg pour observer les ennemis. Ce prince ayant été proposé pour chef de l'Empire dans le Collège électoral, assemblé à Francfort, l'électeur palatin s'opposa à ce choix. Mais sa protestation fut aussi inutile et infructueuse que celle du roi Frédéric II, comme électeur de Brandebourg. Le 13 septembre 1745, *François* fut élu *empereur d'Allemagne*, et couronné le 4 octobre, jour de sa fête, en présence de Marie-Thérèse.

Cependant le roi de Prusse se trouvait toujours en Bohème, où il occupait un camp près de Sohr, non loin de Trautenau. Le prince Charles, qui avait résolu de le surprendre, vit son plan dérangé par quelques fâcheux contretemps. On était convenu d'attaquer les Prussiens pendant la nuit; mais les troupes de l'aile droite s'étant égarées dans la route qu'elles prirent pour marcher à l'ennemi, l'action ne put s'engager qu'à la pointe du jour; outre cela, une bonne partie de l'armée autrichienne fut empêchée par la situation et la nature du terrain de prendre part à la bataille. Cependant, malgré tous ces avantages, le roi Frédéric ne vainquit son adversaire qu'après un combat des plus opiniâtres, qui dura plus de quatre heures. Après cette bataille, le prince Charles se retira à Kœniggrætz. Quelques jours plus tard, Frédéric II conduisit son armée en Silésie, où il mit ses troupes en quartiers d'hiver. Le roi de Prusse avait, dès le mois d'août, déclaré la guerre à l'électeur Auguste de Saxe et roi de Pologne, comme allié de Marie-Thérèse, et le prince Léopold de Dessau s'était posté avec un corps d'observation de 18,000 Prussiens dans le voisinage de Gattersleben, non loin de Calbe. Un corps saxon se concentra alors aussi près de Leipzig. Mais vers le milieu d'octobre, les troupes respectives furent mises en cantonnement. La raison secrète, pourquoi le roi Frédéric n'entreprit point une attaque contre la Saxe, c'était le traité préliminaire que ce monarque avait conclu, le 26 août à Hanovre, avec l'Angleterre, auquel traité toutefois les Cours de Vienne et de Dresde refusèrent d'accéder.

Après le milieu du mois de novembre 1745, le prince Charles recommença les opérations. Son dessein était de marcher par la haute Lusace sur Crossen, tandis que l'armée saxonne, qui s'était de nouveau réunie près de Leipzig, et le corps auxiliaire autrichien sous le général comte Grune, entraient dans la basse Lusace. Charles de Lorraine s'avança jusqu'à Schœnberg. Mais le roi le serra de si près, qu'il l'obligea à quitter la Lusace et à se retirer en Bohême; ensuite il envoya un corps sous le général Lehwald par Bautzen, pour menacer Dresde. Lui-même avec son armée principale arriva par Camenz, le 14 décembre, près de Kœnigsbruck qui n'est qu'à six lieues de Dresde. Le prince de Dessau, qui était entré du côté de Magdebourg et de Halle dans l'électorat de Saxe et avait enlevé Leipzig, Torgau et Meissen, remporta, réuni au général Lehwald, le 15 décembre, la victoire près de Kesselsdorf sur l'armée saxonne. Le prince Charles de Lorraine s'était mis, au commencement de décembre, en marche par Leitmeritz et Aussig vers la Saxe et était arrivé, le 14 du même mois, dans les environs de Dresde. Il ne prit point de part au combat du 15, et retourna le lendemain par Pirna en Bohême. Le 18 décembre, Frédéric II entra dans Dresde, où la paix de la *Prusse* avec l'*Autriche* et la *Saxe* fut signée dès le 25 du même mois. L'Impératrice-Reine confirma au roi de Prusse la possession de la Silésie et du comté de Glatz, et Frédéric II reconnut François I pour empereur. Les Puissances contractantes se garantirent réciproquement toutes leurs possessions actuelles. La Saxe paya à la Prusse un million d'écus, et lui céda la ville de Furstenberg-sur-l'Oder avec le village de Schidlo, à charge de l'en dédommager par un équivalent en terres et gens. Les électeurs de Hanovre et du Palatinat, le duc de Brunswick et le landgrave de Hesse-Cassel furent compris dans cette paix, et l'Angleterre la garantit par les actes, expédiés le 19 septembre 1746 et 14 juillet 1750. Le Corps germanique ne confirma ce traité de paix que le 14 mai 1751. La Russie accéda aussi à l'alliance de Varsovie avec l'Autriche par la convention, conclue à Pétersbourg le 22 mai 1746. Par ce traité la Russie et l'Autriche s'engagèrent à se fournir réciproquement, en cas d'attaque, un corps auxiliaire de 30,000 hommes.

La campagne d'Italie en 1745 n'avait pas été plus favorable aux armes autrichiennes que celle des Pays-Bas. L'armée combinée d'Espagne et de Sicile entra, dans les mois d'avril et de mai, du côté de l'Orient par le Panaro et les Apennins sur le territoire de Gènes. L'infant Don Philippe et le maréchal Maillebois s'étaient dirigés au mois de juin, du côté de l'Occident, par Nice, Alberga, Loano, Finale, sur Savone. Les Génois permirent aux alliés non-seulement ces marches par leur territoire dans la Rivière, mais ils déclarèrent, le 29 juin, la guerre au roi de Sardaigne, et donnèrent 10,000 hommes et leur artillerie en solde aux alliés. La république de Gènes ne se détermina à prendre part à cette guerre, que pour conserver Finale; cette place est une petite forteresse sur la mer, qui dépendait autrefois du Milanais, et que l'empereur Charles VI vendit en 1713 aux Génois pour la somme de quatre cent mille écus. Marie-Thérèse ayant cédé, par un article du traité de Worms 1743, les prétentions de l'Autriche sur le marquisat de Finale au roi de Sardaigne, les Génois, pour qui cette ville était d'une extrême importance, ne trouvèrent pas de plus sûr moyen pour empêcher l'exécution de cet article, que de s'unir à la France, à l'Espagne et à la Sicile, avec lesquelles ils conclurent à Aranjuez, le 1 mai 1745, un traité secret d'alliance et de subsides. L'armée alliée, qui après sa réunion était forte de 80,000 hommes, s'avança en juillet d'Aqui, et enleva Tortone, Plaisance, Parme et Pavie. Le roi de Sardaigne fut délogé, le 27 septembre, de sa position retranchée près de Bassignana, à l'embouchure du Tanaro dans le Pô. Alors Alexandrie, Valence, la citadelle de Casale et Asti se rendirent aux alliés. Il est vrai que les généraux Lautrec et Mirepoix ne purent parvenir à pénétrer plus avant, le premier près d'Érilles et le second près de Céva, et que les Génois, menacés par les Sardes et par la flotte anglaise, rappelèrent en novembre leurs troupes de l'armée alliée pour défendre leur propre ville, mais Don Philippe entra, le 19 décembre 1745, dans Milan et se fit prêter, le 19 du même mois, serment de fidélité par les habitants.

Le maréchal de Saxe, qui dans la campagne de 1746 commanda l'armée française dans les Pays-Bas, se rendit, le 20 février, maître de Bruxelles. Dans le cours de l'été, Malines, Anvers, Mons, Saint-Ghislain, Charleroi et Namur tombèrent au pouvoir des Français. Le prince Charles, qui n'avait pu arrêter les progrès de l'ennemi, prit à la fin de l'automne une position sur les bords de la Meuse, depuis Liège jusqu'à Mastricht, par où il couvrit la Hollande. Le maréchal de Saxe, voulant le contraindre à s'éloigner de la Meuse, l'attaqua, le 11 octobre, sur l'aile gauche, formée de troupes hollandaises. Cette bataille, qui eut lieu à Raucourt, village près de Liège, fut fort opiniâtre et meurtrière; on combattit de part et d'autre avec une égale chaleur; mais les alliés furent enfin obligés de céder et de se retirer à Mastricht. À la réserve de Luxembourg et de Limbourg, tous les Pays-Bas autrichiens étaient alors au pouvoir des Français. Mais tandis qu'ils triomphaient dans l'Occident, la fortune avait abandonné leurs drapeaux dans le Midi, où leurs pertes furent aussi rapides que leurs succès.

L'ouverture de la campagne de 1746 en Italie fut marquée par la victoire que le général d'artillerie comte de Browne remporta, le 27 mars près de Guastalla, sur les alliés, commandés par le marquis de Castellar. Les Autrichiens s'emparèrent ensuite non-seulement de cette ville, mais ils reprirent, au printemps de cette même année, Asti, Milan, Casale, Parme, Valence et plusieurs autres places. L'infant Don Philippe et le maréchal Maillebois livrèrent, le 16 juin, au feldmaréchal prince Venceslas de Liechtenstein la bataille près de Plaisance, et furent vaincus. Le 10 août, le roi de Sardaigne et les généraux de cavalerie marquis Botta et Bærenklau défirent près de Rottofreddo Don Philippe, qui ne réussit qu'avec peine à s'ouvrir la retraite à Tortone, où il arriva le 13 du même mois. Le 9 juillet, mourut le roi *Philippe V d'Espagne*. Son fils *Ferdinand VI* lui succéda sur le trône. Le général de la Mina prit le commandement des troupes alliées en Italie, qui avaient évacué la Lombardie et s'étaient retirées dans la Rivière de Gênes. Ferdinand VI rappela alors son armée en Espagne. Les Autrichiens forcèrent le poste de la Bocchetta, et le roi de Sardaigne repoussa les alliés par la Rivière du Ponent jusque dans le comté de Nice. La république de Gênes, se voyant par l'éloignement de ses alliés sans aucun espoir de secours, prit le parti de se soumettre et ouvrit, le 5 septembre, les portes de la ville à l'armée autrichienne. Comme les Génois avaient mérité un châtiment pour leurs procédés hostiles envers l'Autriche, le général Botta, gouverneur de la place, leur imposa de fortes contributions, et commença à faire emmener leur artillerie. Une rixe survenue, le 5 décembre, entre un bas-officier autrichien et un charretier génois à l'occasion de ce transport, fit révolter les bourgeois qui, promptement soutenus par les gens de la campagne, fondirent sur la garnison et la forcèrent, après une longue et vigoureuse résistance, à évacuer la ville. Le marquis Botta se retira par la Bocchetta sur Novi.

Au mois de novembre, le roi de Sardaigne avait conquis avec des troupes piémontaises et autrichiennes le comté de Nice; et le général Browne pénétra, le 30 du même mois, par le Var en France. Toutes les places, que les alliés occupaient jusque-là dans la haute Italie, leur avaient déjà été enlevées. Les troupes anglaises, réunies aux Autrichiens, s'emparèrent en décembre de quelques îles sur les côtes de la Provence, assiégèrent Antibes, et leurs corps de coureurs ravagèrent la Provence et le Dauphiné. Cependant, à la fin de janvier 1747, la disette de vivres et l'approche des maréchaux de Mirepoix et de Belle-Isle, qui venaient avec des forces supérieures au secours d'Antibes, contraignirent les Autrichiens à lever le siège de la place et à se retirer derrière le Var.

Pendant les campagnes de 1745 et 1746, l'Angleterre qui, bien qu'elle intervienne dans la plupart des guerres continentales, a néanmoins, par sa situation, l'avantage d'être presque toujours à couvert du feu de la guerre qui ravage les États de toutes les autres Puissances belligérantes, subit le sort des pays qui se faisaient la guerre. Les Français, pour faire diversion à l'Angleterre, avaient, au mois d'août 1745, débarqué le prince Charles-Édouard, fils du prétendant Jacques III, en Écosse. Les montagnards de ce pays prirent les armes pour lui, et il se vit bientôt en possession d'Édimbourg, capitale de ce royaume, et de plusieurs autres places. Le prince, qui se trouvait à la tête d'environ huit mille hommes, défit l'armée anglaise, le 24 octobre 1745, à Prestenpan, et au commencement de l'année suivante à Farkirk. Enhardi par ces succès, il tenta de pénétrer par Carlisle jusqu'à Londres. Mais la bataille qu'il perdit près de Culloden à quelques lieues d'Inverness, le 27 avril 1746, mit fin à son expédition téméraire. Les adhérents des Stuart furent vaincus et dispersés; le prince se sauva par la fuite, et n'atteignit la France qu'après avoir surmonté avec un ferme courage des dangers extraordinaires.

La campagne de 1747 en Italie ne fut pas très-fertile en événements. Le général d'artillerie comte de Schulenbourg avait, au mois d'avril, de nouveau enlevé la Bocchetta, ravagé une partie de la Rivière de Gênes, et investi cette ville. Les vaisseaux anglais gardaient la mer. Néanmoins une flotte française parvint à débarquer le duc de Bouffleurs avec 15,000 Français près de Gênes. La défense de la ville fut alors continuée avec la plus grande vigueur. Au mois de mai, le roi de Sardaigne renforça le corps de siège par ses troupes et son artillerie. Pour sauver Gênes, le maréchal Belle-Isle passa, au mois de juin, le Var, et s'avança jusqu'à Ventimiglia. Cette diversion obligea le roi de Sardaigne à se retirer de Gênes, pour couvrir son propre pays. Les Autrichiens, trop faibles pour continuer seuls le siège, se retirèrent dans la Lombardie, et détachèrent une partie de leurs troupes pour soutenir le roi de Sardaigne. La flotte anglaise, qui avait bloqué le port de Gênes, s'éloigna également. Le roi de Sardaigne fut plus heureux contre l'armée française qui voulait pénétrer dans le Piémont. Le chevalier Belle-Isle, frère du maréchal de ce nom, commandait un deuxième corps. Ce Général ayant attaqué, le 19 juin, le Col della Siéta, entre Érilles et Fénestrelles, fut battu et tué lui-même avec 4000 Français. Après cette défaite, le maréchal abandonna aussi la Rivière et se retira jusqu'à Nice.

Le maréchal de Saxe, n'ayant plus rien à conquérir dans les Pays-Bas autrichiens, fit attaquer, au printemps 1747, la Hollande. Le lieutenant-général Lœwenthal s'empara, dans les mois d'avril et de mai, de la Flandre hollandaise. Le 2 juillet, le maréchal vainquit dans le voisinage de Laffeld le duc de Cumberland, et le 16 septembre suivant, Berg-op-Zoom fut emporté d'assaut par les Français. Le maréchal de Saxe, qui avait dit plus d'une fois: *la paix est dans Mastricht*, ayant trompé par une manœuvre savante ses ennemis, investit, le 13 avril 1748, cette forteresse importante. Près de Maseyck et de Ruremonde se trouvaient 80,000 Autrichiens, Anglais et Hollandais, qui n'attendaient plus que le corps auxiliaire russe pour effectuer, s'il était possible, la délivrance de la place assiégée. D'après les traités de subsides, conclus le 12 juin et le 30 novembre 1747 entre l'Angleterre, la Hollande et la Russie, 37,000 Russes s'étaient mis en marche pour l'Allemagne et étaient arrivés, au mois d'avril 1748, par la haute Silésie, la Moravie et la Bohême, en Franconie. Ils s'arrêtèrent dans cette province sur le bruit qui se répandit, que les préliminaires de la paix étaient signés.

Les opérations de la guerre n'avaient pas empêché les Puissances maritimes de faire les plus grands efforts pour rétablir la tranquillité de l'Europe; mais la France avait toujours refusé d'entrer dans leurs vues pacifiques. Elle s'y détermina enfin pendant l'hiver qui suivit la campagne de 1747, et les plénipotentiaires respectifs se réunirent à Aix-la-Chapelle pour traiter la paix. Après une négociation de peu de semaines, les articles préliminaires furent arrêtés dans cette ville, le 30 avril 1748, entre la *France*, l'*Angleterre* et la *Hollande*. On conclut aussitôt un armistice, et Mastricht fut remis, le 7 mai, aux Français pour être provisoirement occupé par eux. Le 25 du même mois, le comte Venceslas de Kaunitz, en qualité de plénipotentiaire de l'Autriche, signa les préliminaires, auxquels accédèrent ensuite aussi le *roi de Sardaigne* et le *duc de Modène* (31 mai). Le 28 juin l'*Espagne* et *Gênes* y donnèrent également leur adhésion. En Italie aussi une suspension d'armes avait été conclue, le 27 juin, entre le général en chef des troupes françaises duc de Richelieu, et le général d'artillerie impérial comte Browne. D'après une convention du 2 août, les Russes se mirent en marche de la Franconie pour retourner dans leurs foyers, et un pareil nombre de Français évacuèrent les Pays-Bas. La paix définitive suivit de près les préliminaires; elle fut signée, le 18 octobre 1748, par l'*Angleterre*, la *Hol-*

lande et la *France*, le 20 octobre par l'*Espagne*, le 23 par l'*Autriche*; *Modène* y accéda le 25, *Gènes* le 28 octobre, et la *Sardaigne* le 7 novembre de la même année. Le *roi des Deux-Siciles* fut le seul qui ne signa point, parce qu'un article du traité stipulait que, s'il parvenait, par la mort du roi d'Espagne sans postérité, au trône de ce royaume, il devait céder Naples et la Sicile à Don Philippe son frère. Voici les conditions principales que ce traité renfermait: 1º On confirma tous les traités antérieurs depuis la paix de Westphalie jusqu'à celle de Vienne de 1738, et on les prit pour base de cette paix. 2º On s'engagea à rendre de part et d'autre toutes les conquêtes, faites pendant la guerre, tant en Europe que dans les autres parties du monde. 3º Eu égard à ce que la France restituait les Pays-Bas et la Savoye, l'Impératrice-Reine céda à l'infant Don Philippe les duchés de *Parme*, de *Plaisance* et de *Guastalla*; toutefois la réversion de Parme et de Guastalla à l'Autriche, et celle de Plaisance à la Sardaigne fut réservé, en cas que les héritiers et descendants mâles de Philippe vinssent à s'éteindre, ou que lui-même ou un de ses descendants mâles parvînt au trône d'Espagne ou à celui des deux Siciles. 4º Le duc de Modène et la république de Gènes recouvrèrent tout ce qu'ils avaient perdu pendant cette guerre; le roi de Sardaigne fut en outre encore confirmé dans la possession des différents districts de la Lombardie, que l'impératrice Marie-Thérèse lui avait cédés par le traité de Worms en 1743. 5º La Maison de Hanovre fut confirmée dans son droit de succession au trône d'Angleterre. 6º Toutes les Puissances, qui avaient déjà garanti la pragmatique de l'empereur Charles VI, renouvelèrent leurs engagements. Enfin 7º les contractants accordèrent au roi de Prusse leur garantie pour la *Silésie* et le comté de *Glatz*. Ainsi finit une guerre que tant de Puissances liguées avaient entreprise dans l'espoir de partager les dépouilles de la Maison d'Autriche, comme les nations se partagèrent autrefois les débris de l'Empire romain. Mais Marie-Thérèse sut relever son illustre Maison, et lui rendit sa puissance et sa gloire. Elle força ses ennemis eux-mêmes à admirer son courage et sa fermeté pour les revers, sa prudence pour les prévenir, ses ressources pour les réparer.

Après la conclusion de la paix d'Aix-la-Chapelle, les pays, épuisés par tant de guerres sanglantes et ruineuses, eurent enfin quelques années de relâche et de tranquillité. Mais l'Europe resta divisée en deux partis pour le maintien de l'équilibre. D'un côté étaient l'État autrichen, la plus grande partie de l'empire d'Allemagne, puis l'Angleterre, la Hollande, la Sardaigne, la Pologne et la Russie; de l'autre toutes les couronnes de la Maison de Bourbon: c'est-à-dire les rois de France, d'Espagne et des Deux-Siciles, avec le roi de Prusse et la Suède.

Les États de Marie-Thérèse jouissaient d'un calme profond; elle seule ne goûtait point le repos qu'elle leur avait procuré. Occupée à réparer les désastres de la guerre, à établir un meilleur ordre dans ses finances et dans ses armées, sa vie était aussi laboureuse au sein de la paix, que l'avait été celle de ses Généraux pendant la guerre. Les affaires financielles et militaires furent administrées suivant un nouveau système. Une sage économie, et le soin que Marie-Thérèse eut d'augmenter les revenus publics, la mirent en état d'assigner des fonds suffisants à l'entretien d'une armée respectable. Tous les ans on formait des camps où les troupes étaient exercées. L'Impératrice s'y rendit elle-même plusieurs fois, pour animer les soldats par sa présense et ses libéralités. Les Hongrois accordèrent, dans la Diète de 1751, pour l'équipement et l'entretien d'une armée permanente, une augmentation de leurs subsides; on imposa aussi pour cet effet une contribution aux frontières militaires. L'introduction d'un costume militaire régulier en Esclavonie y occasionna en 1755 un soulèvement, et des troubles éclatèrent aussi en Croatie, à cause de la dureté et violence avec laquelle quelques seigneurs fonciers traitaient leurs sujets. On se vit obligé d'avoir recours à la force armée, pour faire rentrer les séditieux dans leur devoir. Lorsque le calme fut rétabli, l'Impératrice-Reine prit à tâche de rendre les terres frontières de Croatie plus florissantes, en abolissant différents abus qui s'étaient introduits dans ces contrées.

La guerre qui s'alluma, l'an 1755, en Amérique entre la Grande-Bretagne et la France, changea les rapports de tous les États entre eux, les sépara en deux autres grands partis, et fit ensuite éclater aussi la guerre en Europe. La querelle s'éleva au sujet des limites de la Nouvelle-Écosse ou l'Acadie, que la France avait cédée à l'Angleterre par la paix d'Utrecht. Les Français avaient commencé, dès l'année 1754, à l'Ohio les hostilités; les Anglais leur rendirent en 1755 la pareille par terre et par mer, et capturèrent plusieurs navires marchands français. En revanche les Français débarquèrent dans l'île de Minorque, au mois d'avril 1756, défirent, le 20 du mois suivant, la flotte anglaise, commandée par l'amiral Bing, et s'emparèrent, à la fin de juin, de Port-Mahon. La déclaration de guerre de la part de l'Angleterre n'avait été publiée que le 17 mai, et celle de la France ne le fut que le 9 du mois suivant.

Le 18 juin 1755, la Grande-Bretagne fit un traité de subsides avec Hesse-Cassel, et le 30 septembre de la même année, l'alliance de 1742 entre l'Angleterre et la Russie fut renouvelée; l'impératrice Élisabeth promit de tenir prêts 55,000 hommes de ses troupes et cinquante galères, dont le roi Georges pourrait disposer quand bon lui semblerait. Peu de temps après (le 15 janvier 1756), il fut conclu une convention de neutralité entre l'Angleterre et la Prusse, qui s'unirent pour maintenir la paix en Allemagne, et empêcher l'entrée de troupes étrangères dans les provinces de cet Empire, comme aussi leur passage par ces pays. Le roi de France fut indigné de la défection du roi de Prusse, et n'attendit qu'une occasion favorable pour s'en venger; elle se présenta plus tôt que Louis XV ne l'avait espéré. Marie-Thérèse avait toujours sur le coeur la manière dont la Silésie lui avait été enlevée, et toutes ses vues se concentraient en celles de recouvrer ce pays. Mais, comme elle était convaincue qu'elle y parviendrait difficilement, tant qu'elle n'avait point la France de son côté, elle résolut, sur l'avis du comte de Kaunitz, habile homme d'État, qu'elle avait placé à la tête du ministère, de renverser le système politique suivi jusqu'alors, de vaincre l'antipathie qui subsistait depuis plusieurs siècles entre les Maisons de France et d'Autriche et d'employer, pour reconquérir la Silésie, les forces de cette même Puissance qui avait contribué à l'en déposséder. En conséquence, l'Impératrice-Reine, secondée d'un ministre, qui joignait à un entier dévouement pour sa personne des talents supérieurs, entama à la Cour de Versailles des négociations relativement à cette grande affaire, et les suivit avec tant d'adresse, qu'elles furent couronnées du plus heureux succès. L'Europe vit alors, pour la première fois, les Maisons de Bourbon et d'Autriche unies par les noeuds les plus étroits. *Louis XV* et *Marie-Thérèse*, abjurant cette rivalité et cette rancune qui avaient si longtemps désuni leurs familles, contractèrent, le 1 mai 1756 à Versailles, une alliance défensive et d'amitié. L'impératrice de *Russie* renonça à son union avec l'Angleterre, et résolut d'accomplir d'autant plus exactement les conditions de l'alliance qui existait depuis

1746 entre la Russie et l'Autriche. L'électeur de Saxe négocia avec l'Autriche sur son adhésion à l'alliance offensive contre la Prusse. Pendant ce temps-là, l'Autriche avait rassemblé un grand nombre de troupes en Bohème; une armée russe s'était mise en mouvement vers les frontières de la Prusse, et la Saxe se préparait à doubler, dans le cours de l'hiver suivant, ses forces militaires.

Le roi de Prusse, ne doutant point que le premier effet de la ligue qui se formait, ne fût l'envahissement de ses États, résolut de le prévenir. En conséquence, il attaqua le membre le plus faible de cette coalition, et entra dès la fin du mois d'août 1756 avec sa force principale dans l'électorat de Saxe, occupa Leipzig, Wittenberg, Torgau, et parut devant Dresde. Le roi Auguste III de Pologne, électeur de Saxe, avait quitté cette capitale et occupé avec ses troupes le camp près de Pirna. Les Prussiens prirent, le 10 septembre, possession de Dresde, enlevèrent les archives, les arsénaux et les magasins, s'approprièrent les revenus du pays et levèrent de fortes contributions. Le camp près Pirna, rendu inexpugnable par l'art et la nature, mais mal pourvu de vivres, fut investi par les Prussiens. Le duc de Brunswick observait avec un corps de troupes les chemins, sur lesquels il pouvait arriver aux Saxons du secours du côté de la Bohème et pénétra, le 13 septembre, par Péterswalde dans ce royaume. Le 17 du même mois, il se trouva près de Johnsdorf, et son avant-garde arriva le lendemain à Aussig. Le feldmaréchal Keith prit alors le commandement de ce corps d'armée. Les généraux autrichiens Wied et prince de Lœwenstein, qui s'étaient défendus pied à pied depuis la frontière, mais avaient dû plier devant la supériorité des ennemis, se retirèrent le 18 d'Aussig à Lobositz, et le jour après jusqu'à Budin.

Sitôt que le roi Frédéric eut achevé l'occupation de

l'électorat de Saxe, il porta ses armes en Bohême. Le feldmaréchal Schwerin, qui s'était avancé avec une armée de la haute Silésie et de Glatz, se trouvait le 20 septembre près d'Aujest, et menaçait Kœniggrætz. Le roi fit bloquer par un corps sous le margrave Charles le camp saxon près de Pirna et marcha, le 28 septembre, avec une grande partie de son armée vers la Bohême, pour rejoindre le corps posté près de Johnsdorf et d'Aussig.

Pour défendre son royaume de Bohême, l'Impératrice avait fait concentrer deux armées. Le feldmaréchal comte Browne, qui campait auparavant près de Colin, se plaça le 21 septembre derrière l'Egre, dans le voisinage de Budin. Le 30 du même mois, ce Général marcha à la rencontre du roi, au delà de l'Egre à Lobositz. Le général d'artillerie prince Piccolomini avait rassemblé ses troupes en Moravie, derrière la Morave près d'Olmutz. Lorsque le roi de Prusse eut commencé l'attaque sur la Saxe, le général Browne appela ce corps en Bohême. Piccolomini arriva, le 16 septembre, près de Kœniggrætz, dans la position derrière la rivière d'Adler, et se trouva alors en face de Schwerin. Frédéric II livra, le 1 octobre, au feldmaréchal Browne un combat, dans lequel il eut l'avantage; après quoi il occupa Lobositz. Browne se replia sur Budin, où il laissa la plus grande partie de son armée, et marcha avec 8000 hommes sur la rive droite de l'Elbe jusqu'à Schandau, pour dégager les Saxons, bloqués dans le camp de Pirna. Mais les bonnes dispositions qu'avait prises le roi, et la crue des eaux de l'Elbe, qui empêcha les Saxons de passer ce fleuve près de Lilienstein dans la nuit du 11 au 12 octobre, comme on était convenu, firent échouer ce projet, et le comte Browne se vit obligé de se retirer, le 14 octobre, en Bohême où il rejoignit, le 20 du même mois, son armée campée à Budin. Le corps saxon, qui comptait 17,000 hommes, capitula le 15 octobre. Frédéric l'incorpora dans sa propre armée. Il ne contraignit point les officiers, qui pour la plupart refusèrent de passer à son service. Le roi Auguste, qui pendant cette catastrophe s'était trouvé dans la forteresse de Kœnigstein, retourna librement, avec la permission du monarque prussien, dans son royaume de Pologne. Le 21 octobre, Schwerin se mit en marche d'Aujest pour la Silésie, le roi partit le 23 de Lobositz, et retourna en Saxe. Vers la fin d'octobre toute la Bohême fut évacuée par les Prussiens. Les armées respectives prirent alors les quartiers d'hiver.

Le 11 janvier 1757, la Grande-Bretagne et la Prusse conclurent une convention, par laquelle l'Angleterre promettait d'entretenir dans le nord-ouest de l'Allemagne une armée de 70,000 hommes (parmi lesquels 20,000 Prussiens), de payer au roi Frédéric un subside annuel d'un million de livres sterling et d'envoyer huit vaisseaux de ligne dans la mer Baltique. Les plénipotentiaires d'Autriche, de France et de Suède signèrent à Stockholm, le 21 mars, un traité, par lequel la Suède s'obligeait à maintenir efficacement la paix de Westphalie. Ensuite l'Autriche et la France conclurent, le 22 septembre à Stockholm, encore un traité de subsides particulier avec la Suède. L'Impératrice de Russie accéda, le 5 novembre 1757, à la convention suédoise. L'électeur palatin contracta, le 30 octobre 1757, une alliance de garantie avec l'Autriche, — un traité de subsides avec la France, le 30 avril 1759; le roi de Danemark fit, le 4 mai 1758, avec la France une convention de neutralité, à laquelle l'Autriche accéda le 20 octobre 1759, et la Russie le 10 mai 1760.

La campagne de 1757 fut préparée avec la plus grande activité par toutes les Puissances, enveloppées dans cette guerre. La Russie envoya une armée par la

Pologne contre la Prusse. Le roi de France déclara, le 14 mars, en son nom et en celui du roi de Suède, à la Diète germanique à Ratisbonne, qu'ils étaient résolus de secourir, comme garants de la paix de Westphalie, les États de l'empire d'Allemagne, attaqués par le roi de Prusse. Vers le même temps le maréchal d'Etrées se mit avec une armée française en marche des Pays-Bas, où des troupes autrichiennes se joignirent à lui, et passa le Rhin, pour se porter dans les États prussiens situés en Westphalie, et ensuite dans le Hanovre. La Diète d'Allemagne avait décrété, le 17 janvier 1757, la levée d'une armée d'exécution de l'Empire. Pour couvrir les pays au nord-ouest de l'Allemagne contre les Français, le prince royal d'Angleterre, duc de Cumberland, rassembla une armée de 45,000 hommes, composée de troupes de Hanovre, de Brunswick et de Hesse-Cassel.

Le prince Charles de Lorraine et le feldmaréchal comte Browne commandaient les troupes, qui étaient postées sur les frontières depuis Egre jusqu'à Troppau et Jablunka pour couvrir la Bohème. Les trois corps de l'armée principale se trouvaient au mois de mars près de Pilsen, — près Prague et derrière l'Egre, — dans les environs de Gabel, de Reichenberg et de Niemès. La division sur la haute Elbe près de Kœniggrætz, qu'avait auparavant commandée le prince Piccolomini, mort depuis peu, était alors sous les ordres du général de cavalerie comte Serbelloni. Les troupes autrichiennes en Moravie et en Silésie avaient pour chef le général de cavalerie comte de Nadasdy. Le roi de Prusse pénétra avec quatre colonnes par Sebastiansberg, Péterswalde, Reichenberg et Trautenau, en Bohème. Ces colonnes prirent leur direction vers Prague. Le prince Charles de Lorraine, qui avait réuni la plupart de ses troupes dans le voisinage de cette capitale, livra, le 6 mai, la bataille au roi de Prusse; mais ayant été vaincu, il se jeta avec une partie de son armée dans Prague, dont Frédéric commença aussitôt le siège. L'autre partie, beaucoup moins nombreuse, de l'armée autrichienne se retira vers Beneschau.

Le général Serbelloni n'avait exécuté qu'en partie l'ordre qu'il avait reçu de marcher rapidement de Kœniggrætz à Prague, s'étant borné à envoyer en avant de forts détachements à Podiébrad et à Schisselitz. Lui-même se trouvait encore à Rumbourg, lorsque le feldmaréchal comte Daun le releva dans le commandement, le 4 du mois de mai. Ce Général s'avança le 5 avec sa troupe principale jusqu'à Schisselitz, — le 6 mai, pendant la bataille, par Podiébrad jusqu'à Sazka, — le 7 jusqu'à Bœhmischbrod. Dans la nuit du 9 au 10 mai, il se replia vers l'Elbe, et occupa le camp près de Planian et de Colin, — le 13 celui entre Kuttenberg et Vieux-Colin (*Alt-Colin*), où la partie des troupes, qui s'étaient retirées à Beneschau, se joignirent à lui. Comme le roi de Prusse détacha des environs de Prague le duc de Bevern avec des forces supérieures contre l'armée du comte Daun, qui ne faisait encore que se former, ce Général fit, le 19 mai, un mouvement rétrograde vers Czaslau, et le 6 juin vers Goltsch-Jenikau. Mais le 12 juin, il s'avança avec toute sa force, qui s'était accrue à 60,000 hommes, vers Janowitzky, et arriva quatre jours après à Schwoischitz. Le roi avec sa force principale et le corps du duc de Bevern s'étaient réunis près de Kaurczim. Le feldmaréchal Keith continuait le siège de Prague. Le 17 juin, le comte Daun occupa la position près de Planian, non loin de Colin. Le lendemain il fut attaqué par le roi de Prusse, et remporta une victoire brillante. Frédéric se retira par Nimbourg et Melnik à Leitmeritz; il y fut suivi par le général Keith, qui avait seulement levé le siège de Prague le deuxième jour après la bataille (20 juin). Ensuite les Prussiens évacuèrent la Bohème; Frédéric II se rendit en Saxe, et le prince Auguste-Guillaume, son frère aîné, marcha en Lusace. Le général Daun poursuivit ce dernier. Les Prussiens essuyèrent une grande perte, et les Autrichiens prirent Gabel et Zittau. Le roi laissa une partie de son armée sous les ordres du prince Maurice en Saxe, près de Giesshubel. Avec l'autre partie il courut lui-même à Bautzen, et rejoignit le corps, commandé par le prince son frère.

Pendant que ces événements se passaient en Bohème, le maréchal français d'Etrées avait traversé les territoires de Liège, de Trèves, de Juliers, de Cologne, occupé la forteresse de Wesel, les pays de Westphalie, d'Ost-Frise, et de Hesse-Cassel, bloqué la forteresse de Gueldre, et était entré dans le pays de Hanovre. Le 26 juillet, il battit le duc de Cumberland près d'Hastenbeck, village non loin de Hanovre. Le duc se retira vers Stade; mais ayant été enveloppé par le nouveau commandant des Français, duc de Richelieu, qui avait conquis la plus grande partie des pays de Brunswick, de Hanovre, de Brème et de Verden, il fut contraint de signer, le 8 septembre, la capitulation de Closter-Seven, moyennée par le roi de Danemark, d'après laquelle l'armée alliée fut dissoute. Les troupes hanovriennes se mirent en cantonnement partie dans ou près Stade, partie au delà de l'Elbe, dans le pays de Lauenbourg; quant aux troupes auxiliaires de Hesse, de Brunswick, de Gotha et de Buckebourg, on les renvoya dans leurs foyers. Le maréchal Richelieu se dirigea alors vers les pays prussiens, occupa Halberstadt et menaça Magdebourg. La forteresse de Gueldre se rendit par composition. L'armée russe, commandée par les feldmaréchaux Apraxin et Fermor, ayant pénétré, à la fin de juin, dans le royaume de Prusse, conquit Memel, Tilsit, Gumbinnen et autres places. Un corps suédois, sous le maréchal Ungern de Sternberg, envahit, du côté de Stralsund, la Poméranie prussienne, et enleva Anklam, Demin, Prenzlow et quelques autres villes, puis les îles d'Usedom et de Wollin. L'armée de l'Empire, sous les ordres du prince de Hildbourghausen, s'était rassemblée pendant le mois de juillet en Franconie près de Nuremberg. Après qu'elle eut été renforcée, le mois suivant, par quelques troupes autrichiennes, elle se mit en marche vers la Saxe, et se réunit en septembre près d'Erfort au corps français, commandé par le prince de Soubise. Le général prussien Lewald attaqua, le 30 août, les Russes près de Grand-Jægerndorf (*Gross-Jægerndorf*). L'action dura près de quatre heures, et tourna enfin à l'avantage des Russes, qui obligèrent les ennemis à se retirer. Mais au grand étonnement de tout le monde, les Russes se mirent vers le milieu de septembre soudainement en marche pour retourner en Pologne, abandonnant toutes leurs conquêtes, à la réserve de Memel. Il s'éclaircit bientôt après, que ce mouvement rétrograde était l'ouvrage d'une cabale dans le Cabinet russe, et avait eu lieu à l'insu de l'impératrice Élisabeth, qui était alors grièvement malade. Le chancelier de Bestuscheff et le feld-maréchal Apraxin, qui étaient les auteurs de ce complot, perdirent leurs places, et l'armée russe s'avança de nouveau. Mais le général Lehwald avait profité de la retraite des Russes, pour tourner ses armes contre les Suédois. Il les chassa de la Poméranie prussienne, et les força à se retirer à Stralsund et dans l'île de Rugen.

Le roi Frédéric, étant parti de la Lusace vers la fin du mois d'août, marcha contre l'armée de l'Empire et le corps du prince de Soubise, dont les troupes légères faisaient déjà des courses jusqu'à Mersebourg et Halle. À l'approche du roi, Soubise se replia sur Gotha; mais ayant été surpris, le 16 septembre, par les Prussiens, il se retira en toute hâte à Eisenach. Le roi avait confié le commandement de ses troupes en Lusace au prince de Bevern, qui retourna à Gœrlitz. Un gros corps de l'armée autrichienne, commandé par le général de cavalerie comte de Nadasdy, vainquit, le 7 septembre, les Prussiens, sous le général Winterfeld, sur la montagne dite *Holzberg* près de Moys, non loin de Gœrlitz; ce qui obligea le prince de Bevern à se retirer en Silésie. Le feldmaréchal Daun le suivit et occupa, le 1 octobre, le camp près de Lissa, vis-à-vis de la position que le prince occupait dans le voisinage de Breslau. Le général comte Hadik pénétra avec un corps de coureurs, du côté de la Lusace, par la Marche électorale jusqu'à Berlin. Le 16 octobre, il entra dans cette capitale, la rançonna et retourna à l'armée, sans avoir été atteint par l'ennemi qui le poursuivait.

Après la mi-octobre, le roi s'était de nouveau dirigé d'Erfort par Torgau vers la Lusace, pour couper le général Hadik. Il ne laissa le feldmaréchal Keith qu'avec une faible division près de Leipzig. Les princes d'Hildbourghausen et de Soubise s'avancèrent alors sur cette ville; mais Frédéric, qui dans l'intervalle s'était déjà convaincu que le comte de Hadik avait su lui échapper, revint en novembre à Leipzig. Le prince de Soubise se plaça derrière la Saale. Mais l'armée combinée de France et de l'Empire fut atteinte, le 5 novembre 1757, près de Rosbach par le roi de Prusse, et éprouva une défaite sanglante. Les Français marchèrent alors dans la Hesse, et l'armée germanique en Franconie.

En Silésie le comte Nadasdy s'empara, le 12 novembre, de Schweidnitz, et se réunit à l'armée principale près de Lissa. Le 22 du même mois, le prince de Lorraine et le comte Daun attaquèrent le camp retranché du prince de Bevern près de Breslau et l'emportèrent d'assaut. Cette capitale se rendit le 24 par capitulation, et le prince de

Bevern tomba entre les mains des troupes légères du général Beck. Le roi Frédéric accourut de la Saxe au secours de la Silésie, et vainquit les Autrichiens près de Leuthen (le 5 décembre). Les Prussiens assiégèrent ensuite Breslau, qui tomba le 20, ensuite Liegnitz qui se rendit le 28 décembre, et bloquèrent Schweidnitz.

Le maréchal de Richelieu, à la nouvelle de la défaite près de Rosbach, s'était retiré d'Halberstadt dans le pays de Hanovre. Le roi d'Angleterre ayant annullé, le 26 novembre, la convention de Closter-Seven, les Hanovriens, les Hessois et les Brunswickois se rangèrent de nouveau sous les ordres du prince Ferdinand de Brunswick, dont l'armée fut encore renforcée par des troupes prussiennes. Elle occupa Lunebourg et Uelzen et enleva, à la fin de décembre 1757, la ville de Haarbourg.

Le roi de Prusse fit ouvrir, au commencement de la campagne 1758, la tranchée devant Schweidnitz qui se rendit, le 16 avril, par capitulation. Ayant achevé par la prise de cette forteresse la conquête de la Silésie, Frédéric fit menacer par une partie de ses troupes la Bohème, et marcha avec l'armée principale, au commencement de mai, par Neisse, Jægerndorf et Troppau, en Moravie, où il commença le siège d'Olmutz. Les rois d'Angleterre et de Prusse avaient, peu auparavant (11 avril), fait une nouvelle convention, par laquelle Georges II s'engageait à payer à Frédéric II la somme de deux millions de livres sterling dans le terme de trois ans, pour le mettre en état de continuer vigoureusement la guerre. En revanche le roi de Prusse s'obligea à réunir un corps de ses troupes à l'armée des alliés. Cette convention fut encore une fois renouvelée, le 7 décembre 1758. Le feldmaréchal Daun se mit, au mois de juin, également en marche de la Bohème pour la Moravie, occupa une position depuis Gewitz jusqu'à Littau d'où il inquiéta, affaiblit et fatigua l'armée ennemie par de petites attaques et escarmouches continuelles. Le 27 juin, il assit son camp entre Klenowitz et Dobromielitz. Le 30 juin, le comte Daun fit attaquer par les généraux *Loudon* et Siskowitz près de Domstadtl un grand convoi prussien de plusieurs mille chariots qui, sous une escorte de 7000 hommes, se rendait de Troppau à l'armée devant Olmutz. L'escorte fut battue et dispersée, et on s'empara de la plus grande partie du convoi. Le roi se trouvant, par cette perte irréparable et par l'approche du feldmaréchal Daun qui s'avança en même temps de Dobromielitz vers Olmutz, dans l'impossibilité de se soutenir, leva le siège dans la nuit du 1 au 2 juillet, et évacua la Moravie. Daun ayant bouché aux Prussiens les chemins de la haute Silésie, le roi prit sa route par le nord-est de la Bohème, et retourna ensuite par le comté de Glatz en Silésie.

L'armée française, commandée par le comte Clermont, fut chassée, dans les mois de février et de mars 1758, par le prince Ferdinand de Brunswick des pays de Hanovre, de Brême, de Verden, de Brunswick, d'Ost-Frise, de Westphalie et de Hesse, jusqu'au Rhin à Wesel. Après un repos de deux mois, le prince recommença ses opérations. Il franchit, le 2 juin, le Rhin près d'Emmerich, entra dans le pays de Clèves et remporta, le 23 juin, la victoire près de Créveld, dans la principauté de Mörs, sur le général Clermont. Le prince héréditaire de Brunswick prit Ruremonde, et ses troupes légères firent des courses jusqu'aux portes de Bruxelles. Le 7 juillet, Ferdinand se rendit maître de Dusseldorf. Le comte Clermont fut alors relevé dans le commandement de l'armée française par le maréchal Contades. Sur ces entrefaites, le prince de Soubise s'avança en juillet avec son corps d'armée, fort de 30,000 hommes, de nouveau vers la Hesse. Avec une partie de cette force, le duc de Broglie gagna, le 23 juillet, la bataille près de Sængershausen, non loin de Cassel, contre le corps hessois, commandé par le prince d'Isembourg. Soubise se répandit alors en Westphalie et dans les pays de Hanovre, et menaça les derrières du duc de Brunswick. Par conséquent ce prince repassa, le 9 et 10 août, le Rhin près de Griethausen, et se retira par Munster sur les bords de la Lippe.

L'armée russe, sous les ordres du général Fermor, avait, en janvier 1758, conquis la province de Prusse avec Kœnigsberg, capitale du pays. Fermor se porta ensuite en Poméranie et dans la Nouvelle-Marche. Les Prussiens, sous les ordres de Dohna, levèrent, au mois de juin, le blocus de Stralsund, et les Suédois pénétrèrent de cette ville de nouveau dans la Poméranie prussienne et dans l'Ukermark, et menacèrent Berlin. Les Russes assiégèrent au mois d'août Custrin. Ces grands progrès des Russes et des Suédois rappelèrent le roi de Prusse de la Silésie dans le Nord. Il laissa dans cette province près de Landshut le feldmaréchal Keith avec une partie de l'armée; avec l'autre il accourut, vers la mi-août, à Francfort-sur-l'Oder, pour combattre les Russes.

L'armée de l'Empire, sous la conduite du prince Frédéric de Deux-Ponts, frère du duc régnant, entra dans la Saxe et la Misnie, et entoura le prince Henri de Prusse qui, dans la position près de Gamig et Grosssedlitz, couvrait Dresde et l'Elbe. Comme le feldmaréchal Daun voulait avant toute chose purger entièrement la Saxe d'ennemis, il ordonna aux généraux Loudon et Janus de suivre le roi dans sa marche et d'observer tous ses mouvements, laissa les généraux Harsch et De Ville avec leurs divisions dans la haute Silésie et se dirigea, au mois d'août, avec la force principale par la Lusace vers la Saxe.

Le roi Frédéric, qui était arrivé le 21 août dans le voisinage de Custrin, ayant passé l'Oder deux jours après, les Russes levèrent le siège de la forteresse et marchèrent vers Zorndorf, où ils furent attaqués et défaits par les Prussiens. Ils se retirèrent par Landsberg jusqu'aux frontières de la Pologne. Le général Dohna observa les Russes sur les bords de la Warte. Les Suédois ayant appris la mauvaise issue de cette bataille, se hâtèrent de quitter la Poméranie prussienne. Le roi les fit observer par de petits corps de troupes, et marcha de l'Oder vers la Saxe au secours de son frère Henri.

Le feldmaréchal Daun avait pris, au mois d'août, position près de Stolpen, à quatre lieues au-dessus de Dresde. Il avait par là établi la communication avec l'armée de l'Empire, tandis qu'il coupait en même temps celle du prince Henri et de Dresde, par Bautzen, avec le roi, occupé sur l'Oder. La forteresse de Sonnenstein se rendit. Il se prépara ensuite à attaquer Dresde ; mais le commandant prussien Schmettau ayant déclaré „qu'il livrerait les faubourgs aux flammes, et défendrait la ville jusqu'à l'extrémité", le Général autrichien renonça à cette entreprise. Le général Loudon se porta par la basse Lusace vers les frontières du Brandebourg, et attira l'attention des troupes prussiennes sous Keith, postées en Silésie, vers le Nord. Ce mouvement avait aussi pour but d'empêcher le roi de poursuivre davantage les opérations contre les Russes et les Suédois. Les généraux Harsch et De Ville devaient, pendant ce temps-là, s'avancer dans la haute Silésie et assiéger Neisse. Le prince de Deux-Ponts avait reçu ordre d'attaquer avec l'armée de l'Empire la position du prince Henri près de Gamig. Simultanément le comte Daun avec la principale force impériale devait passer l'Elbe près de Pillnitz, marcher sur les derrières du prince et le couper de Dresde.

Ferdinand de Brunswick se trouvait, à la fin d'août, avec son armée en Westphalie sur les bords de la Lippe, et couvrait le Hanovre. En face de lui s'était posté le maréchal Contades. Le prince d'Isembourg et le général Oberg protégeaient près de Sængershausen Hesse-Cassel contre le prince de Soubise. Celui-ci attaqua et battit, le 10 octobre, près de Lutterberg le prince d'Isembourg, et s'avança jusqu'à Hameln. Mais le dessein qu'avait ce corps français d'effectuer sa jonction avec l'armée principale de Contades, fut déjoué par les habiles manoeuvres de Ferdinand de Brunswick. Au mois de novembre, le maréchal Soubise évacua la Hesse, à l'exception de Marbourg, et mit ses troupes en quartiers sur les bords du Mein et du Rhein. Contades retourna à Wesel, et fit cantonner la force principale entre la Meuse et le Rhin. L'armée de Ferdinand de Brunswick, qui établit son quartier-général à Munden, hiverna en Westphalie et dans la basse Saxe.

Le roi de Prusse, qui pendant sa marche de l'Oder par la Silésie et la Lusace, avait tiré à lui le feldmaréchal Keith et le margrave Charles avec la plus grande partie de ses troupes, postées en Silésie, était accouru sur les bords de l'Elbe et s'était réuni, le 11 septembre, près Dresde avec son frère Henri. Les Autrichiens, sous les ordres du feldmaréchal comte Harsch, profitèrent de cette circonstance pour se répandre en Silésie, et commencer ensuite effectivement le blocus de Neisse. L'investissement entier de cette ville ne put être achevé qu'au commencement du mois d'octobre. Le général Harsch observa alors aussi le corps du général Fouquet, campé près de Landshut, avec une partie de ses troupes, et en détacha une autre partie pour bloquer Kosel. Le roi fit tous ses efforts pour contraindre le feldmaréchal Daun à quitter la position inattaquable qu'il occupait près de Stolpen, et à en venir aux mains. Toutes ses manoeuvres restèrent pendant longtemps sans effet. Enfin, dans les premiers jours d'octobre, le roi gagna le flanc droit de Daun, menaça sa communication avec ses principaux magasins à Zittau, ainsi qu'avec la Silésie, et indiqua par sa marche vers la Lusace, qu'il avait l'intention d'aller débloquer Neisse en Silésie. Daun jugea alors à propos de quitter le camp de Stolpen et se porta en Lusace. Il occupa, le 5 octobre, le camp près de Kittlitz, non loin de Lœbau; le roi assit le 10 le sien dans le voisinage de Hochkirchen, en vue de l'armée du feldmaréchal Daun. Telle était la position des deux armées, lorsque dans la nuit du 13 au 14 octobre Daun surprit le roi Frédéric, le vainquit et le força à décamper, avec perte d'une grande partie de son artillerie. Le feldmaréchal Keith perdit la vie dans le combat, et le prince d'Anhalt-Dessau fut fait prisonnier sur le chemin de Bautzen, où il se faisait transporter après l'action, pour faire panser ses blessures.

Pendant ce temps-là, les Autrichiens avaient commencé le bombardement de Neisse (le 26 octobre), comme aussi le blocus de Kosel. Le roi, après avoir tiré à lui le corps du prince Henri et autres renforts, se mit, le 25 octobre, en marche des environs de Bautzen vers la Silésie. À son approche, l'armée autrichienne leva, le 5 novembre, le siège de Neisse, le 15 du même mois celui de Kosel, et se retira partie dans la Silésie autrichienne et en Moravie, et partie en Bohème. Le roi de Prusse reprit le chemin de la Saxe. Le feldmaréchal Daun était, pendant que Frédéric marchait de la Lusace en Silésie, entré en Saxe; il avait passé, le 6 novembre, l'Elbe près de Pirna, et s'avança sur Dresde. Le prince de Deux-Ponts avec l'armée de l'Empire manoeuvra contre le corps prussien du général Fink, posté près de Gamig, qu'il voulait couper de Dresde. Mais il manqua son projet. Fink marcha vers Kesselsdorf, passa ensuite sur la rive droite de l'Elbe, et alla camper près de Neustadt. Dresde fut alors assiégée par le comte Daun, Leipzig par le prince de Deux-Ponts; et un corps détaché attaqua Torgau. Mais le général Wedel repoussa l'attaque de Torgau, et Dohna dégagea Leipzig. Le commandant prussien de Dresde, comte Schmettau, mit le 10 novembre le feu aux faubourgs et se prépara à défendre résolument la ville. Cependant, comme le roi s'approchait déjà avec son armée par la Lusace vers Dresde, le général Daun prit le parti de lever le siège et se retira, le 16 novembre, par Pirna et Gieshubel en Bohème; l'armée de l'Empire prit le chemin de la Franconie. La saison étant trop avancée pour entreprendre des opérations ultérieures, toutes les armées entrèrent dans les quartiers d'hiver. Le 2 janvier 1759, le prince de Soubise fit occuper Francfort-sur-le-Mein, et transféra son quartier-général dans cette ville.

Peu de jours avant (30 décembre 1758), il avait été conclu à Versailles un nouveau traité d'alliance entre l'Autriche et la France. Louis XV s'engagea à faire rentrer, à la conclusion de la paix, l'Impératrice en possession de la Silésie et du pays de Glatz. En revanche l'Autriche renonça à la réversibilité de Parme, de Plaisance et de Guastalla en faveur des descendants mâles de Don Philippe. Les traités de subsides antérieurs furent confirmés. La France se chargea à présent aussi d'acquitter cette moitié des subsides à payer aux troupes suédoises et saxonnes, qui l'avait été jusqu'alors par l'Autriche. Le roi de France s'obligea à augmenter son armée en Allemagne jusqu'au nombre de 100,000 hommes. L'impératrice de Russie et le roi de Suède accédèrent à ce traité dans le cours de l'année 1760.

Au commencement de la campagne de 1759, le prince Henri de Prusse, à la tête d'une armée de 40,000 hommes, était campé entre Dresde et Géra. Dans les mois de février et de mars Erfort, Fulde, Eisenach, Saalfeld et

Hof furent occupés par ses corps détachés, qui toutefois évacuèrent de nouveau ces villes après les avoir rançonnées. Le 15 avril, le prince et le lieutenant-général Hulsen pénétrèrent avec deux colonnes par Péterswalde et Sebastiansberg en Bohême, poussèrent jusqu'à Lobositz, Leitmeritz, Saatz, Budin, Raudnitz, Laun, Brix et Kommotau, et ruinèrent plusieurs magasins de farines et de fourrages; mais au bout de huit jours (le 22 avril), ces deux colonnes avaient déjà de nouveau évacué la Bohême. L'expédition que le général Fouquet avait en même temps entreprise du côté de Léobschutz par Troppau jusqu'à Heidenpiltsch sur la Mora (depuis le 16 jusqu'au 21 avril), n'avait eu aucun résultat ultérieur. Fouquet n'osa pas attaquer le général de cavalerie marquis De Ville, posté derrière la Mora, et se retira de nouveau à Léobschutz.

À la fin du mois d'avril, le prince Henri se dirigea de Dresde par Zwickau vers la Franconie et força, le mois suivant, les différents corps de l'armée de l'Empire à se retirer de Baireuth, de Bamberg &c. à Nuremberg. Les évêchés de Wurzbourg et de Bamberg furent mis à contribution. Dans les derniers jours du mois de mai, les troupes prussiennes retournèrent à Zwickau. Les Français s'approchèrent du côté du Mein, pour soutenir l'armée de l'Empire. Un corps autrichien, commandé par le général Brentano, s'était déjà avancé, vers le milieu de mai, de Carlsbad, par Neidek et Platten, jusqu'à Schneeberg et Bockau sur la Mulde en Saxe, et ses troupes légères faisaient des courses par Zwickau, Altenbourg et Schleiz, sur les derrières du prince Henri, alors occupé en Franconie. Ce furent surtout ces mouvements qui engagèrent le prince à s'en retourner en Saxe; la division du général Brentano évacua alors aussi ce pays et rentra en Bohême.

Le maréchal Contades avec la grande armée française marcha, au mois de mai, par Créveld et Dusseldorf vers Giessen, où il se réunit avec le duc de Broglie. Les Français occupèrent ensuite Hesse-Cassel et l'évêché de Paderborn, prirent d'emblée Munden-sur-la-Fulde, où se trouvaient les principaux magasins des alliés, et le duc d'Armentières, qui s'était avancé avec un autre corps du côté de Wesel, se rendit maître de Munster. L'intention des Français était alors de pénétrer dans l'électorat de Hanovre et d'y prendre les quartiers d'hiver; mais ils furent défaits, le 1 août, dans l'attaque qu'ils entreprirent sur la position de Ferdinand de Brunswick aux bords du Wesel, près de Todtenhausen, non loin de Minden. Le même jour, le prince héréditaire de Brunswick vainquit le corps français du duc de Broglie dans les environs de Gohfeld. Les Français se retirèrent alors derrière le Wesel vers Cassel, essuyèrent encore plusieurs échecs, perdirent successivement toutes les places conquises, et évacuèrent enfin Hesse-Cassel. Contades retourna à Giessen.

L'armée russe, sous les ordres de Fermor, s'étant concentrée en Pologne, au mois de mai, Frédéric détacha Dohna vers ce royaume, pour inquiéter ces ennemis. Ce Général détruisit au mois de juin, plusieurs magasins; après quoi il se retira dans la Nouvelle-Marche vers Zullichau. Au commencement de juillet, le général Soltikoff prit le commandement de l'armée russe, qui était alors en marche vers l'Oder. Frédéric confia celui du corps de Dohna au général Wedel.

Le roi de Prusse était campé depuis le milieu d'avril dans le voisinage de Landshut. Le feldmaréchal Daun, qui avait déjà alors rassemblé la principale force impériale sur la frontière de Silésie, occupa au commencement de mai la position entre Schurz et Jaromirsz sur l'Elbe, et y attendit la nouvelle des premiers mouvements des Russes. Le 28 juin, le comte Daun quitta les bords de l'Elbe, marcha par Gitschin, Turnau, Reichenberg,

Friedland, en Lusace et alla camper, le 6 juillet, près de Gerlachsheim, peu distant de Marklissa. Frédéric quitta pareillement, le 5 juillet, sa position près Landshut et assit, le 10 du même mois, son camp près de Schmottseiffen. Le lieutenant-général Loudon avec sa division prit, le 10 juillet, une position à peu de distance de Lauban. Lorsque le prince Henri se mit en marche de la Franconie pour retourner en Saxe, le prince de Deux-Ponts avec l'armée de l'Empire le suivit de loin, et fit en même temps partir le général de cavalerie Hadik avec son corps de troupes autrichiennes pour la Bohème. Le 22 juillet, Loudon se trouvait avec sa division à Naumbourg et à Gœrlitz, et le comte Hadik, qui commandait la force principale de ce corps, était posté dans le voisinage de Gross-Hennersdorf. Ce dernier Général s'avança, les jours suivants, vers Lœbau, Loudon vers Rothenbourg. Le prince Henri, qui s'était campé, le 20 juillet, sur la rive droite de l'Elbe près de Camenz, se porta alors à Sagan où il se réunit, le 29 juillet, au prince de Wurtemberg, et devait empêcher la marche des détachements de troupes autrichiens qui allaient rejoindre les Russes sur l'Oder. Ces derniers ayant été attaqués, le 23 juillet, pendant leur marche vers Crossen, par le général Wedel, battirent les Prussiens près de Palzig et Kay, non loin de Zullichau, et occupèrent ensuite Francfort (le 30 juillet). À peine le comte Daun eut-il appris cet évènement, qu'il fit passer un renfort considérable à Loudon, et lui envoya l'ordre de se joindre au comte Soltikoff sur les bords de l'Oder. Le roi Frédéric remit, le 29 juillet, au prince Henri le commandement de l'armée, campée près de Schmottseiffen et prit lui-même le 30 celui des troupes, rassemblées dans le voisinage de Sagan. Le général prussien Fink, qui se trouvait encore ce jour-là près de Camenz, se voyant coupé du roi et du prince Henri par les corps de Loudon et de Hadik, qui s'étaient avancés par Priebus jusqu'à Triebel et Sommersfeld, se retira vers Torgau. Le général de cavalerie marquis De Ville s'était avancé de la Bohème, par Friedland et Gottersberg, en Silésie contre la position du général Fouquet près de Landshut, et pénétra jusque dans la plaine près de Schweidnitz. Mais il fut contraint par les manoeuvres de Fouquet à s'en retourner par où il était venu.

Le général Loudon dirigea alors sa marche par Muska et Gubben et se réunit, le 3 août, aux Russes près Francfort-sur-l'Oder. Le roi, ayant été informé de cette jonction, accourut de Sagan vers l'Oder, et tira à lui les corps des généraux Wedel et Fink qui étaient postés, le premier près de Crossen, et le second dans le voisinage de Torgau. Sur ces entrefaites, le prince de Deux-Ponts avec l'armée de l'Empire s'avança, au commencement d'août, en Saxe et vers l'Elbe, se rendit maître de Halle, de Leipzig, de Torgau, de Wittenberg, et enfin le 4 septembre de Dresde. Des corps de coureurs autrichiens de l'armée de Daun menacèrent Berlin.

Le 11 août Frédéric passa l'Oder près de Gœrlitz et Reuthwin, au-dessus de Custrin et attaqua, le jour suivant, près Kunnersdorf les Russes, commandés par le comte Soltikoff, et les Autrichiens sous le général Loudon. Le combat, qui fut long et meurtrier, se termina par la défaite totale de l'armée prussienne. Le roi se retira, le 13 août, au delà de l'Oder à Reuthwin et à Furstenwalde, par où il couvrit de ce côté sa capitale, et dépêcha des couriers aux généraux Kleist (en Poméranie) et Wunsch (en Saxe), pour leur porter l'ordre de venir le rejoindre avec leurs divisions. Le feldmaréchal Daun et le prince Henri cherchèrent par leurs manoeuvres, le premier à tenir le prince éloigné du roi, et le second à empêcher que le comte Daun ne se réunit aux Russes. Ces derniers marchèrent en Lusace à Lieberose, et menacèrent la Silésie. Mais le roi les y dévança, en prenant sa route par Lubben, Cottbus, Sagan et Neustadtl, et se plaça devant Glogau pour couvrir cette forteresse. Les Russes occupèrent alors les camps entre le Bober et la Neisse, et les retranchèrent fort activement. Le général Soltikoff, qui avait son quartier-général à Gubben, se concerta avec le comte Daun sur la continuation des opérations militaires.

Vers le même temps, le prince Henri marcha de nouveau en Saxe contre l'armée de l'Empire, qui dans l'intervalle avait été expulsée de Wittenberg, de Torgau et de Leipzig par le général Wunsch, que le roi avait renvoyé de la Silésie sur les bords de l'Elbe, dans les premiers jours d'août. Le mois suivant, Frédéric II fit aussi retourner le général Fink en Saxe. Ces deux Généraux ayant été battus le 21 septembre entre Dœbeln et Meissen par l'armée de l'Empire, le prince Henri passa, le 2 octobre, l'Elbe près de Torgau et se dirigea sur Strehla, où il se réunit, le 4 du même mois, avec Fink et Wunsch. Ici, l'avis lui parvint que le feldmaréchal Daun, ayant renoncé au dessein qu'il avait eu de rejoindre les Russes, avait atteint par Gœrlitz et Bautzen l'Elbe avant lui, et l'avait franchie près de Dresde. Le 6 octobre, Daun se posta en face du prince dans le camp près d'Oschatz, et se disposa à le faire envelopper par plusieurs corps. Mais la retraite de Henri vers Torgau, et l'échec que la division du duc d'Aremberg éprouva le 29 octobre près de Pretsch, entre Torgau et Wittenberg, firent échouer ce projet. Daun assit alors son camp entre Zebren et Lommatsch, et se retira en novembre vers Dresde dans celui derrière Plauen. Le général Loudon s'étant séparé, vers la fin d'octobre, de l'armée russe, qui avait évacué la Silésie et était allée prendre les quartiers d'hiver en Pologne, se rendit avec ses troupes par Kalisch, Czenstochow, Cracovie et Teschen à Olmutz.

Le roi Frédéric, qui était resté en Silésie jusqu'après le départ des Russes, forma le plan de couper l'armée du comte Daun de la Bohème, de la resserrer dans le coin près de Dresde, et de l'attaquer ensuite de deux côtés à la fois. Il envoya Kleist avec un nombreux corps de coureurs en Bohème, pour répandre l'alarme dans la contrée de Teplitz, d'Aussig etc., tandis qu'une division de 12,000 hommes, sous le commandement du général Fink, eut ordre de marcher sur les derrières du comte Daun vers les défilés de Maxen. Par ces mouvements Frédéric espérait avoir achevé l'investissement de l'armée impériale. Mais le feldmaréchal Daun avait pénétré les desseins du roi, et les avait déjoués par ses habiles dispositions. Il fit lui-même entourer le général Fink par différents corps de ses propres troupes et de celles de l'Empire, le vainquit le 20 novembre, et le fit prisonnier avec toute sa division le jour suivant. Le 4 décembre, le corps prussien du général Direcke, fort de 3000 hommes, qui était posté en face de Meissen, sur la rive droite de l'Elbe, fut surpris par le lieutenant-général autrichien Beck, et pour la plus grande partie taillé en pièces.

Le prince Ferdinand de Brunswick conquit, le 20 novembre, la ville de Munster, défendue opiniâtrement par les Français, et le prince héréditaire surprit le 30 dans Fulde le duc de Wurtemberg et ses troupes qui étaient au service de France, les vainquit et les dispersa. L'armée française se retira, dans les premiers jours de décembre, de Giessen à Francfort. Alors le prince héréditaire conduisit, sur la demande du roi de Prusse, un corps allié de 12,000 hommes en Saxe, pour renforcer ce monarque, qui fit cantonner son armée tout épuisée derrière la position de Wilsdruf. Le feldmaréchal Daun prit alors le parti d'hiverner en Saxe, où ses cantonnements s'étendirent, en vue des quartiers prussiens, derrière le territoire de Plauen et la Forêt de Tharante.

Dans cette même année (le 10 août 1759), le roi *Ferdinand VI d'Espagne* était mort sans laisser d'enfants. Par conséquent son frère consanguin, le roi Carlos des Deux-Siciles lui succéda sur le trône d'Espagne, sous le nom de *Charles III*. D'après les dispositions de la paix d'Aix-la-Chapelle, les royaumes de Naples et de Sicile devaient maintenant passer au frère de Charles, Don Philippe, et en ce cas les pays de ce dernier prince, Parme, Plaisance et Guastalla, retournaient à l'Autriche et en partie à la Sardaigne. Mais le roi Charles, n'ayant pas encore donné son adhésion à la paix d'Aix-la-Chapelle, ne regardait en aucune manière ce traité comme obligatoire pour lui. Son fils aîné étant incapable de régner à cause d'imbécillité, il destina son second fils Charles pour lui succéder sur le trône d'Espagne, et nomma son troisième fils Ferdinand roi des Deux-Siciles. L'impératrice Marie-Thérèse, pressée par les circonstances du temps, et y étant d'ailleurs obligée par le traité de Versailles du 30 décembre 1758, conclut, le 3 octobre 1759, avec Charles III d'Espagne un accommodement, par lequel l'*Autriche* renonça à la réversibilité de *Parme*, de *Plaisance* et de *Guastalla* en faveur de Don Philippe et de ses descendants.

Le roi Frédéric, dont les forces et les ressources s'étaient fort épuisées par quatre campagnes sanglantes, sentait tellement le besoin de la paix, qu'il fit faire des ouvertures d'accommodement à plusieurs Puissances avec lesquelles il était en guerre. Mais ses propositions ne furent écoutées ni par l'impératrice Élisabeth, ni par le roi de France, bien que cette dernière couronne n'eût obtenu aucuns avantages dans la guerre sur le continent européen,

qu'elle eût essuyé des défaites sur la mer, et eût déjà perdu une grande partie de ses colonies. En conséquence, le roi de Prusse se prépara à soutenir vigoureusement la lutte opiniâtre où il se trouvait engagé. Cependant, comme il savait que les Souverains, coalisés contre lui, avaient pendant l'hiver beaucoup augmenté leurs forces, et déployeraient tous leurs moyens pour l'accabler, il avait projeté un plan d'opération défensive pour la campagne prochaine de 1760. Il occupa avec son armée principale un camp fortifié en Saxe, qui s'étendait depuis Nossen-sur-la-Mulde jusqu'à Meissen-sur-l'Elbe. Il couvrait, dans cette position, la partie occidentale de la Saxe, observait et occupait en même temps le feldmaréchal Daun, et était à même de détacher des renforts vers d'autres points menacés. Le prince Henri rassembla une seconde armée sur les bords de l'Oder, près de Francfort et de Crossen, pour observer les Russes. Le général Fouquet était placé avec un corps de troupes dans le voisinage de Landshut, pour défendre les défilés de ce canton contre le général d'artillerie Loudon, qui se trouvait en Moravie. Le prince de Wurtemberg était posté en Poméranie contre les Suédois.

Le feldmaréchal Daun resta tout tranquille dans son camp derrière Plauen, et retint par là le roi en Saxe avec sa force principale. La grande armée russe sous Soltikoff devait agir en Silésie. Le général Loudon se mit, dès le mois de mai, en marche vers la haute Silésie, assit son camp près de Frankenstein, et ses troupes légères voltigèrent autour de Breslau; le général Fouquet quitta alors les montagnes près Landshut et descendit dans la plaine, pour couvrir Schweidnitz et Breslau. Un ordre positif du roi l'obligea de retourner au camp retranché près de Landshut; mais à peine y fut-il rentré qu'il se vit enveloppé par le corps du général Loudon qui, dans la nuit du 22 au 23 juin, emporta le camp prussien d'assaut. Fouquet essaya de se faire jour le lendemain matin; mais il trouva toutes les issues occupées, et se rendit prisonnier avec la plus grande partie de sa division. Le général d'artillerie Loudon prit, le 26 juillet, Glatz d'emblée et commença le 1 août le siège de Breslau; c'était le point où devait s'effectuer sa jonction avec les Russes, qui s'approchaient du côté de Posen. Mais le prince Henri s'étant avancé de Francfort pour dégager Breslau, le général Loudon se vit obligé, le 5 août, de renoncer à l'attaque de cette ville. Le comte Soltikoff s'arrêta alors au delà de l'Oder; Loudon se retira derrière Schweidnitz. Frédéric II avait déjà, vers le milieu de juin, abandonné le camp près de Meissen, franchi l'Elbe dans les environs de Zehren, et occupé la position près Radeberg. Le général Hulsen resta dans le voisinage de Meissen. Sur la nouvelle du revers que venait d'essuyer Fouquet, Frédéric se dirigea par la Lusace vers la Silésie. Le corps du général autrichien comte de Lacy suivit le roi, et retarda sa marche par des attaques souvent réitérées. Le prince de Deux-Ponts avec l'armée de l'Empire resta en Saxe, tandis que le comte Daun s'avançait avec une telle rapidité par la Lusace, par Lauban et Naumbourg vers Ottendorf, qu'il gagna deux marches sur le roi. Ce monarque, se voyant ainsi contrarié dans son dessein, retourna, le 9 juillet, subitement de Gœrlitz, et traversa la Sprée près Bautzen, dans la vue de fondre avec ses forces supérieures sur le corps du comte Lacy et de l'anéantir. Mais ce Général se replia par Dresde derrière l'Elbe et se réunit, à Plauen, avec l'armée de l'Empire. Le roi passa, le 13 juillet, l'Elbe près de Kaditz, ordonna au général Hulsen, posté près de Meissen, de venir le rejoindre avec ses troupes, et commença le siège de Dresde. Encore avant que le roi eût effectué le passage du fleuve, le général

Lacy s'était retiré à Gross-Sedlitz, et l'armée de l'Empire sur Dohna. Les faubourgs de Dresde furent brûlés par les Prussiens, et le bombardement mit bientôt le feu à la ville aussi. Le 19 et 20 juillet, le comte Daun était revenu d'Ottendorf dans le voisinage de Dresde. Le prince de Holstein, qui avait attaqué la ville neuve *(Neustadt)*, se retira derrière l'Elbe, et laissa la communication avec Dresde ouverte aux Autrichiens. Le général Daun jeta, pendant la nuit du 20 au 21 juillet, seize bataillons dans la ville, ce qui engagea le roi de Prusse à lever le siège, le lendemain matin. Les Autrichiens inquiétèrent, les jours suivants, le roi Frédéric en faisant une tentative pour surprendre son camp, en coupant et interceptant les transports &c. Enfin dans la nuit du 29 au 30 juillet, le roi évacua son camp, laissa de nouveau le général Hulsen avec sa division près de Meissen, repassa l'Elbe et prit le chemin de la Lusace et de la Silésie, pour aller au secours de Breslau qui était alors assiégé par le général Loudon.

Le duc de Broglie se rendit dans cet été maître de Marbourg et de Dillenbourg et battit, le 10 juillet, le prince héréditaire de Brunswick près de Korbach en Vettéravie. En revanche le général saxon Glaubitz et le chevalier de Mury, qui commandait la réserve de l'armée française, furent vaincus, le premier près d'Emsdorf, et le second près Marbourg sur le Dimmel, par les troupes des alliés. La conquête de Cassel par les Français acheva l'occupation de toute la Hesse, et le 20 septembre, le prince Xavier de Saxe s'empara aussi de Gœttingue.

Le général d'artillerie Loudon tenait Neisse et Schweidnitz bloqués, et attendait le corps russe sous Czernitscheff, dont la marche était retardée par des ondées continuelles. Un deuxième corps russe avait pénétré en Poméranie et menaçait Colberg. Les Suédois avaient enfin également commencé leurs opérations. Le feldmaréchal Daun, qui avait quitté les bords de l'Elbe en même temps que le roi de Prusse, marchait à ses côtés par la Lusace. Le comte Lacy suivait le roi par derrière. Le 7 août, les deux armées se trouvèrent déjà en Silésie, l'une à côté de l'autre : Frédéric à Bunzlau, Daun à Lœwenberg. Le 13 du même mois, Frédéric atteignit Liegnitz. Mais en même temps le comte Daun arriva, à côté de lui, Lacy sur les derrières, dans cette contrée, et Loudon était en face du roi. Les deux armées impériales avaient ainsi effectué leur réunion, et n'étaient séparées que par la rivière de Katzbach. Frédéric II était coupé de Schweidnitz et de Breslau, ainsi que de son frère Henri qui, de même que Soltikoff, se trouvait avec son armée au delà de l'Oder. Le corps russe sous Czernitscheff, fort de 24,000 combattants, avait passé ce fleuve près d'Auras, et s'était avancé vers Neumarkt. Le roi de Prusse devait être attaqué, dans la nuit du 14 au 15 août, de trois côtés par les Autrichiens sous Lacy, Daun et Loudon, et du quatrième côté qar Czernitscheff. Mais Frédéric, ayant été informé le soir avant l'attaque du dessein et des mouvements de ses ennemis, et ne jugeant pas à propos de les attendre dans son camp, fit marcher dans la même nuit secrètement son armée sur la gauche, et s'éloigna par là du feldmaréchal Daun, en se rapprochant du général Loudon. Comme la marche des corps autrichiens et russes avait aussi été retardée par divers accidents, Loudon, qui avait passé le Katzbach et se trouvait déjà à sa destination, eut à combattre tout seul l'armée prussienne, trois fois aussi forte que la sienne. Il fut attaqué, le 15 août, par Frédéric; mais il se défendit avec tant de courage, qu'il atteignit l'autre rive du Katzbach sans avoir éprouvé une perte considérable. Le roi de Prusse ne s'arrêta point à poursuivre les Autrichiens, mais continua aussitôt sa marche vers Neumarkt. Le résultat le plus important de cette bataille fut que Czernitscheff repassa, le 16 août, l'Oder près d'Auras, et que par conséquent la jonction de la principale force autrichienne et russe près de Breslau ne put s'opérer. Le prince Henri rejoignit alors le roi par Neumarkt, et marcha bientôt après sur Schweidnitz. Le feldmaréchal Daun se replia par Striegau vers Landshut. Le général Loudon fit cerner Colberg. Le général Hulsen, qui commandait les troupes prussiennes en Saxe contre l'armée de l'Empire et le corps autrichien sous les ordres du général de cavalerie comte Hadik, fut battu, le 20 août, aux environs de Strehla et se retira, en descendant l'Elbe, par Torgau à Wittenberg. Torgau se rendit, le 26 septembre. Hulsen éprouva près Wittenberg, le 2 octobre, une seconde défaite, et se retira sur Coswigh, d'où il marcha bientôt après à Berlin. Wittenberg tomba le 14 du même mois.

Vers la fin d'août, Colberg fut assiégé par le corps russe du général Demidoff, et par la flotte russo-suédoise que commandait l'amiral Mischakoff. Mais le général prussien Werner dégagea, le 19 septembre, cette forteresse, et les troupes et vaisseaux des agresseurs abandonnèrent à la hâte cette contrée. Immédiatement après, Werner surprit aussi les Suédois dans Passewalk, et les mit en déroute. Le prince héréditaire de Brunswick entreprit, à la fin de septembre, avec vingt bataillons et dix escadrons une expédition fort hardie. Il se porta rapidement sur le Rhin, traversa en deux colonnes ce fleuve près Ruhrort et Rees, fit assiéger Wesel par une division de ses troupes, et s'empara de Cléves. Mais le marquis de Castries marcha avec les troupes françaises, postées près Dusseldorf, vers cette contrée, chassa les alliés de Rhinberg, vainquit le prince héréditaire, le 16 octobre, près de Closter-Campen et le força à repasser le Rhin.

Après la retraite des Russes au delà de l'Oder, le général prussien Golz observait tous leurs mouvements. Mais Czernitscheff et Tottleben avec 30,000 Russes se dirigèrent bientôt après vers la Marche de Brandebourg où Daun, qui était toujours posté sur la frontière de Silésie près Landshut et empêchait par là Frédéric de prendre l'offensive, envoya aussi le général d'artillerie Lacy avec 15,000 Autrichiens. Le généraux Hulsen et Werner accoururent, celui-là de la Saxe, et celui-ci de la Poméranie, pour couvrir la capitale. Le 3 octobre, les premiers Russes sous Tottleben parurent devant Berlin, mais ils bombardèrent et assaillirent la ville inutilement. Le lendemain, le prince de Wurtemberg arriva avec 5000 Prussiens, et força le général Tottleben à la retraite. Les jours suivants, les Russes s'avancèrent une seconde fois sur Berlin. Il est vrai, que le général Hulsen venait aussi d'arriver avec sa division, par où une force de 14,000 hommes se trouvait rassemblée pour défendre cette capitale; mais, comme les corps de Czernitscheff, de Tottleben et de Lacy, qui étaient en marche vers Berlin, formaient une armée de 45,000 hommes et qu'en outre Soltikoff s'approchait avec des troupes nombreuses, les Prussiens quittèrent les environs de Berlin, et se rendirent à Spandau. Le 9 octobre, les Autrichiens et les Russes entrèrent dans Berlin, firent la garnison prisonnière, s'emparèrent des magasins, des arsenaux et levèrent de fortes contributions. Le 13 du même mois, la ville fut évacuée, parce que le roi s'était mis en marche de la Silésie, par Sagan, pour délivrer sa résidence. Le général Lacy alla rejoindre par la Lusace le feldmaréchal Daun, et les Russes marchèrent vers Landsberg-sur-la-Warte.

À peine le roi Frédéric eut-il la certitude, que Berlin était délivré de ses ennemis, qu'il se dirigea vers la Saxe. Il envoya le général Golz en Silésie pour observer

Loudon, que Daun avait renvoyé dans la contrée de Lœwenberg. Ce dernier Général, qui avait suivi le roi, arriva en même temps que lui aux bords de l'Elbe; il passa près de Torgau ce fleuve, que Frédéric franchit ensuite près Dessau le 26 octobre. Le roi se fit renforcer par les divisions du général Hulsen et du prince de Wurtemberg. Daun s'était avancé jusqu'à Eilenbourg sur la Mulde; mais il rétrograda bientôt de nouveau vers Schilda, et ensuite dans la position près Siptitz et Zinna, dans le voisinage de Torgau. Le 3 novembre, le roi de Prusse attaqua l'armée autrichienne. Le combat fut des plus meurtriers, et dura depuis deux heures après midi jusque dans la nuit, sans que la victoire se fût décidée en faveur d'aucune des deux parties. Le feldmaréchal Daun ayant été grièvement blessé, le comte O'Donell le remplaça dans le commandement, et reconduisit l'armée derrière l'Elbe à Dresde. Le général Loudon leva alors le blocus de Kosel, et retourna à Glatz et dans la Silésie autrichienne. Les Russes quittèrent les pays prussiens, et se retirèrent en Pologne. Les Suédois évacuèrent la Poméranie prussienne, et se dirigèrent vers Stralsund. Le roi de Prusse et le feld-maréchal Daun firent cantonner leur force principale en Saxe. Le premier prit son quartier-général à Leipzig, et le second établit le sien à Dresde. L'armée du prince Ferdinand de Brunswick leva, le 11 décembre, le blocus de Gœttingue, commencé depuis la fin de novembre, et mit ses troupes en quartiers d'hiver en Westphalie et dans les pays de Brunswick et de Hanovre. Les Français tinrent la Hesse occupée. Le *roi Georges II d'Angleterre* étant mort le 25 octobre, son fils et successeur *Georges III* résolut de continuer la guerre d'après le plan suivi jusqu'alors.

Au commencement de l'année 1761, des démarches furent faites pour réconcilier les Puissances belligérantes, et on proposa de tenir un congrès à Augsbourg pour les affaires allemandes. Mais, comme l'Angleterre et la France ne purent s'accorder sur les principes, d'après lesquels l'accommodement du différend sur l'Amérique devait être traité, aucun rapprochement n'eut lieu pour le moment. Le 15 août à Paris, les rois de France et d'Espagne firent un pacte de famille, par lequel les deux Cours se garantissaient leurs États, et s'engageaient à s'assister réciproquement contre tous ceux qui les attaqueraient. Le roi des Deux-Siciles et le duc de Parme furent compris dans ce traité d'amitié et d'union. Dans les premiers jours de 1762, l'Angleterre et le Portugal déclarèrent la guerre à l'Espagne.

D'après le plan, fait par les Autrichiens pour la campagne 1761, le feldmaréchal Daun devait rester en Saxe avec la force principale, tandis que le général d'artillerie Loudon, renforcé par 16,000 hommes de l'armée du comte Daun, opérerait en Silésie, conjointement avec la grande armée russe, commandée par le feldmaréchal Butturlin. Le corps russe sous Romanzoff et la flotte russo-suédoise devaient attaquer de nouveau Colberg. Le roi de Prusse laissa à son frère Henri et au général Hulsen le soin de protéger la Saxe, et lui-même se chargea de la défense de la Silésie. Le général Golz observait près Glogau les Russes. Le prince de Wurtemberg couvrait avec sa division Colberg, et le général Belling observait et occupait les Suédois.

Le prince Ferdinand de Brunswick attaqua déjà dans la première quinzaine de février les cantonnements français dans les pays de Hesse et de Thuringe. Ses troupes furent victorieuses près de Fritzlar et de Langensalza; mais elles échouèrent dans les attaques qu'elles entreprirent sur Cassel, Marbourg et Ziegenhayn. Au commencement d'avril, les alliés évacuèrent, à la vérité, la Hesse et la

Thuringe, mais ils avaient détruit dans cette occasion une grande quantité de magasins français, ce qui mit les maréchaux Broglie et Soubise dans l'impossibilité de commencer leurs opérations offensives avant le mois de juin. Le duc de Broglie franchit alors la Diemel; mais il fut défait, le 15 et 16 juillet, près Willingshausen, dans le voisinage de Hamm. Ce maréchal marcha alors vers Cassel, et le prince de Soubise se posta derrière la Ruhr. Le reste de l'année se passa en tentatives que fit le duc de Broglie pour pénétrer dans le pays de Hanovre; plusieurs petits combats furent livrés à cette occasion, sans toutefois amener aucun résultat. Le prince de Soubise assiégea Munster infructueusement. Le prince Xavier de Saxe s'empara le 10 octobre de Wolfenbuttel; mais la ville de Brunswick, également investie par ce prince, fut secourue et délivrée, le 13 octobre, par le prince Frédéric de Brunswick. Cependant les Français se rendirent encore maîtres d'Osnabruck et d'Emden. À l'entrée de l'hiver, le prince de Soubise se porta vers le Bas-Rhin, et le duc de Broglie s'en retourna dans le pays de Hesse. Le comte de Serbelloni, qui commandait l'armée de l'Empire, entra au mois de juin dans le Voigtland, occupa, les deux mois suivants, Pennig, Altenbourg, Pegau, Zeiz, Naumbourg et autres endroits, et fit échouer par son excellente position près Ronnebourg, — ensuite près de Weida derrière l'Elster, les attaques que le prince Henri voulait faire exécuter contre lui par les généraux Kleist et Seidlitz. Le roi de Prusse, qui avait laissé le prince Henri en Saxe dans le camp retranché entre Meissen et Nossen, partit au commencement de mai pour la Silésie, et arriva le 10 du même mois à Lœwenbourg. Le feldmaréchal Daun avait pendant ce temps-là rassemblé son armée près de Dresde, dans le camp derrière Plauen; le général Loudon était posté avec un corps de troupes sur la rive droite de l'Elbe, d'où il observait également les mouvements de ses adversaires. Un corps russe s'avança vers la Poméranie, et le feldmaréchal Butturlin conduisait son armée principale en Silésie vers Breslau, pour traverser l'Oder dans cette contrée. Le général Loudon, qui vers la mi-mai, à l'approche du roi, s'était retiré de la Silésie en Bohème, dans le camp de Braunau (cercle de Kœniggrætz), se mit le 19 juillet en marche vers l'Oder, pour opérer sa jonction avec Butturlin. Afin d'empêcher cette réunion, le roi Frédéric chercha à se poster entre les deux armées ennemies. En conséquence, il marcha, le 4 août, d'Oppersdorf derrière Neisse vers Strehlen et Canth. Ce nonobstant, le feldmaréchal Butturlin, qui avait passé l'Oder près de Closter-Leubus, et le général d'artillerie Loudon effectuèrent leur réunion entre Javer et Striegau, le 17 du même mois. Le roi, ayant ainsi manqué son but principal, alla occuper la position près de Buntzelwitz, à deux milles d'Allemagne de Schweidnitz, et s'y retrancha fortément. Les Russes canonnèrent Breslau. Le général Loudon chercha par diverses manoeuvres à attirer Frédéric hors de sa position; n'y ayant pas réussi, il proposa de faire une attaque sérieuse; mais le général Butturlin refusa de prendre part à cette entreprise. Romanzoff, qui commandait alors le corps russe en Poméranie, attaqua au mois d'août la forteresse de Colberg, tandis qu'une flotte russo-suédoise bloquait le port de la ville. Afin de soutenir la défense de cette place importante, et d'inquiéter en même temps la grande armée russe sur ses derrières, le roi fit marcher le général Platen en Pologne, qui détruisit les principaux magasins des Russes dans ce pays, et se porta ensuite rapidement en Poméranie vers Colberg. Butturlin se retira le 9 septembre à Liegnitz, le 13 du même mois au delà de l'Oder, pour sauver les magasins qui n'étaient pas encore tombés entre les mains des ennemis. Il ne laissa que le lieutenant-général Czernitscheff avec 20,000 hommes auprès de Loudon. Plus tard Butturlin passa également en Poméranie, et les Russes réunirent alors leurs efforts pour faire la conquête de Colberg.

Le 25 septembre, le roi Frédéric quitta le camp de Buntzelwitz, où les vivres étaient venus à manquer, et marcha vers Ohlau, à Munsterberg, espérant faire quitter par là au général Loudon la position avantageuse qu'il occupait près de Kunzendorf, et l'engager à rentrer dans la Bohème. Loudon leva en effet son camp, mais ce n'était que pour exécuter un coup, auquel Frédéric II ne s'attendait point. Profitant de l'éloignement de l'armée prussienne, il surprit, dans la nuit du 30 septembre au 1 octobre, la forteresse de Schweidnitz, et l'emporta d'assaut. Le roi de Prusse se retira, après ce fâcheux évènement, dans le camp fortifié près de Breslau; il mit plus tard ses troupes en cantonnement, et établit son quartier-général en Silésie. Loudon resta jusqu'à l'entrée de l'hiver dans la position près de Fribourg, et fit enfin cantonner ses troupes dans une partie de la Silésie.

Les généraux prince de Wurtemberg, Platen, Werner et Knobloch employèrent tous leurs efforts pour faire entrer dans Colberg des munitions de guerre et de bouche, et pour soutenir de toutes les manières la garnison de cette forteresse. Mais Werner fut vaincu par les Russes; le prince de Wurtemberg et Platen se virent contraints par la disette de vivres d'abandonner, le 14 novembre, la place à son sort, et de se faire jour au travers de leurs ennemis. Le prince passa dans le pays de Mecklembourg, Platen en Silésie. Il y fut suivi par le général Belling qui, pendant toute cette campagne, avait tellement harcelé et occupé les Suédois, qu'ils ne furent pas en état de soutenir les Russes. Colberg se rendit, le 16 décembre, aux Russes, qui étaient alors maîtres de la Baltique. Leur subsistance ne dépendait plus de leurs magasins polonais, sans cesse exposés au danger de devenir la proie de leurs adversaires ; elle était maintenant assurée par les transports sur mer ; en sorte qu'ils purent hiverner sans inquiétude en Poméranie.

Le roi de Prusse se voyait alors dans une situation fort critique, assez semblable à celle où s'était trouvée l'impératrice Marie-Thérèse au commencement de son règne. Il devait s'attendre, dans la campagne prochaine 1762, à de nouveaux revers, qui pouvaient avoir pour lui les suites les plus funestes. Mais Frédéric II n'avait pas moins de caractère et de courage que son illustre rivale, et on ne sait lequel de ces deux grands Souverains mérite plus d'admiration, ou Marie-Thérèse qui, constante dans ses projets, déploie tous ses moyens pour reconquérir son héritage (la Silésie), ou Frédéric II qui, avec beaucoup moins de ressources, aima mieux compromettre son existence politique que d'abandonner sa conquête. Cependant, tandis que tout paraissait conspirer à la ruine de ce monarque, un événement inattendu changea tout à coup la force des affaires, et écarta les dangers dont Frédéric était menacé. L'impératrice de Russie *Élisabeth* mourut le 5 janvier 1762. Son neveu et successeur, *Pierre III*, qui était un grand admirateur et partisan zélé de Frédéric, n'eut rien de plus pressé que de conclure un armistice (le 16 mars), et ensuite la paix avec lui (le 5 mai 1762). Un traité d'alliance, signé à Petersbourg au commencement de juin, unit étroitement ces deux Souverains. Le corps russe sous les ordres du lieutenant-général Czernitscheff, qui était resté pendant la campagne précédente auprès de London en Silésie, quitta le 24 mars ses cantonnements dans le comté de Glatz, passa l'Oder et se joignit, au mois de juin, à l'armée prussienne.

La Suède suivit l'exemple de la Russie et fit, le 22 mai 1762, à Hambourg sa paix avec le roi de Prusse. La Russie et la Suède rendirent au roi Frédéric II tout ce qu'elles lui avaient enlevé pendant cette guerre.

Le feldmaréchal Daun, qui avait passé de la Saxe en Silésie, prit au mois de mai une position dans le voisinage de Kratzkau (Kratzig), à deux lieues de Schweidnitz; le roi occupa celle près de Breslau; les deux armées y restèrent campées jusqu'à la fin du mois de juin. L'armée de l'Empire avait occupé la ligne étendue de Plauen, Dippoldiswalde, Friberg et Chemnitz. Le prince Henri défit le 12 mai près Dœbeln, un corps de cette armée, commandé par le général Zettwitz. Au mois de juin, le général Serbelloni fit entreprendre inutilement plusieurs petites attaques contre les Prussiens. D'un autre côté, le prince Henri commanda, le mois suivant, différentes colonnes pour attaquer les défilés retranchés des montagnes de la Bohème. Les généraux Kleist et Belling s'avancèrent jusqu'à Egre, et levèrent des contributions dans les cercles de Saatz et de Leitmeritz. Sur ces entrefaites, les troupes de l'Empire avaient aussi été repoussées par les Prussiens, sous le général Seidlitz, jusqu'à Hof en Franconie.

Le prince de Bevern avait pénétré avec une forte division en Moravie. Le roi marcha, le 1 juillet, sur Schweidnitz, et le général Daun quitta, le jour suivant, le camp près de Kratzkau, et alla occuper celui de Kunzendorf, derrière Schweidnitz. Frédéric envoya alors plusieurs corps de coureurs dans les districts de Bohème limitrophes; ce qui engagea le comte Daun à se retirer dans le camp près de Burkersdorf et de Leutmansdorf, non loin de Reichenbach. Le roi fit revenir alors le prince de Bevern de la Moravie.

Tandis que Frédéric II s'apprêtait à pousser, conjointement avec son nouvel allié, l'empereur de Russie, la guerre avec une vigueur redoublée, il se passait à Petersbourg une catastrophe qui priva le monarque prussien de l'appui sur lequel il comptait. Un soulèvement, qui éclata le 9 juillet dans cette capitale, ôta à *Pierre III* la couronne et la vie. Son épouse, l'impératrice *Cathérine*, qui lui succéda, rappela sur-le-champ de l'armée prussienne les troupes russes, dont elle avait besoin pour soutenir le trône, ébranlé par la grande révolution dont je viens de parler. Le jour avant le départ des Russes, le 21 juillet, le roi de Prusse fit attaquer les défilés de Burkersdorf et de Leutmansdorf, occupés par l'avant-garde du feldmaréchal Daun, s'en rendit maître et força ce Général à se retirer dans les montagnes bohèmes, ce qui rompit la communication du comte avec Schweidnitz. Frédéric commença, le 8 août, à faire le siège de cette forteresse. Le feldmaréchal Daun, il est vrai, s'avança pour secourir la place; mais le roi ayant fortement retranché son camp, l'attaque que le général Beck entreprit, le 16 août, contre le corps du prince de Bevern, qui couvrait le siège, échoua complètement. Daun retourna dans le comté de Glatz. Le 9 octobre, Schweidnitz se rendit au roi de Prusse, après une défense de neuf semaines.

Le prince Henri se maintint en Saxe, et ses divisions inquiétèrent ses ennemis à différentes reprises en Bohème et en Franconie. Cependant, le général de cavalerie comte de Hadik ayant pris le commandement en Saxe, le prince de Stollberg avec l'armée de l'Empire se mit en marche de la Franconie par Hof et la Bohème vers la Saxe, et se réunit près Dresde aux Autrichiens. Ces deux Généraux contraignirent, à la fin de septembre, par leurs mouvements le prince Henri à abandonner la position qu'il occupait dans le voisinage de Pretschendorf, et à se retirer derrière la Mulde fribergeoise. Le 15 octobre, ils vainquirent le prince Henri près de Friberg et le repoussèrent jusqu'à Nossen. Mais le 29 du même mois, le prince remporta, également près de Friberg, des avantages sur ses adversaires.

L'armée française du Haut-Rhin était commandée par le maréchal d'Etrées et le prince de Soubise, et celle du Bas-Rhin par le prince de Condé. Les deux premiers de ces Généraux perdirent, le 24 juin, la bataille contre les alliés près de Grebenstein et de Wilhelmsthal dans le pays de Hesse. Le 23 juillet, le prince Xavier de Saxe essuya un échec dans le voisage de Lutterberg. Vers la mi-août, les Français abandonnèrent Gœttingue; et Cassel fut alors assiégé par les alliés. Le prince héréditaire de Brunswick fut vaincu, le 30 août près de Friedberg, par le prince de Condé. Les armées françaises s'étant réunies, s'emparèrent le 22 septembre d'Amœnebourg-sur-l'Ohm; mais en revanche Cassel se rendit, le 1 novembre, au prince Frédéric de Brunswick. Les alliés avaient déjà commencé à faire le siège de Ziegenhayn, lorsque la conclusion d'un armistice vint interrompre les hostilités.

La Russie et la Suède ayant abandonné la grande coalition, la France et l'Espagne, ennuyées de cette longue, sanglante et ruineuse guerre [1]), prêtèrent pareillement les mains à la paix. En conséquence, on avait ouvert en septembre des négociations à Londres et à Paris, et le traité préliminaire entre la *France*, l'*Espagne* et l'*Angleterre* fut conclu à Fontainebleau, le 3 novembre 1762. L'*Autriche* et la *Prusse*, se voyant alors abandonnées de leurs alliés respectifs, et persuadées que la prolongation de la guerre n'aboutirait qu'à ruiner leurs États, sans leur procurer aucun des avantages qu'elles avaient espéré

---

[1]) Les Anglais s'étaient non-seulement rendus maîtres de la plus grande partie des possessions françaises dans les Indes orientales et l'Amérique, mais avaient aussi enlevé la Havane et Manille aux Espagnols.

obtenir, prirent le sage et prudent parti de se raccommoder aussi. Par conséquent un traité d'armistice fut signé, le 24 novembre, entre ces deux Puissances. Toutefois, comme cette convention ne concernait que la Saxe et la Silésie, les Prussiens continuèrent les hostilités contre l'Empire germanique. Le général Kleist s'avança en Franconie et occupa Bamberg, Wurzbourg et beaucoup d'autres villes, et y leva des contributions. Des troupes autrichiennes se mirent en marche de la Bohème vers la Franconie, et se joignirent à l'armée de l'Empire sous le prince de Stollberg, qui repoussa les Prussiens jusqu'en Saxe.

La paix définitive entre la *France*, l'*Espagne* et l'*Angleterre* fut signée à Paris, le 10 février 1763. Par ce traité la France céda à l'Angleterre le Canada, le Cap Breton, le Sénégal et plusieurs îles; l'Espagne abandonna à cette dernière Puissance la possession de la Floride. Le même jour, le *Portugal* accéda à ce traité. Enfin la paix entre l'*Autriche* et la *Prusse* fut aussi conclue et signée à Hubertsbourg en Saxe, le 15 février 1763. Les traités de paix de Breslau de 1742 et de Dresde de 1745 furent renouvelés, et Frédéric confirmé dans la possession de la Silésie et du comté de Glatz. L'empire d'Allemagne, l'impératrice de Russie, les rois de Grande-Bretagne, de France, et de Suède, ainsi que le roi de Pologne, comme électeur de Saxe, furent compris dans ce traité. Le même jour, la paix fut signée entre la *Saxe* et la *Prusse*, et Frédéric rendit au roi Auguste toutes les conquêtes qu'il avait faites sur son territoire. Le 18 mars 1763, le *Corps germanique* accéda à la paix de Hubertsbourg. Telle fut la fin de cette guerre, si fameuse dans les annales du dix-huitième siècle sous le nom de *guerre de sept ans*, et à laquelle avaient pris part presque toutes les Puissances de l'Europe, sans qu'aucune d'elles, hors l'Angleterre, en eût tiré quelque fruit. Quant à l'Autriche et à la Prusse, tout s'était rétabli entre elles dans son état primitif.

Les relations de l'*Autriche* avec la *Turquie* avaient été, pendant cette longue suite d'années, constamment amicales. Un envoyé du Grand-Seigneur avait remis, le 27 avril 1741, à Marie-Thérèse à Vienne l'acte de ratification de la paix de Belgrade. En été et en automne 1748, un plénipotentiaire ottoman ménagea à Vienne la paix des États barbaresques avec l'Autriche. Cet accommodement, qui fut effectivement conclu et signé dans le cours de novembre de la même année, assura au pavillon impérial la tranquille navigation sur la Méditerranée. Un ambassadeur tripolitain arriva en 1750 à Vienne, pour maintenir la bonne intelligence avec l'Autriche. D'une pareille mission furent chargés un plénipotentiaire turc l'an 1755, — un deuxième tripolitain en 1756, — un ambassadeur turc 1758, — et un ministre algérien, qui s'arrêta à Vienne depuis le 5 octobre 1758 jusqu'au 18 janvier 1759.

La Diète de Hongrie, tenue à Presbourg 1764–1765, accorda une augmentation de contributions et une somme de cent mille florins, comme un fonds pour la garde noble hongroise. L'Impératrice-Reine recommanda instamment aux soins des magnats et des députés du royaume l'état des paysans, afin que cette classe du peuple, qui porte en Hongrie la plus grande partie des charges publiques, fût protégée, par des dispositions légales, contre des extorsions et vexations arbitraires. Le 19 mars 1765, la Diète fut close par la sanction des articles, arrêtés par cette assemblée.

L'*archiduc Joseph*, fils aîné de l'Impératrice, né le 13 mars 1741, fut élu, le 27 mars 1764, par les électeurs d'Allemagne d'une voix unanime *roi des Romains*, et couronné à Francfort, le 3 du mois suivant. Joseph était marié depuis le 7 septembre 1760 avec l'infante *Marie-Isabelle*, fille du duc *Philippe de Parme*, qui passait pour la princesse la plus parfaite de l'Europe, tant par les charmes de sa personne que par ses vertus et ses talents. Malheureusement elle mourut de la petite vérole à la fleur de son âge, le 27 novembre 1763. De ses deux filles, la cadette *Christine* ne fit, pour ainsi dire, que paraître sur la terre; car le jour de sa naissance fut aussi celui de sa mort (le 22 novembre 1763); et l'aînée, *Marie-Thérèse*, (née le 20 mars 1762), cessa de vivre le 23 janvier 1770. Joseph, qui fut longtemps inconsolable de la perte de son épouse, contracta, le 22 janvier 1765, de nouveaux liens avec *Marie-Josephe*, princesse de *Bavière*, fille de l'*empereur Charles VII*; mais après deux années de mariage, la mort rompit également cette union (le 28 mai 1767). Le roi Joseph n'eut point d'enfants de cette princesse.

Le second fils de l'impératrice Marie-Thérèse, l'*archiduc Léopold*, né le 5 mai 1747, fut marié, le 5 août 1765 à Inspruck, avec l'infante *Marie-Louise*, fille du *roi Charles III d'Espagne*. L'Empereur et l'Impératrice, le roi des Romains, les deux archiduchesses aînées *Marie-Anne* et *Marie-Christine*, le prince Charles de Lorraine et la princesse Charlotte, sa soeur, assistèrent à ces noces, qui furent célébrées avec une grande splendeur et somptuosité. Mais au milieu des fêtes brillantes qui eurent lieu à cette occasion dans la capitale du Tyrol, un événement bien malheureux fit succéder la consternation et un deuil général aux divertissements et aux réjouissances publiques. Le 18 août, l'*empereur François I*, en rentrant vers les dix heures du soir dans son appartement avec son fils Joseph, qui l'avait accompagné au spectacle, fut frappé d'apoplexie, et expira dans les bras du roi des Romains. Ce coup terrible plongea toute la famille impériale dans la douleur, et désola l'âme sensible et aimante de Marie-Thérèse à un tel point qu'elle voulait, dans les premiers moments, se dépouiller de toutes ses couronnes, et passer le reste de ses jours comme abbesse au Chapitre des Dames nobles qu'elle érigea sur les lieux, témoins de cette funeste catastrophe. Mais cette Souveraine, toujours grande, toujours admirable, ayant réfléchi que l'exécution de ce dessein, en l'éloignant de ses enfants chéris, et en la privant des moyens de veiller sur le bien-être et la prospérité des nations que la Providence avait confiées à ses soins, l'empêcherait de remplir les devoirs les plus chers à son coeur et les seules qui fussent capables d'apporter quelque soulagement à ses peines, chercha courageusement à surmonter sa profonde affliction, et à gagner assez de force et de calme pour diriger, comme auparavant, de ses mains habiles le gouvernail de l'État. Les restes de l'empereur François furent transportés à Vienne, et déposés dans le caveau impérial chez les pères Capucins, où Marie-Thérèse fit élever pour son époux et pour elle un magnifique mausolée d'argent massif, qui excite encore aujourd'hui l'admiration de tous ceux qui visitent cet asile des augustes trépassés. Le dix-huitième jour de chaque mois, Marie-Thérèse s'enfermait dans ses appartements, et y passait la journée dans la prière et la méditation; elle descendait très-souvent dans la sombre demeure où reposait son royal époux, répandait des larmes sur sa tombe, et ne quitta plus ses habits de deuil tout le temps qu'elle lui survécut.

Les peuples de l'Autriche partagèrent sincèrement le chagrin de leur bonne Maîtresse, et pleurèrent avec elle la perte d'un prince, qui certes méritait bien d'être regrettée. En effet, l'empereur François I possédait toutes les qualités et toutes les vertus, qui peuvent honorer l'homme privé et le Souverain. Doux, poli, affable, généreux, bienfaisant, il s'illustra par de sublimes actions d'humanité. Sans en citer ici d'autres preuves, je ne rapporterai que le trait suivant. Lors d'un débordement subit des eaux du Danube, occasionné par le dégel, le faubourg de *Léopoldstadt* à Vienne fut submergé jusqu'au premier étage des maisons. Les habitants manquaient de vivres et de provisions, et se trouvaient dans une situation d'autant plus affreuse, qu'il paraissait impossible de leur porter des secours, et que les bateliers les plus hardis n'osaient le tenter, malgré les récompenses qui leur furent promises. Dans cette extrême détresse, l'empereur François paraît, entre, sans hésiter, lui-même dans une barque, passe au travers des glaçons le fleuve impétueux, affronte les dangers qui avaient fait frémir des hommes accoutumés aux inondations du Danube, et parvint à la rive opposée. Après avoir encouragé les malheureux inondés, après leur avoir distribué des secours, il revient heureusement au bruit des acclamations d'un peuple qui fondait en larmes, l'âme remplie de la douce satisfaction d'avoir rappelé à la vie tant d'infortunés. Ô vous, fiers conquérants, qui versez des flots de sang pour satisfaire votre ambition, dites si jamais la plus éclatante victoire produisit un sentiment aussi délicieux que celui qu'éprouva François I, après avoir conservé, au risque de ses jours, ceux d'une multitude d'hommes qui allaient périr dans les horreurs de la misère ?

Quoique l'empereur François I eût été associé par Marie-Thérèse au gouvernement des États autrichiens, il ne prit point une part active à l'administration de ces pays; non pas qu'il manquât de capacité et d'énergie; comme empereur d'Allemagne et comme grand-duc de Toscane, il fit voir assez qu'il avait autant de lumières que d'activité. Mais à l'égard de la Hongrie, de la Bohème et des autres États héréditaires d'Autriche, François I n'oublia point que Marie-Thérèse, en le nommant corégent, avait déclaré qu'elle n'entendait pas porter atteinte à la pragmatique sanction, ni partager son autorité; il n'oublia point, que son illustre épouse était seule Souveraine de la Monarchie autrichienne, et respecta constamment la volonté de cette grande princesse. Encore qu'il possédât la confiance et l'affection illimitée de Marie-Thérèse, il ne chercha jamais à faire prévaloir son opinion dans le Conseil, quelque contraire qu'elle fût parfois à celle qui y prédominait, et donna ainsi aux princes un bel exemple de modération et de soumission à l'autorité légitime, et aux lois fondamentales des pays.

François était un prince d'un grand savoir, et avait surtout acquis des connaissances étendues en matière de numismatique, d'histoire naturelle, d'archéologie &c. Il aimait et protégeait les arts et les sciences. Il suffit, pour s'en convaincre, de jeter les yeux sur tant de manufactures et établissements ou érigés, ou augmentés par lui, et qui ont pour but l'utilité et le bien publics. C'est, entre autres, à ce prince qu'on doit le Cabinet d'histoire naturelle, et la collection de toutes les médailles frappées depuis Charlemagne; c'est par ses ordres et par ses soins, qu'on a vu se former ces jardins magnifiques où se trouvent les arbres, les plantes et les fruits les plus rares des quatre parties du monde. François fut aussi proprement le fondateur des archives du Génie à Vienne, pour lesquels il fit recueillir des plans exacts de toutes les places fortes et points de défense des États autrichiens et, tant que possible, aussi ceux des pays étrangers. À Pistoie il fonda une académie des belles-lettres et de philosophie, — à Augsbourg une autre des arts libéraux.

François I avait une profonde connaissance de l'économie de l'État, et savait trouver pour chaque but financiel les voies et les ressources les plus propres. Il protégeait et encourageait le commerce, comme étant la source des richesses et de la splendeur d'un État. Il fit de Livourne un port franc. Les sommes excédantes des revenus de la Toscane étaient employées à de grandes entreprises mercantiles, du profit desquelles François amassa un trésor considérable.

Après la mort de François I, *Joseph II* qui, en vertu de son titre de roi des Romains, prit celui d'*Empereur*, fut nommé, le 23 septembre 1765 par sa mère corégent de tous les États autrichiens. L'Impératrice l'éleva en même temps à la dignité de grand-maître des Ordres autrichiens, et lui confia la direction du département de la guerre. L'*archiduc Léopold*, second fils de l'Impératrice, prit le gouvernement du *grand-duché de Toscane*, qui avait été destiné pour secondogéniture, en vertu d'une loi établie par l'empereur François I, le 14 juillet 1763.

L'empereur Joseph II commença sa corégence par l'inspection des États héréditaires qu'il était appelé à recueillir. Pour apprendre à connaître exactement la situation et les besoins des pays, il en parcourut une grande partie. Dès l'année 1766, il fit un voyage en Hongrie et en Bohème. L'agriculture, les fabriques, le commerce, les routes, les arsénaux, les ouvrages de fortification, les casernes, magasins, hôpitaux, les troupes, toutes les branches de l'administration, — en un mot, tout ce qui prend influence sur le bien-être des sujets et sur la sûreté du pays, fut examiné et considéré avec la plus grande attention par le monarque. Dans l'année 1769, Joseph visita les États d'Italie. Rome, Naples, Florence, Parme, Turin et Milan, furent les points principaux de ce voyage. À peine l'Empereur fut-il de retour en Autriche qu'il eut, au mois d'août, une entrevue avec le roi *Frédéric II* dans le voisinage de Neisse en Silésie. L'année suivante (1770) vit Joseph II de nouveau en Hongrie, ensuite en Moravie, où il s'aboucha une seconde fois avec le roi Frédéric à Mæhrisch-Neustadt, dans le cours du mois de septembre. Deux mauvaises années, où les blés vinrent à manquer, amenèrent en 1770-1771 en Autriche, et surtout en Bohème et en Moravie, une grande famine, qui fit naître des maladies contagieuses. Joseph accourut dans les contrées affligées, et dirigea les sages et bienfaisantes dispositions, ordonnées par son auguste mère pour le salut de ses malheureux sujets. Marie-Thérèse fit conduire en Bohème une grande quantité de riz et de grains, tant pour la nourriture de ceux qui avaient faim que pour la semaille prochaine, avança des sommes d'argent notables au pays, et exempta ceux qui étaient dans le besoin, d'une partie de leurs redevances. Le Ciel bénit ce secours et le fit fructifier; une récolte abondante mit fin à la misère.

Dans le cours de l'année 1773, Joseph entreprit un troisième voyage en Hongrie, où il inspecta soigneusement toutes les branches de l'administration. Le roi *Louis XV* étant mort le 10 mai 1774, son petit-fils, *Louis XVI*, marié avec *Marie-Antoinette*, fille de l'impératrice Marie-Thérèse, lui succéda sur le trône de France. Dans l'année 1777, l'Empereur fit le premier voyage en France et jusqu'en Espagne, et retourna par la Suisse, l'Autriche antérieure et le Tyrol à Vienne. Le but de ces voyages hors du pays était de s'instruire par lui-même des moeurs, métiers, arts, constitutions et établissements publics étrangers, et d'introduire dans ses États tout ce qui permettait quelque utilité et avantage. Il interrogeait les artistes, les savants, conversait avec eux, et entrait dans tous les détails de l'administration, laissant partout des preuves de sa libéralité. Enfin en 1780 il voyagea en Galicie, et eut une entrevue à Mohilow avec *l'impératrice Cathérine de Russie;* sur quoi il visita Moscou et Petersbourg.

Quelques contestations s'étant élevées avec la république de Venise sur les limites au fleuve de Tartaro, qui séparait les territoires de Mantoue et de Vérone, on accommoda ce différend par une convention, conclue le 18 juin 1764. Encore plus tard, 1777, la délimitation des frontières avec Venise dans le Frioul fut fixée par l'échange de quelques districts. Le 16 mai 1769, l'Impératrice conclut un accommodement avec la France, concernant les frontières méridionales des Pays-Bas, en Flandre, lesquelles furent alors déterminées d'après le cours de l'Escaut.

Le trône de Pologne étant devenu vacant par la mort du roi *Auguste III* (le 5 octobre 1763), la Russie et la Prusse parvinrent à faire élire roi le comte Stanislas-Auguste Poniatowski (le 7 septembre 1764). Le parti opposé fut fort aigri de ce choix; et lorsque l'impératrice Catherine demanda, en octobre 1766, qu'on accordât aux dissidents de Pologne le libre exercice de leur religion et qu'ils fussent admis, comme les Catholiques, aux honneurs et dignités du royaume, la confédération de Baar s'éleva contre le roi Stanislas-Auguste. La guerre civile désola le malheureux pays. Afin d'empêcher l'impératrice de Russie d'assister le roi, les confédérés, d'accord avec la France, excitèrent la Porte Ottomane à la guerre contre la Russie. Cette guerre commença en octobre 1768 et finit, le 21 juillet 1774, par la paix de Kutschuk-Kaïnardschi. La Porte fut obligée de déclarer indépendants les Tatars dans la Crimée, dans le Kouban et dans la Kabarda ou Cabardie, de céder à la Russie les villes de Jenikala, de Kertsch, de Kinburn et d'Asof avec leurs territoires, et d'accorder aux Russes la libre navigation sur la mer Noire et les fleuves de la Turquie.

Ce fut encore pendant cette guerre, que la Russie et la Prusse conclurent à Petersbourg, le 17 février 1772, ce traité remarquable, par lequel ces Puissances convinrent de rétrécir les limites de la Pologne, et de partager une partie de ce royaume, qui était intérieurement dévoré par la fureur des factions, et compromettait le repos des pays voisins. Marie-Thérèse était loin d'approuver ces projets; mais la nécessité de contre-balancer la puissance de ses deux grands voisins, et la crainte de provoquer par son opposition une nouvelle guerre générale, la déterminèrent à y donner son adhésion. D'ailleurs l'Impératrice-Reine pouvait réclamer avec droit de la Pologne plusieurs places et provinces qui avaient été démembrées des couronnes de Hongrie et de Bohème; savoir: les *villes de Zips*, engagées par la Hongrie à la Pologne depuis 1412, — les ci-devant duchés silésiens de *Zator* et d'*Auschwitz*, qu'on détenait au royaume de Bohème, — enfin la *Russie rouge*, dont la Pologne était depuis plus de trois siècles en possession au préjudice du royaume de Hongrie [1]). Le 5 août 1772, le traité de partage fut signé à Petersbourg par les trois Puissances. De même que l'Autriche, de même la Russie et la Prusse développèrent aussi par des manifestes leurs prétentions sur différentes provinces polonaises. Le 1 septembre 1772, les Puissances accomplirent la prise-de-possession; et la Pologne céda formellement ces pays par des conventions faites avec l'Autriche (3 août), avec la Russie et la Prusse (18 septembre) 1773. L'Autriche eut les seize villes de Zips, la Russie rouge, la moitié du palatinat de Cracovie, les duchés de Zator et Auschwitz, et quelques parties de la Podolie, Sendomir, Belcz et la Pokucie. Les villes zipsiennes, savoir: *Iglo* ou Neudorf (chef-lieu du comitat de Zips), *Varallya* ou Kirchdorf, *Olaszy, Georgenberg,*

---

[1]) Marie-Thérèse avait depuis l'année 1741, à l'exemple de quelques rois de Hongrie précédents, repris et continué à porter le titre et les armes des pays de *Halics* et de *Vlodomir* ou *Wlodimir* qui avaient autrefois appartenu à la Hongrie.

Felka, *Poprad*, *Matzdorf*, *Straza*, *Menyhard* ou Mehnetsdorf, *Durand* ou Durlsdorf, *Leibitz*, *Ruszkinocz* ou Risszdorf, *Bela*, *Podolin*, *Lublo* et *Gneszda*, Gnesde ou Kriesen, furent réunies à la Hongrie, le 20 mai 1775. On forma des autres acquisitions polonaises un royaume sous le nom de *Galicie* et de *Lodomérie*, dont les limites furent réglées par la convention, conclue avec la république de Pologne le 6 février 1776. La *Bukovine*, qui avait autrefois appartenu à la Transylvanie, avait été démembrée de ce pays par un vayvode de Moldavie. L'Autriche avait dès l'année 1774 réclamé de la Porte cette contrée. Un ambassadeur ottoman négocia pendant quelques mois de la même année par rapport à la cession du pays précité, laquelle fut enfin promise le 7 mai 1775, et ratifiée le 25 février 1777 par la Porte.

À peine cette affaire importante fut-elle arrangée, que la succession de *Bavière*, ouverte par la mort de l'*électeur Maximilien-Joseph III* (le 30 décembre 1777), occasionna des démêlés, qui auraient probablement conduit à une longue guerre, sans les efforts de Marie-Thérèse pour la terminer dans son origine. L'électeur Maximilien-Joseph III de Bavière étant le dernier de la race masculine de cette Maison, plusieurs prétendants se présentèrent pour avoir part à son héritage. Le duc Albert V d'Autriche, fils de Jeanne, sœur du duc Jean de la basse Bavière à Straubing, mort 1424 sans postérité, avait été investi de ce pays vacant, — conjointement avec les ducs des lignes de la haute Bavière, — par l'empereur Sigismond, le 10 mai 1426. Lorsque ce monarque fut engagé, l'an 1429, par les circonstances politiques d'alors à adjuger la possession effective de cette contrée aux princes de la haute Bavière seuls, le droit sur le territoire de Straubing resta incontestablement réservé au duc

Albert et à ses descendants, en cas que les lignes de la haute Bavière vinssent à s'éteindre. Ce cas étant maintenant advenu, l'Autriche réclama le territoire de Straubing, en vertu du droit de succession mentionné, — le comté de Mindelheim, ensuite de l'expectative concédée 1414 à l'Autriche par l'empereur Mathias, enfin le retour des fiefs bohèmes dans la haute Bavière, vacants par la mort de l'électeur. La Saxe électorale demanda la remise de tous les biens allodiaux de la succession bavaroise, du chef de l'électrice-douairière. Cette princesse était la soeur unique de feu l'électeur de Bavière, et par conséquent l'héritière allodiale naturelle. Toutefois elle avait cédé, dès l'année 1776, son droit de succession à son fils Frédéric-Auguste III. Parmi les allodiaux se trouvait aussi cette somme de treize millions de florins qui grevait la haute Bavière, depuis que l'empereur Ferdinand II avait cédé ce pays à l'électeur Maximilien de Bavière, en dédommagement d'une pareille somme qu'il avait dépensée pour les frais de la guerre. Le duc de Mecklembourg forma des prétentions sur le landgraviat de Leuchtenberg, en vertu d'une expectative que lui en avait donnée l'empereur Maximilien I, l'an 1502. L'électeur Maximilien-Joseph lui-même, et son plus proche parent et principal héritier naturel, *Charles-Théodore*, *électeur palatin*, reconnaissant la justice des prétentions de l'Autriche, avaient dès le commencement de l'année 1777 entamé des négociations avec cette Puissance relativement à cet objet. Lorsque l'électeur Maximilien-Joseph mourut (le 30 décembre 1777), la convention était déjà conclue. Les plénipotentiaires respectifs signèrent, en conséquence de cet accord, le 8 janvier 1778 une transaction que l'électeur Charles-Théodore ratifia pour lui, ses héritiers et successeurs à l'électorat de Bavière, le 14 janvier de la même année. Alors plusieurs colonnes de troupes autrichiennes entrèrent en Bavière, et occupèrent les districts et endroits de la basse Bavière et du Haut-Palatinat qui avaient jadis appartenu à la part de Straubing, ou sur lesquels l'Autriche avait des prétentions par d'autres titres de droit. Dans le cours du mois de mars, l'Impératrice fut inaugurée par les habitants de ces contrées.

Le duc Maximilien-Joseph de Deux-Ponts, comme le plus proche héritier de Charles-Théodore, avait déclaré, avant et après cet accommodement, qu'il agréait les susdites conventions et qu'il reconnaissait la légitimité des prétentions de l'Autriche. On concertait même une échange amiable de toutes les autres possessions bavaroises contre les Pays-Bas autrichiens; mais le roi de Prusse troubla ce bon accord par son intervention. Le duc se laissa persuader par le ministre plénipotentiaire de ce monarque à protester contre l'arrangement fait par son oncle avec l'Autriche, et à réclamer la protection de Frédéric II. Ce monarque se constitua alors médiateur, et comme ses propositions inacceptables furent rejetées, il commença la guerre.

Le roi de Prusse, à la tête d'une armée de 100,000 hommes, marcha au commencement de juillet par Glatz sur Nachod en Bohème. Le prince Henri, avec les troupes qu'il avait rassemblées dans la Marche de Brandebourg, le pays de Magdebourg &c., se dirigea vers Dresde. L'électeur de Saxe qui, ne pouvant espérer que l'Autriche aurait égard à ses réclamations, s'était joint à Frédéric, réunit ses troupes avec celles de la Prusse. La principale armée impériale se rassembla dans les camps retranchés sur la rive droite de l'Elbe, près de Kœniggrætz et Jaromirsz, et par Arnau jusque vers Hohen-Elbe. L'empereur Joseph, brûlant de se mesurer avec le héros du siècle, et de s'immortaliser, comme lui, par ses exploits, prit lui-même le commandement des forces que Marie-

Thérèse opposa à celles du roi de Prusse; sous l'Empereur commandaient les feldmaréchaux duc Albert de Saxe-Teschen et le comte de Lacy, le premier sur l'aile droite, et le second sur l'aile gauche. La position des Impériaux était fort bien choisie et fortement retranchée. Le feldmaréchal Loudon occupait avec une autre armée le camp dans le voisinage de Niemes; et le général de cavalerie prince Charles de Liechtenstein, posté avec un corps de troupes près de Leitmeritz, observait les mouvements du prince Henri en Saxe. Le lieutenant-général marquis Botta commandait les troupes impériales en Moravie et dans la Silésie autrichienne.

On était d'abord convenu, que le prince Henri pénétrerait par la montagne dite *Erzgebirge* en Bohème dans le cercle de Saatz. Déjà son avant-garde sous le général Mœllendorf s'était avancée, le 19 juillet, par Marienberg et Sebastiansberg, sur la route qui conduit à Kommotau, lorsque le roi changea subitement son plan. Il ordonna au prince de laisser le général Platen avec 30,000 hommes comme réserve près de Maxen, de passer l'Elbe avec le reste de ses troupes et de pénétrer sur la rive droite, par Rumbourg et le cercle de Leitmeritz, sur les derrières de la position des Impériaux à l'Elbe jusqu'à Turnau. Les corps des généraux prussiens Werner et Stutterheim devaient, du côté de la Saxe et de la Silésie prussienne, faire par Troppau et Teschen une invasion en Moravie. Le roi Frédéric chercha, dans le temps intermédiaire, à occuper et à déconcerter par des marches, des reconnaissances, changements de position et autres manoeuvres, les Impériaux dans leurs retranchements, espérant les voir commettre quelque méprise dont il pourrait profiter. Mais tous ses efforts furent inutiles et infructueux. Le feldmaréchal Loudon était placé, le 12 juillet, avec sa force principale derrière l'Elbe, dans le camp près de Wettel, entre Gastdorf et Raudnitz ; le corps du lieutenant-général comte Giulay se trouvait près de Tetschen et de Gabel ; et celui du général de cavalerie prince Liechtenstein campait entre Leitmeritz et Aussig. Lorsque le prince Henri partit avec son armée de la Saxe, au commencement du mois d'août, le général Loudon se porta par une marche de flanc rapide sur Turnau et ferma, par l'occupation de la forte position derrière l'Iser, près Jungbunzlau, Bakofen, Münchengrætz, Turnau et Starkenbach, au prince le chemin qui devait le conduire au but qu'il voulait atteindre. Le général Sauer était posté avec une division derrière l'Egre dans les environs de Budin. Le prince fit alors marcher aussi le général Platen avec le corps de réserve par Peterswalde vers la Bohème, pour envelopper le flanc gauche de Loudon. Le prince Henri s'était avancé, le 9 août, jusqu'à Niemes, et trois jours après (le 12 août) le général Platen arriva à Leitmeritz. Les autres corps prussiens, qui avaient pénétré par Troppau et Jægerndorf en Moravie, furent empêchés, par la forte position que le lieutenant-général Botta occupait près de Heidenpiltsch, de s'avancer plus avant dans le pays.

Cependant Marie-Thérèse, qui avait vu avec regret le repos de ses États troublé par cette nouvelle guerre, qu'elle n'avait pu empêcher, se donnait toutes les peines possibles pour effectuer un accommodement, avant que les armées en vinssent aux mains. Elle proposa au roi de Prusse d'entamer des négociations, ce qui fut accepté. En conséquence, des plénipotentiaires autrichiens et prussiens se réunirent, le 13 août, à Braunau, dans le cercle de Kœniggrætz, pour conférer ensemble ; mais n'ayant pu s'accorder sur les conditions de la paix, ils se séparèrent, après quelques jours de délibération. Pendant ce temps-là, Frédéric II quitta avec son armée principale le camp près Welsdorf, où il était resté durant cinq semaines, et marcha, en remontant l'Elbe, dans celui près de Burkersdorf. Le congrès, qui durait alors encore, empêcha les Autrichiens d'inquiéter pendant cette marche les Prussiens dans les gorges dangereuses de montagnes. Le roi se dirigea, le 22 août, encore plus à droite vers le haut de l'Elbe, et assit son camp dans le voisinage de Tscherma et de Wiltschutz, d'où il espérait pouvoir pénétrer plus avant vers Arnau. Mais la plus grande partie de l'armée autrichienne fit, de son côté, un mouvement de flanc à gauche et se trouva, le 23 août, derrière le fleuve, dans le camp près d'Els. Le 26 du même mois, Frédéric conduisit l'armée à Lauterwasser et fit la reconnaissance de la position autrichienne près de Hohen-Elbe, mais ne vit également ici aucune possibilité de gagner le flanc gauche des Autrichiens. Les généraux Platen et Mœllendorf s'étaient avancés, le premier jusqu'à Raudnitz et le second jusqu'à Melnik. Le feldmaréchal Loudon fit couvrir Prague par quelques troupes, et avancer de forts détachements par Benatek et Brandeis; ce qui contraignit ces corps prussiens à se retirer à Leitmeritz, à Kinnitz, à Neuschloss &c.

Le 8 septembre, les Prussiens se mirent en marche pour évacuer la Bohème; le prince Henri quitta Niemes et se dirigea par Leitmeritz et Aussig vers la Saxe, dont il passa la frontière, le 28 septembre; le roi marcha de Lauterwasser par Wiltschutz et Trautenau vers Schatzlar, et ensuite vers Liebau où il prit, le 21 septembre, sa position. Le 15 octobre, Frédéric transféra son quartier-général à Landshut, ayant appris que les troupes autrichiennes étaient déjà entrées dans les quartiers d'hiver. Il mit alors aussi ses armées en cantonnement en Silésie et en Saxe, où elles furent toutefois inquiétées par de fréquentes attaques et courses de la part des Autrichiens. Les principales surprises furent celles, dirigées contre le régiment Thadden, cantonné à Dittersbach le 9, —

contre le bataillon de Steinmetz à Komeise dans la nuit du 21 au 22, — contre le régiment de Thuna à Weisskirchen le 26 novembre, enfin celle contre Habelschwerd et Oberschwedeldorf le 18 janvier 1779. Toutes ces entreprises furent couronnées d'un heureux succès, tandis que les attaques prussiennes, au contraire, sur les troupes autrichiennes, cantonnées à Olbersdorf et à Zuckmantel, depuis du 11 au 13 janvier, — sur Brix du 4 au 7 février, — et sur Braunau le 17 février, échouèrent complètement.

L'Impératrice-Reine, qui ne désirait rien tant que de prévenir une plus grande effusion de sang, ne cessait de faire au roi de Prusse des propositions d'accommodement. Elle écrivit une lettre très-conciliante à *Frédéric* qui, flatté de la prévenance d'une princesse qu'il respectait et admirait, d'ailleurs assez incliné lui-même à terminer une guerre qui ne lui offrait aucune chance favorable, promit à son illustre rivale de faire la paix à des conditions raisonnables, et lui tint parole. Pour l'empereur Joseph, qui aspirait à faire l'essai de ses talents militaires et à signaler son courage, il était loin de partager ces sentiments pacifiques. Mais cela n'empêcha point qu'un congrès ne fût ouvert, sous la médiation de la France et de la Russie, à Teschen en Silésie le 10 mars 1779. On commença par la conclusion d'un armistice; après une négociation de neuf semaines, la paix fut signée le 13 du mois de mai. L'Autriche garda de l'héritage bavarois le pays situé entre le Danube, la Salza et l'Inn, et appelé aujourd'hui le *Quartier de l'Inn (Inn-Viertel)*. Elle renonça à ses autres prétentions sur la part straubingienne de Bavière, et sur le comté de Mindelheim, comme aussi à la suzeraineté de la Bohême sur les seigneuries schœnbourgeoises dans le Haut-Palatinat. La Saxe reçut pour ses prétentions allodiales une somme de six millions de florins, argent d'Empire, payable par la Bavière, qui céda en outre à l'électeur de Saxe les seigneuries schœnbourgeoises précitées. On concéda au roi de Prusse le droit de réunir, après l'extinction de la ligne collatérale brandebourgeoise, Anspach et Baireuth à la primogéniture. La paix de Westphalie et tous les traités subséquents, conclus entre l'Autriche et la Prusse, furent confirmés. La France et la Russie se chargèrent de la garantie de cette paix. L'Empire germanique la confirma le 28 février 1780.

Outre l'acquisition que l'Autriche fit d'une partie de la *Pologne*, celle de la *Bukovine* et du *Quartier de l'Inn*, le territoire de la Monarchie s'accrut encore, pendant le règne de Marie-Thérèse, par quelques autres possessions assez considérables. Le comté de *Hohen-Embs*, fief d'Empire, vacant par l'extinction de la famille qui le possédait, fut adjugé à la Maison d'Autriche, par un arrêté du Conseil aulique d'Empire, le 11 mars 1765. L'*Orténavie*, dont l'empereur Léopold I avait investi 1701 le margrave Louis de Bade, retourna à l'Autriche 1771 par l'extinction de la Maison de Bade-Bade. La Maison des comtes de Montfort ayant cessé de fleurir le 23 mars 1780, ses dernières possessions: *Tettnang* et *Argen*, sur lesquelles l'Impératrice-Reine avait prêté des sommes notables au propriétaire, furent réunis après sa mort à l'Autriche antérieure.

La joie que Marie-Thérèse avait éprouvée, en recevant la nouvelle de la conclusion de la paix, fut de courte durée. Cette grande Souveraine cessa de vivre le 29 novembre 1780, étant âgée de soixante-quatre ans, dont elle en avait régné quarante. Avec cette princesse finit la série des illustres Habsbourgeois, qui avaient régné sur l'Autriche pendant cinq siècles, moins deux ans. Cinq princes et onze princesses furent les fruits de l'heureuse union de Marie-Thérèse et de François I: *Joseph* qui monta sur le trône (né le 13 mars 1741, † le 20 février 1790); — *Charles* (né le 1 février 1744, † le 18 janvier 1761); — *Léopold* (né le 5 mai 1747) grand-duc de Toscane le 18 août 1765, successeur au trône de Hongrie et de Bohème et Souverain de tous les autres États autrichiens le 20 février 1790, ensuite empereur romain le 30 septembre 1790 († le 1 mars 1792); — *Ferdinand* (né le 1 juin 1754, † le 24 décembre 1806), gouverneur-général de la Lombardie, marié depuis le 15 octobre 1771 à Marie-Richarde-Béatrice d'Este, fille et héritière du duc Hercule-Rénier de Modène, de Massa et Carrare; — *Maximilien* (né le 8 décembre 1756), électeur de Cologne, évêque de Munster, et grand-maître de l'ordre Teutonique († le 27 juillet 1801); — *Marie-Anne* (née le 6 octobre 1738, morte le 19 octobre 1789); — *Marie-Christine* (née le 13 mai 1742, † le 26 juin 1798), gouvernante en Hongrie, puis dans les Pays-Bas, mariée le 8 avril 1766 à Albert-Casimir, duc de Saxe-Teschen; — *Marie-Élisabeth* (née le 13 août 1743, † le 22 septembre 1808; — *Marie-Amélie* (née le 26 février 1746, † le 18 juin 1804), mariée le 19 juillet 1769 à Ferdinand infant d'Espagne, duc de Parme et de Plaisance; *Marie-Caroline* (née le 13 août 1752, † le 8 septembre 1814), mariée à Ferdinand II, roi des Deux-Siciles, le 12 mai 1768; — *Marie-Antoinette* (née le 2 novembre 1755, † le 16 octobre 1793), mariée au Dauphin, et ensuite roi de France, Louis XVI, le 19 mai 1770; — *M. Élisabeth*, *M. Caroline*, *Jeanne-Gabrièle* et *Josephe*, qui moururent dans leur jeunesse, et encore une princesse, née et morte le même jour.

Marie-Thérèse fut une princesse incomparable et dans la vie privée et sur le trône. Modèle de toutes les vertus domestiques, épouse tendre, excellente mère, maîtresse douce et bienfaisante, elle fut en même temps la régénératrice de son pays, et égala les plus grands rois dans l'art de régner. Nul prince ne sut mieux saisir l'esprit des peuples, et les gouverner d'une manière plus conforme à leur caractère. Aussi le souvenir de cette sage Souveraine ne s'éteindra-t-il jamais dans les coeurs de ses sujets, qui la pleurèrent et regrettèrent, comme une bonne mère est pleurée et regrettée par ses enfants.

Au milieu des plus dangereuses tourmentes de la guerre, comme au sein de la paix, Marie-Thérèse s'appliqua avec la plus grande activité à faire fleurir son Empire, consolider et augmenter la prospérité des nations dont il était composé. Pour la conservation des documents, des traités et d'autres actes publics, qui sont d'une si grande importance pour l'histoire et les droits des États, l'Impératrice-Reine érigea le *dépôt secret des archives de Cour, d'État et de la Maison impériale et royale*. La direction des affaires étrangères fut séparée de l'administration intérieure, et transportée à la *Chancellerie intime de Cour, d'État et de la Maison impériale*, à la tête de laquelle était le *prince de Kaunitz*, son fondateur. Pour obliger les gouvernements des provinces particulières à observer exactement, dans l'exercice de leurs fonctions, les principes administratifs établis et les ordonnances émanées du Souverain, pour les empêcher d'outre-passer les bornes de leur sphère d'activité, et pour introduire un régime égal dans toute l'étendue de la Monarchie, l'Impératrice créa un Collège suprême d'Empire : le *Conseil d'État*, ce sénat respectable qui est le vrai conservateur des lois, comme celui des biens, des droits et de la sûreté des particuliers. En seconde ligne, on organisa des autorités intermédiaires, sous le titre de *Départements auliques (Hofstellen)*, pour l'administration politique proprement dite, pour les finances et la justice.

Afin de lier le cultivateur, qui dépendait jusqu'alors presque de son seigneur foncier seul, plus étroitement à l'État, et de maintenir, suivant les lois, les rapports, les droits et les obligations de ces deux classes, tant l'une envers l'autre, qu'envers le gouvernement, les *intendances de cercle (Kreisämter)* furent établies. Dès l'année 1772, Marie-Thérèse commença à modérer la *servitude;* et l'*édit des corvées (Roboth-Patent)* de 1775 soulagea les paysans en Bohème et en Moravie. L'Impératrice améliora l'administration de la justice par un nouveau code pénal. Le 1 janvier 1776, la *question* fut abolie, et la peine de mort restreinte à certains crimes révoltants et dangereux pour l'État. On soigna aussi, par de nombreuses ordonnances de police, pour la sûreté, les bonnes moeurs et la décence de la vie populaire.

La direction suprême de l'administration de la *Lombardie* et des *Pays-Bas*, dans laquelle on devait souvent avoir égard aux rapports politiques avec les pays voisins, fut confiée par ce motif à la Chancellerie intime de Cour et d'État. Le lien qui unissait la *Hongrie* aux autres provinces autrichiennes, fut de plus en plus resserré par les sages et énergiques dispositions de Marie-Thérèse, qui ne négligea aucun moyen pour avancer la culture et le commerce dans ce royaume. Les limites de la Hongrie furent étendues par l'incorporation des villes zipsiennes, du banat de Temeswar et du Littoral de la Croatie. Dans le Banat l'Impératrice fit achever le canal de Béga, si important pour le commerce, sécher de grandes étendues de terres marécageuses, et introduire l'exploitation des mines. Des colonies nombreuses peuplèrent les contrées désertes de la Hongrie. Les privilèges des colons serbes furent confirmés ; pour les Illyriens on érigea une Députation aulique particulière, fit des règlements particuliers et établit une imprimerie aulique. La *Transylvanie* fut élevée au rang de *grande-principauté*. La constitution des *Frontières militaires* fut perfectionnée, tant par rapport à l'administration intérieure du pays, que relativement à l'organisation des habitants pour le service militaire.

Les finances et le commerce, qui avaient beaucoup souffert par les guerres que l'Autriche avait eu à soutenir, fixèrent particulièrement l'attention de Marie-Thérèse. Dans la vue d'augmenter les revenus de la Monarchie, cette sage Souveraine chercha à répartir les charges publiques sur tous les états, sur toutes les classes du peuple, d'après des principes aussi égaux et équitables qu'il était possible. Dès l'année 1749 elle fit les premiers pas vers ce but difficile, en ordonnant la rectification des tailles foncières, en introduisant le cadastre et les terriers, en imposant les états qui étaient auparavant affranchis des contributions. Les Hongrois aussi accordèrent à l'Impératrice-Reine une augmentation des subsides; en sorte que le produit de la contribution, des droits sur le sel, et de l'impôt du Trentième (*Dreissigst-Zölle*) fut presque doublé sous le règne de Marie-Thérèse. Pour vivifier et étendre davantage le commerce, on érigea un *Conseil aulique de commerce*. La confiance entre les négociants fut plus solidement raffermie par un règlement sévère concernant le change. Des sociétés économiques se formèrent dans les provinces; plusieurs fabriques furent érigées et encouragées par des privilèges. L'importation des articles étrangers que les propres fabriques étaient en état de produire en quantité suffisante et en bonne qualité, fut en partie entièrement prohibée, et en partie restreinte par les droits d'entrée qu'on établit sur ces marchandises. Le commerce fut encore particulièrement favorisé, dans les Pays-Bas, en Tyrol, en Lombardie et dans le Banat, par la construction de nouvelles routes et de canaux, par l'extension de la navigation, comme aussi par une meilleure organisation des ports francs de Trieste et de Fiume.

Quoique Marie-Thérèse, princesse d'une piété exemplaire, nourrît dans son âme bienveillante le secret désir de voir ses sujets se réunir à elle dans la même croyance sur les dogmes et vérités sublimes de la religion, et qu'elle éprouvât un grand contentement, lorsque des hommes distingués d'autres confessions entraient au sein de l'Église catholique-romaine, elle n'en restreignit pas moins, par de sages ordonnances, le zèle mal entendu du prosélytisme violent. L'Impératrice eut aussi soin de marquer exactement les limites entre son pouvoir souverain et l'influence qui appartenait légitimement à l'Église. Entre autres règlements émanés à cet égard, il y en avait un qui supprimait les voyages d'inspection des nonces apostoliques, et un autre qui défendait de publier les bulles du pape sans en avoir obtenu auparavant l'autorisation souveraine. Les ouvrages théologiques, destinés à être imprimés, furent soumis à la censure générale. Les biens et revenus ecclésiastiques devaient contribuer aux charges de l'État. On diminua le nombre des jours de fête et les pèlerinages. A l'égard des couvents, l'époque de l'émission des voeux fut fixée à vingt-quatre ans accomplis, et on limita la dot des novices. Le droit d'asile dans les églises et les couvents, où des criminels échappés trouvaient jusqu'alors protection et impunité, fut entièrement aboli.

Afin de conserver les études théologiques dans leur pureté, et les soumettre en même temps à la surveillance du gouvernement, on rédigea de nouveaux livres d'instruction, dont l'usage exclusif fut prescrit à toutes les écoles ecclésiastiques, tant à celles des évêques qu'à celles des couvents. L'Impératrice, en sa qualité de reine de Hongrie, avait repris le titre d'*Apostolique*, que Saint-Étienne et ses plus proches successeurs avaient obtenu du souverain pontife pour récompense de leur zèle dans la propagation de la Foi chrétienne. Parmi les prérogatives attachées à ce titre en affaires d'Église, étaient aussi comprises l'érection de nouveaux évêchés, — la diminution, la réunion, ou la suppression de ceux qui existaient déjà. Marie-Thérèse, usant de ce pouvoir, comme aussi du droit de patronage dans la collation des sièges épiscopaux et des canonicats, créa en Hongrie les évêchés catholiques de Neusol, de Rosenau, de Zips, de Stein-am-Anger, d'Albe-Royale, — ensuite les évêchés greco-catholiques au Grand-Waradin, à Munkacs et à Schwidnitz en Croatie. En Moravie, Olmutz devint siège archiépiscopal; un nouvel évêché fut érigé à Brunn, — un autre à Tarnow en Galicie. En Lombardie, nombre de couvents d'hommes furent supprimés, comme étant superflus.

L'impératrice Marie-Thérèse s'appliqua aussi avec un zèle actif à élever ses peuples à un plus haut degré de culture. L'ignorance fut vivement combattue, et on s'opposa avec la plus grande énergie à la superstition. Les devins, les sorcières, les nécromanciens, les adeptes, les chercheurs de trésors et autres imposteurs, qui dupaient et volaient le peuple, furent poursuivis par la police, et leurs livres et écrits livrés aux flammes. Les hommes véritablement savants jouirent toujours de la protection généreuse de Marie-Thérèse, et furent soutenus par elle dans chaque entreprise qui avait pour but d'étendre les connaissances scientifiques. Ce fut ainsi que le célèbre *Jacquin* fit aux frais impériaux ses grands voyages botaniques.

Marie-Thérèse veilla avec une sollicitude vraiment maternelle à l'éducation et à l'instruction de la jeunesse dans tous les pays de son Empire. C'est à ses soins que l'Autriche doit la plus grande partie des instituts qui existent actuellement. Dès l'année 1746 Marie-Thérèse érigea l'académie des chevaliers appelée de son nom *Thérésienne*, qui fut ouverte l'an 1747. L'Impératrice avait assigné à cet institut noble son palais d'été nommé *Favorite* (au faubourg de Wieden), qui devenait disponible depuis qu'elle avait fait bâtir la magnifique maison de plaisance de *Schœnbrunn* ¹). Dans la même année (1747) l'Impératrice institua le pensionnat noble à Tyrnan en Hongrie. Sous sa protection fut fondé, l'an 1745, le collège des Piaristes à Vienne par le comte de Lœwenbourg, dont il porte le nom, — et en 1749 l'institut de la duchesse-douairière de Savoye, dite aussi pensionnat emmanuel à Vienne, pour de jeunes garçons nobles. L'Impératrice chargea vers la même époque le célèbre *van Swieten*, son premier médecin, de dresser un nouveau plan d'études, plus convenable aux progrès des sciences, lequel commença effectivement à être exécuté l'an 1751. En même temps on commença à construire le nouvel édifice de l'université, et à faire un jardin de plantes, d'après lequel les jardins botaniques des universités à Milan et à Pavie furent ensuite aussi arrangés. En 1752 furent fondées les académies militaires à Vienne et à Neustadt, — 1753 l'académie orientale. Dans les années suivantes Marie-Thérèse fonda l'académie minéralogique à Chemnitz, la maison des orphelins à Tallos (Wartberg) en Hongrie, — les écoles de graveurs et modeleurs en cire, puis l'académie de dessin et de graveurs en taille-douce à Vienne, —

---

¹) L'empereur Léopold I avait fait construire vers l'an 1696 dans le même endroit un palais d'été pour le roi des Romains Joseph; c'était dans ce château que la Cour se divertissait ordinairement par des tournois et autres jeux de chevalerie. Sous le règne de Charles VI, qui aimait à passer l'été dans son palais au Wieden, d'où il portait probablement le nom de *Favorite*, le château ne fut que peu ou pas du tout visité. Mais Marie-Thérèse, qui avait pris ce séjour en affection, à cause de sa proximité de Marie-Hietzing, lieu de pèlerinage, fit démolir en 1744 l'ancien château et élever à sa place une nouvelle superbe résidence qui en 1749 était presque entièrement achevée. *Schönbrunn* (Belle-Fontaine) a reçu son nom de la source d'eau excellente qui sort d'un rocher dans le parc, à 600 pas du château.

puis l'école vétérinaire, — un institut pour former des maîtres d'école de la campagne, et en 1770 une académie *réale* ou école de commerce. Dans cette dernière année, l'Impératrice institua la maison des orphelins, portant son nom, à Hermanstadt en Transylvanie, et pressa autant que possible l'introduction des écoles de village en Hongrie. En 1771 Marie-Thérèse fit ériger l'*école d'économie rurale* à Vienne, et faire les dispositions préparatoires pour le nouvel établissement des écoles normales.

Les biens de l'ordre des Jésuites, supprimé 1773-1774, furent assignés à la Caisse des études (*Studienfond*). Dans le cours de l'année 1773 l'Impératrice établit la *Commission aulique des études*, et en 1775 parut un règlement général pour les écoles normales, primaires et élémentaires. On érigea en outre, vers le même temps, plusieurs nouvelles chaires pour différentes sciences aux universités de Vienne, de Prague, de Pavie &c. Ensuite Marie-Thérèse fonda encore le collège noble à Inspruck, les académies de Bruxelles, de Rovérédo et de Mantoue, les collèges à Anvers, à Gand, Bruges, Namur, Luxembourg, Ruremonde, Ypres, Courtrai et plusieurs autres. En 1776 le nouveau système d'études fut aussi introduit en Hongrie. Des académies furent érigées à Presbourg, à Raab, au Grand-Waradin, à Cassovie et à Agram; on distribua plus convenablement les gymnases, et réforma le lycée de Clausenbourg en Transylvanie, ensuite aussi l'université de Tyrnau, qui fut transférée 1780 à Bude. La galérie impériale de tableaux fut transportée, l'an 1775, au Belvedère, autre palais d'été, au faubourg dit *Rennweg* à Vienne. Enfin dans l'année 1779 fut fondé dans cette capitale une école gratuite pour les sourds et muets, d'après le plan de l'admirable institut de l'abbé de l'Epée à Paris.

Tant pour être plus à même de rémunérer les

mérites, que pour relever l'éclat de sa Maison, Marie-Thérèse institua deux Ordres de chevalerie, et entoura sa personne de gardes du corps. L'*Ordre militaire de Marie-Thérèse*, destiné pour des officiers qui se sont signalés par un courage intrépide et des beaux faits d'armes, date du jour de la victoire près de Colin (le 18 juin 1757); il n'était composé dans le commencement que de grands-croix et de chevaliers; mais l'empereur Joseph l'augmenta en 1765 d'une classe intermédiaire entre les chevaliers et les grands-croix, de celle de commandeurs. L'*Ordre royal de Saint-Étienne de Hongrie* fut fondé, le 5 mai 1764, pour récompenser les fonctionnaires civiles qui ont rendu de grands services à l'État. La *fondation* militaire d'Élisabeth, créée 1750 par l'impératrice Élisabeth, douairière de Charles VI, pour de vieux officiers de l'État-major qui ont servi longtemps avec distinction, fut renouvelée 1771 par Marie-Thérèse. Cette illustre Souveraine fonda aussi le Chapitre des dames nobles à Prague 1756 et celui à Inspruck 1765. La garde noble hongroise fut érigée l'an 1760, — la garde noble allemande 1763, — la garde des trabans à pied en 1767.

Marie-Thérèse, à son avénement, trouva les pays héréditaires d'Autriche dans un état de défense si imparfait, que sans sa propre fermeté et l'enthousiasme qu'elle sut inspirer à ses peuples, il lui aurait été impossible de résister à la ligue puissante formée contre elle. C'est pourquoi cette princesse, aussi éclairée que prudente, s'attacha avec le plus grand zèle à empêcher le retour d'une si dangereuse position. Dans cette vue, elle créa une nouvelle armée, qui fut parfaitement exercée et disciplinée, et réorganisa toutes les branches militaires; en quoi elle fut efficacement secondée par son fils l'empereur Joseph, qui avait eu le feldmaréchal comte de Lacy pour instituteur dans la théorie de l'art de la guerre. Marie-Thérèse visitait en personne les camps, non-seulement en temps de paix, mais aussi pendant la guerre, comme entre autres celui près de Heidelberg en 1745. Elle faisait la revue des troupes, les encourageait et enflammait leur ardeur guerrière par des paroles pleines d'énergie et de dignité. On construisit un grand nombre de casernes, des maisons d'éducation pour les enfants de soldats, et érigea quantité d'autres instituts. Le règlement du comte de Lacy parut 1770. Vers la même année, la conscription militaire fut introduite dans tous les États héréditaires allemands. La dernière chose que Marie-Thérèse put faire, en matière militaire, pour la protection de ses pays, ce fut la résolution qu'elle prit 1780, deux mois avant sa mort, de mettre les frontières de la Bohème, que ses ennemis avaient si souvent franchies pendant son règne, à couvert de futures attaques par la construction de deux nouvelles forteresses: *Theresienstadt* et *Josephstadt*, et par la fortification des villes d'Egre et de Kœniggrætz.

Je passerai tous les traits de générosité et d'humanité, d'ailleurs assez connus, qui rendront la mémoire de Marie-Thérèse éternellement précieuse et chère aux peuples autrichiens, et je me bornerai à dire, qu'aucun jour de son long et glorieux règne ne s'écoula qui ne fût marqué par quelque action qui montrait la grandeur et la bonté de son âme. Aussi les annales de toutes les nations font-elles à l'envi son éloge; mais elle n'est dépeinte nulle part avec plus de précision et de vérité, que dans l'épitaphe suivante, composée par le marquis de Caraccioli pour cette inimitable Souveraine:

<blockquote>
Ci-gît l'appui des vertus et des lois,
L'exemple du courage et de la bienfaisance,
Thérèse, dont le règne est l'école des rois,
Et la tombe un autel que l'univers encense.
</blockquote>

On peut ajouter à cet apothéose si bien mérité, que l'espèce de culte qu'on rendait à cette grande reine, ne mourut point avec elle.

CHAPITRE II.

Joseph II.
De 1780 à 1790.

La Monarchie autrichienne, dont l'empereur *Joseph II* devint seul Souverain après la mort de son auguste mère, présentait déjà à cette époque une population de vingt-cinq millions d'habitants; on y comptait presque autant de nations que de royaumes et de provinces, différants de langage, de coutumes, de caractère, de moeurs, de lois et institutions. Dans la plupart de ces États la féodalité formait la base du gouvernement; c'est-à-dire que le pouvoir et les richesses y étaient entre les mains du clergé et de la Noblesse, et que le peuple y était dans la servitude et la misère. Quelques-uns de ces États étaient régis d'après d'anciennes institutions, qui leur octroyaient de grands droits et franchises, et qui restreignaient infiniment la puissance souveraine. Enfin, il y avait parmi ces mêmes pays des contrées, où par suite de ce régime suranné la culture, les arts, l'industrie, le commerce, étaient encore à leur enfance, d'où ils paraissaient condamnés à ne jamais sortir. L'impératrice Marie-Thérèse avait fort bien senti, qu'un tel ordre de choses n'était pas en rapport avec les progrès des lumières et de la civilisation; que l'intérêt de la couronne et de l'État, non moins que l'humanité lui prescrivaient d'adoucir la triste situation, à laquelle se trouvaient réduits une grande partie de ses sujets; mais la nécessité de résister à ceux qui lui disputaient l'héritage paternel, et surtout la reconnaissance qu'elle devait à la Noblesse, qui l'avait si puissamment secourue, lui commandaient de sages tempéraments; elle se contenta, comme on l'a vu dans l'histoire de son règne, de préparer à la nation un meilleur avenir, en corrigeant les plus graves abus, et en faisant des améliorations utiles au bien général.

L'empereur Joseph, qui croyait avoir moins de ménagements à garder que son illustre mère, et dont le caractère vif et impétueux n'admettait pas de délais, voulut, non progressivement, mais d'un seul coup, réformer son vaste Empire, et réunir tous les royaumes et provinces qui le composent, en un seul gouvernement, mû par un système uniforme. À peine fut-il monté sur le trône, qu'il mit la main à cet ouvrage gigantesque, et il y employa toute l'activité de son âme et lui sacrifia, pour ainsi dire, toute son existence. Le couronnement solennel usité en Hongrie et en Bohème fut provisoirement ajourné, et l'inauguration dans les différentes provinces fut reçue par des commissaires. Au mois d'août 1784, la couronne de Saint-Étienne, objet de la plus grande vénération des Hongrois, fut transportée à Vienne, et on en fit ensuite de même à l'égard de la couronne de Bohème, du chapeau archiducal d'Autriche et du chapeau ducal de Styrie.

Toutes les affaires qui, vu leur importance, devaient être soumises à la décision du Souverain, furent traitées dans la *chancellerie du Cabinet intime* de l'Empereur. Pour les affaires d'administration intérieure, qui jusqu'à cette époque avaient été distribuées entre la Chancellerie aulique, la Chambre aulique et la Députation ministérielle de la Banque, il fut érigé un *Département aulique réuni* particulier.

Les provinces furent divisées en treize grands districts de gouvernement; savoir: 1º la Galicie et Lodomérie,

2° la Bohème, 3° la Moravie avec la Silésie autrichienne, 4° la basse Autriche, 5° l'Autriche supérieure et la Styrie, la Carinthie et la Carniole, 6° le Tyrol, 7° l'Autriche antérieure et les possessions en Souabe, 8° la Transylvanie, 9° la Hongrie, 10° la Croatie, 11° la Lombardie, 12° les Pays-Bas, et 13° la Gorice, Gradisca et Trieste. Dans chaque capitale provinciale, un Conseil supérieur, une capitainerie de pays ou une régence, était à la tête des affaires, et dirigeait les autorités politiques et judiciaires du pays; mais ces offices supérieurs avaient, selon leurs différentes branches, également leurs suprêmes instances particulières respectives à Vienne. Ces autorités provinciales, comme aussi les offices des États du pays et les intendances de cercle, reçurent une nouvelle forme. On introduisit dans les villes capitales des provinces les tribunaux des Nobles *(Landrechte)* et les tables cadastrales *(Landtafeln)*, — les premiers comme juridictions privilégiées pour la Noblesse, les dernières comme rôles ou registres des biens-fonds nobles; pour les domaines on établit les commissaires de district comme autorité publique, et les juridictions locales comme tribunaux de première instance.

L'Empereur donna ensuite ses soins à l'amélioration des finances. Un système d'économie sévère fut introduit. La Cour et le nombre des employés de l'État furent diminués. On supprima beaucoup d'administrations, et d'autres furent réunies; le monopole des tabacs, qui était jusqu'alors affermé, fut pris en propre régie par l'État. La caisse, appelée *bourse de la Chambre (Kammerbeutel)*, sur laquelle Marie-Thérèse, ne consultant que la bonté de son coeur et sa libéralité, assignait des secours et des pensions aux suppliants, fut supprimée. En revanche, un nouveau *règlement des pensions* assura à tous les employés, que l'âge ou des infirmités mettaient hors d'état de servir plus longtemps, une retraite proportionnée aux appointements dont ils avaient joui en dernier lieu et au nombre de leurs années de service. Des parties de ces pensions furent aussi destinées pour les veuves et pour subvenir à l'éducation des enfants. L'application la plus zélée au service fut prescrite à tous les employés de l'État comme un devoir indispensable. Pour faire connaître les capacités, la diligence et les qualités morales des fonctionnaires aux autorités supérieures, et leur procurer par là une base sûre pour de futures promotions, on introduisit les *listes de conduite*.

Les nouvelles dispositions qu'on fit en matière de justice, étaient aussi sages qu'énergiques. On établit un nouvel *ordre judiciaire* et fit un nouveau *règlement des taxes*. La *peine de mort* fut abolie. Les crimes, qui méritaient le dernier supplice, devaient être expiés par une prison perpétuelle, par des travaux publics forcés, et principalement par le tirage des bateaux. L'égalité de toutes les classes de citoyens devant la loi, aussi en matière criminelle, fut décrétée, et on prescrivit un style simple et clair dans les affaires. Les autorités judiciaires dans les pays autrichiens furent distribuées d'une manière plus convenable. Enfin, on vit paraître aussi un *code civil général*, et un *règlement pour la procédure criminelle*. Un édit concernant le mariage *(Ehe-Patent)* désignait exactement les limites du pouvoir du Souverain et celui de l'Église à cet égard. Pour autant que le mariage était à considérer comme un contrat civil, tous les procès, qui y avaient rapport, furent soumis à la juridiction temporelle. Les enfants nés hors de mariage, — comme aussi certaines professions, indispensables pour la société civile, et tenues cependant jusque-là pour déshonorantes, — furent légalement libérées de cette ignominie non méritée.

Afin d'ôter, autant que possible, aux fainéants les moyens de subsister aux dépens du public charitable, une ordonnance rigoureuse interdit la *mendicité*. Pour l'entretien de vrais indigents et des gens hors d'état de gagner leur vie, à cause de leur âge ou de leurs infirmités, on érigea un *institut des pauvres*, auquel on assigna pour dotation une partie des biens des confréries supprimées. Il y avait déjà auparavant d'autres hospices pour la vieillesse, l'indigence et les malades incurables; mais l'*hôpital général*, cet établissement magnifique et si bien réglé, doit son existence à l'empereur Joseph; on joignit à ce grand institut un établissement des enfants trouvés, un hospice de la maternité, et un pour les aliénés. À Vienne, Prague et dans d'autres grandes villes, on ouvrit aussi des maisons de travail *(Arbeitshäuser)*, où non-seulement des mendiants et vagabonds saisis étaient contraints à travailler, mais où encore chaque individu qui cherchait volontairement à gagner son pain, trouvaient de l'occupation et son entretien.

Pour améliorer la situation de la classe des paysans, l'Empereur abolit la *servitude* en Bohème, en Moravie, en Silésie, en Galicie et dans l'Autriche antérieure. Les paysans obtinrent la faculté de passer d'un pays à l'autre sans entraves et sans payer aucune taxe. La voie leur fut aussi ouverte pour le rachat de la réversion et l'acquisition du bail héréditaire, ou la libre possession des pièces de terres qu'ils avaient cultivées jusqu'alors, moyennant des transactions avec leurs seigneurs fonciers. Les contributions furent simplifiées. La patente des impôts fixait les charges d'après une estimation préalable du produit net. La libération des corvées et d'autres services auxquels les paysans étaient obligés envers leurs seigneurs, fut favorisée autant qu'il était possible. Ces arrangements furent ensuite aussi étendus sur la Transylvanie et la Hongrie. On établit une *Commission aulique pour le règlement des impôts;* elle était chargée de faire mesurer toutes les parties exploitables du terrain, et d'en faire évaluer le produit. D'après les résultats de ces opérations, les tailles réelles ou foncières devaient être déterminées, et tous les propriétaires de biens-fonds, sans égard à leurs rapports personnels, être assujettis à cette imposition. Ce mesurage se trouva 1789 achevé au point, que l'introduction de la nouvelle contribution put déjà être ordonnée dans le cours de la même année.

L'industrie et le commerce furent deux objets, sur lesquels l'empereur Joseph porta aussi une grande attention. Il invita, par des encouragements de tout genre, des étrangers à venir s'établir dans les provinces autrichiennes, où il restait encore assez de terrain à cultiver, à cause de la faiblesse de la population. Les pauvres, surtout ceux qui étaient d'habiles artisans, reçurent des secours proportionnés à leur besoin. Les riches furent autorisés à acheter des biens dans le pays. Une multitude de colons laborieux, venant en partie de l'Allemagne, en partie des provinces turques, se fixèrent en Hongrie, à Trieste, en Galicie &c. Un grand nombre de fabricants et de négociants de la Suisse, et particulièrement de Genève, s'établirent dans l'Autriche antérieure. Pour montrer le grand cas qu'il faisait de l'agriculture, l'Empereur conduisit un jour (le 19 août 1769) de sa propre main la charrue dans un champ près de Possowitz, village (entre Brunn et Rausnitz) appartenant au prince de Liechtenstein. L'économie rurale en toutes ses parties, l'entretien des moutons, la culture de la vigne, l'éducation des abeilles, furent encouragés de toute manière. Pour améliorer les races des chevaux indigènes, on acheta à grands frais des étalons tatars. L'exploitation des mines, surtout en Hongrie, fut encouragée, et la nouvelle méthode, inventée par le conseiller *Born*, de séparer les métaux moyennant l'amalgamation, contribua beaucoup à relever cette branche importante de production. Pour la mise-en-oeuvre des matières premières, la contrainte et les monopoles chez les corps de métiers et les communautés des artisans, non moins que les taxes et les privilèges sur le négoce de différentes productions du pays, comme p. e. le fer et l'acier, le bois, furent supprimés. Ensuite une ordonnance impériale, en date du 27 août 1784, défendit l'importation de toutes les productions de la nature et de tous les objets fabriqués que les États autrichiens pouvaient fournir eux-mêmes. On érigea alors un grand nombre de fabriques, qui étaient en état de pourvoir au besoin de l'intérieur, par où l'on épargna au pays de grandes sommes d'argent, qui en sortaient auparavant chaque année pour des marchandises étrangères. Afin d'encourager encore davantage le commerce, on construisit plusieurs nouvelles routes, entre autres celle qui conduit par la Croatie et la Carniole aux ports de mer dans la première de ces provinces. On travailla aussi à rendre navigables l'Elbe, la Drave, la Temès et autres rivières. On facilita la navigation sur le Danube même, en faisant sauter les roches qui la rendaient difficile près de Grein dans la haute Autriche, où le fleuve forme un tournant qu'on appelle *Strudel und Wirbel*. Dans les Pays-Bas, Ostende fut déclarée port franc, et dans le Littoral les franchises des ports de Trieste et de Fiume obtinrent une plus grande extension.

La Porte Ottomane accorda dans le traité de commerce, conclu 1784 avec l'Autriche, aux sujets autrichiens dans tous les pays, mers et fleuves de la Turquie, pour le commerce et la navigation, les droits des nations le plus favorisées, comme elle les avait antérieurement concédés aux Russes. Elle promit aussi sa garantie pour la sûreté du pavillon impérial dans la Méditerranée contre les Barbaresques. L'Empereur conclut, le 12 novembre 1786, un traité de commerce avec la Russie. À Ostende et à Trieste, des relations commerciales furent entamées avec la Chine et les Indes orientales, et celles que la dernière ville entretenait déjà avec le Levant et l'Egypte, furent encore étendues davantage. Les îles de Nicobora, à l'entrée du golfe de Bengale, furent occupées pour l'Autriche par le vaisseau impérial nommé *Joseph* et *Thérèse*. Des consulats autrichiens furent établis à Alexandrie, à Aleppo, à Smyrne, à Tripoli, à Tanger, dans le Péloponèse, dans la Crimée, en Moldavie et en Valachie.

Les réformes dans les affaires ecclésiastiques commencèrent par l'abolition de la dépendance des couvents autrichiens des Supérieurs étrangers. Tous les monastères furent soumis à la surveillance des évêques dans les diocèses desquels ils étaient situés. On défendit aux religieux mendiants de quêter, et ils reçurent en revanche des pensions suffisantes. Un grand nombre de couvents d'hommes et de religieuses, et plusieurs bénéfices ecclésiastiques, auxquels n'était attachée aucune obligation de soigner les âmes, furent supprimés[1]). On forma des biens de ces communautés la Caisse de religion *(Religionsfond)*, des revenus de laquelle on paya l'entretien des pasteurs spirituels, les pensions des religieux mendiants, les appointements des curés nouvellement établis, les frais des séminaires et ainsi du reste. Les anciens couvents furent convertis en hôpitaux, en maisons d'éducation, en casernes, en demeures, plusieurs aussi en fabriques. Les pèlerinages, les repas funèbres, l'enterrement des morts dans et autour les églises furent défendus.

L'*édit de tolérance*, émané le 13 octobre 1781, accorda le libre exercice du culte à tous les membres des églises grecque et protestante. Ils obtinrent aussi le droit

---

[1]) On comptait auparavant dans les États autrichiens 2100 couvents, qui renfermaient 70,000 moines et religieuses; 624 de ces communautés furent supprimées.

de bâtir des temples et des écoles, de tenir des prêches et de fonder des instituts pour les pauvres. Il leur était permis dès à présent de posséder des biens-fonds dans tous les pays autrichiens, d'exercer des métiers bourgeois, et ils pouvaient aspirer, comme les Catholiques, aux dignités académiques, à tous les emplois de l'État &c. Les Israélites, jusque-là repoussés de tous les états, ne furent point exclus des bienfaits de la tolérance. Le gouvernement assura à cette classe industrieuse de citoyens une protection efficace pour leurs personnes et leurs propriétés. Ils furent, à la vérité, autorisés à faire encore ultérieurement usage de la langue hébraïque dans l'exercice de leur culte; mais dans toutes les affaires civiles et judiciaires ils étaient obligés de se servir de la langue, usitée dans la province où ils habitaient, devant les tribunaux. Leurs écoles furent organisées d'après le plan établi pour celles des Chrétiens, et leurs livres d'instruction subirent une exacte révision. Les Israélites eurent alors la faculté de prendre des pièces de terre à ferme, d'y cultiver toutes les branches de l'économie rurale, d'ériger des fabriques et des manufactures, d'envoyer leurs fils aux écoles publiques, aux gymnases et universités. Mais en revanche ils furent aussi soumis, comme les autres sujets, au service et à la conscription militaire. Les tribunaux israélites particuliers furent supprimés, et les Juifs devaient être traités en fait de procès, d'impôts &c., à l'égal des autres citoyens. L'Empereur chercha aussi à rendre les Zigains ou Zinganes, qui sont en grand nombre en Transylvanie et surtout en Hongrie, utiles à la société civile, en les obligeant à cultiver la terre, à exercer quelque métier ou à entreprendre d'autres travaux.

  Les instituts pour l'instruction publique que l'empereur Joseph II érigea, ou du moins réorganisa, furent aussi nombreux que magnifiques. Sa sollicitude s'étendit sur toutes les écoles en général, et sur les établissements d'instruction pour des états particuliers et pour tous les rapports de la vie, comme p. e. pour les ecclésiastiques, les médecins, les militaires, les artistes &c., — pour les orphelins, pour les sourds et muets. Joseph fonda en Galicie l'université de Léopol, ensuite six gymnases. On érigea plusieurs nouvelles chaires aux universités de Vienne, de Pesth, de Fribourg, de Prague. La Commission aulique des études dirigea l'instruction d'après le plan de van Swieten. Depuis l'année 1784 l'explication de toutes les sciences se fit, par ordre de l'Empereur, en langue allemande. Dans toutes les universités, tous les lycées et gymnases, on fonda de nouvelles bibliothèques, ou celles qui y existaient déjà, furent considérablement augmentées. On employa à cet effet aussi les amas de livres des couvents supprimés. Dans la vue d'étendre la science de l'histoire naturelle, Joseph II fit voyager plusieurs savants tant dans les alpes du pays, que dans des États étrangers en Europe et dans les autres parties du monde. Les études médicales furent réglées dans tous les instituts d'instruction supérieurs avec une sage sollicitude. Dès le mois de juin 1781 il fut institué un hôpital militaire à Gumpendorf et une école chirurgicale pour des chirurgiens de l'armée. Mais à cet établissement succéda bientôt une plus grande nouvelle création; ce fut l'*académie médico-chirurgicale josephine*, fondée le 3 novembre 1783, ayant pour but de former d'habiles médecins pour l'armée. Ce superbe institut, que l'Empereur avait déjà doté avec une grande munificence, fut encore enrichi, l'an 1784, par la précieuse collection de préparations anatomiques en cire, composées par l'abbé Fontana à Florence. Cette académie, unique en son genre, fut ouverte avec solennité le 7 novembre 1785. Auprès de chaque régiment de ligne il fut établi une maison d'éducation pour des enfants de soldats. L'a-

cadémie militaire, destinée à former de futurs officiers, à Wiener-Neustadt, comme aussi celle des *Ingénieurs* à Vienne, furent soignées avec toute l'attention possible. L'*académie des beaux-arts* à Vienne fut 1786 nouvellement organisée. Des maisons d'orphelins furent érigées dans la capitale et dans toutes les parties de la Monarchie. L'Empereur dota fort richement le pensionnat pour les filles d'officiers à Hernals. L'institut pour les sourds et muets, fondé dès l'année 1779, fut considérablement agrandi et amélioré.

Les nombreux établissements militaires qu'avait déjà faits l'Empereur, lorsqu'il était encore corégent, et ses sages dispositions pour l'approvisionnement, l'instruction et l'exercice des troupes, reçurent encore de nouvelles améliorations pendant son règne. L'ordre et l'économie régnaient dans toutes les branches de l'administration militaire, et les troupes de toute arme faisaient chaque année plus de progrès dans la tactique et l'exécution de grands mouvements et manoeuvres. Pour exciter l'émulation des guerriers, l'Empereur ne se contenta point d'ajouter à l'Ordre, qui porte le nom de son auguste mère, la classe des commandeurs; mais il fonda aussi en 1789 les *médailles d'or et d'argent d'honneur* pour les bas-officiers et soldats qui se distinguent dans le combat par un acte de bravoure extraordinaire. Il fut statué que celui qui est décoré de la médaille d'or, garderait la solde entière, et celui qui a reçu la médaille d'argent, la moitié de la solde dans laquelle la médaille fut méritée, comme augmentation de gages sa vie durant.

La conscience que l'empereur Joseph avait de la pureté de ses intentions, lui inspira la croyance, que le meilleur moyen d'éclairer ses sujets sur les changements qu'il avait déjà faits et se proposait de faire encore, était d'autoriser tout le monde à mettre librement au jour, par la voie de l'impression, ses idées, ses opinions, sans être obligé de les soumettre à une censure. Mais ce Souverain trop confiant ne tarda pas à faire la triste expérience, que cette mesure libérale, loin de répondre à ses vues bienveillantes, n'avait fait qu'ouvrir la porte à cette licence littéraire, véritable peste morale, dont il est si difficile, une fois qu'elle a pris son essor, d'arrêter la course dévastatrice. En effet, dès cet instant la méchanceté travailla à séduire le peuple, à corrompre les coeurs et les esprits; on tourna en dérision tout ce qu'il y a de plus sacré, de plus respectable à l'homme, et n'épargna pas même la personne du monarque, qui supporta avec une noble abnégation de soi-même et rare longanimité les suites amères de sa démarche.

Vers la fin du mois de mars 1781, l'empereur Joseph fit un voyage en Belgique, en Hollande et en France, et revint au commencement d'août dans sa capitale. La Hollande, comme on sait, possédait, en vertu du traité de barrière de 1715, le droit de mettre garnison dans quelques forteresses des Pays-Bas autrichiens. Joseph II, voulant se libérer de cet assujettissement, ordonna en octobre de raser les fortifications des places belgiques, occupées par les Hollandais, comme aussi les ouvrages des autres places fortes dans les Pays-Bas, à la réserve de Luxembourg, d'Ostende et de la citadelle d'Anvers. Le 7 novembre 1781, l'Empereur déclara à la république de Hollande la dissolution du susdit traité et l'invita, comme il n'y avait plus alors des forteresses de barrière, à en retirer aussi ses troupes. La Hollande acquiesça, le 4 décembre, à la demande de l'Empereur, et rappela ses troupes de la ci-devant barrière.

Depuis que les impératrices Cathérine et Marie-Thérèse avaient resserré les liens de leur alliance, Joseph II avait en plusieurs occasions témoigné le désir de contracter une amitié plus intime avec la Russie. En conséquence, il fit signer, le 31 octobre 1781 à Petersbourg, un traité de neutralité armée. Peu de temps auparavant, l'Empereur avait offert sa médiation à l'Angleterre, à la France et à l'Espagne, qui étaient en guerre. Le *grand-prince Paul* vint 1781 avec son épouse faire une visite à l'Empereur à Vienne, où était déjà arrivé, dix jours avant, son beau-frère le duc Frédéric-Eugène de Wurtemberg. Ce fut alors que les deux Puissances formèrent les noeuds, qui les lièrent si fortement ensemble. Le prince Ferdinand de Wurtemberg, frère de la grande-princesse, entra au service de l'Empereur, et la main de leur soeur, la princesse Élisabeth, fut destinée au neveu de Joseph, l'archiduc *François de Toscane*. Le 4 janvier 1782, le grand-prince Paul quitta Vienne pour se rendre en Italie; il fut de retour dans cette capitale le 4 octobre suivant, et repartit le 19 du même mois pour la Russie.

Pendant l'absence du grand-prince en Italie, l'empereur Joseph avait eu une autre visite, à laquelle il s'était le moins attendu. Ce fut celle du *pape Pie VI*. Ce noble et digne pontife, qui était destiné à passer par de rudes épreuves, avait entrepris le voyage de Rome à Vienne dans l'unique vue d'engager l'Empereur à arrêter la rapide réformation des rapports ecclésiastiques. Le chef de l'Église arriva le 22 mars 1782 dans la capitale d'Autriche et la quitta, le 22 du mois suivant, sans avoir atteint le but de sa pénible pérégrination.

Vers la fin d'avril 1783, Joseph II se rendit en Hongrie, d'où il ne revint à Vienne que le 11 juillet suivant. La présence du monarque dans ce royaume fut marquée par l'autorisation qu'il accorda aux Hongrois d'exporter les productions de leur sol dans les provinces allemandes de l'Autriche, par l'abolition de la servitude en Transylvanie, par les ordres qu'il donna pour rendre la rivière de Gran navigable, et par plusieurs réformes dans les affaires du gouvernement. Voulant rendre la visite qu'il avait reçue de Pie VI, l'Empereur partit, le 6 décembre 1783, pour Rome; il s'arrêta depuis le 23 jusqu'au 29 décembre dans cette ville, alla ensuite à Naples, et fut de retour à Vienne le 30 mars 1784. Le 15 avril de la même année, mourut l'électeur de Cologne, et le frère de l'Empereur, l'*archiduc Maximilien*, élu coadjuteur depuis longtemps, parvint à l'électorat. Le *grand-duc de Toscane*, *Léopold*, qui vint, vers la fin du mois de juin à Vienne, y resta jusqu'au 23 du mois suivant et laissa, à son départ, son fils aîné l'*archiduc François* dans cette capitale, afin qu'il apprît à connaître, sous la conduite de son oncle, les pays et les peuples sur lesquels il devait un jour régner.

La Porte Ottomane n'avait pas encore rempli toutes les conditions de la paix, conclue le 21 juillet 1771 à Kutschuk-Kainardschi, avec la Russie, ou avait enfreint de plus d'une manière celles qu'elle avait accomplies. La libre navigation, accordée aux Russes dans ce traité, et le commerce dans tous les États de la Turquie et sur tous les fleuves et les mers de cet Empire, éprouvaient encore toujours des difficultés dans l'exécution. La convention précitée stipulait, que le kan de la Crimée ne dépendrait ni de la Russie, ni de la Porte, et qu'aucune des deux Puissances ne s'ingérerait dans l'élection de ce prince, qui devait être choisi par sa propre nation. Seulement en matière de religion, le sultan, comme calife ou chef religieux de tous les Mahométans, était autorisé à faire la cérémonie de la confirmation du kan. Mais la Porte chercha à culbuter le kan Sahin Gheraï, favorisé par la Russie, et excita contre lui les Tatars, qui l'expulsèrent en 1775, et élurent à sa place Dewlet Gheraï pour prince. L'impératrice de Russie Cathérine fit présenter 1776 ses plaintes à la Porte; mais elles ne furent pas écoutées. Les troupes russes entrèrent alors dans la Crimée, et l'ambassadeur de l'impératrice demanda pour la seconde fois satisfaction et le redressement des griefs. Pendant qu'on négociait, les Russes rétablirent 1777 Sahin Gheraï par la force dans sa dignité, et se répandirent dans toute la Crimée. En octobre le prince Georges Ghika de Moldavie fut exécuté par ordre de la Porte, à cause de son attachement à la Russie. Cependant l'ambassadeur de France parvint en 1778 à ménager un rapprochement, et les points contentieux furent accommodés. La convention, qui confirmait la paix, fut signée à Constantinople le 10 mars 1779. Les Russes évacuèrent la Crimée, et Sahin Gheraï resta kan. Mais la Porte alimenta le mécontentement des Tatars, qui se soulevèrent de nouveau, au mois de mai 1782. Sahin Gheraï fut déposé, et la Porte nomma Batschi Gheraï kan de Crimée. Mais ce prince se vit bientôt obligé de faire de nouveau place à Sahin Gheraï qui, soutenu par les Russes, marcha contre son rival. L'empereur Joseph et l'impératrice Catherine firent alors remettre conjointement leurs réclamations à la Cour de Constantinople.

La Turquie avait donné à l'Autriche d'assez graves sujets de plainte. Les Algériens avaient 1781 - 1782 plusieurs fois capturé des navires autrichiens. Or, comme la Porte était obligée, d'après les traités, à protéger le pavillon autrichien contre les Barbaresques, on fit demander satisfaction à Constantinople; mais ce ne fut qu'après une longue discussion qu'on obtint le dédommagement des pertes qu'on avait essuyées. Des bandes de brigands turcs ayant pénétré 1782 en Esclavonie et en Croatie, ils furent repoussés, poursuivis jusque sur le territoire ottoman, et on dévasta plusieurs châteaux et villages qui servaient de repaires à ces pillards. L'Empereur demanda réparation de cette insulte, et insista sur la détermination des limites, si longtemps retardée. Les deux Cours impériales réclamèrent l'exacte exécution de la paix de Kutschuk - Kainardschi. Pendant qu'on traitait avec la Porte, qui montrait des dispositions fort conciliantes, le kan de Crimée, Sahin Gheraï, céda ses pays à la Russie, et Cathérine déclara en conséquence, le 8 avril 1783, la réunion de la péninsule de Crimée, de l'île de Taman et du pays de Kouban, à l'Empire russe. Cet événement inattendu engagea la Porte Ottomane à se préparer à la guerre. La Russie et l'Autriche, de leur côté, prirent des mesures sérieuses pour soutenir leurs plans par les armes. Ces deux Puissances rassemblèrent de nombreux corps de troupes sur les frontières de la Turquie, tandis que la Porte sollicitait le secours de la France, qui moyenna cette fois aussi un accommodement, qu'on signa le 8 janvier 1784. La Porte acquiesça à la demande de la Russie, et lui céda les pays ci-dessus mentionnés. Le règlement des frontières avec l'Autriche, et ses prétentions sur une extension de territoire aux bords de l'Unna, en Croatie et en Bosnie, furent, à la vérité, réservés à de futures négociations; toutefois un traité de commerce avait été conclu entre les Cours de Vienne et de Constantinople, comme je l'ai rapporté plus haut.

L'échange des *Pays-Bas autrichiens* contre la *Bavière*, déjà concertée 1778, avait, à cette époque, été abandonnée principalement à cause de l'opposition du roi de Prusse. En 1784 ce projet fut remis sur le tapis. La Russie se chargea de ménager ce troc et de le garantir, comme la France avait promis de le faire aussi. Tout paraissait favoriser ce dessein, l'électeur Charles-Théodore y ayant donné, dès le 13 janvier 1785, son adhésion. On était convenu, que ce prince aurait tous les Pays-Bas autrichiens, — à l'exception des provinces de Namur et de Luxembourg, destinées à la France, — avec le titre de roi de Bourgogne ou d'Austrasie. L'Empereur promit encore en outre à l'électeur et à ses héritiers une somme de trois millions de florins. L'envoyé de Russie, comte de Romanzoff, chercha à engager le plus proche agnat de l'électeur, le duc Maximilien-Joseph de Deux-Ponts, à consentir à cet arrangement. Mais soit que ce prince préférât le bonnet électoral de la Bavière où il devait un jour régner en vrai Souverain, à une couronne royale dans les Pays-Bas où le pouvoir suprême était fort limité, soit qu'il se fît un scrupule de troquer les anciens domaines de l'illustre Maison de Wittelsbach contre des terres étrangères, il se déclara contre l'échange projétée. Mais comme il ne pouvait s'y opposer seul par la force des armes, il réclama l'appui du roi de Prusse. Ce monarque, qui était intéressé à ce que l'échange de la Bavière contre les Pays-Bas, qu'il savait être la partie faible de l'Autriche, ne se réalisât point, s'empressa de prendre fait et cause dans cette affaire. Il protesta tant à Paris qu'à Petersbourg contre ce troc de pays, s'en rapportant aux anciens statuts de la Maison de Bavière, — au pacte de famille de 1771, aux négociations de Braunau en septembre 1778 et à la paix de Teschen de 1779, par lesquels traités chaque troc de pays était défendu à la Maison du Palatinat-Bavière, — enfin au traité de barrière du 15 novembre 1715, dans lequel l'empereur Charles VI avait promis, que les Pays-Bas resteraient toujours réunis aux États de la Maison d'Autriche. Pour donner encore plus de poids à sa protestation, le roi de Prusse manifesta la crainte, que la puissance de l'Autriche ne s'accrût trop par cet arrondissement de son territoire, et que l'équilibre des États ne fût par là troublé. Le 23 juillet 1785, le roi Frédéric forma avec les électeurs de Saxe et de Hanovre la *ligue de princes*, pour maintenir, à ce qu'il disait, la constitution germanique. Plus tard accédèrent encore à cette union les ducs de Brunswick, de Gotha, de Weimar, de Deux-Ponts, de

Mecklembourg, les margraves d'Anspach et de Bade, le landgrave de Hesse-Cassel, l'évêque d'Osnabruck, les princes d'Anhalt et l'électeur de Mayence. L'Autriche et la Russie déclarèrent alors, qu'elles n'avaient proposé qu'une échange *volontaire* de pays et que par conséquent, dès que cette condition n'existait plus de la part de la Bavière, tout le projet était abandonné. La ligue de princes perdit bientôt après son fondateur par la mort du roi *Frédéric II*, arrivée le 17 août 1786, et tomba dans l'oubli.

Les efforts que faisait le gouvernement autrichien pour étendre le commerce de ses pays, commençaient à exciter la jalousie de l'Angleterre et de la Hollande. L'Autriche avait déjà établi des relations avec les deux Indes. Le commerce d'Ostende fleurissait chaque jour davantage, et les Hollandais craignaient déjà de voir revivre cette compagnie des Indes, contre laquelle ils avaient jadis protesté avec une si grande animosité. En automne 1783 il s'était élevé, sur différents points de la frontière commune, des disputes auxquelles les troupes et les habitants respectifs avaient pris part. L'empereur Joseph demanda, le 4 novembre 1783, que les limites fussent rétablies en Flandre, comme elles avaient été fixées par les traités conclues 1664 et 1673 entre l'Espagne et la Hollande.

La France se chargea de la médiation entre l'Autriche et la Hollande, et un congrès fut tenu à Bruxelles, au mois d'avril 1784. Les prétentions de l'Autriche comprenaient, outre différentes sommes d'argent dues par la Hollande, le rasement de quelques forteresses hollandaises, dans le sens de la paix de Westphalie, et la souveraineté sur les deux rives de l'Escaut depuis Anvers jusqu'à Saaftingen. Joseph II voulait aussi que la Hollande, conformément au traité de 1673 avec l'Espagne, cédât à l'Autriche quelques endroits appartenants au margraviat d'Anvers, outre Mastricht, le comté de Vroenhofen et le quartier hollandais au delà de la Meuse. L'Empereur interrompit lui-même d'une manière décisive la marche lente de la conférence, en offrant de renoncer à toutes ses prétentions, si la Hollande voulait ouvrir l'Escaut aux navires des Pays-Bas. Le 25 août 1784, Joseph déclara: „qu'il considérait dès à présent la clôture de l'Escaut comme supprimée, et qu'il regarderait chaque obstacle qu'on mettrait aux vaisseaux autrichiens dans cette navigation, comme un acte d'hostilité." Les États-Généraux protestèrent contre cette déclaration, et cherchèrent à démontrer leur droit de tenir l'Escaut fermé, par la paix de Westphalie et par le traité d'Utrecht. Ils s'appuyèrent en outre sur l'assurance, donnée par Charles VI dans le traité de Vienne de 1731, à l'Angleterre et à la Hollande, qu'il ferait cesser pour toujours le commerce aux Indes orientales. Ils firent garder par une escadre l'embouchure de l'Escaut, et les bâtiments autrichiens qui, au mois d'octobre 1784, en partie descendirent d'Anvers l'Escaut, sans se soumettre à la visite hollandaise et au péage, — en partie cherchaient, du côté d'Ostende, à entrer dans le fleuve, furent canonnés et empêchés par force dans leur route. L'Empereur termina sur-le-champ le congrès à Bruxelles, et fit marcher un grand nombre de troupes vers les Pays-Bas. Les Hollandais cherchèrent en vain du secours auprès de l'Angleterre et la Prusse. Mais la France avait déjà, au mois de septembre, promis son soutien aux États-Généraux. Elle notifia aussi cette résolution à l'Empereur, vers la fin de novembre, plaça un corps d'observation en Flandre, un deuxième au Rhin, et prêta aux Hollandais, sur leur demande, un de ses maréchaux (le marquis de Mallebois), pour commander en chef leur armée. Le gouvernement hollandais fit ouvrir les écluses et inonda les frontières méridionales du pays. Cependant, malgré toutes ces démonstrations menaçantes, on n'en vint point à la guerre. La France traita avec les deux Puissances, et parvint enfin à les mettre d'accord. Les préliminaires furent conclues à Paris le 20 septembre 1785, et on signa le traité définitif à Fontainebleau, le 8 novembre suivant. Il fut stipulé, que les embouchures de l'Escaut dans la mer du Nord resteraient fermées, pour l'avantage du commerce d'Amsterdam, mais que l'Escaut intérieur depuis Anvers jusqu'à Saaftingen passerait sous la domination de l'Empereur; par où conséquemment ce fleuve fut affranchi des douanes hollandaises. Les États-Généraux cédèrent en outre à l'Empereur les forts de Lillo et de Liefkenshoeck sur l'Escaut, rasèrent ceux de Kruysschanz et de Frédéric-Henri, et consentirent à un nouveau règlement des limites. Pour les prétentions de l'Autriche sur Mastricht, sur le pays de la Meuse, et sur quelques autres endroits et districts, la République paya neuf millions et demi de florins de Hollande, et encore un demi million pour les dommages causés par les inondations aux sujets autrichiens.

L'empereur Joseph II, en formant ses vastes projets de réforme, s'était imaginé qu'il parviendrait sans peine à unir étroitement *tous les pays hongrois* aux autres provinces autrichiennes. Il voulait que les peuples de la Hongrie participassent aux avantages qu'il espérait procurer à son Empire. Mais à cet effet il jugea aussi nécessaire qu'ils fussent gouvernés de la même manière que ses autres sujets, soumis aux mêmes lois, et portassent les mêmes charges. En 1784 il abolit la différence des trois nations: les *Magyars*, *Saxons* et *Szeklers*, en Transylvanie, et commanda qu'on se servît en Hongrie de la langue allemande dans toutes les affaires publiques, procédures et ainsi du reste. La conscription fut ordonnée pour la Hongrie et la Transylvanie. L'année suivante, les comtes suprêmes (*Obergespæne*) furent dispensés de leurs fonctions; on divisa la Hongrie en cercles, qui furent régis par des commissaires impériaux pour ce qui concerne la politique, et par des administrateurs *camérales* pour ce qui a rapport aux finances. On introduisit le terrier (*Urbar-Buch, Urbarium*) en Transylvanie, de même qu'en Hongrie, et la servitude fut abolie dans le royaume. On réforma les tribunaux, et la nouvelle forme de procéder en justice fut mise en vigueur. Ce système d'administration fut ensuite (1786) appliqué aussi à la Transylvanie. On étendit le nouveau règlement des impôts sur tous les pays hongrois, où le mesurage et l'évaluation des biens-fonds furent effectivement exécutés. La nouvelle imposition devait commencer en Hongrie l'an 1790.

Ces changements furent reçus avec une extrême répugnance par les Hongrois. Le clergé et la Noblesse, qui voyaient une partie de leurs privilèges anéantis, ou du moins fort restreints, s'en plaignirent hautement. La classe des paysans elle-même, dont le sort cependant devait être beaucoup amélioré par ces nouvelles dispositions, méconnut les vues bienfaisantes du monarque ou, pour mieux dire, se laissa fasciner par ceux qui croyaient leurs intérêts, leur dignité et leur pouvoir compromis par le nouveau système.

Quelques propriétaires de biens-fonds, abusant de leurs privilèges, foulaient impitoyablement leurs sujets. Les paysans commençaient à montrer une résistance qui faisait craindre des suites fâcheuses, et en effet elles se manifestèrent bientôt après. Au mois de novembre 1784, les Valaques en Transylvanie, commandés par les chefs *Horia* et *Gloska*, se soulevèrent contre la Noblesse, et lui firent la guerre de la manière la plus cruelle. Ces désordres durèrent jusqu'au mois de février 1785, où ces hordes atroces furent enveloppées par les troupes impériales, qui les attaquèrent, prirent les fauteurs de la rebellion et les mirent à mort.

Dans les pays allemands et bohèmes de l'État autrichien régnait aussi un grand mécontentement, qui toujours provenait moins de l'opposition à des arrangements dont on reconnaissait l'utilité, que d'un mal-entendu et de l'attachement aux anciennes formes. Il n'en était pas de même dans les **Pays-Bas**, où les réformes entreprises par l'Empereur occasionnèrent des troubles d'un caractère fort alarmant. Les peuples de ces provinces avaient été jusqu'à cette époque sincèrement et intimement dévoués à la Maison d'Autriche. Ils portaient l'amour pour l'inoubliable Marie-Thérèse jusqu'à l'enthousiasme; les sommes immenses que les États votèrent comme don gratuit, et les levées considérables qu'on fit pour la défendre contre ses nombreux ennemis, la joie que causa son triomphe, et les cris de douleur qui retentirent dans tout le pays à la nouvelle de sa mort, en sont des preuves convaincantes. Le *prince Charles de Lorraine*, gouverneur-général des Pays-Bas, était l'idôle de la nation; un seul mot de ce prince chéri suffisait, pour obtenir d'elle tout ce qu'il voulait, et après sa mort on lui érigea, sur la place royale à Bruxelles, une statue qui fut respectée lors même que le pays était en pleine insurrection [1]). Quand l'empereur Joseph vint en Belgique, on le reçut avec des marques non équivoques de fidélité et d'affection, qui s'accrurent encore par le grand zèle que ce Souverain déploya pour relever le commerce, dont dépendaient en grande partie l'opulence et la prospérité des provinces belgiques. Mais un mécontentement général se manifesta, lorsque Joseph II supprima les couvents, abolit les confréries et retrancha quelques abus. La réformation de

---

[1]) Ce monument fut détruit par les Républicains français, lors de leur invasion en Belgique.

l'université de Louvain, et l'établissement des séminaires généraux pour les jeunes ecclésiastiques, indisposèrent encore davantage les esprits. Le clergé et l'archevêque de Malines, cardinal de Frankenberg, à sa tête, se déclarèrent contre ces innovations. Les étudiants à Louvain excitèrent dès le mois de décembre 1786 un tumulte, qui fut comprimé par la force armée. L'Empereur ne se laissa pas arrêter dans sa marche par de pareilles oppositions. Par un édit, émané de ce Souverain le 1 janvier 1787, les Pays-Bas furent mis, à l'égard de l'administration intérieure, de la justice et de la levée des impôts, sur le même pied que les provinces autrichiennes allemandes. Les autorités suprèmes du gouvernement et les tribunaux de justice furent changés. Les États protestèrent contre toutes ces réformes, s'appuyant sur la *joyeuse Entrée*, ce diplôme accordé par le duc Philippe de Bourgogne lors de son entrée dans Bruxelles, au Brabant et au Limbourg, — sur les franchises du pays et les privilèges des États; ils refusèrent les subsides, et résolurent de s'opposer par tous les moyens possibles à des changements qui sapaient, anéantissaient leurs droits et privilèges, et toute la constitution belgique. Pour exciter le peuple qui, bien qu'il murmurât contre le nouvel ordre des choses, avait cependant de la peine à vaincre son attachement inné à la Maison souveraine, sous laquelle il avait toujours vécu heureux et content, — les deux autres ordres firent répandre par la voie de leurs agents et de la presse des bruits calomnieux, bien propres à alarmer et à révolter une nation qui était aussi attachée à l'Église romaine, qu'à sa patrie et à ses anciennes institutions. Entre autres contes absurdes qui furent débités, on assura le peuple, qu'on voulait introduire la religion protestante; que les enfants du pays, par suite de la conscription, seraient forcés d'aller servir dans des contrées lointaines; que les commissaires impériaux de l'intendance avaient le droit de faire donner la bastonnade aux habitants &c. La multitude, qui n'est que trop souvent la dupe ou le jouet des démagogues, le plus grand fléau de la société, crut d'autant plus facilement tout ce qu'on lui disait, que ces insignes faussetés lui furent confirmées et répétées par des personnes, que leur état et leur rang devaient faire juger incapables de déloyauté et de mensonge. Du moment qu'on fut parvenu à échauffer les têtes par ces bruits pernicieux et par d'autres manoeuvres non moins perfides, il ne fallut plus de grands efforts, pour entraîner le peuple dans la révolte. L'empereur Joseph, ayant été informé de cette disposition des esprits, révoqua une partie des nouvelles dispositions entièrement, et en suspendit d'autres, au mois de juillet. Les gouverneurs et capitaines-généraux des Pays-Bas, le *duc Albert-Casimir de Saxe-Teschen* et son épouse, *l'archiduchesse Marie-Christine*, se rendirent, par ordre de l'Empereur, avec trente députés belges à Vienne pour essayer de faire un accommodement. Le 21 septembre, Joseph accorda aux Belges l'abrogation de la plupart des innovations administratives.

Dans les États limitrophes des Pays-Bas il s'était manifesté un esprit de turbulence, qui ne présageait rien de bon. La fermentation surtout qui agitait la *France*, était le symptôme d'une révolution qui n'attendait qu'un moment opportun pour éclater. Cette belle et vaste contrée, si florissante, si heureuse au temps du bon Henri IV, se trouvant chargée d'une dette énorme par l'épuisement des finances sous les deux derniers règnes, on avait eu recours à divers emprunts et à des opérations financières qui avaient encore accru le mal, au lieu de le diminuer. Le roi *Louis XVI* convoqua en janvier 1787 les Notables du royaume, et proposa l'établissement d'un impôt territorial, qui devait être payé en proportion des biens des contribuables, sans aucune exemption en faveur du clergé et de la Noblesse. Mais les ordres privilégiés se refusèrent à un sacrifice si nécessaire au salut de l'État. Ce refus doit être regardé comme le signal de cette grande révolution, dont ces deux ordres furent eux-mêmes les victimes, et qui causa dans la suite tant de maux à la France et à l'Europe entière. En *Hollande* le parti révolutionnaire des soi-disant Patriotes cherchait à renverser l'autorité du Stathouder héréditaire, prince d'Orange. Son épouse, qui était la soeur du roi de Prusse, fut faite prisonnière par les bandes séditieuses. Mais le duc de Brunswick s'avança, en automne 1787, de la Westphalie avec un corps prussien sur le territoire hollandais et occupa rapidement tout le pays. Le prince recouvra son pouvoir, rentra dans ses droits, et la révolte fut comprimée pour quelque temps en Hollande. Mais elle se répandit en France avec une progression d'autant plus effrayante. Louis XVI ayant été forcé de convoquer les états-généraux du royaume, le tiers-état avait obtenu du monarque une double représentation. Bientôt cette assemblée prit le titre d'*Assemblée nationale*, renversa l'ancien régime, et s'empara de toute l'autorité. En 1789 la bastille fut assaillie, emportée et détruite. On força la famille royale à quitter Versailles et aller résider à Paris. Ces exemples eurent une influence dangereuse sur les peuples de la Belgique, qui franchirent alors toutes les bornes de la modération. Tout ce que l'Empereur leur avait concédé relativement à leur constitution politique, ne leur suffisait point. Ils demandèrent aussi l'entier rétablissement des institutions ecclésiastiques, des couvents, des séminaires épiscopaux particuliers, enfin de la juridiction spirituelle dans toute son étendue. On refusa avec obstination, au commencement de l'année 1788, de fréquenter le séminaire général de l'université. Par conséquent cette dernière, à l'exception de la faculté de théologie qu'on laissa encore à Louvain, fut transférée, par ordre de l'Empereur, à Bruxelles. Au mois de mai 1788, après le retour des gouverneurs-généraux dans cette capitale, une amnistie générale fut publiée. Mais l'esprit de sédition se développait chaque jour davantage. En octobre les États refusèrent à l'Empereur les subsides jusqu'à ce qu'on eût redressé leurs griefs. Offensé de ce refus, Joseph révoqua en janvier 1789 l'amnistie qu'il avait accordée, l'année précédente. Comme les États persistaient néanmoins dans leur opposition, les gouverneurs-généraux supprimèrent, au mois de juin, le Conseil souverain de Brabant, et anéantirent le privilège de la joyeuse entrée. À l'exception des provinces de Luxembourg et de Limbourg, qui restèrent fidèles et soumises, toutes les autres contrées et villes belgiques devinrent le théâtre d'émeutes, qui furent les préludes d'une insurrection générale. On persécuta et maltraita les fonctionnaires dévoués à leur Souverain et les citoyens du parti impérialiste. Les Patriotes, comme ils étaient communément appelés, poursuivis par la force militaire, s'enfuirent en Hollande, où il leur fut permis de se réunir près de Bréda en un corps d'armée. En automne, Vandermersch se mit, comme Général, à la tête de cette troupe d'insurgés; l'avocat *Henri Vandernoot*, homme obscur et de peu de capacité, se fit leur agent, et on commença les hostilités. Vers la fin d'octobre, les forts de Lillo et de Liefkenshoeck sur l'Escaut tombèrent au pouvoir des insurgés, et le général autrichien Schrœder avec son corps de 1500 hommes fut battu près de Turnhout. Plusieurs villes ouvrirent volontairement leurs portes aux séditieux. Mais à l'approche du lieutenant-général comte d'Arberg, qui s'avança avec 7000 hommes contre les insurgés, ils s'enfuirent en Hollande, et d'Arberg se posta près d'Hoogstraten, pour les observer. Cependant un autre corps de Patriotes entra dans Gand. Les villes de Bruges et de Courtrai se déclarèrent pour eux. Le comte d'Arberg arriva près de Gand; mais il fut obligé, dans la nuit du 18 au 19 novembre, de se retirer vers Bruxelles. Les États de Flandre s'assemblèrent à Gand, et furent les premiers qui se déclarèrent indépendants. Les gouverneurs et capitaines-généraux quittèrent Bruxelles et se rendirent à Bonn, résidence de l'électeur de Cologne. Le ministre plénipotentiaire, comte Ferdinand de Trauttmansdorf, chercha en vain à calmer le peuple. L'insurrection se répandit sur tout le Brabant et toute la Flandre. Ostende fut abandonnée de sa garnison. Les Patriotes attaquèrent, il est vrai, la ville de Namur inutilement; mais ils conquirent Diest et Tirlemont, et menacèrent Louvain. Le 25 novembre, l'Empereur accorda encore une fois une amnistie générale. Mais ni cet acte de clémence, ni la suspension d'armes que le général d'artillerie comte d'Alton conclut, le 2 décembre, pour dix jours avec Vandermersch, ne furent en état d'arrêter les progrès de l'insurrection. Le 8 du même mois, la révolution éclata à Bruxelles. Le 11, les insurgés eurent, après un chaud combat, le dessus sur la garnison. Le général d'Alton se retira avec 5000 hommes dans la ville haute et obtint, le lendemain, une libre retraite par composition.

Les provinces belgiques, à l'exception de Luxembourg et de Limbourg, proclamèrent, le 24 décembre, la dissolution du gouvernement impérial et leur indépendance. Les garnisons autrichiennes abandonnèrent Anvers, Louvain, Malines et autres villes, et se retirèrent à Luxembourg, où le général d'artillerie baron de Bender prit le commandement. Le 11 janvier 1790, les provinces confédérées s'arrogèrent le titre d'*États-unis souverains de Belgique*, et confièrent le gouvernement à un congrès.

Dans les années où ces événements se passèrent, la

Porte Ottomane avait osé troubler plusieurs fois le libre commerce sur le Danube, concédé à l'Autriche et à la Russie par des traités solennels. Les Barbaresques se permirent d'insulter le pavillon autrichien. Les frontières de la Hongrie et de la Croatie continuaient d'être violées par des courses déprédatrices de la part des Turcs. Il s'éleva en Bosnie des querelles sanglantes, qui obligèrent l'Empereur à faire marcher un corps d'armée dans ce pays. Les représentations sérieuses de la Cour de Vienne engagèrent enfin la Porte à redresser quelques griefs de l'Autriche. Mais l'entremise des ambassadeurs d'Autriche et de France à Constantinople pour rétablir aussi la bonne intelligence entre la Russie et la Porte, demeura sans effet. L'empereur Joseph entreprit, au mois d'avril 1787, le voyage de Kherson, eut le mois suivant à Kardak une entrevue avec l'impératrice Cathérine, et ne se sépara qu'au mois de juin de cette Souveraine. Le 16 août, la Porte envoya l'ambassadeur de Russie aux sept tours, parce qu'on refusa de lui rendre la Crimée qu'elle avait réclamée. Le 24 du même mois, la Turquie déclara la guerre à la Russie. Elle nomma ensuite un nouveau kan des Tatars, Schabbas Gheraï, et fit commencer les hostilités. Dès le 1 septembre, les Turcs canonnèrent Kynburn et les navires russes qui s'y trouvaient; mais ils furent repoussés avec perte, tant dans cette attaque que dans plusieurs autres qu'ils entreprirent après. Le comte Potemkin passa en octobre avec un corps de troupes le Kouban, et combattit les Tatars. Vers le milieu du même mois, le comte de Romanzoff entra avec l'armée principale dans la république de Pologne, et y prit les quartiers d'hiver.

L'empereur Joseph, qui était obligé par son alliance avec la Russie à secourir cette Puissance par un corps auxiliaire, fit établir dès le mois de septembre un cordon le long de la frontière ottomane ; on érigea des magasins, et l'armée fut mise sur le pied de guerre ; mais du reste on assura la neutralité à la Turquie. Joseph chercha à ménager un accommodement entre les deux Puissances ennemies ; mais la Porte ayant rejeté avec hauteur toutes les offres de réconciliation, l'Empereur fit déclarer, le 9 février 1788, par l'internonce baron Herbert la guerre au sultan. L'armée autrichienne s'était rassemblée pendant l'hiver sur les frontières de la Turquie. Une ligne de postes garnis de troupes s'étendait depuis Trieste, le long de l'Adriatique, puis par la Croatie, l'Esclavonie et la Transylvanie, jusqu'au Dniester en Galicie. Cinq corps particuliers gardaient le cordon. Le lieutenant-général baron Devins en commandait un en Croatie, — le lieutenant-général comte Mitrowsky en Esclavonie, — le lieutenant-général comte Wartensleben dans le Banat, — le général d'artillerie Fabris en Transylvanie, et le général de cavalerie prince de Saxe-Cobourg en Galicie. L'armée principale se réunit près de Futak sur le Danube, où arrivèrent au mois de mars l'archiduc *François* et le feldmaréchal comte de Lacy. L'empereur Joseph, qui avait visité le cordon depuis Trieste jusqu'au Danube, arriva vers la fin de mars à Futak, et prit la direction supérieure de son armée. Les Turcs, de leur côté, rassemblèrent leur force principale sous le grand vizir Jussuff pacha dans les environs d'Adrianople, et une division de leurs troupes se concentra près de Sophie.

Vers le milieu de février 1788, les Autrichiens commencèrent sur l'aile droite les hostilités. Le lieutenant-général Devins prit le château de Dressnik ; mais les attaques sur les forteresses de Novi et de Dubitza, ainsi que sur le château de Sturlich, n'eurent aucun succès. Le général de cavalerie prince Charles de Liechtenstein, qui prit au mois d'avril le commandement du corps d'armée en

Croatie, assiégea du 21 au 25 du même mois la forteresse de Dubitza; mais il échoua également dans cette entreprise et se retira, la nuit suivante, au delà de l'Unna. Le comte Mitrowsky avait fait bombarder, le 9 février, la forteresse de Berbir sans aucun résultat. Les troupes du comte Wartensleben occupèrent Vieux-Orsowa sur-le-Danube.

Les défilés d'Ottrosch, de Boza, de Tœmœsch, de Terzbourg, de Rothenthurm et de Vulkan, qui sont les entrées de la Transylvanie, furent inquiétés, depuis le commencement de mars jusqu'à la fin d'octobre, par des attaques et irruptions réitérées de la part des Turcs. Mais les ennemis furent repoussés sur tous ces points, et poursuivis jusqu'à fort avant dans la Valachie, où les Autrichiens occupèrent de grandes étendues de terrain. De nombreux combats eurent lieu dans cette contrée au désavantage des Turcs, qui essuyèrent des pertes considérables. Sur l'aile gauche, le prince de Cobourg s'avança, au mois de mars, vers la Moldavie. Le 19 avril, le colonel Fabry entra, après plusieurs combats heureux, dans Jassy, capitale du pays. Les deux mois suivants se passèrent en fréquentes escarmouches avec la garnison turque de Choczim. Le 11 mai, le prince commença l'investissement de cette forteresse et la bombarda peu de jours après.

La grande armée autrichienne, qui s'était mise en marche de Futak vers le milieu du mois d'avril, occupa le camp près de Semlin, et menaça Belgrade. Le lieutenant-général Mitrowsky conquit, le 24 avril, Sabacs en présence de l'Empereur. Au mois de juin le grand vizir arriva avec la force principale près de Sophie; le sérasquier avec son corps d'armée parut dans le voisinage de Widdin et de Gladova; le pacha de Romélie concentra ses troupes près de Belgrade, et d'autres corps ottomans se rassemblèrent près de Sémendria, Rama et Krotzka.

Les Russes étaient dans ce temps-là empêchés, par une attaque de la part des Suédois, de prendre part aux opérations des Autrichiens. Il existait depuis le 20 août 1739 entre la Suède et la Porte un traité, par lequel ces deux Puissances s'étaient engagées à s'aider réciproquement contre la Russie. Quoique le roi Gustave III eût encore récemment assuré sa neutralité, il s'avança néanmoins, au mois de juin, avec une armée par la Finlande jusqu'aux confins de la Russie, et la flotte suédoise parut dans le golfe de Finlande. L'ambassadeur de Russie à Stockholm avait déjà été renvoyé auparavant. Le 1 juillet, Gustave III fit officiellement sommer l'impératrice de restituer à la Suède la part russe de la Finlande, de lui bonifier les frais de ses armements et d'accepter sa médiation auprès de la Porte. Cathérine répondit à cette étrange prétention par une déclaration de guerre (le 11 juillet), qui fut suivie, le 21 du même mois, de celle de la Suède. Les desseins de Gustave échouèrent. Sa flotte fut vaincue, le 17 juillet, près de l'île de Hogland par les Russes, et le siège de Nyschlott, que les Suédois avaient entrepris, n'aboutit à aucun résultat. Le Danemark déclara, le 19 août, la guerre au roi Gustave III, fit le mois suivant, en faveur de la Russie, une invasion dans les provinces occidentales de la Suède, et contraignit par là Gustave à courir à la défense de son propre pays. Son frère, le duc de Sudermanie, avait pris le commandement de l'armée en Finlande. Les troupes refusèrent de lui obéir, et conclurent arbitrairement une trêve avec les Russes. Cependant l'invasion suédoise avait fait manquer le plan principal des alliés. Une partie des troupes de la Russie, destinées à agir dans la Moldavie et la Crimée, furent retenues pour couvrir les provinces russo-allemandes. La flotte russe, qui pendant tout l'été avait été occupée dans le golfe de Finlande, ne put se rendre dans l'Archipel, où elle aurait dû opérer d'une manière décisive. L'Angleterre et la Prusse forcèrent par des menaces le Danemark à évacuer la Suède, et à garder la neutralité. Dans ces circonstances, les différents corps autrichiens n'étaient pas en état non plus de prendre l'offensive sur tous les côtés, attendu qu'ils furent pendant longtemps privés de la coopération efficace de la Russie sur leur aile gauche, et qu'ils auraient eu à combattre toute la force principale des Turcs au delà du Danube. Ce ne fut qu'au mois de juin, que le général Soltikoff se réunit avec son corps de troupes russe, devant Choczim, au prince de Cobourg, qui continua alors avec vigueur le siège de cette forteresse. À la fin du même mois, le comte Potemkin franchit le Bug, et menaça Oczakow. Une flotte russe vainquit, dans les mois de juin et de juillet, trois fois les Turcs dans l'embouchure du Dnieper près d'Oczakow. Le 14 juillet, près de Sebastopole, une autre division de troupes russes remporta des avantages sur le capitan pacha. Potemkin prit, le 17 décembre, Oczakow d'assaut, après cinq mois de siège.

Sur l'aile gauche autrichienne, le général Fabry avait, au commencement de juillet, à l'approche d'une grande force ennemie, abandonné la contrée de Jassy. Mais le lieutenant-général Spleny battit, le 31 août, un corps ottoman près Belwesty et entra, le 3 septembre, de nouveau dans Jassy, où le corps russe sous le général Elmpt se joignit à lui. Le prince de Cobourg conquit Choczim le 29 septembre 1788. À l'aile droite en Croatie, le feldmaréchal baron Loudon remplaça le général de cavalerie prince Charles de Liechtenstein, qui était tombé malade, dans le commandement, et le corps esclavon fut aussi soumis à ses ordres. Encore avant l'arrivée du feldmaréchal, le général Devins avait défait, le 9 août, près de Dubitza un corps turc et commencé le bombardement de cette forteresse. Loudon lui-même conquit la place, le 26 du même mois, et s'empara de Novi le 3 octobre. La tentative qu'il fit, le même mois, sur Turkisch-Gradisca (Berbir) manqua, à cause de la pluie continuelle et du froid rigoureux qui étaient survenus.

Les événements au centre ne furent pas aussi favorables. La grande armée impériale, postée entre le Danube et la Save, avait déjà beaucoup souffert par les maladies, lorsque le grand vizir franchit le Danube, au commencement du mois d'août, pénétra dans le Banat, et força les troupes avancées du lieutenant-général comte de Wartensleben à abandonner Kulisch, Schuppaneck et plusieurs autres endroits. Toutefois le général Wartensleben, qui occupait une position avantageuse près de Méhadia, arrêta les progrès de l'ennemi jusqu'à la fin d'août, où il se retira enfin sur Kornia et Fenisch. Le major Stein se défendit avec son bataillon glorieusement dans la caverne vétéranienne contre les bandes turques, qui avaient traversé le 10 août le Danube près Dubowà, jusqu'au 31 du même mois, et obtint alors une libre retraite.

Dans l'entrefaite, l'Empereur, à la tête de 40,000 hommes, s'était mis en marche de Semlin, où il laissa 30,000 hommes, vers le Banat. Il conduisit son armée par Weiskirchen à Caransebès, devant laquelle place il campa la plus grande partie des troupes, au commencement de septembre. Le quartier-général se trouvait à Lugos. L'Empereur se vit obligé par les mouvements du grand vizir de faire rétrograder, dans la nuit du 20 au 21 octobre, ses troupes derrière Caransebès. Pendant cette marche, l'armée impériale fut mise par une fausse alarme dans un désordre, qui aurait pu entraîner les suites les plus fâcheuses s'il avait été remarqué par l'ennemi. La retraite fut continuée jusqu'à Lugos, et les troupes campèrent entre cet endroit et Témeswar. Le grand vizir, bien que fort supérieur aux Impériaux, n'osa cependant pas hasarder une attaque et se retira, au commencement d'octobre, à Méhadia et à Panczowa. L'armée impériale marcha de nouveau en avant jusqu'à Denta, et le lieutenant-général de Wartensleben s'avança jusqu'à Caransebès. Le général comte Harrach s'étant emparé, le 21 octobre, d'Ujpalanka, le grand vizir, dont l'armée avait extrêmement souffert par le temps froid et humide, évacua le Banat et marcha à Belgrade. Les divisions des lieutenants-généraux Wartensleben et Clerfayt occupèrent alors tout le Banat, et l'armée principale se retira en Sirmie. L'Empereur arriva sur la fin d'octobre à Semlin. Après qu'il eut donné les ordres nécessaires pour les quartiers d'hiver et la défense des frontières, il se mit en route, au mois de décembre, pour retourner à Vienne.

La relation qu'on vient de lire, fait voir que cette campagne avait en général été assez heureuse pour les Autrichiens; car outre les forteresses turques conquises, ils avaient occupé une grande partie de la Moldavie et de la Valachie, comme aussi plusieurs districts de la Bosnie et de la Croatie ottomane. Le feldmaréchal Romanzoff, qui dans le cours de l'été était entré avec sa principale force du côté de la Pologne en Moldavie, établit pour l'hiver son quartier-général à Jassy. Indépendamment de cette armée, il se trouvait encore les corps russes des généraux Elmpt et Soltikoff en Moldavie, — et celui de Kamenskey au delà du Pruth. Pour le Banat de Témeswar et la Sirmie, il avait été conclu une trêve avec les Turcs en Serbie.

L'empereur Joseph avait partagé dans cette campagne toutes les incommodités, tous les dangers de son armée. Sa forte complexion lui promettait, selon le cours ordinaire de la nature, une longue existence; mais son extrême activité, l'irritabilité de son esprit, des soins incommensurables, et maints chagrins cuisants avaient déjà rendu sa santé chancelante avant son départ de Vienne, et elle fut encore plus fortement ébranlée par les fatigues de la guerre, et par l'influence préjudiciable du climat et de la température. Ce nonobstant, à peine fut-il arrivé dans sa capitale, qu'il s'occupa avec une nouvelle ardeur des préparatifs pour la campagne prochaine. Les propositions de paix, faites par l'entremise de la France, avaient été favorablement accueillies par le sultan *Abdul Hamid*. Mais ce prince étant venu à mourir, le 7 avril 1789, *Sélim III*, qui lui succéda sur le trône, demanda, comme condition préliminaire de toute négociation, la restitution de la Crimée, et il fit en même temps des dispositions pour continuer la guerre avec toutes les forces de son Empire. Il démit le grand vizir Jusuff pacha de sa dignité, et la conféra au pacha de Widdin. D'après son plan d'opérations, le capitan pacha devait attaquer la Crimée, tandis que le grand vizir avait ordre de marcher en Moldavie. Un autre corps était destiné à pénétrer en Valachie et de là en Transylvanie; la garnison de Belgrade, qui fut considérablement renforcée, était chargée de la défense de la Serbie, et une autre forte division devait s'avancer en Croatie et dans l'Autriche intérieure. Sur l'extrême gauche des alliés, le prince Repnin et Suwarow commandaient les troupes russes. Le prince de Cobourg commandait l'aile gauche des Autrichiens en Galicie, dans la Bukovine et en Moldavie, — le lieutenant-général prince de Hohenlohe le corps de troupes en Transylvanie, — le général d'artillerie comte Clerfayt celui dans le Banat, — le feldmaréchal comte Hadik, au centre, l'armée principale, et le feldmaréchal Loudon, sur l'aile droite, l'armée en Croatie et en Esclavonie.

Les opérations de la campagne 1789 commencèrent dès le mois de mars à l'aile gauche des alliés. Les

Russes sous Kamenskoy s'avancèrent sur Bender. Le prince de Cobourg marcha de la Moldavie en Valachie, au commencement de juin. Au mois d'avril le grand vizir était arrivé à Rustschuk sur le Danube. Il envoya un corps en avant, pour pénétrer en Transylvanie. Les Turcs attaquèrent à différentes reprises les défilés de ce pays, mais ils furent chaque fois repoussés par les Autrichiens. Au centre l'armée impériale fut encore tenue dans l'inaction, tant par la trêve avec la Serbie, qui n'était pas encore expirée, que par l'indisposition de son chef, le feldmaréchal comte de Hadik. Sur l'aile droite, le feldmaréchal Loudon conquit, le 9 juillet, la forteresse de Turkisch-Gradisca.

Les Russes, conduits par le feldmaréchal Potemkin, s'emparèrent en automne d'Akkierman et de Bender, et chassèrent les Turcs de la Bessarabie. Sur l'aile gauche autrichienne, le prince de Cobourg, soutenu par Suwarow, vainquit, le 1 août, le sérasquier près de Fokschan en Valachie, — le 22 septembre le grand vizir dans le voisinage de Martinestie sur le Rimnik. Le grand vizir s'enfuit avec les restes de son armée près Brailow au delà du Danube. Le lieutenant-général prince Hohenlohe battit, le 7 et 8 octobre, Kara Mustapha en Valachie, près de Portscheny et de Waideny. Le 9 novembre, les troupes du prince Cobourg occupèrent Bukarest, capitale de la grande Valachie, et celles du prince Hohenlohe entrèrent dans Crajowa, capitale de la petite Valachie. Le général d'artillerie comte Clerfayt défit, au mois d'août, dans la contrée de Méhadia, deux fois les Ottomans qui avaient de nouveau pénétré dans le Banat, et les chassa ensuite entièrement de ce pays. Le général Fabry, détaché par le comte Clairfayt, passa le Danube et entra en Bulgarie, prit, le 9 novembre, Gladova par composition, et occupa un territoire de cinquante villages. Le feldmaréchal Loudon avait pris au mois d'août le commandement de la grande armée impériale. L'armistice fut aussitôt dénoncé. Ce Général franchit le Danube, au commencement de septembre, assiégea *Belgrade*, et força la place à se rendre, le 8 du mois suivant. Les Autrichiens occupèrent alors une grande partie de la Serbie, depuis la Drina jusqu'au Timok et vers Nissa, et commencèrent sur la fin d'octobre le siège de *Neuf-Orsowa*, qui toutefois fut converti plus tard en blocus. À l'aile droite l'attaque des Turcs sur la Croatie fut repoussée. L'armée autrichienne tint la Serbie et la Valachie occupées pendant l'hiver.

La guerre entre la Russie et la Suède fut continuée avec vivacité dans cette campagne. Mais aucun des nombreux combats, qui furent livrés tant en Finlande, que dans le golfe voisin, ne produisit un résultat important.

Cependant, malgré les succès brillants de cette année, l'Autriche se trouvait dans une position fort critique. La *Russie*, son alliée, était menacée sur son côté le plus sensible par la Suède. La *France* était déjà en proie à toutes les horreurs de l'anarchie révolutionnaire. Quel secours l'Empereur avait à attendre de la part de l'*Empire germanique*, avait assez prouvé la ligue des princes formée contre lui, peu d'années auparavant (1785). De même que la *Suède* occupait la Russie, pour l'empêcher de diriger toutes ses forces contre la Turquie, de même la *Prusse* se disposait à mettre fin, par de vigoureuses diversions contre l'Autriche, à la guerre turque. Comme de cette manière les frontières septentrionales de l'Autriche se trouvaient aussi menacées, on se vit obligé de concentrer une partie de l'armée impériale sur les limites en Moravie et en Bohème.

Sur ces entrefaites, l'état de la maladie, dont l'Empereur était atteint, et qui s'était un peu amélioré dans le cours de l'été, avait empiré au point, qu'on pouvait prévoir qu'il y succomberait. Joseph, qui connaissait fort bien son état, voulant procurer avant sa mort, s'il était possible, la tranquillité intérieure à ses pays, renonça lui-même à ses plans favoris avec une noble et bénigne condescendance, qui aurait dû lui ramener les coeurs. Il renvoya aux Hongrois la couronne de Saint-Étienne, à laquelle ils attachaient un si grand prix, et leur fit la promesse de se faire couronner, dès que sa santé le lui permettrait. Aux peuples des Pays-Bas il offrit un généreux pardon; mais les gouvernants de ces provinces, instigués par les révolutionnaires des pays voisins, et par des princes étrangers, jaloux d'humilier la Maison d'Autriche, qui sous main avaient promis de les protéger, — refusèrent de rentrer sous l'obéissance de leur légitime Souverain. L'Empereur, sentant sa santé s'affaiblir à chaque instant, écrivit à son frère et successeur au trône, le *grand-duc Léopold de Toscane*, qui se trouvait à Florence, de se rendre à Vienne, et établit lui-même une conférence ministérielle, pour diriger les affaires de l'État jusqu'à l'arrivée de son frère. Dans la matinée du 20 février 1790 l'empereur *Joseph II* termina sa carrière, dans la quarante-neuvième année de son âge.

Les rares dispositions que ce prince avait reçues de la nature, se développèrent dès sa plus tendre jeunesse. Il avait le caractère ouvert, et disait sa pensée avec la plus grande franchise. Son tempérament bouillant était modéré par la bonté de coeur, héréditaire dans son illustre famille; mais il se manifestait par un maintien qui commandait le respect, par de gestes animés, par de paroles nerveuses, précises, souvent violentes et prononcées à très-haute voix. Joseph possédait un esprit solide, une conception facile et une mémoire sûre. Son éducation avait été confiée à des hommes d'un mérite reconnu. Les précepteurs chargés de lui enseigner la religion, la logique, la physique expérimentale, les mathématiques, la jurisprudence, l'histoire, la diplômatie et l'art de la guerre, étaient, chacun pour soi, parfaitement versés dans leur partie; mais ces grandes dispositions, qui plus tard reparurent avec tant d'éclat, paraissaient alors sommeiller dans leur élève. En revanche Joseph s'appliqua avec zèle aux exercices de chevalerie, et à l'étude des langues nationales et étrangères. Quoique ce prince estimât peu les études purement spéculatives, infructueuses pour la société, il protégeait d'autant plus le vrai savoir, dont l'utilité était réellement prouvée. Dans tous les arrangements que son auguste mère fit depuis 1765 pour l'éducation de la jeunesse, pour la civilisation du peuple, pour les arts et les sciences, Joseph, comme corégent, se montra son coopérateur le plus actif.

L'Empereur aimait la simplicité dans chacune de ses actions, dans ses voyages, dans la représentation comme monarque. Ses sujets trouvaient facilement accès auprès lui, et étaient reçus avec une bonté prévenante. Il défendit les génuflexions, comme étant un hommage qui n'est dû qu'à la Divinité. Sobre et tempérant, sa manière de vivre était simple, frugale et toujours la même. Il se couchait tard, et se levait de grand matin. Il se promenait tous les jours, tantôt à cheval, tantôt à pied, à la même heure, par tous les temps. Le monarque se délassait aussi de fois à autre de son travail par la chasse et le vol du héron. Il se plaisait à braver les fatigues et les dangers. Cependant il laissait tous ces exercices du corps, aussi souvent que les affaires de l'État réclamaient son temps. Le peu de soirées libres qu'il avait, il aimait à les passer au spectacle, dans de petits concerts, ou dans une société choisie de personnes spirituelles.

Comme Souverain, Joseph II fut un des plus éclairés et des plus actifs monarques de tous les temps. Le projet qu'il avait conçu d'unir par la même forme de gouvernement tous les États de son Empire, en grande partie formé d'éléments hétérogènes, était une grande idée, dont toutefois l'exécution devait rencontrer des obstacles insurmontables, attendu qu'il fallait auparavant renverser l'ordre existant, ce qui ne pouvait s'effectuer sans blesser les privilèges et les intérêts des Grands et choquer en même temps les préjugés du peuple, plus difficiles à vaincre que des armées. Mais Joseph, fort de ses intentions, qui tendaient uniquement au bien-être réel de ses sujets, espérait qu'il viendrait d'autant plus facilement à bout de son entreprise, qu'il se flattait d'avoir pour lui la grande majorité de la population. Mais la chaleur trop vive, avec laquelle Joseph poursuivit ses vastes projets, lui fit perdre de vue ces deux vérités: que la précipitation gâte la plupart des affaires, et que le peuple, esclave de ses habitudes, et commandé par des besoins journaliers, est toujours l'écho de ceux qui lui donnent du pain. Ce fut cette confiance dans un peuple, qu'il n'avait pas vu d'assez près pour le juger, qui empêcha l'Empereur de réfléchir, qu'avant d'entreprendre une réforme générale, surtout dans des pays qui ont de vieilles institutions, comme les Pays-Bas et la Hongrie, la prudence exige, qu'on sonde avant toute chose les dispositions de la multitude; qu'on prépare les esprits aux changements qu'on se propose de faire; qu'on se fasse, de longue main, des créatures; qu'on s'assure d'hommes aussi habiles que dévoués au Souverain, qui par leur position sont à même d'éclairer le peuple sur les grands avantages qu'il doit retirer du nouveau système qu'on veut introduire; qu'on ferme enfin, d'une manière ou d'autre, la bouche à ces déclamateurs dans la Diète qui, sous le beau masque du patriotisme, courent souvent après les honneurs, la fortune ou la renommée, comme dans d'autres États constitutionels les attaques de l'opposition contre les ministres ne sont bien des fois qu'une chasse aux portefeuilles. Si l'empereur Joseph avait suivi cette voie, ou il aurait atteint son but, ou il se serait arrêté à temps et par conséquent épargné bien des traverses, bien des regrets.

Joseph II montra dès le commencement de son adolescence une grande prédilection pour l'état militaire. À l'âge de seize ans, lorsque la guerre de sept ans vint à éclater, il manifesta un grand désir d'accompagner l'armée, et il fut désolé de ce qu'on lui refusa cette prière. Le grand exemple de plusieurs héros parmi ses ancêtres l'avait rempli d'une noble ambition, et il aspirait à donner des preuves de sa valeur et de ses talents militaires. Ce fut aussi son extrême envie d'acquérir ce genre de gloire qui l'empêcha de considérer, qu'il n'était pas à propos de faire la guerre au dehors dans un moment, où des troubles sérieux agitaient l'intérieur de ses États. Il est vrai, que la fortune ne favorisa pas toujours ses plans belliqueux, cependant, lorsqu'il mourut, ses armes avaient triomphé de ses ennemis, et la bannière d'Autriche flottait sur les remparts de Belgrade. Quelques jours avant de descendre dans la tombe, Joseph prit, par une déclaration mise à l'ordre du jour de l'armée, congé de ses braves guerriers dans les termes les plus touchants. Quelques historiens contemporains, soit par prévention, soit par malice, ont cherché à ternir la renommée de l'empereur Joseph; la postérité, plus équitable, le jugera d'après ses intentions, d'après les grandes choses qu'il a exécutées, et les nombreux établissements publics qu'il a fondés. Elle n'approuvera sans doute pas toutes ses réformes; mais plusieurs obtiendront son suffrage, et lui paraîtront dictées par l'amour de l'humanité, et par le désir d'accroître et d'affermir la prospérité et la gloire de l'État.

CHAPITRE III.

Léopold II.
De 1790 à 1792.

L'avénement de *Léopold* répandit la joie en Autriche et dans toute l'Allemagne. Une grande renommée l'avait déjà précédé. Son éloge était dans toutes les bouches, dans tous les écrits. On louait sa justice, sa bonté, sa tolérance. Il gouvernait depuis vingt-cinq ans la Toscane avec une sagesse, qui lui avait mérité une honorable distinction parmi les Souverains de l'Europe. Le nom même qu'il portait, ce nom vénéré et chéri dans toute l'Autriche, pour qui les *Léopold* sont ce que les *Louis* et les *Philippe*[1]) sont pour la France, les *Frédéric* pour la Prusse, les *Édouard* pour l'Angleterre, et les *Guillaume* pour la Hollande, était un favorable augure. Léopold remplit et surpassa même l'attente qu'on avait de lui. Cependant jamais aucun prince ne monta sur le trône dans des circonstances plus critiques. La Monarchie semblait devoir renoncer à la possession des Pays-Bas, qui s'étaient déclarés indépendants. Les royaumes et États autrichiens élevaient de violentes réclamations. Le mécontentement se manifestait de toutes parts. Le dehors n'offrait pas un aspect plus rassurant pour la Maison d'Autriche. La Prusse menaçait d'entrer hostilement sur les terres autrichiens; déjà l'Angleterre, alliée de la Prusse, se préparait à reprendre son ancien ascendant sur le continent.

---
[1]) *Philippe-Auguste* et *Louis-Philippe*, aujourd'hui glorieusement régnant.

La révolution française faisait chaque jour de plus grands progrès, et les efforts du parti dominant tendaient à réunir à la France les riches provinces de la Belgique. L'Autriche, engagée dans une guerre ruineuse contre la Turquie, n'avait d'autre alliée que la Russie ; mais cette Puissance, ayant elle-même besoin de toutes ses forces pour soutenir la guerre contre les Turcs et les Suédois, ne pouvait offrir au successeur de Joseph II aucun secours ni en troupes, ni en argent.

Telle était la situation pénible où se trouvait Léopold, quand il partit, le 1 mars 1790, de Florence pour se rendre par le Tyrol et la Carinthie dans la capitale de ses nouvelles possessions. Sur la route il accueillit avec bonté, et rassura les nombreuses députations qui lui furent envoyées de toutes les parties de la Monarchie. Le 12 mars, Léopold fit son entrée dans Vienne, au milieu des acclamations du peuple, qui entrevoyait l'aurore d'un règne que la douceur, la bienfaisance et l'amour de la justice devaient faire chérir. L'affabilité du prince lui gagna tous les coeurs. Le 6 avril, Léopold se fit inaugurer suivant l'ancienne coutume. Le monarque, jugeant que le rétablissement de l'ancienne constitution était le meilleur moyen pour calmer les esprits agités, et persuadé que l'*union* entre le Souverain et ses sujets, qui est la force et le soutien des gouvernements, valait infiniment mieux que cette *unité* tant vantée, qui ne sert qu'à les affaiblir et souvent même à les renverser, — supprima en Autriche, en Bohème, en Moravie, en Silésie, en Galicie et en Tyrol, le nouveau système des contributions, établi par son prédécesseur; il réintégra les États provinciaux dans leurs anciens droits et privilèges, et abrogea les édits de son frère que l'opinion publique semblait proscrire, et dont les peuples se plaignaient le plus amèrement. Cette sage mesure dissipa toutes les craintes, toutes les alarmes, et rendit la tranquillité au pays. Il y eut encore pendant quelque temps en Hongrie et en Galicie des exaltés, qui osèrent soumettre au Souverain des demandes fort présomptueuses; mais Léopold sut, par la douceur et une généreuse modération, bientôt ramener ces esprits égarés.

Lorsque le calme fut un peu rétabli en Hongrie, Léopold s'empressa de convoquer une Diète pour son couronnement, et promit en même temps aux États d'écouter leurs griefs et de les redresser d'après les principes de justice et d'équité, dès que son couronnement et l'élection d'un palatin auraient eu lieu. Pour donner à la nation hongroise des preuves de ses sentiments paternels, Léopold abolit aussitôt les innovations de l'empereur Joseph qui avaient le plus contribué à indisposer les esprits contre le gouvernement.

Tous les États héréditaires, à l'exception des Pays-Bas, se trouvant pacifiés, Léopold put s'occuper des affaires étrangères qui réclamaient tous ses soins. L'alliance que la *Prusse* avait signée, le 31 janvier 1790, avec les *Turcs*, comme aussi le traité qu'elle conclut, le 29 mars suivant, avec la Pologne, et par lequel le roi assurait à la République polonaise un secours de 30,000 hommes, pour maintenir les nouvelles réformes de sa constitution, étaient évidemment dirigés contre l'Autriche. La guerre turque durait encore. À la vérité les Ottomans s'étaient tenus tranquilles pendant l'hiver; mais on devait d'autant plus s'attendre à voir recommencer les hostilités, que leur union avec la Prusse les remplissait de nouvelles espérances. La campagne de 1790 fut ouverte au commencement du printemps, et dès le 16 avril la forteresse turque de *Neuf-Orsova*, et le fort de *Sainte-Élisabeth*, richement pourvu de provisions de guerre, se rendirent au général Wartensleben. Cette conquête mit les Autrichiens à même de faire le siège de Widdin, et le prince de Cobourg, à la tête de 18,000 hommes, emporta le 2 juin de vive force les faubourgs du fort valaque de Giurgevo ; cependant les assiégés ayant reçu, le 8 du même mois, des renforts considérables de Rustschuk, firent une vigoureuse sortie qui eut le plus heureux succès. Le 26 juin, le général Clerfayt remporta près de Callefat la victoire sur les Turcs, qui eurent 2000 hommes de tués, et perdirent leur camp et leur artillerie. Cette défaite contraignit ces derniers à évacuer la rive citérieure du Danube. Un corps d'observation ottoman, qui s'avança au secours de la forteresse de Szettin en Croatie que les Autrichiens assiégeaient, fut battu, le 11 juillet, par le général Devins, qui enleva ensuite la place d'assaut. Le 28 du même mois, le général Wenkheim mit en fuite un petit corps turc, dans le voisinage de Florentin en Bulgarie. Après ces succès des armes autrichiennes, on suspendit, par convention du 21 août, de part et d'autre les hostilités.

La Russie continuait la guerre contre les Turcs et les Suédois. Le roi Gustave s'était avancé par terre avec des forces considérables vers Friedrichsham ; mais pendant le même temps, l'amiral russe Tschitschagoff avait, le 3 juillet, remporté dans le golfe de Wiborg une grande victoire navale sur les Suédois, sous le duc de Sudermanie. Ces derniers ayant été en outre renfermés dans le Schwenkasund, le grand-amiral russe, prince de Nassau-Siegen, marcha avec des forces supérieures contre la flotte suédoise, alors commandée par Gustave en personne ; mais il éprouva, le 9 juillet, une défaite totale, perdit plus de cinquante vaisseaux, et put à peine se sauver lui-même dans une chaloupe avec un petit nombre de gens de sa suite. Malgré cette victoire éclatante, le roi de Suède, qui dans cette guerre n'était pas soutenu de la part de l'Angleterre et de la Prusse aussi efficacement qu'il désirait, offrit lui-même la paix à la Russie. Le traité fut effectivement signé, le 14 août, à Wéréla sur la rivière de Kymene. Les choses furent remises dans le même état où elles étaient avant la guerre, excepté que la Suède obtint la liberté d'acheter et d'importer tous les ans des ports de la Finlande et des côtes de la Baltique du blé pour la valeur de cinquante mille roubles, sans payer aucuns droits. Dans ce traité de paix il ne fut pas fait la moindre mention de la Turquie.

Pendant que ces événements se passaient dans l'orient et le nord de l'Europe, la révolution avait pris en *France* un essor si rapide, qu'on eût en vain tenté de l'arrêter. L'Assemblée nationale ôta, le 22 mai, au roi le droit de décider de la guerre et de la paix, et déclara en même temps „qu'elle ne commencerait jamais une guerre de conquêtes." D'autres décrets, qui parurent successivement, ordonnèrent l'émission d'assignats, la division de toute la France en départements, l'introduction des tailles foncières et du timbre, la translation des douanes sur la frontière du royaume. La Noblesse et tous les titres furent abolis, et les couvents supprimés. Les possessions ecclésiastiques (de la valeur de 750 millions d'écus) et les domaines royaux furent convertis en biens nationaux. On fixa une liste civile pour les dépenses de la Couronne, un douaire pour la reine et des pensions pour les princes du sang. Sur la proposition de Mirabeau, un de ces démocrates exaltés qui ne rêvaient que droit de l'homme et liberté, on célébra, le 14 juillet, jour de l'anniversaire de la conquête de la Bastille, la fête de confédération au champ de Mars à Paris. Le peuple y prêta le serment civique, et le roi fut obligé de jurer qu'il acceptait et maintiendrait la Constitution. On forma des clubs où les factions alors trouvaient un point de réunion; on brûla le pape en effigie, et de cette manière la dernière apparence de respect pour la religion fût anéantie. Le 26 novembre, un arrêté de l'Assemblée nationale enjoignit aux prêtres de jurer la constitution et de prêter le serment civique, sous peine d'être privés de leurs emplois.

Le libéralisme, qui prédominait en France, s'était propagé jusque dans les Pays-Bas. Ces provinces étaient alors régies par un congrès, composé d'ecclésiastiques, de Nobles et d'autres personnes notables. Mais au printemps 1790, une violente réaction des démocrates, appelés *Vonckistes* du nom de leur fauteur principal, l'avocat Vonck, avait eu lieu, après que Vandermersch, général des insurgés, avec plusieurs autres chefs de son parti, eurent été arrêtés, le 5 avril de la même année. Le 18 du mois suivant, les troupes autrichiennes, sous les ordres du général Bender, passèrent les frontières des pays de Luxembourg et de Namur, et vainquirent dans plusieurs combats consécutifs les Patriotes, commandés par l'exgénéral prussien Schœnfeld. Comme nonobstant ces revers, les gouvernants en Belgique, qui fondaient leurs espérances sur le secours de la Prusse et des Puissances maritimes, se refusaient obstinément à la réconciliation offerte par l'Autriche, Léopold, pour les priver de l'appui sur lequel ils comptaient, entra en communication directe avec le roi Frédéric-Guillaume, et chercha à s'arranger avec lui. Cette correspondance fit naître une amitié privée entre ces deux monarques; mais elle ne produisit pas le résultat désiré, attendu que le roi de Prusse demandait; que la Pologne lui cédât Danzig et Thorn avec une étendue de terre sur la Vistule, et qu'en revanche la Galicie fût rendue à la République. Léopold ayant rejeté ces prétentions, les conférences furent rompues, et l'on vit paraître bientôt sur la frontière de la Silésie trois armées prussiennes, dont le roi Frédéric lui-même prit le commandement. Mais au milieu de ces démonstrations hostiles un congrès avait été ouvert, le 26 juin, à Reichenbach, sous la médiation des Puissances maritimes. On se promettait de cette conférence une prompte conclusion de la paix, attendu que Léopold même se prêta à la proposition que lui fit le roi Frédéric d'indemniser la Pologne de la perte de Danzig et de Thorn par une pièce proportionelle de la Galicie, et d'être ensuite dédommagé lui-même par une partie des pays conquis sur la Porte, et par le rétablissement de la frontière, telle qu'elle avait été réglée dans le traité de paix de Passarowitz. Mais les Polonais ne se montraient nullement disposés à céder leurs principales villes maritimes, et les envoyés d'Angleterre et de Hollande, de leur côté, demandaient la restitution de toutes les conquêtes, faites par l'Autriche en Turquie. Sur cela le roi de Prusse renonça aux deux villes ci-dessus mentionnées; mais voulant du moins empêcher, que la Maison d'Autriche ne s'agrandît pas non plus, il changea dans l'instant son système, c'est-à-dire qu'il exigea de Léopold, qu'il abandonnât, de son côté aussi, toutes les conquêtes de l'Empereur son frère; que dans le traité de paix à conclure avec les Turcs, le statu quo primitif fût rétabli, et que, pendant la guerre entre la Porte et la Russie l'Autriche s'abstînt d'aider et de soutenir, de quelque manière que ce fût, la dernière des deux Puissances belligérentes. C'était certes astreindre Léopold à de dures conditions, que de vouloir qu'il rendît tout ce que les armées impériales avaient conquis, surtout Belgrade, ce puissant boulevard de l'Empire ottoman, et qu'il retirât en outre son appui à la Russie, l'amie fidèle et constante de l'Autriche. Néanmoins ce prince, apercevant les dangers auxquels l'exposerait un refus, et voulant rétablir l'ordre et la tranquillité dans ses États, ébranlés par tant de secousses, se résigna à faire le sacrifice qu'on lui demandait. Dès le 27 juillet 1790, la paix fut signée à Reichenbach par les plénipotentiaires respectifs. On stipula dans le traité, conformément aux désirs de Léopold, que l'Autriche garderait la forteresse de Choczim, conquise par elle, comme dépôt neutral, jusqu'à la conclusion de la paix entre la Porte et la Russie, et qu'elle aurait la faculté de faire, par des négociations amiables, des accommodements avec la Turquie pour la sûreté de ses frontières; cependant on y ajouta la clause que, si Léopold retirait quelque avantage d'un tel arrangement, le roi de Prusse se réservait un équivalent proportionnel dans la haute Silésie. Un article additionnel de ce traité portait: que les troubles de la Belgique seraient apaisés, sous la médiation de la Prusse et des Puissances maritimes, et que ces provinces, avec réserve de leur ancienne constitution, et sur l'assurance d'une amnistie générale, rentreraient sous la domination autrichienne. Le vainqueur de Belgrade ne vit point ce dénoûment qui enleva à l'Autriche tout ce qu'il lui avait conquis par ses efforts belliqueux. Le feldmaréchal baron de *Loudon* [1]) était mort, à l'âge de 75 ans, le 12

---

[1]) *Gidéon-Erneste, baron de Loudon*, né en 1716 à Trolzen en Livonie, descendant d'une famille normande, qui s'était d'abord établie en Écosse et ensuite en Livonie. Il entra 1731 comme cadet au service de Russie, assista au siège de Danzig, et puis à plusieurs batailles et sièges dans la guerre contre les Turcs, et reçut en 1739 son congé comme capitaine. Il se proposait alors d'aller servir dans l'armée impériale, et entreprit dans cette vue le voyage de Vienne. À son passage par Berlin, il se laissa persuader par quelques-uns de ses amis à solliciter une place au service prussien. Mais il lui arriva à Berlin ce qui était arrivé au prince Eugène en France. Le roi Frédéric II le fit attendre longtemps avant de l'admettre à l'audience, et Loudon, engagé dans des dettes, fut obligé de faire le copiste pour gagner son pain. Lorsqu'enfin le roi le vit, sa physionomie et surtout sa chevelure rougeâtre déplurent au monarque, et Loudon ne fut point placé. Il se rendit à Vienne, où il trouva ce qu'y avait trouvé le prince Eugène; c'est-à-dire que le grand-duc François, époux de Marie-Thérèse, lui fit donner une compagnie dans le corps des Pandours du baron de Trenk. On voit que l'Autriche fut mieux inspirée que la France et la Prusse, lorsqu'elle reçut dans les rangs de ses défenseurs ces deux hommes, rebutés par ses rivales, puisqu'elle acquit

juillet à Neutitschein, au quartier-général de l'armée qu'il devait conduire en Silésie contre les Prussiens. Il fut remplacé par le feldmaréchal comte de Lacy dans le commandement-général.

Le rétablissement de la bonne union avec la Prusse fut suivi de l'élection de *Léopold*, qui fut nommé *roi des Romains* à l'unanimité des suffrages, le 30 septembre 1790. Ce prince fit son entrée solennelle à Francfort le 4 octobre, et le 9 il fut couronné *empereur d'Allemagne* par l'électeur de Mayence.

L'Empereur, libre des soins du dehors, tourna ses regards vers la Hongrie et les Pays-Bas, qui n'étaient pas rentrés dans le devoir. La Diète de Hongrie n'était pas encore terminée. Cette assemblée, non contente de la révocation des édits du dernier règne, voulait changer la forme du serment, et chercha à obtenir de nouvelles

deux héros, qui devinrent ses plus puissants appuis, la firent souvent triompher de ses ennemis, et conquirent l'un et l'autre la fière forteresse de Belgrade. Cependant peu s'en fallut que l'Autriche ne fût privée aussi de l'un de ces grands guerriers; car le capitaine Loudon, qui combattit vaillamment en Bavière et au Rhin, où il avait été blessé près d'Alsace-Zabern et fait prisonnier, se vit, après son échange, contraint par les chicanes du baron de Trenk, à prendre sa démission. Il vécut alors dans un extrême besoin, jusqu'à ce qu'il obtint par une protection particulière une place de major dans le régiment de Licca, où il se maria et embrassa la religion catholique. Mais le commandant-général en Croatie était son ennemi, et le raya de la liste des officiers qui avaient été commandés de Vienne pour la marche l'an 1756. Loudon courut arbitrairement à Vienne pour faire ses plaintes; mais elles furent fort mal reçues, et il était sur le point d'être renvoyé avec une sévère réprimande dans sa garnison, lorsque ses amis vinrent à bout de le faire employer comme lieutenant-colonel dans les troupes légères, destinées à renforcer l'armée de l'Empire. Rappelé de là en Bohème, il montra dans les combats près de Colin et de Prague, et surtout dans les sorties pendant le siège de cette capitale, tant d'habileté et de courage, qu'il fut promu au grade de général-major (1757). Sa patente d'avancement ayant été interceptée par le roi Frédéric, ce grand prince qui honorait le mérite et les talents même dans ses ennemis, la lui envoya avec une lettre de félicitation très-flatteuse.

concessions. Mais l'empereur Léopold qui, malgré la douceur de son caractère, avait beaucoup de fermeté, déclara dans un rescrit adressé à la Diète, qu'il conserverait dans toute son intégrité la constitution du royaume, comme son aïeul et sa mère l'avaient maintenue; mais qu'il prêterait le même serment que celui qu'avaient prêté ces Souverains, et qu'il ne souffrirait jamais qu'on portât atteinte aux attributs du roi, qui était investi du pouvoir exécutif et judiciaire, ainsi que du droit de distribuer les emplois et les grâces. On débattit, à la vérité, encore pendant quelque temps ces questions et plusieurs autres; mais enfin tout s'arrangea, et les Hongrois redevinrent cette nation fidèle et généreuse, dont la grande Marie-Thérèse était fière et avait aussi sujet de l'être. La Diète en donna des preuves encore avant la clôture de cette session, en votant des secours considérables en troupes et en argent pour la guerre. Le 15 novembre, Léopold fut couronné aux mêmes conditions, et avec les mêmes cérémonies que l'avaient été Charles VI et Marie-Thérèse, dans la ville de Presbourg, où l'Empereur avait fait son entrée (le 3 novembre), entouré de cinq archiducs, ses fils. Le quatrième de ces princes, *Léopold-Jean*, avait, sur la présentation de son père, été choisi pour remplir la place de palatin du royaume, vacante par la mort du prince Esterhazy. Après cette élection, l'Empereur adressa à son fils un discours noble et touchant, dans lequel il lui rappelait lui-même les devoirs qu'il avait à remplir en sa qualité de palatin, et lui commandait de ne jamais s'en écarter, même par zèle et par affection pour la personne de son roi et de son père. Les États, que cette exhortation avait fort émus, décrétèrent qu'elle fût transcrite sur les registres publics, pour servir de pendant à celle que Saint-Étienne avait adressée à ses fils. Le jour de son couronnement, Léopold acheva de se concilier les esprits par un nouveau témoignage de son désir de se rendre agréable à la nation; après avoir dîné en public, il se leva et annonça qu'il consentait à ce qu'on publiât une loi, par laquelle ses successeurs au trône de Hongrie seraient tenus de ne pas différer au delà de six mois après leur avénement la cérémonie de leur couronnement. À cette déclaration inattendue, des cris d'enthousiasme éclatèrent de toutes parts, et Léopold fut à son tour attendri des marques de reconnaissance et d'amour qu'il reçut de la part de la nation hongroise, entièrement réconciliée avec son roi pour ne plus jamais se séparer de lui. Le couronnement avait été précédé du remarquable édit de tolérance, émané le 7 novembre, qui en vertu de la paix de Vienne de 1608, de la pacification de Linz et de la loi de 1706, accordait aux Protestants l'exercice libre et public de leur religion. Le 4 mars 1791, Léopold déclara, par un rescrit adressé aux États de la Transylvanie, qu'il était prêt aussi à confirmer les anciens droits et franchises de cette grand-principauté. En conséquence de cette déclaration grâcieuse, la nation saxonne recouvra son indépendance primitive; les affaires de la Transylvanie furent séparées de la chancellerie aulique de Hongrie et confiées à une chancellerie aulique particulière. Pour les Illyriens l'Empereur résolut, le 5 mars, qu'il serait érigé une nouvelle chancellerie aulique. Une loi de famille, émanée le 21 juillet, destina de nouveau la *Toscane* pour la secondogéniture, et l'Empereur nomma *grand-duc* son deuxième fils, l'archiduc *Ferdinand*.

Pour ce qui concerne la *Belgique*, le feldmaréchal Bender, qui occupait avec 30,000 Autrichiens le pays de Luxembourg, fit sommer, le 18 août 1790, les États de Brabant et des autres provinces insurgées de se soumettre à l'amiable. Mais ils persistèrent dans leur refus, nonobstant la situation très-difficile où ils se trouvaient.

Pour se tirer d'embarras, le congrès publia, sur la proposition des démagogues Vandernoot et van Eupen, une insurrection en masse dans toutes les provinces. L'avocat Vandernoot se mit lui-même à la tête des insurgés, et marcha jusqu'au delà de la Meuse à la rencontre des Autrichiens. Mais ses bandes furent complètement battues et dispersées; lui-même prit honteusement la fuite. À présent seulement, où les armes de Léopold étaient victorieuses, et qu'il restait à peine aux insurgés quelque espoir d'une intervention étrangère, les ministres des Puissances médiatrices s'empressèrent de se réunir à la Haye, où les États de la Belgique envoyèrent également des plénipotentiaires. On accorda aux Belges un terme de vingt-un jours pour se soumettre et leur assura le rétablissement de leur ancienne constitution; mais les États persévérèrent dans leur résistance, malgré la dernière sommation peremptoire que Léopold leur envoya le 14 octobre. Cependant, pour gagner du temps, ils demandèrent une prolongation du délai qui leur avait été accordé, et déclarèrent qu'ils étaient prêts à se soumettre, si l'Empereur voulait partager la souveraineté avec eux, leur abandonner la nomination aux emplois civils, et consentir à l'érection d'une armée nationale; oui, dans l'étrange embarras où ils se voyaient, ils se décidèrent, le 21 novembre, à demander l'archiduc *Charles*, troisième fils de l'Empereur, pour Souverain de la Belgique comme grand-duc héréditaire. Pour toute réponse à ces propositions déraisonnables, l'armée autrichienne marcha, après l'expiration du terme préfix, en trois colonnes dans les provinces insurgées. À son approche, les Généraux ennemis, persuadés de l'inutilité de leur résistance, prirent partout la fuite; en sorte que les troupes impériales n'eurent qu'à se présenter pour entrer dans un pays, où elles étaient attendues avec impatience par tous les gens sensés qui, pleins de confiance dans la magnanimité de leur prince et dans ses promesses, soupiraient après le rétablissement de l'ancien ordre des choses. Le général Bender occupa, le 24 novembre, la ville de Namur, et le 1 décembre celle de Louvain, où quelques troupes de Patriotes firent résistance pour la dernière fois. À Bruxelles l'épouvante, la confusion et l'irrésolution accroissaient chaque jour; la populace exaspérée parcourait par bandes les rues, en jetant des cris tumultueux; le désordre fut encore agrandi par le général belge baron Schœnfeld qui se démit, le 22 novembre, du commandement. Les deux principaux chefs de la révolte, Vandernoot et van Eupen, s'enfuirent en Hollande; le congrès belge se dissipa, et dès le 2 décembre 1790 les Impériaux rentrèrent dans Bruxelles. Toutes les autres villes capitales et provinces suivirent cet exemple, et les troupes impériales furent partout reçues avec les plus grandes démonstrations de joie. Immédiatement après, le feldmaréchal Bender déclara, que l'Empereur n'était pas intentionné de faire valoir les droits de conquête, ce qui fit une bonne impression sur l'esprit public. La convention, conclue le 10 décembre à la Haye par le comte Mercy d'Argenteau et les trois plénipotentiaires de la Prusse, de l'Angleterre et de la Hollande, rendit aux Belges leur ancienne constitution; on accorda une amnistie générale, dont peu de personnes seulement furent exceptées; l'université de Louvain et les institutions ecclésiastiques furent rétablies sur le pied où elles se trouvaient aux temps de Marie-Thérèse; les biens des couvents supprimés furent destinés à d'autres fondations pieuses, et l'inamovibilité des emplois de juges auprès des Cours supérieures de justice fut de nouveau sanctionnée. En outre l'Empereur, se confiant à la loyauté et à l'attachement de la nation, consentit à ce que la Belgique restât affranchie de la conscription, et qu'aucun impôt ne fût établi sans l'approbation des États. On régla aussi que le général-commandant et le ministre plénipotentiaire seraient subordonnés à des capitaines et gouverneurs-généraux. En même temps les Puissances médiatrices garantissaient dans cette convention à la Maison d'Autriche la possession de la Belgique à perpétuité, comme aux provinces leurs institutions. Le dernier jour de l'année 1790, le gouvernement autrichien entra de nouveau en activité. Peu de jours auparavant (le 23 décembre), la Transylvanie, réintégrée dans son ancienne constitution, avait inauguré l'Empereur dans la Diète.

Après que les provinces belges se furent soumises à leur Souverain légitime, il ne restait plus à Léopold, pour débrouiller entièrement le chaos où son prédécesseur avait laissé les affaires, que de conclure la paix avec la Porte. À ces fins on avait suspendu dès le 24 septembre les hostilités, et ouvert en janvier 1791 un congrès à Szistowa. Mais les négociations relatives à cet objet n'étaient pas aussi faciles et aussi simples, qu'on pouvait l'attendre d'après le traité de Reichenbach. L'empereur Léopold, il est vrai, déclara qu'il était prêt à rendre à la Porte tous les pays conquis, à la réserve de certains endroits et districts, qui appartenaient déjà avant la dernière guerre de plein droit à l'Autriche; mais la Russie, que ses victoires et la conquête d'Ismaïl par Suwarow (le 22 décembre 1790) avaient rendue fort exigeante, éleva des prétentions sur les pays, auxquels renonçait Léopold, et nommément sur la Valachie. Ces complications et l'extrême exigence de la Turquie interrompirent les conférences; c'est-à-dire que la Porte Ottomane, comptant sur le caractère pacifique et la générosité de Léopold, ne demandait pas moins que la restitution de la *Bukovine* et de toutes les conquêtes, un dédommagement pour les frais de la guerre, la dissolution de tous les traités d'État, conclus depuis la paix de Belgrade, et particulièrement du traité de commerce. Déjà les ministres plénipotentiaires étaient sur le point de quitter Szistowa; mais les dispositions des Puissances médiatrices, et la menace qu'elles firent à la Russie de lui déclarer la guerre, conduisirent enfin à la paix, qui fut signée le 4 août 1791. Conformément au traité de Reichenbach, Léopold restitua toutes les conquêtes à la Porte, qui en retour renouvela les traités de commerce, rétablit les rapports entre elle et l'Autriche, tels qu'ils existaient avant la guerre, et lui céda *Vieux-Orsova* avec quelques districts de frontière sur la rivière d'Unna. La forteresse de Choczim et son territoire restèrent entre les mains de l'Autriche jusqu'à la paix avec la Russie. L'exemple de l'empereur Léopold agit si fortement sur l'impératrice Cathérine, qui avait jusque-là négocié avec les Turcs sans aucune entremise, qu'elle conclut également la paix avec la Turquie. Le traité fut signé à Jassy, le 2 janvier 1792. La Russie conserva Oczakow et l'étendue de terre entre le Dnieper et le Dniester; la cession de la Crimée fut renouvelée; le czar de Tiflis en Georgie fut reconnu pour indépendant, et on fixa le fleuve de Luban pour frontière.

L'empereur Léopold commençait à peine à récueillir les fruits de sa sagesse et de sa modération, que de nouveaux événements vinrent troubler son repos. Tandis que la révolution prenait en France tous les jours un caractère plus grave, il en éclata en Pologne une autre qui, bien que beaucoup moins violente et meurtrière, n'en amena pas moins la ruine de la nation. Les Polonais avaient une haine déclarée pour l'impératrice Cathérine; se reposant sur l'alliance, conclue le 29 mars 1790, avec la Prusse, les Patriotes méditaient le projet de se soustraire entièrement à l'influence de la Russie. Mais le refus qu'avait fait la Diète de céder Danzig et Thorn au roi Frédéric de Prusse, avait éteint l'amitié de ce monarque. De plus on avait adopté dans la Diète à Grodno, le 3 mai 1791, le plan d'une nouvelle constitution, dont les articles fondamentaux étaient l'abolition du droit d'élection, qui avait causé tant de maux à la Pologne, l'hérédité de la couronne qui fut destinée à l'électeur de Saxe, et le rétablissement des droits du tiers-état. L'annullation du droit d'élection fut approuvée par le roi de Prusse, mais n'obtint point l'assentiment de l'impératrice de Russie. L'électeur de Saxe réfléchit s'il accepterait la couronne sans condition, et la confédération à Tragowitz détruisit, le 24 mai 1792, tous les projets du parti patriotique.

Dans les Pays-Bas, le germe de discorde n'était pas étouffé. L'esprit de rebellion y fermentait sourdement. Le pays se trouvait divisé en trois partis: les *impérialistes*, les *aristocrates* ou partisans des États et les *démocrates* ou adhérents du système révolutionnaire français. Une émeute populaire eut lieu à Namur, à cause de la réinstallation du magistrat, à laquelle s'opposaient les États de la province. Ceux de Brabant aussi firent des représentations; Anvers tardait à inaugurer leur nouveau Souverain. Les démocrates, ou comme on les appelait, les Vonckistes levaient partout la tête, et les fréquentes querelles entre ce parti et les aristocrates auraient occasionné bien des troubles, si la présence des troupes impériales n'avait imposé aux factieux. Le duc Albert de Saxe-Teschen et l'archiduchesse Marie-Christine, gouverneurs-généraux des Pays-Bas, furent, il est vrai, reçus avec solennité à Bruxelles, et l'inauguration eut lieu, le 15 juin 1791; mais cette cérémonie se fit d'une manière si froide et si réservée, qu'elle causa de graves inquiétudes aux personnes bien intentionnées, d'autant plus que la tranquillité n'était rétablie qu'en apparence. L'avocat Vandernoot, et son digne compagnon, l'hypocrite van

Eupen qui, comme on sait, s'étaient sauvés en Hollande, couvaient de nouveaux projets de révolte. Les États de Brabant, qui depuis le commencement des troubles donnaient le ton aux autres provinces, montraient le plus d'opiniâtreté ; ils osèrent refuser les subsides à leur prince, et employaient les deniers publics à salarier secrètement les chefs de la révolte et à soutenir les Patriotes réfugiés. Ces derniers venaient fréquemment à Bruxelles, d'où ils se rendaient dans le Hainaut français, où le comte Bethune Charost rassemblait une armée considérable. Dans ces circonstances le gouvernement se vit obligé d'agir avec une plus grande énergie ; par conséquent la protestation des États contre la forme du Grand-Conseil, séant à Malines, fut publiquement anéantie, et plusieurs membres des États furent arrêtés. Cet acte de rigueur fut inutile ; car les États renouvelèrent leurs représentations, et on paraissait fort disposé aussi à recommencer les anciennes scènes ; mais la vigilance et les bonnes mesures du comte de *Metternich*, qui avait remplacé le comte Mercy dans le ministère en Belgique, déconcertèrent tous les projets des mécontents.

Cependant toutes ces démonstrations séditieuses n'étaient pas à comparer aux mouvements révolutionnaires qui avaient lieu en France, où se préparait un bouleversement, qui fixa bientôt l'attention de toute l'Europe sur ce pays. Par le décret du 28 mars 1791, qui déterminait les droits et les devoirs de la famille royale, il fut interdit au roi de s'éloigner de plus de vingt lieues de Paris ; mais peu de temps après, l'Assemblée nationale ne lui permit pas non plus de faire le voyage à Saint-Cloud, prenant pour prétexte de ce refus, que le comte d'Artois, son frère, et le prince de Condé enrôlaient à Coblence, à Worms et à Ettenheim, des troupes allemandes contre leur patrie, et envoyaient leurs agents à toutes les Cours de l'Europe, pour les exciter à faire la guerre à la France. Cette dure contrainte, et surtout l'indigne traitement que lui et sa famille avaient essuyé publiquement, le 18 avril, de la part de la garde nationale qui s'était insurgée, ayant éclairé le monarque sur le danger imminent qui le menaçait, il se laissa persuader à la fuite, le 20 juin; mais il fut reconnu à Varennes par le maître de postes Drouet, et ramené prisonnier à Paris. Après qu'il eut été interrogé par écrit, il fut constitué prisonnier d'État dans les Tuilleries, séparé de sa famille et suspendu de tout exercice de la puissance royale.

L'empereur Léopold reçut cette triste nouvelle en Italie, où il avait accompagné le roi et la reine de Naples, qui s'étaient longtemps arrêtés à Vienne et à Francfort, et où il avait installé son deuxième fils *Ferdinand*, comme *grand-duc de Toscane*. Vivement affecté du sort du roi son beau-frère, effrayé en même temps des progrès des idées révolutionnaires, et redoutant leur propagation, Léopold résolut, malgré son humeur douce et pacifique, d'opposer une digue à ce torrent destructeur. Dans cette vue, il adressa, le 6 juillet, de Padoue, une lettre circulaire aux principales Puissances de l'Europe, pour les inviter à prendre conjointement des mesures, relativement à la situation du roi Louis et aux affaires de France en général. Le frère aîné de Louis XVI, comte de Provence, qui était enfin parvenu à s'échapper de la France, et le comte d'Artois, de leur côté, entamèrent des négociations avec la plupart des Cours européennes, pour le rétablissement de la monarchie.

Le roi Frédéric de Prusse fut le premier qui s'empressa de répondre à l'appel que lui avait fait l'Empereur, en accédant fort amicalement à toutes les mesures de la Cour de Vienne; sur quoi il fut conclu, le 25 juillet à Vienne, une alliance préliminaire entre ces deux potentats.

Peu de temps après, pendant que la France se préparait déjà à la guerre par l'établissement de deux camps près de Maubeuge sous Rochembeau contre les Pays-Bas, et sous Luckner en Alsace contre le Brisgau, — eut lieu (le 25 août) la fameuse entrevue de l'Empereur avec le roi de Prusse à Pilnitz en Saxe, à laquelle assistèrent aussi les deux princes héréditaires respectifs. Les deux monarques, après avoir déclaré en présence du comte d'Artois et de Calonne, qui se présentèrent à cette conférence sans y avoir été appelés, qu'ils prenaient part à la destinée du roi Louis XVI et de la monarchie française, comme étant un objet d'un intérêt général de la plus haute importance pour tous les Souverains, s'unirent pour intervenir promptement et avec des forces imposantes dans cette grande affaire, espérant que les autres Puissances y contribueraient et mettraient, conjointement avec eux, le roi Louis en état de poser, en pleine liberté, la base d'une forme de gouvernement monarchique, également convenable à l'intérêt de tous les Souverains et au bien-être de la nation française.

Après cette entrevue, Léopold se rendit à Prague, où il fut couronné *roi de Bohème* avec les cérémonies usitées, le 6 septembre 1791. Mais l'Empereur ne put s'arrêter longtemps dans ce royaume, à cause de nouveaux événements qui se passèrent en France. L'Assemblée nationale avait eu jusque-là encore tant d'égards pour leur royal captif, qu'il fut absous de toute accusation; mais déjà le club toujours croissant de ces furieux démocrates, appelés *Jacobins* du lieu du leur réunion [1]), dirigé par deux misérables: *Brissot* et *Robespierre*, proposait la déposition du roi, et Louis se vit contraint, après qu'on lui eut rendu auparavant la liberté, d'accepter la Consti-

---

[1]) Le couvent supprimé des Dominicains, qu'on nommait autrefois en France Jacobins.

tution du 3 septembre qu'on lui présenta, et de la jurer, le 14 du même mois. Ce prince notifia à toutes les Cours étrangères son acceptation de la nouvelle charte constitutionnelle, par où le régime monarchique paraissait être fixé et la révolution accomplie aussi. L'Assemblée nationale termina sa session, et la seconde Assemblée législative fut ouverte, le 1 octobre 1791. Elle jura le maintien de la Constitution; mais elle se permit bientôt de nouveaux empiétements sur les droits de la Couronne, et les Jacobins, avides de vengeance, n'aspiraient qu'à s'abreuver du sang innocent de leurs malheureuses victimes.

L'empereur Léopold, toujours plus porté pour la paix que pour la guerre, avait reconnu la Constitution française, se flattant qu'il parviendrait par cette marque de déférence à rétablir le calme en France et à pourvoir à la sûreté personnelle de la famille royale. Ensuite il fit expédier, le 12 novembre, à toutes les Cours européennes une circulaire, dans laquelle le roi Louis était, à la vérité, considéré comme réellement libre, et son acceptation de la nouvelle charte comme valide; mais dans cette même lettre les Puissances étaient invitées à persévérer dans les mesures de précaution convenues, vu qu'on ne pouvait répondre de l'avenir. Cependant cette politique du Cabinet de Vienne, tout prudente et sage qu'elle était, ne fut point goûtée par les autres potentats. Il n'y eut que la Grande-Bretagne, la Hollande et la Suisse qui semblaient vouloir rester neutres; d'autres princes se déclarèrent vaguement, restèrent indécis sur ce qu'ils avaient à faire, et cherchèrent à éviter toute réponse. L'Espagne, la Russie et la Suède, au contraire, se prononcèrent d'une manière décidée contre le procédé pacifique de l'Autriche; elles refusèrent de reconnaître la Constitution française, et l'impératrice Cathérine se fit même représenter par un ministre auprès des princes bourbons émigrés à Coblence, auxquels l'Empereur avait refusé sa protection.

Pendant ce temps-là, de nouvelles et nombreuses émigrations, surtout parmi la Noblesse et le clergé, avaient eu lieu en France, et dès le mois de novembre les princes français avaient rangé sous leurs drapeaux une force de près de 60,000 hommes. La nouvelle ayant été répandue en France, que cette armée devait servir d'instrument aux Puissances pour commencer les hostilités, l'Assemblée nationale, influencée par les Jacobins, qui chaque jour devenaient plus puissants, émit le 9 novembre un décret portant, que tous les émigrés, qui jusqu'au commencement de la nouvelle année se trouveraient encore réunis au delà des frontières de la France, seraient regardés comme coupables de haute trahison et punis du dernier supplice. Ce décret causa un nouvel embarras au roi Louis, qui devait par là prononcer la sentence de mort contre ses frères; c'est pourquoi il refusa de le sanctionner; mais en même temps il adressa une nouvelle proclamation aux émigrés français, et fit faire par son ambassadeur à Vienne les plus pressantes représentations contre leurs armements. Mais dans l'exaspération où étaient les esprits, le tumulte et les discours violents dans l'Assemblée législative augmentaient de jour en jour. Comme en même temps des bruits d'une nouvelle fuite du roi et d'une invasion hostile de la part des émigrés se répandirent dans la capitale, on requit, le 29 novembre, Louis XVI de mettre fin, à l'amiable ou par la force, aux démonstrations hostiles des ces réfugiés en Allemagne. Le roi avait déjà prévenu cette demande en adressant, le 18 du même mois, à l'électeur de Trèves, qui protégeait particulièrement les émigrés français, une lettre dans laquelle il rendait ce prince responsable de toutes les suites, et le menaçait de la guerre lui et toutes les Puissances qui favoriseraient les armements contre la France. Il ordonna aussi, le 14 décembre, d'assembler trois armées de

150,000 hommes chacune, sous Rochembeau, Luckner et Lafayette, sur les frontières du royaume. Sur les avertissements réitérés de *Léopold*, l'électeur de Trèves rendit une ordonnance contre les rassemblements et armements dans son pays; mais malheureusement il trompa l'Empereur par de faux rapports, que ce monarque ne pouvait présumer; par conséquent il ne fit aucune difficulté d'accorder à ce prélat la protection qu'il réclamait, et ordonna au feldmaréchal Bender dans les Pays-Bas de défendre les États de l'électeur en cas qu'il fût attaqué par les Français. Le parti dominant en France désirait la guerre; c'est pourquoi on publia un manifeste, qui sommait toutes les Puissances de l'Europe de déclarer leurs sentiments envers la France. Comme l'Empereur, abusé comme on l'a dit, continuait à protéger l'électeur de Trèves, toutes les démarches pacifiques de ce monarque furent dès lors représentées comme une dissimulation concertée, et l'intention qu'il avait manifestée de tenir avec les Puissances étrangères un congrès à Aix-la-Chapelle, souleva toute la France. L'Assemblée nationale, après avoir émis, sur la motion de Brissot, un décret dont le contenu menaçant provoquait à la guerre, réquit l'empereur Léopold de déclarer s'il était l'ennemi ou l'ami de la France. Ce Souverain fit répondre par le prince de Kaunitz: que l'ordre qu'il avait envoyé au général Bender n'avait été donné que conditionnellement; que son devoir, comme chef de l'Empire, était de protéger les États d'Allemagne contre des agressions étrangères; que l'union des Puissances étrangères n'avait d'autre but que l'inviolabilité de la personne du roi et de la monarchie française; que l'effet de cette alliance venait à cesser par l'acceptation de la charte constitutionelle; que toutefois les fermentations continuelles en France, les actes sanguinaires par lesquels le parti dominant dans ce royaume avait déjà souillé le commencement de la révolution, et surtout les efforts qu'il faisait pour révolter les peuples voisins, et nommément les Belges, contre leur légitime Souverain, devaient causer de grandes inquiétudes aux États étrangers, et avaient contraint les Puissances à se confédérer pour maintenir le repos de leurs sujets; que l'Empereur était fort éloigné d'imputer les excès et les désordres en France à la majorité de la nation, et que c'était précisément par cette raison qu'il désirait dévoiler les menées et les artifices d'une cabale, qui menaçait de plonger la France dans l'anarchie et la misère; enfin qu'il s'était uni avec d'autres Puissances dans la vue de venir au secours de ses pays, en cas qu'ils fussent attaqués, et qu'il rendait les factieux en France responsables devant le roi et la nation. En effet, non-seulement Léopold, mais tous les autres potentats de l'Europe étaient dans une disposition très-favorable à la paix. La Prusse régla sa conduite entièrement d'après celle de l'Autriche; mais bientôt ces deux Puissances se virent obligées de prendre des mesures vigoureuses, pour mettre leurs États en sûreté contre une agression de la part de la France.

L'Assemblée nationale, loin de savoir gré aux Puissances de leurs bonnes intentions, déclara tous les monarques de l'Europe conjurés contre la liberté française, et excita toutes les nations à la révolte contre leurs Souverains; en sorte que la guerre était d'autant moins évitable, que ceux qui s'étaient emparés du timon de l'État en France, la désiraient ardemment. Tandis qu'on balançait encore dans la résolution qu'on devait prendre, le roi Louis employa tous les moyens imaginables pour conserver la paix; il rappela de nouveau ses frères, et adressa de nouvelles proclamations aux émigrés. Mais ils déclarèrent qu'ils ne rentreraient dans leur patrie qu'à condition qu'on leur restituerait leurs droits et propriétés, ou les armes à la main. Après ce refus, les procédures déjà commencées contre les princes et leurs partisans, furent continuées, et le 1 janvier 1792 un décret de mise-en-accusation fut rendu contre eux; le 18 du même mois, le comte de Provence fut déclaré déchu de son droit à la régence, et le 9 février, tous les biens des émigrés furent mis sous la surveillance des corporations administratives. Dans le club des Jacobins, le 12 janvier, on discuta plus violemment que jamais sur la guerre, que Brissot et son parti demandaient avec impétuosité, mais à laquelle s'opposaient encore alors Robespierre et sa faction. Cependant on résolut de mettre sur pied trois armées, dont deux devaient agir contre les Pays-Bas et l'empire d'Allemagne, et la troisième contre la Sardaigne, en cas que la guerre vînt effectivement à éclater. L'empereur Léopold, pressé par le gouvernement français de se prononcer cathégoriquement sur la paix ou sur la guerre, arma de son côté, et une armée de 90,000 hommes devait se réunir dans les Pays-Bas. Ces événements, qui mirent fin au système dilatoire de la Prusse et de l'Autriche, raffermirent l'alliance défensive qui existait entre ces deux Puissances.

Les deux parties fondaient leurs armements sur le prétexte de leur insûreté; cependant, comme dans la dernière réponse du Cabinet de Vienne on pouvait encore toujours reconnaitre les dispositions pacifiques de Léopold, le roi Louis écrivit de nouveau à l'Empereur, pour lui proposer de suspendre de part et d'autre les préparatifs de guerre, et Léopold aurait indubitablement écouté ces ouvertures amicales, si la mort ne l'avait surpris avant la réception de la lettre de son infortuné beau-frère.

Léopold II descendit au tombeau, le 1 mars 1792, après un jour et demi de maladie, n'étant âgé que de quarante-deux ans. Ce monarque eut de son épouse *Marie-Louise*, fille du roi Charles III d'Espagne, morte deux mois et demi après lui, seize enfants, dont deux seulement ne survécurent point à leur mère. — Les fils sont: *François I* (IIème du nom comme empereur d'Allemagne), qui succéda à son père. *Ferdinand*, grand-duc de Toscane. *Charles*, gouverneur-général du royaume de Bohème et feldmaréchal. *Léopold*, palatin du royaume de Hongrie. *Albert*, qui cessa de vivre le 22 juillet 1774. *Maximilien*, mort le 9 mars 1778. *Joseph*, palatin de Hongrie après la mort de son frère Léopold (12 juillet 1795). *Antoine*, grand-maître de l'ordre Teutonique, mort le 2 avril 1835. *Jean-Baptiste*, directeur-général du Génie et feldmaréchal. *Rénier*, vice-roi du royaume lombardo-vénitien. *Louis*, directeur-général de l'artillerie. *Rodolphe*, cardinal-archevêque d'Olmutz, décédé le 23 juillet 1831. — Les princesses sont: *Marie-Thérèse*, qui fut mariée à Antoine, duc et ensuite roi de Saxe, morte le 7 novembre 1827; *Marie-Anne*, qui mourut 1809; *Marie-Clémentine*, qui épousa François, prince héréditaire des Deux-Siciles, et mourut le 15 novembre 1801; enfin *Marie-Amélie*, qui cessa de vivre l'an 1798 [1]).

La brièveté du règne de l'empereur Léopold, et surtout l'attention et les soins continuels que réclamaient les affaires fort compliquées, tant dans l'intérieur de la Monarchie qu'au dehors, ne lui permirent point, il est vrai, de fonder autant d'instituts et d'établissements que ses deux prédécesseurs; mais en revanche ce monarque s'imposa et acheva glorieusement une tâche beaucoup plus difficile, et que peu de princes à sa place auraient entreprise sans y échouer: il préserva ses sujets d'une guerre étrangère, il calma les troubles intérieurs qui agitaient ses États, fit rentrer dans l'obéissance les provinces belgiques qui s'étaient soustraites à la puissance souveraine, détruisit une

---

[1]) Voir la généalogie de la Maison d'Autriche-Lorraine qui se trouve à la fin de cet ouvrage.

ligue formée pour abaisser sa Maison, et sut enfin maintenir la paix, l'ordre et la tranquillité dans un temps, où l'hydre révolutionnaire qui désolait l'occident de l'Europe, s'efforçait à étendre aussi ses ravages sur les autres pays, dans un temps où de fausses idées de liberté et d'indépendance remplissaient les têtes, et où une sorte de vertige s'était emparé des esprits.

Léopold avait déjà, pendant les vingt-cinq années qu'il régna sur la Toscane, montré qu'il était fait pour commander à un plus vaste Empire. Ses lois et ordonnances excellentes concernant la législature civile et criminelle, le zèle actif avec lequel il encouragea le commerce et l'agriculture, son amour pour les arts et les sciences, enfin la sollicitude paternelle avec laquelle il veilla constamment sur le bien-être de son peuple, avaient fait chérir son nom, et révérer son pouvoir par les Toscans qui, gouvernés encore aujourd'hui par un *Léopold*, prince aussi sage et aussi soigneux de leur bonheur que son illustre aïeul, bénissent de plus en plus le jour, où ils passèrent sous la domination de la Maison de Lorraine.

Comme Souverain des États autrichiens, l'empereur Léopold II ne mérita pas moins d'éloges. Sage conciliateur, ami de la paix, sans ambition, ce monarque aspirait plus à la conquête de coeurs qu'à celle de pays, et devint par là un vainqueur irrésistible. Son siècle honora ses vertus, ses grandes qualités; la postérité conservera avec soin la mémoire de son règne, qui fut un chef-d'oeuvre de politique, le triomphe de la vraie philosophie sur le trône.

CHAPITRE IV ET DERNIER.

François I (IIme du nom dans la série des empereurs d'Allemagne),
premier empereur héréditaire d'Autriche.
De 1792 à 1835.

L'archiduc François avait à peine vingt-quatre ans accomplis, lorsqu'il succéda à l'empereur Léopold II dans la possession de tous les États autrichiens; mais élevé dans l'école de son oncle, l'empereur Joseph, le prince le plus actif, le plus laborieux de son siècle, et ayant été témoin et observateur attentif des grands événements des deux derniers règnes, il avait acquis tant d'expérience et de capacité, qu'il saisit, après la mort de son illustre père, d'une main ferme et assurée le gouvernail de l'État, et le dirigea avec une dextérité et une intelligence fort au-dessus de son âge. Ce prince avait d'ailleurs devant les yeux trois grands exemples: *Marie-Thérèse*, *Joseph II* et *Léopold II*, dont il sut habilement profiter pour se former un système de gouvernement, propre à lui concilier l'affection de ses sujets, l'estime et la confiance des Souverains et la vénération des peuples étrangers. L'archiduc François fut inauguré, comme Souverain de *l'archiduché d'Autriche*, à Vienne le 25 avril 1792, et couronné, le 6 juin suivant, *roi de Hongrie* dans la ville de Bude. Son élection comme *roi des Romains* eut lieu le 6 juillet 1792 à Francfort-sur-le-Mein, où il fut couronné *empereur d'Allemagne*, sous le nom de *François II*, le 14 du même mois. Après que le monarque eut aussi reçu la *couronne royale de Bohème*, le 9 août à Prague, il revint, le 19 du même mois, à Vienne, où il marqua son entrée par des bienfaits dont les habitants de la capitale ne perderont jamais le souvenir.

Cependant, tandis que tout promettait des jours sereins aux peuples autrichiens, l'horizon politique se rembrunissait de plus en plus du côté de l'Occident, et l'orage que l'empereur Léopold avait conjuré par sa prudence, éclata enfin avec une telle fureur qu'il ébranla toute l'Europe. La mort de Léopold II avait interrompu les négociations avec la France dans un moment, où une crise terrible se préparait dans ce pays. L'Assemblée nationale, où le parti jacobin avait déjà la majorité, exigea du roi Louis qu'il déclarât la guerre à l'Autriche. Cette déclaration eut effectivement lieu, le 20 avril 1792, non-seulement contre l'Empereur, comme roi de Hongrie et de Bohème, mais aussi contre la Prusse. Les hostilités ne tardèrent pas à commencer, tant au Rhin que dans les Pays-Bas. L'Autriche et la Prusse avaient pour alliés dans cette guerre, appelée *guerre de révolution*, l'*Espagne*, la *Sardaigne*, l'*Angleterre*, le *pape*, la *Toscane*, la *Hesse*, enfin la *Russie* et l'*Empire germanique*, qui en partie entrèrent dès le commencement dans la coalition, et en partie se virent contraints par la conduite arrogante de la Convention nationale à prendre les armes contre la France. Dans ce pays la puissance du club des Jacobins augmentait chaque jour. Il voulait le renversement du trône. À son instigation, on assaillit, le 10 août 1792, les Tuilleries; le roi se vit obligé de se sauver dans l'Assemblée nationale; il fut accusé d'avoir trahi la patrie, et on le conduisit ensuite à la prison du Temple. Ce fut alors que commença le *régime de la terreur* de Robespierre; ce fut alors que la France devint la proie de la plus horrible anarchie. Sous prétexte que les plus dangereux ennemis de la liberté vivaient dans Paris, les prisons furent forcées, en septembre 1792, par une populace altérée de sang, qui massacra quelques milliers de prisonniers; des scènes pareilles eurent lieu dans plusieurs grandes villes de France. Le 22 septembre, la *Convention nationale* prit la place de la seconde Assemblée nationale; elle ouvrit sa session par un arrêté, portant que la royauté était abolie, et que la France ne formait qu'une *République une et indivisible*.

Dans le cours de l'été 1792, les alliés avaient fait une invasion en France; mais le duc de Brunswick, qui commandait l'armée prussienne, ne s'était avancé que jusqu'à Valmy, et avait été contraint de faire sa retraite par la Champagne dans un fort triste état. Le 6 novembre, le général Dumouriez fut vainqueur près de Jemmapes, non loin de Mons, et Custine enleva Mayence par surprise. La Convention nationale, enhardie par ces succès, déclara qu'elle assisterait toutes les nations qui voudraient conquérir la liberté; elle fit le procès au roi et le condamna à mort, malgré tous les efforts que ses défenseurs *Malesherbes*, son ci-devant ministre, et ensuite *Tronchet* et *Deséze* avaient faits pour le sauver. Le 21 janvier 1793 fut le jour à jamais déplorable où *Louis XVI*, ce prince si bon, si juste, si humain, que les Français eux-mêmes avaient appelé leur *bienfaiteur*, périt sur un échafaud. Qui ne se rappelle ces paroles que lui adressa son confesseur *Edgeworth* dans le dernier moment: *Fils de Saint-Louis, montez au Ciel!...* Quel souvenir déchirant pour toutes les âmes bien-nées et sensibles! Quel sujet d'éternels regrets pour la France! La tête de la reine *Marie-Antoinette*, celle de la princesse *Élisabeth*, soeur de l'infortuné monarque, tombèrent également sous le couteau de la guillotine!

Cette affreuse et sanglante catastrophe terrifia toutes

les têtes couronnées et indigna tous les bons citoyens et gens de bien. Une grande partie de Français loyaux abandonnèrent leur pays, et prirent les armes pour venger les mânes de leur prince. La Vendée se leva, au mois de mars 1793, contre les tyrans forcénés qui gouvernaient leur patrie. Les Corses, qui étaient loin de se douter qu'un être, sorti du sein de leur île, se rendrait dans peu d'années l'arbitre souverain de la France, leur métropole, se révoltèrent également et se soumirent aux Anglais.

Cependant la France n'était pas la seule contrée où régnait l'anarchie. La Pologne aussi avait été, dans les mois de mars et d'avril 1793, le théâtre de nouvelles révolutions et de scènes de carnage qui amenèrent la chûte de ce royaume, après que le fameux *Kosziusko*, général en chef des confédérés polonais, eut été vaincu et fait prisonnier par le général russe *Suwarow* à l'assaut de Praga près Varsovie, le 4 novembre de la même année.

La guerre, qui s'était allumée entre la France et les Puissances alliées, continuait avec beaucoup de vivacité, tant sur le Rhin que dans les Pays-Bas. La première campagne 1792 avait été heureuse pour les Français qui, après la bataille de Jemmapes, avaient occupé les Pays-Bas autrichiens, et s'étaient avancés jusqu'à Aix-la-Chapelle. Mais l'armée autrichienne, commandée par le feldmaréchal *prince de Cobourg*, à laquelle s'étaient jointes quelques troupes prussiennes, anglaises, hollandaises, hanovriennes et hessoises, reconquit, après la victoire qu'elle remporta près de Neerwinden (18 mars 1793), toute la Belgique, pénétra dans le département du Nord (Flandre française) et enleva Valenciennes, Condé et le Quesnoy aux Français. Mais les Autrichiens furent repoussés avec grande perte près de Maubeuge. Sur le Rhin, les Prussiens qui, après la bataille de Neerwinden, avaient repris Mayence, défirent, au mois de novembre 1793, les Français près de Kaiserslautern; mais la désunion, qui dès lors commençait déjà à régner entre les alliés, leur devint plus tard si funeste, et les empêcha de profiter de ces avantages.

La campagne de 1794 commença sous d'heureux auspices. L'empereur François, qui avait été inauguré, au mois d'avril, comme duc de Bourgogne et de Brabant, et comte de Flandre, par les États du pays, arriva le 17 du même mois à l'armée, qui commença le même jour le siège de Landrecies. Le 26 avril, l'armée française, forte de 100,000 hommes, fut vaincue près de Landrecies, qui se rendit le dernier jour du même mois. On avait formé le projet de s'avancer par Saint-Quentin directement vers Paris. Mais le républicain Charbonier, qui commandait l'armée des Ardennes, s'étant renforcé par toutes les troupes qui se trouvaient sur la Sambre et par le corps du général Moreau, marcha, à la tête de 100,000 hommes, sur Courtrai et sur Menin pour déconcerter le projet de ses ennemis. Le général Clerfayt, qui accourait au secours de cette dernière place, fut vaincu le 29 avril près de Moeskroon, et Menin tomba au pouvoir des Français. La fin de la campagne fut très-malheureuse pour les Autrichiens qui, malgré les avantages qu'ils remportèrent près de Tournai sur le général Pichegru (22 mai) et sur le général Jourdan près de Charleroi (3 juin), se virent contraints, après la bataille de Fleurus (26 juin), d'évacuer une seconde fois la *Belgique*. L'empereur François avait déjà quitté Bruxelles, le 13 de ce dernier mois, pour retourner à Vienne où les affaires de la Pologne rendaient sa présence nécessaire. Peu de jours après son retour dans cette capitale, mourut le *prince de Kaunitz*. Le baron de *Thugut* le remplaça dans le ministère, d'abord comme directeur-général et ensuite comme ministre. La conquête des Pays-Bas fut suivie de celle de la Hollande par le

général Pichegru, qui déclara ce pays *République batave*.
En automne de l'année suivante (1795), toute la rive
gauche du Rhin était au pouvoir des Français. Ces progrès rapides et effrayants eurent pour premier résultat,
que plusieurs d'entre les Puissances alliées, pour se mettre
à l'abri de l'orage dont elles étaient menacées, songèrent
à abandonner la partie périlleuse où elles se trouvaient
engagées. La Toscane et la Prusse furent les premières
qui se détachèrent de la coalition. L'Espagne et la Hesse
ne tardèrent pas à suivre cet exemple; en sorte que
l'*Angleterre*, la *Russie* et l'*Autriche* restèrent, comme
Puissances principales, dans la lice pour combattre contre
les Français; elles s'unirent de nouveau par une triple
alliance.

À l'ouverture de la campagne 1796, le général français Jourdan franchit le Rhin, et marcha vers la Franconie, tandis que le général Moreau, qui avait également passé ce fleuve, s'avançait en Souabe. Mais l'*archiduc Charles*, qui avait pris le commandement en chef,
à la place du comte de Clerfayt, vainquit, le 16 juin 1796,
le général Jourdan près de Wetzlar; ce qui obligea les
généraux Bernadotte, Grenier et Championet à repasser
le Rhin. Pendant ce temps-là, le général *Napoléon
Bonaparte*, qui commandait l'armée française en Italie,
avait défait en plusieurs combats les Autrichiens et les
Sardes en Savoye et en Piémont, et après avoir forcé la
Sardaigne à une paix séparée, il s'avança rapidement
dans l'Italie septentrionale, et s'empara de la plus grande
partie de la Lombardie. Mantoue seule arrêta ses progrès. Bonaparte fit le siège de la place, qui fut obligée
de se rendre, le 2 février 1797, malgré la défense courageuse de la garnison, et les tentatives réitérées que firent
les généraux Wurmser et Alvinzy pour délivrer cette
importante forteresse. La chûte de Mantoue entraîna la

perte de la haute Italie, qui fut transformée par Bonaparte en *République cisalpine*. Pour surcroît de malheur, ces événements avaient été précédés de deux batailles, dans lesquelles Alvinzy avait été vaincu, et Procéra fait prisonnier. Après la conquête de Mantoue, le général en chef Bonaparte pénétra avec une célérité étonnante au delà du Pô et du Tagliamento (16 mars 1797), où l'archiduc Charles, qui avait été appelé du Rhin en Italie, était posté avec les restes de l'armée du comte Alvinzy. Mais, comme le prince était dans l'impossibilité, vu l'état de désorganisation où se trouvaient ces troupes, de résister aux forces supérieures de son adversaire, Napoléon profita de la conjoncture pour forcer le passage des défilés noriciens et carniens, et s'avança rapidement par la Carinthie et la Carniole jusqu'en Styrie. Le 20 mars, Massena entra dans Clagenfort; Bernadotte avait occupé Laibach, et Joubert s'avança en Tyrol, où il trouva toutefois la plus intrépide résistance. Cependant, quelques brillants que fussent les succès des armes républicaines, la chance tourna bientôt de manière, que cette campagne aurait pu prendre une très-mauvaise fin pour les Français. En effet, la situation de Bonaparte, qui avait son quartier-général à Joudenbourg *(Judenburg)*, était une des plus dangereuses où jamais peut-être un Général se soit trouvé. Il avait devant lui, outre l'armée de l'archiduc Charles, les Autrichiens et les Hongrois qui s'étaient levés en masse, et derrière lui le général Loudon avec 60,000 Vénitiens qui avaient pris les armes contre les Français; près de Trieste se trouvaient des Autrichiens; les Tyroliens étaient sous les armes, prêts à fondre, au premier signal, sur l'ennemi, et de forts détachements de troupes impériales, venant des bords du Rhin, s'avançaient à marches forcées vers Salzbourg sur les derrières de l'armée française qui, entourée de tous les côtés par des forces imposantes, aurait peut-être trouvé sa ruine dans les montagnes désertes, ou se serait du moins vue forcée d'acheter fort cher sa retraite. Le général Bonaparte, ne se dissimulant point le danger qu'offrait sa position, et ne recevant aucune nouvelle de Moreau et de Hoche, écouta les ouvertures de paix qui, pour alléger les peuples des charges de la guerre, furent faites par la Cour de Vienne. En conséquence, les comtes de Bellegarde et de Meerveld signèrent, le 5 avril 1797, un armistice, et le 18 du même mois on arrêta à Léoben les articles préliminaires de la paix. Le traité définitif fut conclu, le 17 octobre suivant à Campo-Formio, par le comte de Cobenzel avec le général en chef Bonaparte. L'Autriche céda les *Pays-Bas* et la *Lombardie* à la France, et eut en échange la plus grande partie des États de la république de Venise [que Bonaparte avait renversée, le 16 mai] [1]), savoir: la

---

[1]) Pour compléter l'histoire de *Venise*, il me reste à rendre compte des destinées de cet État libre depuis la conclusion de la paix de Passarowitz (1718), par laquelle il se vit obligé de céder la Morée aux Turcs, jusqu'à la dissolution de la République. La guerre qui précéda cette paix dommageable, fut la dernière que Venise entreprit, ou à laquelle elle prit part. À partir de cette époque, Venise resta neutre dans toutes les querelles étrangères, et ne subit plus aucun changement dans ses possessions. Celles-ci consistaient en ce temps-là dans les îles et les côtes des Lagunes, appelées le *Dogat*, dans les provinces italiennes: Bergame, Brescia, Créma, Vicence, Vérone, la Polécine de Rovigo, la Marche de Trévise, Feltre, Belluno et Cadore; au nord du golfe: dans le Frioul et l'Istrie; à l'orient: dans la Dalmatie vénitienne et les îles y appartenantes; dans une partie de l'Albanie et dans les îles de Corfou, de Paros, de Santa-Maura, de Céphalonie, de Théaki, de Zante, d'Asso, les Strophades et l'île de Cérigo. La population se montait en 1722 à deux millions et demi d'habitants, les revenus à six millions et les dettes de l'État à vingt-huit millions de ducats. L'histoire de Venise finit proprement ici; car dès lors cet État libre fut spectateur inactif des événements du temps; il resta isolé au milieu des nations, comme il l'avait été dans son origine, et sacrifia souvent sa dignité au désir de conserver la paix. Venise confia sa sûreté à l'envie des autres États et aux principes creux du droit public. Elle borna sa sollicitude à l'administration intérieure, et multiplia les mesures de précaution pour pré-

Dalmatie, le *Bocche di Cattaro*, l'*Istrie*, les *îles de la mer Adriatique*, la *ville de Venise*, les *Lagunes*, la

venir les troubles intestins. Par sa police et l'activité de ses agents diplomatiques, le gouvernement vénitien maintint encore la réputation de haute sagesse dans les pays étrangers. Le doge Cornaro mourut l'an 1722, et eut pour successeurs *Sébastien Mocénigo* (1722-1733), *Charles Ruzzini* (1732-1735) et *Louis Pisani* (1735-1741). Sous la régence de ce dernier, la République fut vivement pressée par l'empereur Charles VI de se joindre à lui contre les Ottomans, à qui ce monarque faisait la guerre (1736-1739). Mais le sénat, fidèle à son système, demeura dans la neutralité, et s'efforça seulement de protéger son commerce contre les pirateries des Barbaresques. Cette guerre turque fut au reste fort avantageuse au commerce vénitien, attendu qu'elle interrompait celui des Autrichiens avec le Levant. Mais Venise, qui avait déjà été privée depuis longtemps du commerce aux Indes orientales par la Hollande et l'Angleterre, et était réduite à celui du Levant, vit son négoce de nouveau restreint par l'établissement du port franc de Trieste de la part de l'Autriche, et de celui d'Ancône de la part du pape. Comme par là Venise se vit bientôt abandonnée des étrangers, le sénat fut contraint de déclarer aussi cette ville port franc, bien que sous maintes restrictions (1736). La foire que le pape Clément XII établit à Sinigaglia inquiéta également les Vénitiens; le sénat défendit à tous ses sujets de la visiter. Le pape, usant de représailles, rompit toutes les relations commerciales avec la République; ce ne fut que sous le pontificat de Benoît XIV, où la foire de Sinigaglia était déjà devenue une des plus importantes de l'Italie, que ces défenses furent retirées. Les démêlés avec les Turcs continuaient toujours, et la République fut souvent mise dans l'humiliante situation de devoir payer, sur de simples menaces de la part de la Porte, des sommes considérables, comme dédommagement, aux sujets de cette Puissance. Le doge Pisani ayant cessé de vivre l'an 1741, *Pierre Grimani* (1741-1752) fut élu à sa place. À la guerre de succession d'Autriche, qui éclata peu auparavant, Venise ne prit également point part; elle se contenta de faire garder la frontière occidentale de ses États par un corps de 24,000 hommes. Après la paix d'Aix-la-Chapelle (1743), la Cour de Vienne proposa à Venise une échange de pays, dont le but était d'établir une communication des États autrichiens en Allemagne avec ses possessions en Italie; elle voulait céder pour cela une étendue de terre en Istrie, qui était fort de la convenance de la république de Venise; quoique le sénat eût acquis par ce troc le grand avantage que les États vénitiens, en temps de guerre, auraient été affranchis des passages de troupes, il n'osa pas accéder à cette proposition. La guerre de sept ans, qui eut lieu pendant le gouvernement du doge *François Lorédano* (1752-1762), successeur de

Terre ferme jusqu'au lac de Garde, à l'Adige et au Pô. La France conserva les îles ioniennes. La paix de Campo-

Pierre Grimani, mort 1752, n'arracha point Venise à son repos; la République voua tous ses soins au commerce, n'ayant rien à craindre alors ni de la part de l'Autriche, ni de celle des Turcs qui étaient constamment occupés par des guerres intérieures en Valachie, en Georgie et dans l'île de Chypre. Cependant sous le dogat d'*Aloyse Mocénigo* (1763-1779), successeur de *Marc Foscari* qui, après la mort de Lorédano (1762), n'avait occupé que dix mois le trône ducal, les Vénitiens furent contraints de faire valoir encore une fois leurs armes, pour protéger leur pavillon que les Barbaresques ne cessaient d'insulter. Le sénat avait déjà en 1753 conclu avec eux un traité, qui toutefois ne fut point tenu, et après quelques courses il négocia dans les années 1764 et 1765 de nouveau avec Maroc, Alger, Tunis et Tripoli. Mais les conditions de ces traités furent aussitôt enfreintes par le dernier de ces États barbaresques. Alors une flotte vénitienne parut enfin devant Tripoli; mais à peine eut-elle obtenu ici par la force le dédommagement qu'elle réclamait, que le dey d'Alger éleva de nouvelles prétentions et déclara la guerre à la République. La même chose eut lieu de la part du dey de Tunis. Venise envoya une flotte contre eux; mais elle ne parvint point à les humilier, et se vit, après une guerre de trois ans, encore une fois obligée de payer tribut aux États barbaresques. Pendant la régence de *Paul Reniéri* (1779-1788), qui remplaça Mocénigo sur le siège ducal, il s'éleva avec la Hollande un différend, qui toutefois fut terminé par l'empereur Joseph II. Cependant le gouvernement tyrannique du sénat continuait toujours; de petites révoltes eurent lieu dans l'île de Zante et dans la ville de Cattaro. Ces troubles occasionnèrent de nombreuses émigrations en Russie, et en 1785 quatre-vingt familles dalmates s'enfuirent sur le territoire ottoman. Ce fut ainsi qu'on vit l'exemple remarquable, que des bourgeois d'un État libre allèrent s'établir en Russie et en Turquie, pour se soustraire à la tyrannie de leur propre gouvernement. En 1788 mourut le doge Reniéri, et on élut à sa place *Louis Manini*, patricien d'une toute nouvelle famille. Il fut le dernier doge; sous lui la République atteignit sa fin politique. Venise offrait encore à cette époque un aspect assez riant. La population et la prospérité publique avaient augmenté par une paix de soixante-dix ans; l'administration s'était améliorée et était devenue plus douce, l'aristocratie plus accessible: en 1775 le Grand-Conseil avait décrété, que le livre d'or resterait ouvert pendant vingt ans pour chacun, qui prouverait qu'il jouit d'un revenu de dix-mille ducats et que son aïeul était noble. L'armée de terre consistait en 14,000 hommes, en partie des troupes enrôlées et en partie Esclavons; elle était mal armée et méprisée. La flotte était composée de huit à dix vaisseaux de ligne, de quelques frégates et de quatre galères. La révo-

Formio fut complétée par le traité de Rastadt (1 décembre 1797), en vertu duquel l'Autriche entra en possession de l'archevêché de Salzbourg.

lution française, qui mit toute l'Europe en mouvement, ne put faire sortir Venise de son assoupissement; elle voulait rester neutre; mais elle refusa l'accès à l'ambassadeur de la République française, et consentit seulement à traiter avec le secrétaire de légation. Le sénat accorda aux troupes autrichiennes le passage par le territoire de la République, et on astreignit les voyageurs français à des formalités offensantes. Dans l'année 1794, où les armes françaises faisaient de plus en plus des progrès, le sénat, qui avait une haine déclarée pour la nouvelle France, résolut, sur la demande sérieuse de l'Angleterre, de mettre sur pied une armée de 40,000 hommes pour maintenir la neutralité; on voulait aussi convoquer 60,000 miliciens, et des ordres furent donnés pour mettre les forteresses en état de défense; mais l'argent manquait, et toutes les mesures de précaution projetées se réduisirent à organiser un corps de 7000 hommes. Cependant, lorsque plus tard (1796) Napoléon Bonaparte, après la conquête de la haute Italie, où les Autrichiens ne possédaient plus que la forteresse de Mantoue, s'avançait sur le territoire de Venise et avait occupé Vérone, le sénat réunit toutes les forces militaires de la République pour se mettre dans un état de défense respectable. Comme ces armements pouvaient déranger le plan qu'avait Bonaparte de pénétrer dans l'intérieur de l'Autriche, le Directoire français offrit une alliance à Venise, en lui promettant des avantages considérables. Mais le sénat persista dans sa neutralité non armée, — décision qui était évidemment en contradiction avec les grands préparatifs de guerre que faisait la République. Peu de temps après, le podestat de Bergame annonça que les habitants de cette province s'étaient levés en masse, et qu'on pouvait compter sur 30,000 hommes. Le gouvernement de Venise résolut d'organiser cette masse en dix-huit régiments, fit établir à Bergame des magasins et promit de soutenir cette ville par des troupes réglées. En même temps Venise et toutes les îles des Lagunes fourmillaient de soldats; des navires armés traversaient le golfe, et cependant le sénat assurait toujours à l'envoyé de France l'observation de la neutralité. Le général en chef Bonaparte, après avoir contraint le général Wurmser à s'enfermer dans Mantoue, offrit, le 26 septembre 1796, encore une fois une alliance à Venise, qui la refusa de nouveau, parce qu'on avait appris que l'Autriche était sur le point d'envoyer encore une armée sous le général Alvinzy en Italie. Mais cette armée ayant été également vaincue, et Mantoue s'étant rendue aux Français, le Général en chef fit occuper Vicence, Padoue et Trévise. Peu après, des troubles éclatèrent à Bergame et à Brescia, où il y avait aussi des troupes françaises, en faveur du nouvel ordre de choses que

Nous profiterons du court repos dont l'Autriche jouit après cette première guerre de révolution, pour jeter un

Bonaparte avait introduit à Milan, au mois de mars 1797. Vers le même temps, les villes de Salo et de Créma se soulevèrent contre Venise; les troupes françaises prirent part à cette révolte; mais d'un autre côté aussi, des hostilités contre les Français éclatèrent dans plusieurs endroits de la République. Lorsque Bonaparte en fut informé, il envoya un adjudant à Venise avec une lettre au doge, dans laquelle il se plaignait de l'armement général qui avait lieu dans les États vénitiens, de l'assassinat de 50 Français, dans la contrée entre Bergame et Milan, de la grande quantité de troupes qui se trouvaient à Vérone, à Trévise et à Padoue, et du cri : mort aux Français, qu'on entendait partout. L'adjudant demanda le redressement de ces griefs; le sénat, instruit par l'ambassadeur de Venise Querini à Paris qu'il était question de donner à l'Autriche des pays en Italie, en échange de la Belgique, parce que la Prusse s'opposait à l'agrandissement de cette Puissance en Allemagne, et craignant que les États vénitiens pourraient bien être employés à cet objet, promit non-seulement de satisfaire les demandes du Général en chef français, mais il lui envoya encore des ambassadeurs, qui étaient chargés d'acheter à tout prix la conservation de la République. Mais le malheur voulut qu'une nouvelle révolte contre les Français éclata dans le même temps à Vérone, où le peuple, excité par le magistrat, pilla non-seulement un magasin français, mais assassina aussi plusieurs Français, pendant que la garnison française était assiégée par les troupes esclavonnes dans les forts de cette ville (17 et 18 avril). Cet état de guerre continua jusqu'au 22 du même mois, où la nouvelle de la conclusion des préliminaires de la paix à Léoben arriva à Vérone et ravit aux habitants tout espoir d'être secourus par les Autrichiens. Pendant les troubles de Vérone, on tira à Venise même, des fortifications de la ville, à coups de canon sur un navire français à son entrée dans les Lagunes, et le capitaine de ce vaisseau fut tué. Lorsque Bonaparte apprit ces événements, il congédia avec des paroles dures les envoyés vénitiens, et une déclaration de guerre les suivit de près. Celle-ci mit le sénat dans la dernière consternation : au lieu de songer aux moyens de se défendre, on envoya de nouveau à Bonaparte des ambassadeurs qui sollicitèrent une trêve de six jours, et suivirent le Général à Milan. Là fut signé un traité, par lequel le Grand-Conseil de Venise renonça aux droits héréditaires de l'aristocratie, déposa la souveraineté et la remit à la bourgeoisie. Cette déclaration supprima le gouvernement qui avait subsisté pendant quatorze siècles. Conformément à cette convention, Venise fut occupée par les troupes françaises, et on promit en outre de payer une contribution de six millions, et de livrer vingt tableaux et cinq cents manuscripts (16 mai 1797). Tandis qu'on négociait à Milan, des émeutes coup d'oeil sur l'intérieur de la France. Le régime de la terreur n'avait pas été de longue durée, comme il était facile à prévoir chez une nation aussi éclairée et d'un caractère naturellement humain et loyal. À peine une année était écoulée, que le parti des *modérés*, à la tête duquel étaient Billaud, Tallien et Fouché, révolté et indigné des horreurs et des sacrilèges que commettait Robespierre, prit la noble et courageuse résolution de délivrer le pays de ce terrible fléau. Le 27 juillet 1794, dans une séance fort

dangereuses avaient lieu dans la ville de Venise même. La populace parcourait les rues en pillant; on entendait tantôt le cri: vive la liberté, tantôt celui de vive Saint-Marc, et on ne parvint qu'avec peine à disperser les séditieux par la force des armes. Le 16 mai, trois mille Français entrèrent dans Venise, où des troupes ennemies n'avaient encore jamais mis le pied; un gouvernement populaire de soixante membres remplaça le Grand-Conseil, et il décréta, le 25 du même mois, que le bâtiment et les prisons de l'Inquisition de l'État seraient démolis. Le 4 juin, on brûla le livre d'or, et notamment au pied de l'arbre de la liberté nouvellement érigé. Par la paix de Campo-Formio une grande partie des États vénitiens, y compris la ville de Venise, furent assignés à l'Autriche qui en fit prendre possession, le 18 janvier 1798. Par la paix de Presbourg (1805), Venise et sa Terre ferme furent, il est vrai, cédées au royaume d'Italie; mais après le premier traité de Paris (1814), les pays vénitiens furent formellement réunis à l'empire d'Autriche, qui forma alors de toutes ses provinces italiennes le *royaume lombardo-vénitien*. Par tous ces changements et révolutions, Venise ne gagna point en commerce et en richesse; au contraire, plusieurs rues et palais de cette ville sont maintenant déserts; oui, il arriva même plus d'une fois qu'on abattit ces derniers et les transporta en Angleterre, où ils furent élevés de nouveau d'après les pièces numérotées. L'étranger, qui visite aujourd'hui Venise, se sent singulièrement ému lorsque, parcourant cette ville antique, jadis la dominatrice des mers, le rendez-vous de toutes les nations commerçantes et si riche en monuments magnifiques, il se retrace l'histoire de cette ancienne République, et il partage involontairement l'impression pénible qu'éprouvent les habitants de cette grande cité, qui contemplent d'un oeil mélancolique les trois bannières, plantées sur la place de Saint-Marc, tristes souvenirs de leur puissance et de leur grandeur passée *).

*) On arbore à Venise, aux jours de fête, les pavillons de *Candie*, de *Chypre* et de *Morée*, qui ont autrefois appartenu à la république de Venise.

tumultueuse de la Convention, l'intrépide député *Jean-Lambert Tallien* dénonça Robespierre comme un tyran cruel et sanguinaire, et tirant un poignard, il menaça de le plonger dans le sein du monstre s'il était acquitté par l'Assemblée. Le bon génie de la France triompha. Robespierre fut traduit devant le tribunal qui le condamna à mort, et la tête de cet homme exécrable, celle de son frère, de Couthon, de Saint-Just, d'Henriot, de Damas et encore de seize autres tombèrent, le 28 juillet, sous la même hâche révolutionnaire qui avait tranché les jours de tant de milliers de victimes innocentes. Plus de quatre-vingt terroristes encore eurent le même sort, et leur affreux régime fut anéanti avec eux. Après ce triomphe des modérés, on était autorisé à croire, que le gouvernement français changerait aussi de conduite envers les États étrangers; c'est-à-dire qu'il respecterait les droits des autres nations, renoncerait à son système de révolutionner les peuples et s'abstiendrait de toute usurpation ultérieure. On s'abusait. Ceux qui gouvernaient la France, peu satisfaits d'avoir anéanti la Monarchie et si considérablement agrandi le territoire de la nouvelle République, continuèrent à propager les opinions révolutionnaires dans tous les pays, et à braver les Souverains par des procédés outrageants. La nouvelle Constitution de 1795, qui déléguait le pouvoir exécutif à un *Directoire* de cinq membres, et la législation à deux Corps: le *Conseil des Anciens* et le *Conseil des cinq-cents* (députés), ne produisit aucun changement dans la politique extérieure de la France. Le nouveau Directoire, au contraire, ébloui par les succès des armes françaises, se conduisit d'une manière qui annonçait qu'il n'aspirait à rien moins qu'à renverser tous les trônes, à républicaniser les États voisins et à donner la loi à toute l'Europe. Le Directoire français n'avait conclu la paix de Campo-Formio que parce que l'Autriche, comme il savait, n'était pas une Monarchie dont on pouvait briser si facilement la puissance. D'après le plan concerté entre le Directoire et le général en chef Bonaparte, dont l'influence croissait de plus en plus, on devait d'abord subjuguer successivement tous les États d'Allemagne et d'Italie, isoler l'Autriche autant que possible, ensuite la provoquer et l'attaquer de nouveau, et lui faire acheter la paix par de nouvelles cessions.

Conformément à ce système d'usurpation, les Français entrèrent, l'an 1798, sous des prétextes spécieux, dans l'État de l'Église, expulsèrent le pape Pie VI, le constituèrent prisonnier, et rétablirent la *République romaine*. La Constitution des cantons suisses fut renversée; ils devinrent *République helvétique*, comme les États de Gênes avaient été constitués en *République ligurienne*. L'île de *Malthe* avait été enlevée par surprise, et Bonaparte s'empara de l'Égypte.

Tous ces actes de violence devaient immanquablement conduire à une nouvelle guerre, particulièrement avec l'Autriche qui, plus que toute autre Puissance, avait à craindre les suites de ces usurpations. L'empereur François, qui se voyait à regret forcé de reprendre les armes, ayant réclamé l'appui de la *Russie*, en conformité de l'alliance qui existait entre lui et cette Puissance, une armée russe considérable, sous les ordres du feldmaréchal comte Pierre-Michel Wasiliewitsch *Suwarow-Rimninski*[1]), se mit aussitôt en mouvement vers les frontières de l'Autriche. Lorsque le ministère français fut informé de la marche des Russes, il requit l'empereur François de déclarer dans l'espace de quinze jours: „s'il voulait

---

[1]) Après la victoire que ce grand Général remporta, conjointement avec le prince de Cobourg, sur les Turcs près de Foekschani sur le Rimnick (22 septembre 1789), il fut promu par l'empereur Joseph II à la dignité de comte de l'Empire germanique et par l'impératrice Cathérine à celle de comte de l'empire de Russie avec le surnom de *Rimninski*.

ou non éloigner de son territoire ces troupes étrangères."
La réponse fut naturellement la guerre, d'autant plus qu'il importait beaucoup à l'Autriche d'expulser les Français de l'Italie.

Le roi de Naples qui, de même que l'Angleterre et la Porte Ottomane, faisait cause commune avec l'Autriche, ouvrit dès le commencement de l'année 1799 les hostilités en cherchant à rétablir le pape dans ses droits. Les Français, après avoir forcé le roi de Sardaigne, auquel ils avaient déjà enlevé la Savoye, à leur céder aussi le Piémont, occupèrent *Naples* et transformèrent ce royaume en *République parthénopéenne* (napolitaine). Cependant l'armée coalisée avait commencé la campagne dans la haute Italie sous les plus heureux augures. Le général Scherer, qui commandait en chef l'armée française, ne voulant pas laisser aux Autrichiens le temps d'attendre les Russes, fit attaquer (26 mars) le général Kray dans la position sur les bords de l'Adige, mais si malheureusement que le général Montrichard éprouva une défaite totale. Le feldmaréchal Suwarow étant arrivé avec ses Russes le 16 avril, commença par repousser Scherer jusqu'au delà de l'Adda; ensuite il força le passage du fleuve près de Leccé (Lecco) (27 avril), fit le général Serrurier prisonnier avec 3000 hommes, et battit le général Moreau dans le voisinage de Cassano. Quelque temps après, le général Macdonald, qui occupait Naples et Rome, se mit en marche pour se réunir à la principale armée française. Déjà il s'était avancé jusqu'à la Trébie, lorsqu'il rencontra l'armée de Suwarow qui, après un combat de trois jours dans lequel Macdonald perdit 20,000 hommes, remporta une victoire complète. Le Général républicain sauva à peine 14,000 hommes à Firenzuolo et à Lucques. Moreau qui, après avoir renforcé son armée, avait vaincu, le 18 juin, les Autrichiens près de San

Giuliano, et dégagé Alexandrie et Tortone, se retira, après la défaite de Macdonald, à Novi au delà de la Bocchetta. Les Français perdirent rapidement toutes les forteresses, et encore avant la fin de l'année (18 décembre) ils furent repoussés jusqu'à Gênes, qui avec Nice était tout ce qui leur restait de leurs conquêtes en Italie.

En Allemagne, le général Jourdan passa, le 28 février et 1 mars 1799, en plusieurs colonnes le Rhin entre Bâle et Strasbourg, et le général Massena ouvrit la campagne par l'envahissement du pays des Grisons, força (6 mars) le poste fortifié dit *Luciensteig*, repoussa les Autrichiens jusqu'à Chur, et fit le général Auffenberg même avec quelques mille hommes prisonniers. Comme en même temps le général Joubert pénétra du côté de Bellinzone dans l'Engadin et s'empara, après un rude combat près du village de Port (6 mars), de cette contrée, tout le pays des Grisons tomba au pouvoir des Français. Mais les efforts que firent Oudinot et Massena pour expulser les Autrichiens, sous Hotze et Jellachich, de leur position près de Feldkirch (13 mars), furent faites en pure perte. En revanche une division de l'armée d'Italie sous Desolles, après avoir chassé (11 mars) le général Loudon de sa position près de Taufers, s'empara conjointement avec Lecourbe du défilé de Finstermunz et des autres débouchés du Tyrol; mais bientôt après (30 mars), le général Bellegarde, qui parut avec 20,000 hommes pour soutenir Loudon, chassa les Français du pays. Sur ces entrefaites, l'armée du Danube sous Jourdan quitta la position qu'elle occupait près de Tutlingen et Hohentwiel, et pénétra en Souabe. Le plan de l'ennemi était, à ce qu'il paraissait, de forcer l'aile gauche autrichienne à s'éloigner du lac de Constance, de prendre en dos le général Hotze dans le Voralberg, et de se mettre en communication avec Massena en Suisse. En conséquence, Souham et Lefevre s'avancèrent par Stockach, Mœskirch et Pfullendorf, tandis que Saint-Cyr et Vandamme marchaient, le premier par Sigmaringen sur la rive gauche du Danube, le second par Ebingen et Gamerdingen sur la rive droite de ce fleuve, et que l'aile droite sous Fernio prenait sa direction par Salmannsweiler et Ueberlingen. Mais *l'archiduc Charles*, qui commandait en chef l'armée autrichienne, se mit (17-19 mars) promptement en marche de Mindelheim, se dirigea par Memmingen sur Schublenried, et ayant atteint l'ennemi, il attaqua Jourdan près d'Ostrach et de Pfullendorf (20 mars), et le repoussa jusqu'à Stockach avec perte de 3000 hommes. Quatre jours après (25-26 mars), l'Archiduc l'attaqua de nouveau dans le voisinage de Stockach, et le battit complètement. Les Français se retirèrent pendant la nuit. Jourdan remit le commandement à Ernouf, qui reconduisit l'armée vaincue sur les bords du Rhin; mais Souham ayant été surpris (3 avril) dans les environs de Triberg par les Autrichiens, Ernouf, par crainte d'être tourné, repassa sur la rive gauche du fleuve, et Massena prit le commandement en chef de toute l'armée française. Dans le cours du mois suivant (2-24 mai), l'archiduc Charles franchit le Rhin près de Schaffouse, et entra dans la Suisse. Pendant qu'on se faisait la guerre dans cette contrée avec des succès variés, les Français avaient formé une nouvelle armée du Rhin sous le général Muller, qui devait être portée au nombre de 60,000 hommes. Lorsqu'environ 20 à 30,000 hommes furent rassemblés entre Mayence et Manheim, Muller passa, le 26 août, subitement le Rhin sans trouver de résistance, — tandis que Baraguai d'Hilliers rançonnait Francfort, — et marcha ensuite à Heidelberg et Aschaffenbourg; sur quoi l'archiduc Charles renforça non-seulement le général Sztarray, mais alla aussi par Donaueschingen à la rencontre de l'ennemi. À l'approche du prince autrichien, qui s'avançait par la

Souabe vers le Necker, le général Muller, après avoir vainement tenté de s'emparer de la forteresse de Philipsbourg, se retira au delà du Rhin (15 septembre). L'Archiduc prit, le 18 du même mois, Manheim d'assaut. Après que ce prince eut quitté la Suisse, le Cabinet de Vienne effectua enfin que le comte Suwarow fût envoyé de l'Italie pour renforcer le prince *Korsakow*, qui se trouvait avec son corps d'armée dans le canton de Zurich. Massena, informé de cette circonstance, résolut d'attaquer les Russes avec toute sa force (25 septembre) avant leur réunion avec Suwarow. Avant l'aube du jour, les Français franchirent près Dietikon la Limmat, battirent les Russes, enlevèrent leur camp, coupèrent par cette manoeuvre l'aile gauche russe, postée sous le général Denison dans le voisinage de Ratisbonne, du centre sous Korsakow, s'emparèrent des hauteurs d'Affholtern, et s'avancèrent sur la route de Zurich vers Winterthur pour fermer la retraite aux Russes. Le feldmaréchal Suwarow, qui était arrivé par Airola et Altorf à Glaris, ayant appris la défaite de Korsakow, opéra sa périlleuse retraite sur le pays des Grisons. Par des chemins infrayés, manquant de toutes les nécessités, vivement poursuivi par l'ennemi, cet habile et vaillant Général conduisit, comme un autre Xénophon après la bataille de Cumaxa, — en combattant et après avoir vaincu, le 10 octobre près de Maltern, les troupes françaises commandées par les généraux Massena et Lecourbe, — son armée heureusement à Chur, et se réunit à Korsakow près de Feldkirch et dans la Souabe supérieure. L'archiduc Charles, de son côté, avait, sur la nouvelle des revers qu'avaient éprouvés les Russes en Suisse, fait un mouvement vers ce pays; mais il s'était arrêté sur la frontière de Souabe. Dans le même temps Lecourbe, devenu général en chef de l'armée du Rhin, avait passé le fleuve près d'Oppenheim (16-17 octobre), s'était rendu maître de Manheim, ainsi que de Heidelberg, et il se disposait à marcher sur Stoutgard, lorsque la défaite du général Ney (3 novembre) près de Lauffen par le prince Hohenlohe, le contraignit à retourner au Rhin; bientôt après (3 décembre), il fut lui-même vaincu par le général Sztarray près de Wisloch, et forcé à se replier sur la rive gauche du fleuve.

Tandis que les Français perdaient ainsi leurs conquêtes en Italie et en Allemagne, un homme ambitieux et entreprenant étonna l'Europe par une révolution entreprise avec audace, conduite avec sagesse et achevée avec le bonheur le plus soutenu. *Napoléon Bonaparte*, qui avait combattu jusque-là en Égypte, abandonna son armée dans ce pays, et s'embarqua avec les généraux Berthier, Murat, Lannes et Marmont pour la France. Étant arrivé à Paris, le 14 octobre 1799, il renversa le *Directoire*, dispersa par la force les Représentants de la nation (9 et 10 novembre), prit (24 décembre), sous le titre de *Premier Consul*[1]), les rênes de l'État, et donna au gouvernement une forme militaire, qui était d'autant plus redoutable que la révolution avait rendu tous les Français soldats.

Pendant que ce brusque bouleversement avait lieu dans l'intérieur, l'état des choses au dehors s'était aussi en partie amélioré pour la France, attendu que l'empereur *Paul de Russie*, successeur de l'impératrice Cathérine II († 1796), aigri par quelques différends, survenus entre les Cabinets de Vienne et de Petersbourg, avait abandonné la coalition et rappelé ses troupes; en sorte que l'Autriche se trouvait alors presque réduite à ses propres forces; car de tous les États d'Allemagne, le *Palatinat-*

---

[1]) On créa encore deux autres consuls, un tribunat, un Corps législatif et puis un Sénat conservateur, qui était chargé d'élire les tribuns et les membres du Corps législatif.

Bavière, *Wurtemberg* et *Mayence*, étaient les seuls qui eussent assuré leur assistance à l'Empereur. Quant à l'*Angleterre*, l'envoi d'une escadre dans la Méditérranée, était tout le secours qu'on pouvait attendre de cette Puissance. Ce fut sous des auspices si peu favorables, que le comte Melas ouvrit la campagne de 1800 en Italie. Ce Général, qui avait sous ses ordres une armée de 90,000 hommes, commença ses opérations (9 avril) par la prise du fort de la Bocchetta, par où il sépara Massena de Suchet. Peu après (18 avril), il força Massena par la bataille de Voltri à se jeter avec 25,000 hommes dans Gènes; sur quoi il investit, le 8 mai, cette ville par terre, tandis que l'amiral anglais Keith la cernait par mer. La ville de Nice fut occupée par les Autrichiens (11 mai). Suchet se retira derrière le Var. Le comte Saint-Julien conquit, le 15 du même mois, Savone, et Melas fit des dispositions pour faire une invasion en Provence. Sur ces entrefaites, l'activité de Bonaparte avait rassemblé près de Dijon une armée de réserve de 50,000 hommes, qui se mit bientôt en mouvement vers Gènes, sous le commandement de Berthier. Le Premier Consul ne tarda pas à se rendre dans cette ville (8 mai), et l'armée marcha (18 mai) en cinq colonnes vers l'Italie, franchit avec des peines incroyables les Alpes, et parut inopinément sur les derrières de l'armée de Melas. Ce Général, trompé sur la véritable force de l'armée de réserve ennemie, n'accourut au secours de la Lombardie que lorsqu'il n'était plus temps et qu'il se trouvait lui-même dans une position fort dangereuse. Son armée commençait à manquer de vivres, les provisions du Piémont étaient consommées, les forteresses mal pourvues, et sur les derrières il se voyait menacé par Massena et Suchet. Par conséquent le comte Melas était dans la ferme croyance que Bonaparte dirigerait sa marche sur Turin. L'événement fit voir qu'il s'était de nouveau abusé ; car le Premier Consul s'avança rapidement vers Milan, s'empara, le 2 juin, sans résistance de cette ville et rétablit la République cisalpine. Le général autrichien Ott se mit, après la prise de Gènes qui s'était enfin rendue aux Autrichiens (4 juin), en marche pour aller rejoindre la grande armée près de Montebello ; mais il fut attaqué, le 9 juin, par le général Berthier, et défait avec perte de 6000 hommes. Le général Melas, qui avec son armée, forte de 40,000 combattants, était posté derrière la Bormida entre Turin et Alexandrie, éprouva encore un plus grand revers ; car ayant été attaqué par Bonaparte près de *Marengo* le 14 juin, il fut vaincu après un combat de quatorze heures. Le résultat de cette bataille fut, qu'ensuite de la convention conclue le 16 juin à Alexandrie, les forteresses de Gènes, de Tortone, d'Alexandrie, la citadelle de Milan, Turin, Pizzighetone, Arona, Plaisance, Coni, Ceva, Savone et le fort Urbino tombèrent entre les mains des Français, et que l'armée autrichienne se retira par Plaisance sur Mantoue, qui avec Peschiéra, Borgoforte, la rive gauche du Pô, Ancône, Ferrare et la Toscane, resta au pouvoir de l'Autriche.

Les armes d'Autriche ne furent pas plus heureuses en Allemagne. Le général Moreau ayant passé le Rhin (25 avril) sur six points entre Kehl et Diesenhofen, défit le général Kray, qui commandait en chef l'armée autrichienne, successivement près d'Engen, de Stockach, de Mœskirch et de Pfullendorf (3-6 mai), pendant que les généraux Richepanse et Lecourbe étaient vainqueurs, le premier près de Biberach (9 mai), et l'autre dans le voisinage de Memmingen (10 mai). Kray se replia sur Ulm, et après avoir fortifié cette ville, il passa (15 juin) le Danube près de Leipheim et Gunzbourg. Lecourbe le suivit avec 30,000 hommes. Près de Hœchstædt l'arrière-garde autrichienne fut vaincue, et l'armée forcée de se retirer à

Neubourg et dans le Haut-Palatinat; en sorte que presque toute la Bavière tomba au pouvoir de l'ennemi. Le général Moreau se disposait, — après que le général Decaen se fut emparé de Munich, que Kray eut été défait près Neubourg et que la position près d'Ingolstadt eut été emportée; — à pénétrer plus avant, lorsque l'armistice, conclu le 15 juillet à Parsdorf, par suite de la cessation d'armes survenue en Italie, suspendit ses opérations. Enfin, après de longues et inutiles négociations, après une prolongation de la trêve jusqu'au 20 septembre, que Moreau n'accorda que sous la condition qu'on lui remettrait Philipsbourg, Ulm et Ingolstadt, et après des tentatives infructueuses faites à Luneville pour rétablir la paix, — l'armistice fut dénoncé, le 28 novembre, et les hostilités commencèrent de nouveau. Pendant la trêve, Moreau avait porté son armée à 90,000 hommes; sur le Bas-Rhin se trouvait une armée de réserve sous les ordres de Saint-Suzanne, et une autre, commandée par Augerau, était postée sur les bords du Mein. Les fortifications d'Ulm, d'Ingolstadt et de Philipsbourg avaient été rasées, et on évaluait les armées françaises ensemble en Allemagne à 250,000 hommes. Les Autrichiens commencèrent les hostilités le 30 novembre, où ils passèrent l'Inn, et le lendemain ils attaquèrent près d'Ampfingen le général Grenier, qu'ils forcèrent à la retraite. Mais deux jours après (3 décembre), l'armée autrichienne fut totalement défaite près de Hohenlinden par le général Moreau. Comme la perte de cette bataille ouvrait de nouveau le chemin de Vienne aux Français, et que le général Macdonald s'avançait en même temps dans le pays des Grisons, l'Autriche se vit obligée de faire une paix séparée avec la France. Le traité de paix fut signé par le comte de Cobenzel et Bonaparte à Luneville, le 9 février de l'année 1801. L'Autriche renonça de nouveau par cette paix à la Belgique et au Frickthal qui fut donné à la Suisse, et eut en revanche le territoire vénitien qui lui avait déjà été assigné auparavant. L'Adige fut fixée pour frontière entre l'Autriche et la République cisalpine. Le *duc de Modène* perdit ses États, et eut le *Brisgau* pour dédommagement. La *Toscane* passa, comme *royaume d'Etrurie*, à la Maison de Parme, et le grand-duc devait être indemnisé en Allemagne de la perte de son pays [1]). Toutes les possessions de l'Empire sur la rive gauche du Rhin furent cédées à la France, qui en retour rendit toute la rive droite de ce fleuve, sous la condition que les forteresses rasées, comme Dusseldorf, Ehrenbreitstein, Philipsbourg, Castel, Kehl &c. devaient rester démolies. Il fut encore convenu, que les princes d'Allemagne qui avaient perdu, par la cession de la rive gauche du Rhin, seraient dédommagés par des sécularisations. Le 7 mars, la Diète à Ratisbonne accepta ce traité, et le 16 mai l'échange des ratifications eut lieu à Paris.

Par la nouvelle délimitation des frontières du côté de l'Italie, l'Autriche, il est vrai, voyait son territoire encore plus restreint; mais cette perte fut plus que compensée par l'acquisition de la *Galicie occidentale*, que l'Empereur avait eue pour sa part dans le nouveau partage de la Pologne, qui avait eu lieu pendant cette guerre. Cette province comprenait environ 834 milles carrés et 1,200,000 d'habitants; en sorte que la Monarchie autrichienne, après la paix de Luneville, se trouvait encore agrandie de 452 milles carrés, et contenait alors un territoire de 11,976 milles qui, étant alors arrondi, tenait les forces réunies, tandis qu'elles avaient été fort éparpillées dans tous les temps antérieurs. Cependant les longues guerres avaient épuisé la Monarchie; une dette énorme pesait sur l'État.

---

[1]) L'archiduc *Ferdinand* eut *Salzbourg*, qui fut transformé en un *électorat séculier*, avec *Berchtesgaden* ou Berchtolsgaden et *Passau*.

Néanmoins l'empereur François, qui ne reculait devant aucune difficulté lorsqu'il s'agissait du bien-être de son peuple, entreprit avec courage de rendre au pays son ancienne splendeur. Les mesures les plus paternelles furent prises, pour relever l'industrie et le commerce, pour encourager l'agriculture et rétablir le crédit public. En même temps, on compléta les régiments; l'insurrection en Hongrie et la milice *(Landwehr)* furent organisées, et on fit tout ce qui était possible, pour mettre l'armée en état de soutenir la lutte avec honneur, en cas qu'une nouvelle guerre vînt à éclater.

Dans la Députation de l'Empire, qui en 1803 régla les rapports du Corps germanique, et dédommagea les princes séculiers, qui avaient perdu des possessions sur la rive gauche du Rhin par la confiscation surtout des biens ecclésiastiques, l'influence française se manifesta à un tel point, qu'on pouvait s'attendre avec fondement à la prochaine dissolution de l'empire d'Allemagne. Cette circonstance, jointe à l'élévation de Napoléon Bonaparte qui, étant déjà parvenu à se faire nommer *Premier Consul à vie* (29 juillet 1802), fut proclamé, le 10 mai 1804, *empereur des Français*, engagea *François II*, empereur romain, à se déclarer, le 11 août de la même année, *empereur héréditaire d'Autriche*, et à réunir tous les pays autrichiens, sous le nom d'un Empire, en un État séparé, afin de se mettre de niveau avec la France et la Russie.

L'année suivante (1805), l'empereur François, allié avec l'Angleterre et avec *Alexandre I de Russie*, fils et successeur de Paul († 24 mars 1801), prit de nouveau les armes pour s'opposer aux usurpations de Napoléon, qui semblait vouloir étendre sur toute l'Europe la dictature qu'il exerçait en France, où la *Liberté*, naguère si fière de son triomphe, se courbait maintenant devant un maître absolu et impérieux [1]). En effet, Napoléon s'était non-seulement fait couronner *roi d'Italie* à Milan (26 mai 1805) et nommé sa soeur Élise princesse de Piombino et son époux Bacciochi princes de Lucques, mais il avait encore réuni Gênes, Parme et Plaisance à l'Empire français, et se préparait à la descente qu'il avait résolu de faire dans la Grande-Bretagne. Le premier soin de l'Autriche fut de renforcer son armée en Italie, dont le commandement général avait été confié à l'*archiduc Charles*; une autre armée, sous les ordres du général d'artillerie *Mack*, se rassembla au commencement d'août près de Wels en haute Autriche. Cette armée passa, le 8 septembre, l'Inn et s'avança par la Bavière jusqu'aux bords de l'Iser, où elle campa. Napoléon, qui avec la principale force française avait déjà pénétré fort avant en Allemagne, tourna par des manoeuvres bien combinées, mais en violant aussi le territoire neutre de la Prusse, l'armée autrichienne, postée près d'Ulm, enferma le général Mack dans cette ville et le força, le 17 octobre, à signer une capitulation, par laquelle les troupes autrichiennes (au nombre d'environ 22,000 hommes) mirent bas les armes. Seulement l'*archiduc Ferdinand d'Este* avec une partie de la cavalerie se fit jour au travers de l'armée française, et gagna par Nuremberg et Baireuth la Bohème. Après l'exécution de ce grand coup, Napoléon s'avança victorieusement, fit alliance avec la Bavière, contraignit Wurtemberg et Bade à se joindre à lui, franchit les limites de l'Autriche et parut, le 11 novembre 1805, devant les lignes

---

[1]) Déjà comme Premier Consul, Napoléon avait exercé en France plus le pouvoir d'un monarque que celui d'un chef du gouvernement d'un État libre, quoique les Corps politiques et la nation parussent jouir de leurs anciens droits; mais une fois qu'il eut ceint son front du diadème des césars, il supprima le tribunat, s'attribua le droit de nommer les membres du sénat et transforma la république en une monarchie fort illimitée.

de Vienne. Pour endormir la vigilance des Généraux, chargés de la défense de la capitale, et se rendre ainsi d'autant plus facilement maître de la place, Napoléon employa sa tactique ordinaire; c'est-à-dire qu'il se servit du général Mack et du lieutenant-général comte Gyulay pour interprètes de ses sentiments pacifiques, après qu'il eut déjà donné auparavant l'assurance qu'il était porté à conclure une suspension d'armes. Les négociations devaient avoir lieu à Poisdorf ou dans un endroit encore plus rapproché de Vienne. Mais tandis que les habitants de la capitale attendaient avec anxiété le résultat des conférences qu'on allait, comme ils croyaient, ouvrir sur-le-champ, l'avant-garde ennemie, forte de 15,000 hommes, sous la conduite de Murat et de Lannes, entra, le 13 novembre, par la ligne de Notre-Dame-au-bon-secours (*Mariahülfer-Linie*), traversa la ville et le faubourg de *Léopoldstadt*, se dirigea vers le pont de Tabor, qui n'avait pas été brûlé parce qu'on croyait que la place s'était rendue par convention, que l'armistice était conclu et la paix prochaine, — et le passa ensuite au pas d'assaut.

Sur ces entrefaites, le prince *Jean de Liechtenstein* qui, après son rétablissement d'une maladie qui l'avait longtemps retenu dans sa terre de Feldsperg, avait pris le commandement en chef de l'armée, ayant réuni les différents corps autrichiens, qui se trouvaient dispersés depuis la malheureuse affaire d'Ulm, occupa une position avantageuse sur la rive gauche du Danube. Dès le 18 novembre, l'armée russe sous le général Kutusow s'était réunie en Moravie à celle sous les ordres du général Buxhœrden; et le 20 l'*empereur Alexandre* lui-même arriva de Berlin à Olmutz, où encore le même jour entra aussi sa belle garde, commandée par le grand-duc *Constantin*. Ces troupes prirent une forte position dans le voisinage d'Olmutz; le général russe Essen, à la tête d'un corps nombreux, s'avança pareillement avec une telle rapidité qu'il se trouva, le 2 décembre, près de Cremsier et de Prerau. Quant à la position des armées autrichiennes, le prince de Liechtenstein était placé avec la force principale dans le voisinage d'Austerlitz, l'archiduc Ferdinand d'Este vers Iglau. D'un autre côté, *l'archiduc Charles*, qui avait remporté, à la fin d'octobre (29-31), la victoire sur le maréchal Massena près de Caldiéro en Italie, s'étant joint à la petite armée de l'*archiduc Jean*, venue du Tyrol, était déjà en marche vers Oedenbourg et Wiener-Neustadt, pour faire une diversion sur les derrières de l'armée française en Autriche. Mais encore avant que ces deux grands capitaines fussent à portée de commencer leurs opérations, les Généraux alliés, écoutant trop les plaintes qui s'élevaient de toutes parts au sujet de la disette de vivres, se déterminèrent à livrer bataille à Napoléon. Elle eut lieu près d'*Austerlitz*, le 2 décembre 1805. Les Autrichiens et les Russes combattirent avec une bravoure extraordinaire; la garde impériale russe fit des prodiges de valeur; mais tous leurs efforts belliqueux échouèrent contre la bonne fortune de Napoléon, qui remporta une victoire complète.

Dans la nuit qui suivit cette journée sanglante, le prince Jean de Liechtenstein parut sur les avant-postes français, pour demander une trêve à Napoléon qui l'accorda, après qu'il eut eu, le 4 décembre, une entrevue avec l'empereur François près du village de Saroschutz. Elle fut bientôt suivie de la paix que signèrent, le 26 décembre dans la nuit, le prince Jean de Liechtenstein et le comte de Gyulay avec le ministre français Talleyrand-Périgord. L'Autriche céda les *États vénitiens* et la *Dalmatie* au royaume d'Italie, — le *Tyrol*, le *Vorarlberg*, *Eichstædt* &c. à la Bavière, — le *Brisgau* et les autres *pays antérieurs* à Wurtemberg et à Bade, et reconnut l'électeur de

Bavière et le duc de Wurtemberg pour rois. L'ordre Teutonique en Allemagne fut supprimé. *Salzbourg* et *Berchtesgaden* passèrent à l'Autriche; l'électeur de Salzbourg, l'*archiduc Ferdinand*, fut indemnisé par *Wurzbourg*.

L'année suivante (1806), l'archichancelier *Dalberg*, auparavant électeur de Mayence, la *Bavière, Wurtemberg, Bade, Darmstadt, Nassau, Hokenzollern, Aremberg, Salm, Isembourg, Liechtenstein, de la Leyen*, se réunirent avec le chef du gouvernement français, pour se séparer du Corps germanique, et le 12 juillet à Paris, Napoléon forma de ces États la soi-disant *Confédération rhénane*, dont il se déclara le protecteur. La suite de cette association antinationale fut, que l'empereur François abdiqua, par un édit du 6 août 1806, la dignité impériale d'Allemagne, déclara le Corps germanique romain dissous à jamais, et ne porta dès lors que le titre d'*empereur héréditaire d'Autriche*, sous le nom de *François I*. Ce fut ainsi que finit l'*Empire germanique*.

Lorsque la France fit 1806-1807 la guerre à la Prusse et à la Russie, l'empereur François, par commisération pour les souffrances qu'avaient endurées ses fidèles sujets, et par crainte d'exposer ses pays épuisés à une ruine totale, prit le parti de demeurer dans la neutralité. Cependant, comme les circonstances impérieuses du temps exigeaient que l'Autriche tînt sur pied une force militaire suffisante, en cas que la guerre s'allumât de nouveau, on augmenta les troupes de ligne, organisa la milice et l'insurrection hongroise d'après un système bien combiné, et fit enfin tous les efforts possibles pour la formation d'une armée imposante, prête à entrer en campagne au premier appel.

Tandis que l'Autriche réglait ainsi l'armement général du pays, la guerre en Prusse prit une fin fort malheureuse pour cette Puissance qui, après la bataille de Friedland (14 juin 1807), se vit contrainte à signer, le 7 du mois suivant près de Tilsit, une paix très-désavantageuse. Le duché de Varsovie fut érigé. Napoléon avait déjà, par une fine politique, fait la paix avec l'électeur de Saxe, qui prit alors le titre royal. Ce fut aussi au commencement de la guerre contre la Prusse que Napoléon, pour se venger des Anglais, qui avaient non-seulement détruit les flottes de France près d'Aboukir, à Trafalgar et ailleurs, mais avaient encore conquis la plupart de ses colonies, rendit le fameux décret de blocus contre toutes les îles britanniques.

L'ambition de l'empereur Napoléon ne fut pas satisfaite par les succès étonnants qu'il avait obtenus; car après avoir forcé Copenhague à capituler, expulsé du Portugal la Maison de Bragance, et fait occuper l'Etrurie par ses troupes, il envahit l'Espagne, pour placer son frère Joseph sur le trône de ce royaume. Comme toutes ces usurpations et le ton arrogant qu'il prenait envers les autres Souverains, laissaient assez apercevoir l'intention de s'ériger en maître absolu de l'Europe, et d'expulser les anciens princes de leurs trônes pour y placer ses parents et ses créatures, l'empereur François devait se garantir d'un pareil bouleversement général, d'autant plus que la France élevait contre l'Autriche de nouvelles prétentions, auxquelles on ne pouvait répondre que les armes à la main. La résistance qu'opposait l'Espagne était d'ailleurs une conjoncture favorable pour commencer la guerre, qui fut aussitôt décidée.

Au commencement de l'année 1809, l'armée autrichienne, qui était presque doublée par la milice, se mit en marche vers les différents points des frontières. L'archiduc Charles, nommé Généralissime, était à la tête de l'armée destinée à opérer en Allemagne. L'archiduc Jean commandait celle d'Italie. Ce prince pénétra vers Udine, tandis que le marquis de Chasteler s'avançait de la haute Carinthie rapidement par le Pusterthal sur Brixen en Tyrol. Les braves *Tyroliens* se levèrent aussitôt en masse, se délivrèrent de la domination étrangère, et firent 8000 ennemis avec leurs Généraux, leurs aigles et drapeaux prisonniers de guerre (11-16 avril). Le 16 du même mois, l'archiduc Jean gagna la bataille de Fontana Fredda près de Sacile contre le vice-roi *Eugène*, et continua ensuite à s'avancer vers l'Adige. Déjà Vicence, Trévise et Padoue étaient en son pouvoir, lorsque les événements qui se passèrent dans le même temps en Allemagne vinrent l'arrêter dans sa marche victorieuse. En effet, Napoléon, qui était accouru de l'Espagne, défit au mois d'avril les Autrichiens qui s'étaient avancés en Bavière, successivement près d'Abensberg, Landshut et Ratisbonne, pénétra en Autriche et marcha directement sur *Vienne* qui, après quelques heures de bombardement, se rendit par capitulation le 11 mai de l'année 1809. L'archiduc Charles, qui avait établi son quartier-général dans le voisinage de Horn, ayant appris la reddition de la capitale, fit reposer son armée au pied de la montagne, nommée *Bisamberg*, et bien garnir les villes de Crems et de Presbourg. Comme par la reconnaissance qu'on fit le 20 mai, on s'assura que Napoléon, qui tenait l'île de Lobau pour le meilleur passage du Danube, y avait déjà fait passer de fortes colonnes de son armée, l'archiduc Charles rangea, le lendemain matin, son armée en ordre de bataille. À trois heures de l'après-midi, la canonnade commença. Les Autrichiens avaient attaqué avec un courage intrépide les Français, qui avaient pénétré de l'île de Lobau sur la rive gauche du fleuve et choisi les deux villages d'*Aspern* et d'*Essling* pour points d'appui. Aspern fut plus de dix fois emporté d'assaut, perdu de nouveau et repris; enfin la victoire se déclara pour les Autrichiens, qui repoussèrent les Français dans l'île de Lobau. L'ennemi laissa au delà de 10,000 morts, 2600 prisonniers et 5000 blessés sur le champ de bataille; plus de 20,000 autres blessés, tant français qu'autrichiens, furent transportés à Vienne, où ils furent pansés et soignés indistinctement avec la charité et l'humanité qui caractérisent les habitants de cette capitale. Parmi les morts se trouvaient le maréchal Lannes, et les généraux d'Espagne, Saint-Hilaire et Albuquerque. La perte des Autrichiens consistait en 4100 morts et 1600 blessés.

La journée d'Aspern apprit à Napoléon que, s'il avait été invaincu jusqu'alors, il n'était pas invincible. Aussi se conduisit-il depuis ce moment avec beaucoup plus de précaution qu'il n'avait fait auparavant; son premier soin fut de faire rétablir le pont sur le Danube qu'on avait abattu pendant la bataille; on tira de l'arsenal la chaîne énorme avec laquelle jadis les Turcs avaient tenté de fermer le fleuve près de Bude; ensuite il concentra dans les environs de Vienne une armée de 150,000 combattants avec 600 canons, et après avoir désarmé les bourgeois de la capitale, il attaqua, le 5 juillet, l'archiduc Charles, qui n'avait guère au delà de 100,000 hommes avec 400 pièces d'artillerie, dans la même plaine (*Marchfeld*), où jadis *Marc-Aurèle* vainquit les Marcomans, et où le roi *Ottocare* de Bohème perdit contre l'empereur *Rodolphe I* le trône et la vie. Le plan de Napoléon était d'enfoncer le centre de l'armée autrichienne, posté près de Wagram derrière le Russbach. Mais toutes les tentatives que firent les Français pour rompre les rangs autrichiens échouèrent complètement. Le lendemain (6 juillet), les Français renouvelèrent leurs attaques qui furent tout aussi inutiles et infructueuses; oui, il y eut des moments où Napoléon semblait lui-même douter de l'heureuse issue de l'action. Déjà l'aile droite de l'armée autrichienne avait remporté de grands avantages, lorsque l'aile gauche sous le prince Rosenberg se voyant prise à revers, battit tout à coup en retraite. Ce malheur décida de la journée; car l'aile droite ayant été par là obligée de replier également, pour ne pas être tournée à son tour par l'ennemi, la déroute se mit dans l'armée, et les Français remportèrent une victoire complète qui termina promptement la campagne.

Ce nouveau revers de fortune, les progrès que faisaient d'un autre côté les Français, qui avaient pénétré jusqu'à Raab en Hongrie, et surtout le désir de procurer enfin à ses peuples affligés une paix solide et durable, engagèrent l'empereur François à s'accommoder cette fois-ci sérieusement avec Napoléon. En conséquence, il envoya le prince Jean Liechtenstein au quartier-général français, pour proposer un armistice, qui fut effectivement conclu dès le 12 juillet entre le prince de Neufchâtel (Berthier) et le baron Wimpfen. On traça une ligne de démarcation entre les deux armées, qui s'étendait depuis la frontière entre la Bohême et l'Autriche, y compris les cercles de Znaim et de Brunn, jusqu'à Fiume, et qui renfermait aussi Raab, la Croatie et la Styrie. Il fut encore stipulé que les citadelles de Brunn et de Gratz seraient évacuées par les Autrichiens, et que l'empereur François rappelerait ses troupes du Tyrol et du Voralberg. Les négociations de la paix entre le comte (aujourd'hui prince) de *Metternich*, qui avait remplacé le comte de *Stadion* dans le ministère des affaires étrangères, et le plénipotentiaire français *Champagny* furent ouvertes à Altenbourg en Hongrie. Après de longues conférences, pendant lesquelles la trêve fut souvent prolongée, la paix fut enfin conclue, le 14 octobre, par les plénipotentiaires respectifs, ratifiée le 15 à Schœnbrunn par Napoléon, et le 18 du même mois à Dotis par l'empereur d'Autriche. Les deux armées entendirent proclamer la paix avec une égale satisfaction, chaque parti ayant de trop fortes preuves du courage de son adversaire, pour désirer que la guerre se prolongeât. Mais ce ne fut que par de grands sacrifices que l'empereur François délivra ses États du terrible fléau qui les désolait. Il céda en faveur de la Bavière *Salzbourg* et *Berchtesgaden* avec le *quartier de l'Inn* et *Braunau*, ainsi que le quartier dit *Hausruckviertel*. L'Autriche perdit aussi le *cercle de Villach* en Carinthie, la *Carniole*, le *district de Trieste*, y compris *Gorice* et *Montefalcone;* le *Frioul*, la seigneurie de *Rauzuns* dans le pays des Grisons, la *partie de la Croatie qui est située sur la rive droite de la Save*, et l'*Istrie autrichienne* avec les *îles adjacentes*. L'Autriche céda en outre à la *Saxe* les *enclaves bohèmes en Saxe*, toute la *Galicie occidentale*, le *cercle de Zamosk* dans la *Galicie orientale*, la ville de *Cracovie* avec un district sur la rive droite de la Vistule. Enfin l'Autriche devait encore abandonner à la *Russie* un territoire avec 400,000 habitants dans la *Galicie orientale*. Les États alliés à la France furent compris dans ce traité. L'Autriche accéda au *système continental*, qu'avait adopté aussi la Russie à la paix de Tilsit (7 juillet 1807). Immédiatement après, Napoléon forma de toutes les parties de pays, acquises en Croatie, dans le Littoral hongrois, en Istrie, en Carinthie, et puis de la Carniole, des territoires de Raguse avec les îles, de la Dalmatie &c. un nouvel État d'un million et demi d'habitants, sous la dénomination de *Provinces Illyriennes*, qui furent provisoirement organisées d'après les lois françaises. Les Français, avant d'évacuer l'Autriche, firent encore sauter les fortifications de Vienne, de Raab, de Brunn et de Gratz.

L'empereur Napoléon partit, le 16 octobre 1809, de Schœnbrunn, et arriva dix jours après à Fontainebleau. Dès le 26 novembre les troupes autrichiennes rentrèrent dans Vienne, et le lendemain l'après-dînée, parut l'empereur François dans une simple chaise, sans aucune suite, sans aucun cortège. Les habitants de la capitale ayant été prévenus peu d'heures auparavant par le comte de *Wrbna* de l'arrivée du monarque, une multitude innombrable se porta vers le faubourg par où il devait venir. Ce fut alors que le caractère loyal et généreux des bourgeois de Vienne se montra dans tout son jour. Tous les coeurs volèrent au devant du prince chéri; oubliant, à son aspect, tous leurs maux passés, sans inquiétude sur l'avenir, et uniquement occupés de leur bonheur présent, ces braves et fidèles citoyens reçurent le monarque avec les mêmes transports de joie, avec les mêmes cris d'allégresse que lorsqu'il rentra, quelques années après, victorieux dans sa capitale! Un État où de pareils sentiments prédominent, ne peut jamais être entièrement détruit, et Napoléon connaissait trop bien l'histoire de *Marie-Thérèse*, pour tenter une telle entreprise.

Cependant la monarchie ne s'était jamais trouvée dans une situation plus fâcheuse; elle avait perdu de nouveau au delà de 1800 milles carrés et plus de trois millions d'habitants; mais ce qui était pire encore que cette perte, c'était l'embarras des finances où se trouvait l'Autriche; la dette de l'État s'était presque doublée; le papier-monnaie avait dû être considérablement augmenté; jusqu'en 1805 les billets de banque étaient restés en assez bon crédit; ensuite ils commencèrent peu à peu à perdre de leur valeur nominale; pendant la guerre de 1809, et plus encore après cette époque fatale, ils continuèrent à baisser à un tel point, qu'à la fin leur valeur réelle était à peine $\frac{1}{15}$ de leur valeur nominale; il s'ensuivit le plus grand désordre dans le commerce et dans les affaires en général jusqu'au commencement de l'année 1811, où les billets de banque furent remplacés par d'autres billets de caisse nommés *Einlösungs-Scheine*, et réduits à ⅕ de leur valeur nominale; mais ces nouveaux billets aussi perdirent bientôt considérablement de la valeur qui y était exprimée.

L'empereur François était resté inébranlable au milieu des fluctuations orageuses et funestes, dans lesquelles il avait été secoué depuis le commencement de son règne. Ce monarque, qui mettait sa gloire et son bonheur moins dans l'étendue d'un vaste Empire et dans le nombre d'individus soumis à son pouvoir, que dans un bon gouvernement, secondé par des ministres fidèles et intelligents, s'efforça de nouveau à guérir aussi promptement que possible les plaies que la guerre avait faites au pays, et à mettre les dépenses dans un juste équilibre avec les revenus, qui avaient souffert une diminution très-considérable. À ces fins, les plus grandes épargnes furent introduites dans l'économie de l'État; on chercha de toute manière imaginable à faire cesser la pénurie d'argent; tout ce qui donnait occasion à exporter le numéraire, comme p. e. le café, fut rigoureusement prohibé. Ces sacrifices momentanés et d'autres que l'intérêt de l'État imposa, furent largement compensés par les grands avantages qui en résultèrent pour le bien général. Par ces moyens, et par les excellentes mesures qu'on prit ultérieurement, l'ordre se rétablit insensiblement dans les finances, et tout reprit la marche douce, tranquille, prudente et régulière, qui distingua de tout temps et distingue jusqu'à ce jour le gouvernement autrichien.

Napoléon, qui à son titre d'empereur des Français avait ajouté ceux de *roi d'Italie*, de *protecteur de la Confédération du Rhin* et de *médiateur de la Confédération helvétique*, était parvenu au faîte de la puissance et de la grandeur. Son immense Empire s'étendait depuis le Tage jusqu'aux frontières de la Russie, et depuis les

Alpes suisses jusqu'à la Turquie; il avait élevé ses frères
sur différents trônes; *Joseph* occupait celui d'Espagne,
Louis celui de Hollande et *Jérôme* celui de Westphalie;
Joachim Murat, leur beau-frère, était *roi de Naples*,
et le maréchal *Bernadotte*, beau-frère du roi Joseph
d'Espagne, avait été nommé *prince héréditaire de
Suède*. Cependant le roi Louis, qui était un homme doux
et humain, n'ayant pas voulu être le préfet de son frère
l'empereur, ni l'oppresseur de ses sujets, abdiqua plus
tard la couronne en faveur de son fils; mais Napoléon
jugea à propos de réunir la Hollande au vaste Empire
français. Il ne manquait plus alors à la gloire de Napoléon
qu'une alliance de famille avec une ancienne et illustre
Maison souveraine; il eut encore ce bonheur. L'empereur
François, sacrifiant ses sentiments personnels au repos et
aux intérêts de son peuple, accorda à Napoléon la main
de l'*archiduchesse Marie-Louise*, sa fille aînée, qu'il
sollicitait. Les épousailles se firent, le 11 mars 1810,
par procuration, en présence de l'empereur François et du
grand-ambassadeur le prince de Neufchâtel; le mariage
fut consommé le 2 du mois suivant, à Paris.

Cette union produisit un changement favorable dans
les relations extérieures de l'Autriche, et établit même
entre elle et la France des liaisons amicales, qui auraient
été utiles et avantageuses aux deux Empires, si la soif
inextinguible de conquêtes qui dévorait Napoléon, et surtout plus tard son obstination à poursuivre la fortune qui
l'avait abandonné sans retour, n'avait enfin forcé l'empereur d'Autriche à rompre les liens qui l'attachaient à lui.

Le 20 mars 1811, l'impératrice Marie-Louise donna
à son époux un héritier, qui reçut le titre de *roi de Rome*[1]);
il y eut de grandes réjouissances à l'occasion de cet événe-

---

[1]) Le pape Pie VII, après avoir été privé de sa puissance spirituelle, était
retenu captif en France.

ment; mais au milieu de ces fêtes publiques on fit des dispositions sérieuses pour entreprendre une guerre contre la *Russie*. L'empereur *Alexandre* avait souscrit, à Tilsit et dans l'entrevue qu'il eut dans la suite à Erfort avec Napoléon, à des conditions fort onéreuses; mais las enfin de toutes les obligations auxquelles il avait été astreint, il les remplissait avec beaucoup de tiédeur; indépendamment de cela, un grand nombre d'Américains débarquèrent dans les ports de Russie, et y déposèrent une énorme quantité de marchandises anglaises, qui furent transportées d'ici dans toutes les parties du continent, tandis qu'on prohiba rigoureusement beaucoup de marchandises fabriquées en France. Comme Napoléon qui, après l'abdication du roi Louis, avait, comme il a été dit, réuni la Hollande à la France, s'était, de son côté, emparé des embouchures de l'Ems, du Weser et de l'Elbe, et avait par la délimitation de la nouvelle frontière enclavé aussi dans l'Empire français les domaines du duc d'Oldenbourg, allié de près à l'empereur de Russie, la mésintelligence se mit entre les deux Cours impériales. On négocia, il est vrai, pour se raccommoder; mais en même temps les troupes reçurent ordre de marcher.

L'empereur d'Autriche, par amour de l'humanité, employa tous ses efforts pour empêcher une rupture qui, comme il prévoyait, amènerait une guerre générale. Mais voyant qu'il ne pouvait effectuer l'accommodement désiré, il prit toutes les mesures nécessaires pour mettre en sûreté ses propres États, et être prêt à tout événement. Napoléon, assuré du soutien de l'Autriche, en usa envers le roi de Prusse d'une manière qui devait sensiblement blesser ce monarque et le mettre dans un fort grand embarras; car sans même daigner prévenir le roi de ses intentions, il fit entasser dans les forteresses de l'Oder toutes sortes de munitions et d'attirail de guerre. Comme le roi de Prusse s'était vu obligé de conclure, le 24 février 1811 à Paris, avec Napoléon une alliance défensive, par laquelle ces deux Souverains se garantissaient réciproquement leurs possessions, l'Autriche fit, le 14 mars, pareillement avec la France un traité, par lequel elle s'engageait à fournir à cette dernière Puissance un corps auxiliaire de 30,000 hommes. Cependant l'empereur François, en signant cette convention, conservait encore dans son coeur un rayon d'espoir qu'on parviendrait à tout arranger à l'amiable, d'autant plus que l'empereur Alexandre, prince plein d'humanité et sans ambition, déclara être prêt à la réconciliation. Les seuls points sur lesquels il insistait, c'étaient l'évacuation de la Prusse, dont l'indépendance et la neutralité étaient indispensables à la sûreté de la Russie, et la restitution de la Poméranie que les Français avaient enlevée à la Suède. Mais Napoléon, trop entêté de son système pour consulter les conséquences qu'il pouvait entraîner après lui, ayant rejeté les demandes équitables de l'empereur Alexandre, la guerre fut décidée, et l'ambassadeur de Russie quitta Paris.

Dès le mois de mai 1812, l'empereur des Français était parti de sa capitale pour se rendre à Dresde, et l'empereur Alexandre arriva à Wilna vers le même temps. Napoléon qui, tout prévenu qu'il était de sa supériorité, ne se dissimulait cependant pas qu'il aurait de grands obstacles à vaincre dans les climats lointains et glacés où il allait porter la guerre, s'y prépara avec une prévoyance extraordinaire. Il tira de l'intérieur de la France, de l'Italie et des États alliés toutes les troupes disponibles, et rassembla une armée de 400,000 hommes d'infanterie et de 70,000 chevaux, avec 1700 pièces d'artillerie.

Dans le cours du même mois, l'empereur d'Autriche et le roi de Prusse, qui par leurs rapports avec la France se voyaient obligés de soutenir les plans de Napoléon, eurent avec lui une entrevue à Dresde. Vers la fin de mai, l'empereur François et le roi Frédéric retournèrent dans leurs États, et Napoléon alla rejoindre l'armée qui s'était réunie en Pologne.

Le 22 juin 1812, l'empereur des Français annonça, par une proclamation émanée à Wielkowszky, petite ville varsovienne située dans le voisinage des frontières de Russie, à son armée le commencement de la guerre. Les forces françaises furent, comme à l'ordinaire, partagées en plusieurs divisions particulières. En face de l'armée de France se trouvait celle des Russes qui, également divisée en deux parties, était campée dans une position fort avantageuse qui s'étendait depuis l'embouchure de la Duna jusqu'à Lutzk en Volhynie. L'armée russe du Nord était sous les ordres du ministre de la guerre *Barclai de Tolly*; celle du Sud avait le prince *Bagration* pour commandant en chef. Riga était le point d'appui de l'extrême aile droite. La Duna couvrait les derrières de l'armée russe ; Smolensk était le point central et Kiev, où l'empereur Alexandre avait établi son quartier-général, formait l'extrémité de l'aile gauche. L'armée française s'était, au commencement de la guerre, aussi divisée en deux masses principales. La première, sous le commandement direct de Napoléon, franchit, dans la nuit du 23 au 24 juin, près de Kowno le Nièmen; la seconde, qui consistait en Polonais, en Saxons et en Westphaliens, commandée par le roi de Westphalie, était postée plus vers le sud dans le voisinage de Novogorod; un corps particulier, sous le prince de Tarente, auprès duquel se trouvaient les Prussiens, passa près de Tilsit le Nièmen, et opéra séparément de la grande armée contre la Courlande. Le corps auxiliaire autrichien, commandé par le prince Charles de *Schwarzenberg*, qui était placé en Galicie, marcha vers Lublin.

Aux premiers mouvements que firent les Français, une retraite générale eut lieu de la part des Russes sur tous les points orientaux, conformément au plan concerté pour cette campagne. L'armée française s'avança si rapidement, qu'elle atteignit avant la mi-août les bords du Nieper qu'elle traversa sur deux ponts que Napoléon fit jeter le 14, en présence des Russes, au confluent de la Berezina; s'étant ensuite emparé des hauteurs près de Smolensk, il se rendit, après un combat opiniâtre et sanglant, maître de cette riche ville (18 août). Une nouvelle action s'engagea dans le voisinage de Walutina-Gora; après quoi les Russes continuèrent leur retraite sur la route qui conduit directement à Moscou. Après avoir soutenu un autre combat près de Dorogobusk, les Russes se postèrent près du village de Borodino avec la résolution de livrer ici une bataille générale, qui devait décider du sort de Moscou; le prince de Kutusow, qui commandait alors en chef l'armée russe, avait déjà pris tous les arrangements en conséquence. Les Français parurent le 5 septembre, et deux jours après, on en vint aux prises; le combat fut rude et meurtrier. Les deux parties s'attribuèrent la victoire; mais l'avantage doit avoir été du côté des Français, puisqu'ils se trouvaient après la bataille dans les positions qu'avaient occupées les Russes. Ceux-ci ne furent pas poursuivis par leurs ennemis; car ce ne fut que trois jours après (10 septembre) que le quartier-général français fut transféré à Moschaisk; le 14 du même mois, les Français entrèrent dans *Moscou*. Mais cette ancienne capitale de la Russie n'était qu'un océan de feu. Les Russes avaient eux-mêmes livré Moscou aux flammes, pour priver les Français des grandes ressources que cette ville leur offrait. L'incendie de Moscou fit pâlir l'étoile de Napoléon. Dès ce moment la fortune, lasse de lui prodiguer ses faveurs dont il abusait, cessa de lui sourire et s'éloigna, comme nous verrons, bientôt entièrement de lui.

Le feu dura six jours, et détruisit deux tiers de cette grande et populeuse cité. Après qu'on s'en fut rendu maître, un autre malheur vint accabler les infortunés habitants, qui furent pillés et maltraités par les Français, furieux du tour perfide qu'on leur avait joué. Mais ces derniers augmentèrent eux-mêmes le mal par leurs excès; car peu à peu tarirent les sources pour la subsistance d'une armée si nombreuse, et une disette inquiétante ne tarda pas à se manifester. Outre cela, le peuple se souleva partout, et on employa tous les moyens possibles pour anéantir l'ennemi. Déjà l'armée française avait perdu par les maladies, par des assassinats, la petite guerre et les fourrages, au delà de 40,000 hommes, lorsque Napoléon prit enfin le parti d'évacuer Moscou. Il quitta, le 17 octobre, le *Kreml* qu'il avait habité, et ordonna de faire sauter, après son départ, cet ancien palais des czars de Moscou. Il dirigea sa marche par la nouvelle route de Kaluga, et continua avec l'armée la retraite jusqu'à Smolensk, étant suivi de près par vingt régiments de Cosaques et deux corps russes. Dans le voisinage de Dogorobusk, la division du vice-roi Eugène fut dispersée par l'hetman des Cosaques Platow, qui lui enleva toute son artillerie. Une division du flanc droit de Napoléon eut le même sort. Ses troupes continuèrent à se retirer, et ne s'arrêtèrent qu'au delà du Nièmen, d'où une partie prit la route de Kœnigsberg, et l'autre sa direction vers les forteresses, occupées par les troupes françaises. Cette belle et formidable armée se trouvait alors dans un état, dont il existe peu d'exemples. Surprise par un hiver fort rude et prématuré, privée de tous les moyens de subsistance, dispersée dans des plages désertes, remplies de glace et de neige, poursuivie et harcelée sans relâche par les Cosaques, elle avait été, pour la plus grande partie, détruite par la gelée, par la faim, autant que par le fer et le feu de l'ennemi. Un nombre prodigieux de prisonniers et presque toute l'artillerie étaient tombés entre les mains des Russes. Tel fut le résultat d'une campagne qui devait, selon Napoléon, affermir sa toute-puissance en Europe, et couvrir son nom d'une gloire immortelle. Napoléon était revenu, le 3 décembre, à Maloteschno. Ayant inopinément assemblé, le surlendemain, ses principaux maréchaux, il remit le commandement-général au roi Joachim de Naples (Murat), et partit immédiatement après dans un simple traîneau de paysan, pour se rendre à Wilna. Après avoir travaillé dans cette ville pendant quelques heures avec le duc de Bassano (Maret), il se remit en route et retourna par Varsovie, Dresde et Leipzig en France, où tant de familles pleuraient alors un père, un fils, un époux ou quelque parent chéri, qu'on avait sacrifiés pour aller chercher au loin des conquêtes qu'il était impossible de conserver.

C'était alors ou jamais le moment opportun, pour délivrer l'Allemagne de l'étrange sujétion où la tenait un homme extraordinaire, qui aurait honoré son siècle, s'il avait su joindre à son génie supérieur et à ses grands talents militaires plus de droiture, plus d'humanité, et mettre des bornes à son insatiable ambition. Le roi *Frédéric-Guillaume III de Prusse* le comprit, et agit en conséquence. Ce monarque, ayant transféré, en janvier 1813, sa résidence de Kœnigsberg à Breslau en Silésie, où toute la famille royale et le ministère le suivirent, appela, le 10 février, sous les armes tous ses sujets qui voudraient combattre pour la délivrance de leur pays, et se déclara pour la Russie. La Suède, après avoir, par l'organe du prince héréditaire [1]), exhorté plus d'une fois

---

[1]) Bernadotte, prince de Ponte-Corvo, qui devint roi de Suède sous le nom de Charles XIV Jean, après la mort de son père adoptif Charles XIII (1813).

l'empereur des Français à modérer ses vues ambitieuses, et lui avoir offert à plusieurs reprises inutilement son entremise pour ménager la paix, — se joignit aux Puissances alliées pour contraindre par la force Napoléon à renoncer à ses plans de conquête. Les Russes, après avoir forcé les Français à évacuer la Prusse, avaient dès le 13 février franchi l'Oder, et le 17 du mois suivant l'intrépide colonel baron de Tettenborn parut avec quatre régiments de Cosaques, deux régiments de hussards, deux régiments de dragons et deux pièces d'artillerie devant *Hambourg*, qui le reçut comme son libérateur. Le 2 mai, Napoléon vainquit les Russes et Prusses près de Lutzen.

L'empereur des Français avait, avec une célérité étonnante, renforcé considérablement son armée, et il fit toutes les dispositions nécessaires pour continuer vigoureusement la guerre. Comme les Français d'ailleurs étaient en possession de deux rangs de forteresses sur la Vistule et l'Oder, au siège desquelles places il fallait employer un fort grand nombre de troupes, les alliés ne purent s'avancer en Allemagne aussi rapidement qu'ils l'auraient voulu. Pendant que les deux armées se préparaient à de nouvelles opérations, l'Autriche prenait une attitude imposante, dans la vue de faire cesser l'effusion de sang. Après avoir mobilisé une armée de 80,000 hommes en Bohème, et fait enrôler une autre de 60,000 hommes en Hongrie, l'empereur François menaça de déclarer la guerre à celle des parties belligérantes qui n'écouterait point des propositions de paix équitables. Par l'entremise de ce monarque, il fut conclu à *Prague* un armistice, en attendant qu'un congrès de pacification s'assemblât dans cette capitale. Les plénipotentiaires arrivèrent à Prague; mais les difficultés élevées par les ministres français rompirent, le 10 août, les négociations; sur quoi l'empereur François, qui s'était efforcé, tant à Prague qu'à Dresde, de persuader Napoléon à faire la paix, s'allia avec ses adversaires, la Russie et la Prusse, et déclara, le 12 août 1813, la guerre à la France. Les trois monarques alliés se réunirent dans Prague, où ils délibérèrent pour régler les opérations de la campagne prochaine. Ils résolurent d'accompagner partout la grande armée, tant pour animer le courage de leurs troupes et terminer sur le lieu les affaires qui demandent une prompte décision, que pour prévenir ces jalousies secrètes qui font la perte des armées et le malheur des États. L'Autriche voulait mettre en campagne 300,000 hommes, qui devaient en même temps opérer en Allemagne et en Italie, par où la force réunie, destinée contre l'empereur français, s'accrut au nombre de 400,000 combattants. Cette armée fut conduite par trois chefs principaux; le *prince Charles de Schwarzenberg* était à la tête de l'armée en Bohème; le général *Blucher* commandait celle en Silésie, et le *prince héréditaire de Suède* toute l'armée réunie du Nord.

Je n'entrerai point dans les détails de cette fameuse campagne, dont la mémoire est encore récente, et me bornerai à dire que les alliés, après avoir éprouvé une défaite près de Dresde (27 août), vainquirent les Français dans le voisinage de Culm (17 septembre) et ensuite près de Dennewitz et Jutterbock, et s'avancèrent vers Leipzig, où ils remportèrent, le 18 octobre 1813, une victoire éclatante et décisive; qu'après ces brillants succès les alliés, auxquels alors se joignirent la Bavière (6 octobre), Wurtemberg (2 novembre), Hesse-Darmstadt (5 novembre), et Bade (17 novembre), franchirent le Rhin; que l'année suivante (1814), après une campagne compliquée, chaude et riche en combats, ils parurent devant *Paris*, occupèrent, le 31 mars, cette capitale et mirent ainsi fin à cette guerre, qui fut appelée à juste titre la *guerre de délivrance*. *Napoléon* abdiqua (11 avril), et *Louis XVIII*, frère de Louis XVI, fut rappelé au trône de ses pères. Les empereurs *François* et *Alexandre* et le roi *Frédéric* étaient entrés avec leur armée victorieuse dans Paris, où la paix fut conclue avec la Maison de Bourbon. Il fut stipulé que les limites de la France seraient rétablies, telles qu'elles étaient l'an 1792. La répartition des pays entre les alliés devait être réglée dans un congrès particulier. On assigna à Napoléon l'*île d'Elbe* pour résidence, avec un revenu de deux millions de francs. Le titre impérial lui fut laissé, ainsi qu'à son épouse; mais quant à sa mère, ses frères, ses soeurs, neveux et nièces, il ne leur fut accordé que le titre de princes et de princesses. On assura à son épouse, l'impératrice Marie-Louise, les duchés de *Parme*, de *Plaisance* et *Guastalla* en pleine souveraineté sa vie durant et à sa famille un revenu de deux millions et demi de francs. L'impératrice *Joséphine* (première épouse de Napoléon), qui vivait encore, obtint un million de francs, outre la libre jouissance de tous ses biens meubles et immeubles. Enfin le vice-roi *Eugène* devait avoir une propriété convenable hors de la France &c.

Le congrès, dont on était convenu, s'assembla à *Vienne* vers la fin de 1814 et dans les premiers mois de l'année suivante. L'empereur Alexandre, les rois de Prusse, de Danemark, de Bavière, de Wurtemberg et presque tous les princes de l'Europe étaient réunis dans la capitale de l'empire d'Autriche, pour régler les rapports de cette partie du monde. Mais pendant qu'on tenait les conférences à Vienne, il survint un incident fâcheux, qui obligea les Puissances alliées à reprendre encore une fois les armes. Napoléon, qui n'avait cessé d'entretenir des intelligences secrètes en France, excité par son propre esprit turbulent et par les nouvelles espérances qu'on avait éveillées en lui, abandonna inopinément son île, s'embarqua, le 26 février 1815, avec une petite troupe d'environ 1000 hommes, aborda le 1 mars à

Cannes sur les côtes de la Provence, et soutenu par plusieurs maréchaux avec leurs troupes, il entra, le 11 mars, à Lyon et le 20 du même mois dans *Paris*. Le roi de France se retira à Gand en Flandre.

À peine eut-on reçu à Vienne la nouvelle de l'évasion de Napoléon, que les ministres plénipotentiaires des huit Puissances: l'Autriche, l'Espagne, la France, la Grande-Bretagne, le Portugal, la Prusse, la Russie et la Suède, signèrent et publièrent, le 13 mars, une déclaration qui mettait Napoléon, comme violateur du traité, ennemi et perturbateur de la tranquillité du monde, hors de la loi. Les armées alliées se mirent aussitôt en marche vers le Rhin, et les négociations du congrès ayant été terminées, entre le 9 et 11 juin, les monarques partirent de Vienne, l'empereur Alexandre pour Munich, le roi de Prusse pour Berlin, et l'empereur d'Autriche pour l'armée du Rhin. Les chefs principaux, le duc de *Wellington*, *Blucher* et *Wrede*, se hâtèrent de se mettre à la tête des armées alliées. Les empereurs François et Alexandre se rejoignirent dans la ville de Manheim.

Sur ces entrefaites, Napoléon était parvenu à former huit corps d'observation; savoir: l'armée du Nord de la Moselle et du Rhin, le corps d'observation du Jura et du Var, celui des Pyrénées, des Alpes et l'armée de réserve qui se rassemblait à Paris et à Lyon. Les hostilités entre les alliés et les Français commencèrent près de Givet sur la Meuse (département des Ardennes), le 25 avril, où des chasseurs français à cheval franchirent la frontière et furent faits prisonniers, pour avoir violé le territoire belge. Napoléon, qui semblait courir au-devant de sa destinée, se rendit lui-même à l'armée dans les Pays-Bas, et ouvrit sa dernière campagne. La première attaque eut lieu, le 15 juin, contre le corps du général Ziethen, qui se retira vers Fleurus, suivant l'ordre qu'il avait reçu. Le jour suivant (16 juin), la principale force française attaqua près de Ligny les trois corps prussiens, qui étaient déjà postés dans le voisinage de Sombref; après un combat sanglant, qui dura jusqu'à l'entrée de la nuit, le feldmaréchal Blucher, pour présenter, le lendemain, une bataille générale à l'ennemi dans la position où s'étaient réunis les autres corps prussiens, rétrograda sur Wavre. Pendant que trois corps français avec la garde étaient employés dans l'affaire de Sombref, deux autres divisions sous le maréchal Ney, et celle de cavalerie sous Kellerman attaquèrent l'avant-garde du feldmaréchal *Wellington;* mais elle repoussa vigoureusement toutes les charges de l'ennemi, et ayant été soutenue, vers le soir, par les troupes brunswickoises que commandait le duc lui-même, elle força l'ennemi à la retraite. Le duc de Brunswick fut tué dans le combat.

Lorsque le duc de Wellington fut instruit des mouvements du feldmaréchal Blucher, il donna à son armée l'ordre de se poster près de *Waterloo*, peu distant de Bruxelles, où les deux armées se trouvèrent réunies, le 17 juin, prêtes à accepter la bataille. Elle eut lieu dès le lendemain (18 juin 1815), et se termina par l'entière défaite de l'armée française, qui prit la fuite dans la plus grande confusion. Le prince Blucher se mit à la poursuite de l'ennemi, repoussa les Français qui voulaient lui résister, et pour détruire entièrement toutes les masses ennemies, il fit avancer toutes ses forces, de manière que dès le jour suivant 300 canons et chariots de poudre et les équipages de campagne de Napoléon se trouvaient au pouvoir des vainqueurs. L'armée française, forte de 120,000 hommes, fut presque anéantie, quoique d'après le témoignage même des alliés, elle eût fait des prodiges de valeur. Napoléon alors cessa de se faire illusion, et vit clairement que la fortune, qu'il avait tenue attachée pendant si longtemps à son char triomphal, lui était échappée pour jamais. Tout découragé et abattu, il se sauva par la route de Charleroi, et abandonnant son armée au milieu des dangers, toute en désordre et prête à se débander, il courut par Philippeville et Mezières à Paris. Mais les alliés ayant bientôt pénétré jusque dans le voisinage de la capitale, et une contre-révolution en faveur de l'ancienne dynastie étant près d'éclater, Napoléon se rendit à Malmaison, son château favori. Il n'y fut pas longtemps en sûreté. Comme tous les chemins étaient déjà coupés par les Anglais, qui s'étaient avancés avec 30,000 hommes jusqu'à Versailles, ainsi que par les Prussiens, qui avec un nombre égal de troupes tenaient Chaton près Saint-Germain occupé, Napoléon se rendit à Orléans pour gagner, s'il était possible, Rochefort et se sauver de là en Amérique. Il arriva heureusement à Rochefort, où il y avait des frégates à l'ancre. Le vent était favorable; mais les vaisseaux anglais qui croisaient dans ces parages, et le grand clair de lune laissaient aux navires français peu d'espoir de s'échapper, d'autant moins que des ordres étaient arrivés de Paris pour arrêter Napoléon. Dans cette situation critique, il fit écrire par le général Bertrand, le seul qui ne l'abandonna point dans son malheur, au commandant de l'escadre anglaise, pour demander qu'on lui permît de vivre comme particulier en *Angleterre*. Mais, entouré et pressé de toutes parts à Rochefort, Napoléon se rendit, sans attendre la réponse de Londres, au commandant de l'escadre anglaise devant Rochefort; il fut reçu à bord du vaisseau de ligne *Belléphoron* et arriva, le 26 juillet, à Plymouth; cependant on ne lui permit point de descendre à terre; mais il fut transporté, le 5 août, sur le *Northumberland* à l'île de *Sainte-Hélène*, conformément à la décision qui avait été prise irrévocablement par les Puissances alliées. Ainsi ce guerrier fameux, chargé de lauriers, ce conquérant si redoutable, pour qui le continent avait été un théâtre trop étroit, alla mourir captif sur un rocher de l'océan Atlantique!

Sur ces entrefaites, les troupes alliées étaient entrées, le 6 juillet, pour la seconde fois dans *Paris*. Les empereurs *François* et *Alexandre* et le roi *Frédéric* arrivèrent également dans cette capitale, d'où toutefois ces monarques repartirent vers la fin du mois de septembre, après avoir rétabli le roi *Louis XVIII* sur le trône, et donné à leurs ministres respectifs les ordres nécessaires pour tous les arrangements à prendre ultérieurement.

Le 2 octobre 1815, on signa les bases du traité à conclure entre les Puissances alliées et la France. Les principales conditions en furent: que les anciennes limites de 1792 seraient rétablies; que la France céderait les places fortes de *Landau*, de *Sar-Louis*, de *Philippeville* et de *Marienbourg* avec les territoires environnants; que la France payerait une contribution de guerre de 700 millions de francs aux Puissances alliées, et qu'une armée de 150,000 hommes de troupes alliées resterait le long des frontières septentrionales et orientales de France, pendant un certain nombre d'années, et serait entretenue aux frais de ce royaume. Le 20 novembre de la même année, l'*Autriche*, l'*Angleterre*, la *Russie* et la *Prusse* contractèrent une alliance, par laquelle ces grandes Puissances s'engagèrent à maintenir les stipulations du traité conclu avec la France, à assurer par un exact fournissement de leurs contingents la tranquillité de ce royaume et à renouveler à des époques déterminées leurs entrevues et conférences, soit sous les auspices des monarques alliés mêmes, soit par l'intermédiaire des ministres respectifs.

Par le congrès de Vienne (1814-1815) et la convention faite, le 14 avril 1816, à Munich avec la Bavière, l'empereur d'Autriche se vit en possession d'une monarchie parfaitement arrondie, contenant deux cents milles carrés davantage qu'elle n'en comptait après le dernier partage de la Pologne [1]). L'Autriche eut en outre, d'après l'acte fédératif, la présidence dans la *Confédération germanique*, séante à Francfort-sur-le-Mein. Indépendamment de ces avantages, l'empire d'Autriche acquit des îles, des ports et par conséquent des voies et moyens pour étendre et agrandir son commerce et former une marine telle qu'il n'en avait jamais possédée auparavant. Sa population fut considérablement augmentée. Sa puissance et ses forces se trouvèrent mieux concentrées. La possession de ses nouveaux États en Italie couvre la Hongrie et la Croatie du côté du Midi, et lui ouvre en même temps un débouché fort avantageux pour vivifier par le commerce ces belles contrées, qui languissaient faute de moyens d'importation et d'exportation. L'Autriche a moins d'objets d'agitations politiques, moins de guerres lointaines et moins de dépenses ruineuses. Par une patente, datée de Vienne le 7 avril 1815, l'empereur François réunit les provinces lombardes et vénitiennes dans toute leur extension jusqu'au lac Majeur, au Tésin et au Pô, comme aussi la partie du Mantouan située sur la rive droite de ce dernier fleuve, la Valteline et les deux comtés de Chiavenne et de Bormio, incorporés à perpétuité dans l'empire d'Autriche, en un royaume sous la dénomination de *royaume lombardo-vénitien*. Le 31 mai suivant, l'archiduc Jean, comme représentant du monarque son frère, reçut, au nom de ce Souverain, l'hommage des États et des habitants de ce nouveau royaume. Par un décret particulier l'Empereur statua, que ses successeurs recevraient solennellement la *couronne de Fer* [2]), et fixa en même temps les grandes charges

---

[1]) Voir le tableau statistique et la Carte à la fin de cet ouvrage.

[2]) La *couronne de Fer* tire, selon les anciennes chroniques, son origine d'un clou de la vraie Croix. À son retour de la terre sainte, la prin-

et dignités du royaume, dont le gouvernement fut confié à un vice-roi qui réside alternativement à Milan et à Venise.

La *Toscane*, qui resta la secondogéniture de la Maison d'Autriche, recouvra tous ses domaines, auxquels

cesse Hélène fit réduire ce clou en un cercle fort mince et l'envoya à son fils l'empereur Constantin qui l'attacha à son casque ; mais, à la mort de ce prince, cette relique fut enchâssée dans un cercle d'or orné de pierres précieuses, et déposée dans un des basiliques de Constantinople. Là, elle demeura dans l'oubli jusqu'en 394, époque où Saint - Ambroise en parle dans son oraison funèbre de Théodose - le - Grand. En 578 ou 579, cette châsse d'or fut remise par l'empereur Tibère - Constantin - Auguste au fils du sénateur Gordien, qui renonça à la dignité de préteur romain pour se consacrer à Dieu. Le fils de Gordien fut élevé au pontificat, l'an 590, sous le nom de Grégoire I. Il rendit la paix à l'Église et aux peuples d'Italie et effectua, par la piété qu'il sut inspirer à la princesse lombarde Théodelinde, qu'on construisit dans la ville de Sainte-Agathe, aujourd'hui Santino (bourg dans le district de Crémone), le magnifique temple, dont Vercellius fait la description dans son histoire littéraire. Grégoire envoya la susdite relique à Théodelinde, en récompense de son zèle pour la religion catholique romaine. Cette princesse ordonna de placer le cercle de fer dans la couronne qu'elle fit monter pour couronner son époux Agilulphe, qui monta sur le trône de Lombardie, après qu'il eut abjuré l'Arianisme. La reine Théodelinde fit bâtir à Monza un palais et un temple, où elle déposa la couronne de Fer. Dans ce temple on voit encore un bas-relief qui représente l'illustre reine offrant à Saint-Jean-Baptiste cette relique précieuse. La couronne de Fer servit ensuite aux successeurs d'Agilulphe jusqu'au malheureux Didier, roi des Lombards qui fut détrôné par son gendre Charlemagne. Cette même couronne, qui avait ceint le front auguste de l'empereur Charlemagne, fut mise en gage, au XIII*ème* siècle, par les della Torre, seigneurs de Monza, et resta pendant longtemps en nantissement pour l'argent qu'on leur avait prêté ; en 1345 elle fut rendue au Chapitre de Monza par le pape Clément VI qui l'avait rachetée, on ne sait par quelle voie. Plus tard, dans le XVI*ème* siècle, nous voyons la couronne de Fer briller sur la tête de l'empereur Charles-Quint ; mais après ce monarque, un long intervalle de plusieurs siècles se passe, sans qu'elle soit portée par aucun prince. Enfin, Napoléon renouvela en 1805 la cérémonie du couronnement dans la cathédrale de Milan. Il prit la couronne de Fer, et la posant sur sa tête, il prononça ces paroles : *Dio me l'ha data, guai a chi me la toccherà* (Dieu me l'a donnée, gare à qui y touchera), paroles qu'il fit graver sur la croix de l'Ordre de la couronne de Fer, qu'il institua à cette occasion. L'empereur François confirma en 1815 cet Ordre, mais en réforma, le 1 janvier 1816, la décoration et les statuts.

fut encore réuni l'État des Présides, et elle y joindra encore le duché de *Lucques*, après la mort de l'archiduchesse Marie-Louise, où Parme, Plaisance et Guastalla doivent retourner à la Maison de Parme, qui a la jouissance de Lucques jusqu'à l'époque où elle rentrera en possession de son patrimoine.

Enfin *Modène*, qui forme la tertiogéniture de la Maison d'Autriche, fut également rétablie dans tous les États qu'elle possédait avant la première invasion française en Italie.

Depuis l'heureux rétablissement de la paix en Europe, l'empire d'Autriche s'est entièrement remis des maux que lui avait causés une guerre presque ininterrompue de vingt-trois ans; ses finances se sont arrangées, surtout depuis que les billets de caisse nommés *Einlœsungs-Scheine* reçurent, l'an 1827, un cours fixe; aujourd'hui ce papier-monnaie se trouve presqu'entièrement hors de circulation, et est remplacé par des *billets de banque*, qui ont non-seulement la même valeur que la monnaie de convention, mais sont même préférés au numéraire, à cause de la grande commodité qu'ils offrent au commerçants et aux particuliers en général. L'or et l'argent, qui auparavant étaient devenus fort rares ou, pour mieux dire, qui se trouvaient enfouis dans les coffres, reparurent insensiblement, et le crédit et l'aisance retournèrent dans le pays.

Envers l'étranger l'Autriche forme un État presqu'entièrement séparé par une stricte ligne de douanes. L'entrée de ces livres et écrits qui infectent de dangereuses maximes tant d'autres pays, est fermée dans la Monarchie par une censure conséquente et salutaire. Mais si l'Autriche a grand soin de tenir éloigné de ses limites les éléments de démoralisation et tout ce qui peut troubler l'ordre et la tranquillité qui règnent dans le pays, elle ouvre d'autant plus volontiers ses barrières aux objets scientifiques et littéraires, aux arts industriels et à toutes productions de l'esprit qui sont propres à l'avancement de la *vraie* civilisation et à l'accroissement de la prospérité publique; l'Autriche accueille favorablement, protège et encourage le fabricant industrieux et inventif, le marchand solide et l'ouvrier laborieux, de quelque nation qu'il soit, témoin la grande multitude de manufacturiers, de commerçants et d'artisans étrangers qui sont venus, et viennent encore chaque jour se fixer dans nos contrées où, libres de toute alarme, de toute inquiétude, ils jouissent en paix et en sûreté des fruits de leurs travaux, et où ils trouvent réunis tous les éléments de la félicité: situation riante, contrée fertile, excellent caractère d'habitants, lois douces et modérées, police parfaite, et une famille régnante dont la popularité est si naturelle, qu'elle ne semble être que la famille la plus chérie et la plus respectée du pays. Observer le principe de la légitimité, maintenir la paix à tout prix, combattre tout ce qui est révolutionnaire, voilà en quoi consiste la politique de l'Autriche; c'est pourquoi aussi le Cabinet de Vienne s'opposa, dans les conférences ministérielles à Carlsbad (1819), à tout ce qui lui paraissait antimonarchique et révolutionnaire; qu'il se déclara ouvertement contre la liberté illimitée d'enseigner et d'écrire, ainsi que contre les sociétés secrètes présumées. L'Autriche montra le même esprit conservateur dans les délibérations de la Confédération germanique qui eurent lieu plus tard. Le ministère autrichien agit aussi d'après ces mêmes principes envers les États non allemands, comme il le prouva dans le congrès d'Aix-la-Chapelle (1818), dans celui de Troppau (1820), de Laibach (1821) et de Vérone (1822), où il se prononça d'une manière fort énergique relativement aux révolutions de Naples, du Piémont, de l'Espagne et de la Grèce; l'Autriche intervint même activement dans les troubles des deux premiers de ces pays, en faisant occuper (1822) Naples et le Piémont, où elle parvint à rétablir l'ordre et la tranquillité, sans qu'il y eût du sang répandu. La Cour impériale d'Autriche contribua beaucoup aussi à engager la France à comprimer par la force des armes la révolte en Espagne (1823). Enfin ce fut encore en grande partie par le crédit et l'influence du Cabinet autrichien que les potentats de l'Europe empêchèrent dans les premiers temps que la révolution en Grèce n'éclatât et l'improuvèrent aussi dans la suite, jusqu'à ce que les Puissances maritimes, l'Angleterre, la France et la Russie, intervinrent enfin, après le protocole du 6 juillet 1827, à main armée pour pacifier cette malheureuse contrée, démarche que l'Autriche n'empêcha point, mais approuva tout aussi peu, surtout pour ce qui concerne le principe de la révolution.

Pour connaître la politique intérieure de l'Autriche, il suffit de savoir, qu'un esprit patriarchal dirige le gouvernement, c'est-à-dire que les États autrichiens sont régis d'après des lois douces, simples et salutaires; que tous les sujets, sans distinction de rang, de condition et de croyance, sont parfaitement égaux devant la justice, et jouissent d'une liberté saine, solide et bien ordonnée. Si l'empire d'Autriche, réunissant dans son sein tant de peuples divers, n'a point cette unité qu'on juge nécessaire à une monarchie, la grande modération des maîtres de l'État, la douceur et la sagesse de leur gouvernement ont fait depuis longtemps un lien pour tous de l'attachement à un seul, et toutes ces nations ne forment aujourd'hui ensemble qu'une grande famille, dont le monarque est le chef et le protecteur.

Ces rapports intimes furent encore raffermis par l'empereur François, dont toutes les paroles, toutes les actions respiraient le bien des peuples, sur lesquels la Providence l'avait appelé à régner. Persuadé qu'un Souverain, pour devenir un parfait politique, devait connaître par lui-même ses États et leurs habitants, ce prince sage et habile parcourut d'un bout à l'autre son vaste Empire; il entreprit même un voyage en Dalmatie jusqu'à *Raguse* [1]), où depuis Dioclétien (voir Tome I pag. 159) aucun empereur n'avait plus paru. Il visitait dans toutes les provinces les différentes branches de l'administration, les instituts d'éducation et autres établissements, inspectait les travaux publics et en ordonnait de nouveaux, s'informait des besoins réels de chaque province, et y pourvoyait aussi bien qu'il était possible; il admettait à son audience tous ceux qui avaient quelque grâce à lui demander, quelque plainte à lui porter, ou quelque plan utile à lui pré-

---

[1]) L'origine de *Raguse* remonte jusqu'à l'année 550 avant l'ère chrétienne. Cette cité fut bâtie par les habitants fugitifs d'Épidaure (Scythes de nation), après la destruction de leur ville; mais l'espace qu'occupait l'ancienne Raguse c'est aujourd'hui l'endroit appelé *Vieille Raguse* (Ragusa vecchia), dont le nom primitif est *Raussium*. Raguse se rendit bientôt indépendante de la domination grecque; elle combattit pendant longtemps pour sa liberté contre les empereurs byzantins et les princes voisins dont elle était tributaire, et devint ville commerçante et le siège de la première littérature esclavonne. En 980 l'archevêché de Raguse fut érigé. Dans le XIème siècle Raguse acquit le territoire qui forma dans la suite le domaine de cette petite République; mais elle devint tributaire de Grubessa, roi de l'Esclavonie méridionale. Plus tard elle fit hommage au doge de Venise, vers 1162 aux empereurs grecs, et ensuite successivement à la Hongrie, à la Serbie, à la Bosnie et puis de nouveau à Venise, qui contraignit 1350 la Hongrie à renoncer à ce protectorat. Tant que Raguse se trouva placée sous cette protection, elle resta une ville de commerce fort opulente; mais à partir de l'époque où elle se soumit à la suzeraineté du sultan turc et lui paya tribut, elle tomba en décadence. La peste qui éclata 1548 et 1562, et un tremblement de terre (1667) détruisirent entièrement la splendeur de la ville. Vers la fin du siècle précédent, la destinée de Raguse devint fort incertaine et fit naître quelques différends entre la Turquie, la France et l'Autriche; mais en 1807 la Porte Ottomane renonça à la suzeraineté de Raguse qui fut occupée par les troupes françaises, et incorporée 1808 dans le royaume d'Italie, et en 1811 dans le gouvernement d'Illyrie. Par les dispositions faites au congrès de Vienne (1814 - 1815), Raguse passa avec la Dalmatie à l'empire d'Autriche.

senter, et faisait tout examiner avec attention et impartialité; il accordait des secours aux nécessiteux, assignait des sommes notables pour être distribuées aux pauvres, aux hôpitaux, aux fondations pieuses, aux instituts de bienfaisance, et laissait en un mot partout des marques d'une vraie et affectueuse sollicitude. Aussi sa présence répandait-elle la joie et le bonheur dans toutes les contrées de la Monarchie. Toutes les classes de la population s'empressaient à l'envi de célébrer son arrivée par des illuminations, des jeux et rejouissances publiques. Le monarque prenait part aux fêtes qu'on donnait en son honneur, et loin d'imiter ces princes qui croiraient déroger à leur rang et à leur dignité s'ils ne se faisaient pas attendre au théâtre, aux concerts, aux bals &c., l'empereur François, qui savait que la ponctualité dans ces occasions est la politesse des Souverains, paraissait toujours à l'heure fixée et ne se retirait que le plus tard possible.

Pendant l'absence de l'Empereur, soit dans les provinces, soit à l'armée, soit aux congrès, les autres affaires de l'État marchaient d'un pas aussi égal et régulier que s'il avait été présent dans sa capitale; car outre qu'il expédiait dans presque chaque station où il passait la nuit, celles dont la décision dépend uniquement de la volonté souveraine, et que dans les endroits où il faisait un plus long séjour, il travaillait journellement, comme à l'ordinaire, plusieurs heures dans son cabinet, il avait à Vienne un coopérateur zélé et laborieux dans la personne de l'*archiduc Louis*, prince aussi distingué par son amour de la justice et son humanité, que par sa parfaite connaissance de l'administration publique, qui avec un noble renoncement à soi-même aida son auguste frère, jusqu'à son dernier moment, à porter le fardeau du gouvernement, et est encore le conseiller le plus intime et le plus dévoué du monarque actuel.

VI 27

Quant aux fondations et établissements, faits par l'empereur François, ils sont en si grand nombre, qu'il serait trop long de les énumérer. Je ne citerai ici que l'*École polytechnique* et la *Banque nationale d'Autriche* ¹), deux établissements qui sont d'un avantage inappréciable pour l'industrie nationale, le commerce et le crédit de l'État. Ce fut aussi sous le règne de l'empereur François que fut érigée la première *Caisse d'épargne et de prévoyance* à Vienne.

Dans la vie privée, l'empereur François pouvait servir d'exemple à ses sujets. Simple dans ses moeurs, comme dans son habillement, frugal dans ses repas, franc et naturel dans son langage, ami de l'ordre et de la régularité en toutes choses, bon et humain, mais censeur sévère de l'incontinence et de tous les penchants vicieux, ferme dans l'adversité, modeste dans le bonheur, pieux sans superstition, et consciencieux jusqu'au scrupule, ce monarque aurait mérité l'estime et la vénération publique, quand même il n'aurait été qu'un simple particulier, et l'on peut dire avec tout droit et raison qu'alors, comme aujourd'hui, la vertu était assise sur le trône d'Autriche.

L'empereur François I fut engagé quatre fois dans les liens du mariage. Après la mort de sa première épouse *Élisabeth*, princesse de Wurtemberg (née 21 avril 1767, mariée 6 janvier 1788 et morte 18 février 1790), il épousa, le 19 septembre 1790, *Marie-Thérèse*, fille de Ferdinand, roi des Deux-Siciles, laquelle descendit au tombeau le 13 avril 1807. De cette union naquirent trois fils et huit filles, dont les suivants survécurent à leur mère: *Ferdinand*, héritier du trône, qui fut couronné roi de Hongrie du vivant de son père (28 septembre 1830), et se maria, le 12 février 1831 par procuration à Turin, et puis le 27

¹) Le plan de cet institut important est l'ouvrage de M. le baron *Charles de Kubeck*, actuellement Chef et Président de la Chambre aulique générale.

du même mois à Vienne, avec *Marie-Anne-Caroline (Pie)*, fille du roi Victor-Emmanuel de Sardaigne; *François (Charles-Joseph)*; ce prince, si digne sous tous les rapports des hautes destinées auxquelles l'Être suprême semble l'avoir réservé, épousa, le 4 novembre 1824, *Sophie (Frédérique-Dorothée)*, fille du roi Maximilien-Joseph de Bavière. Les archiduchesses sont: *Marie-Louise*, duchesse de Parme, de Plaisance et de Guastalla, mariée le 11 mars 1810 par procuration à Vienne avec l'empereur Napoléon, veuve depuis le 5 mai 1821; *Léopoldine*, mariée le 6 novembre 1817 avec Don Pedro d'Alcantara, empereur du Brésil, et morte le 11 décembre 1826; *Marie-Clémentine*, mariée, le 28 juillet 1816, à Léopold, prince royal des Deux-Siciles et prince de Salerne; *Caroline*, mariée par procuration à Vienne le 26 septembre 1819, à Frédéric-Auguste, prince royal de Saxe, et morte le 22 mai 1832; *Marie-Anne*; *Jean-Népomucène*, qui mourut le 19 février 1809.

La troisième épouse de l'empereur François fut *Marie-Louise*, fille de l'archiduc Ferdinand, gouverneur et capitaine-général de la Lombardie autrichienne, née le 14 décembre 1787, mariée, le 6 janvier 1808. Cette princesse étant morte le 7 avril 1816, le monarque épousa, le 10 novembre 1816, en quatrièmes noces *Caroline-Auguste*, fille de Maximilien-Joseph, roi de Bavière, née le 8 février 1792. Cette princesse, aussi bonne, affable, pieuse et bienfaisante que spirituelle, consacra tous les instants de sa vie à son illustre époux, qu'elle accompagna dans ses nombreux voyages et entoura des soins les plus tendres et les plus assidus, jusqu'à ce que la mort inexorable, qui n'épargne pas plus le monarque sur le trône que le pauvre dans sa chaumière, vint rompre (2 mars 1835) cette union si fortunée, si bien assortie, et plongea l'auguste épouse et la Monarchie dans le deuil le plus profond. L'empereur *François I*, qui n'a vu dans ce redoutable moment que l'aurore d'un jour sans fin, seul digne de la gloire immortelle, s'endormit, mais ne mourut point; car il vit et vivra toujours dans les coeurs de ses sujets, comme dans les fastes de l'histoire; il revit dans *Ferdinand*, son fils et héritier de ses couronnes qui, en déclarant dans le premier rescrit adressé à ses ministres, que son gouvernement n'était que la continuation de celui de son illustre père, donna à ses peuples les meilleures et les plus sûres garanties pour l'avenir. Leur attente ne fut pas frustrée. Riche des vertus de ses ancêtres, digne émule de la grande Marie-Thérèse, dont il hérita le bon coeur et la magnanimité, l'empereur *Ferdinand I* signala son avénement par un acte de clémence [1]), dont le bruit retentit dans l'univers, et qui seul suffirait pour immortaliser son nom. Déjà son règne est marqué par des institutions et ordonnances sages, par des monuments et travaux remarquables [2]), par des traités importants; et l'amour de la paix qui guide *Ferdinand*, sa bienfaisance active et éclairée, et la justice qui règne dans son Conseil assurent à ce monarque une place honorable parmi les Souverains de l'Europe, et à l'empire d'Autriche de paisibles et heureuses destinées.

[1]) L'amnistie générale et illimitée qu'il accorda aux criminels politiques, détenus au château de Spielberg à Brunn en Moravie.

[2]) La statue érigée à son auguste père, le fameux pont sur le Danube entre Bude et Pesth, la navigation à vapeur, et surtout les chemins de fer. Ces derniers, qui furent commencés par une société d'actionnaires, à la tête de laquelle se trouvent les barons de Rothschild et de Sina, sont continués, depuis que M. le baron Charles de *Kubeck* est chef et président de la Chambre aulique générale (Département des finances), aux frais de l'État, et sous la direction immédiate de la Chambre aulique générale. Le premier résultat de cette excellente mesure fut que les actions à 1000 florins, qui auparavant étaient côtées à 700, haussèrent rapidement, et valurent bientôt au delà de 2200 florins.

FIN.

14 , † t	bre 1773 22 juil 1774	...al d'ar- ..., Marie- ...esse de ...n, née mariée ...20.	tillerie et di- recteur-géné- ral de l'artil- lerie.	prince-arche- vêque d'Ol- mutz, † 23 juillet 1831.

Rodol- phe, né 25 sept. et † 11 oct. 1822.	...mond, ... janvier ...826.	Rénier, né 11 janvier 1827.	Henri, né 9 mai 1828.

Joseph, né 9 avril 1799, † 29 juin 1807.	...-Anne, 8 juin ...804.	Jean-Népo- mucène, né 29 août 1805, † 19 février 1809.	Amélie, née 6 et morte 9 avril 1807.

TABLEAU STATISTIQUE

DE

L'EMPIRE D'AUTRICHE.

LA COUR.

La Cour ou Maison impériale et royale qui, bien que nombreuse et brillante, n'est pas onéreuse à l'État à cause de l'économie bien réglée qui y règne, est composée de quatre suprêmes Départements au ligues *(Obersthofstäbe)*, qui ont chacun leur chancellerie dirigeante sous les ordres immédiats des grands dignitaires respectifs. Ce sont:

I. Le Département du Premier Grand-Maître de la Cour, auquel sont subordonnés:

1. L'office du Grand-maître des Cuisines.
2. „ du Grand-maître de la Vaisselle.
3. „ du Grand-Bâtonnier *(Oberst-Stabelmeister)*, préposé aux écuyers-tranchants, échansons, gentilshommes ou écuyers de bouche.
4. L'office du Grand-Veneur.
5. „ du Directeur-général des bâtisses de la Cour.
6. „ du Préfet de la bibliothèque.
7. „ de l'Intendant-général de la musique *(Musikgraf)*.
8. „ du Grand-maître des cérémonies, — qui ont tous sous leurs ordres un nombre d'employés, d'officiers et d'autres individus subalternes proportionné à leur service.
9. Les Gardes nobles allemande, hongroise et lombardo-vénitienne; la Garde de Trabans ou de Hallebardiers et la Garde du palais, desquelles Gardes le Premier Grand-Maître est colonel. — Par rapport à la police et à l'ordre la Garde du palais est subordonnée au Grand-maréchal de la Cour.
10. La Chapelle de la Cour.
11. Les médecins et chirurgiens de la Cour.
12. La Comptabilité de la Cour.
13. La Direction du Mobilier.
14. La Direction des Jardins et de la Ménagerie.
15. La Caisse de payement.

II. Le Département du Grand-Chambellan, auquel appartiennent les chambellans, qui sont proposés par le Grand-

Chambellan et nommés par l'Empereur. À ce Département sont subordonnés:

1. Toutes les personnes attachées au service des appartements *(Kammern)* de l'Empereur, de l'Impératrice, des Archiducs et des Archiduchesses.
2. Les médecins et chirurgiens du Corps.
3. La Trésorerie de la Cour.
4. Les Cabinets d'histoire naturelle, physico-astronomique, de monnais et d'antiques, la galerie de tableaux et la collection d'Ambras.
5. Les fouriers de Chambre.
6. Les hommes de Chambre.
7. Les huissiers d'antichambre.
8. Les valets de Chambre *(Kammerheitzer)*.
9. L'Inspection du palais impérial.
10. Les Capitaineries des châteaux de Schœnbrunn, de Laxembourg, de Hetzendorf &c.
11. La Direction des théâtres de la Cour, dont le Grand-Chambellan est le suprême directeur.

III. Le Département du Grand-Maréchal, qui est le tribunal suprême de la Cour, dont dépendent:

1. Les personnes appartenantes à la famille impériale.
2. Les individus attachés aux princes de la Maison régnante qui jouissent des droits de souveraineté, comme p. e. l'Archiduc grand-maitre de l'ordre Teutonique.
3. Les employés et serviteurs de la Cour qui sont domiciliés dans le palais impérial, les châteaux de plaisance et autres édifices de la Cour.
4. Les agents diplomatiques et leur suite, mais seulement pour autant qu'ils consentent à ce que leurs procès ou différends soient jugés ou accommodés suivant les lois et les us et coutumes de l'Autriche. — Le Grand-Maréchal exerce aussi la police dans l'intérieur du palais impérial et des autres bâtiments de la Cour, où les fouriers auliques *(Hoffouriere)*, qui sont au nombre de 6 ou 7, ont, en qualité de commissaires du Département du Grand-Maréchal, l'inspection, assignent au commandant de la garde militaire les postes des factionnaires, visite ceux des Gardes du palais (qui exercent la police exécutive) distribués dans les corridors, aux portes, dans les parcs &c., et veillent à la sûreté publique, et

au maintien de l'ordre et de la tranquillité dans les susdites localités.

IV. *Le Département du Grand-Écuyer*, qui a la direction suprême de tout ce qui regarde les écuries, les équipages, le manège et les harras de la Cour. Outre le personnel attaché au service de ce Département, les pages de la Cour et les valets de pied sont aussi sous les ordres du Grand-Écuyer.

Indépendamment des hautes charges ci-dessus nommées, il existe encore à la Cour celles de Grands-Maîtres et Grandes-Maîtresses des Impératrices, des Archiducs et des Archiduchesses, puis celles de Dames de palais et de Dames de Cour ou d'honneur.

Les grands dignitaires, les hauts fonctionnaires ou autres personnes d'un rang ou d'un mérite distingué, à qui le monarque confère la dignité de Conseiller intime, portent le titre d'*Excellence* qui passe aussi aux épouses de ceux qui en sont revêtus.

Les Ordres de chevalerie sont:

1. L'ordre de la Toison d'or (fondé par Philippe-le-Bon, duc de Bourgogne, le 10 janvier 1430), dont l'Empereur est le Chef et Souverain.
2. L'ordre militaire de Marie-Thérèse (institué par cette grande Souveraine le 18 juin 1757), qui est composé de Grands-Croix, de Commandeurs et de Chevaliers.
3. L'ordre royal de S. Étienne de Hongrie (fondé par l'impératrice Marie-Thérèse le 5 mai 1764), qui a également trois classes.
4. L'ordre impérial de Léopold d'Autriche (institué par l'empereur François I le 14 juillet 1808), qui consiste aussi en trois classes.
5. L'ordre impérial de la couronne de Fer (institué par l'empereur François I le 1 janvier 1816), qui est composé de Chevaliers de trois classes. L'Empereur en est le Grand-Maître comme des trois ordres précédents.
6. La fondation militaire d'Élisabeth, érigée par l'impératrice Élisabeth-Christine l'an 1750 et renouvelé par Marie-Thérèse l'an 1771.
7. L'ordre de la Croix étoilé (fondé par l'impératrice-douairière Éléonore, née duchesse de Mantoue, le 18 septembre 1668), dont l'Impératrice régnante, ou l'Impératrice-mère est la suprême protectrice. Les aspirantes à cet Ordre, qui est à la nomination de la suprême protectrice, doivent prouver seize quartiers.

L'ÉTAT.

L'empire d'Autriche comprend les royaumes et provinces suivants, qui sont divisés en gouvernements et subdivisés en cercles, en délégations, en comitats et en districts; savoir:

	Milles carrés géographiques.	Population.	Habitants par mille carré.
I. L'archiduché d'Autriche.			
A. Pays au-dessous de l'Ens (basse Autriche).			
1. Le district de Vienne	0,8	338,582	—
2. Le cercle dit *unter dem Wienerwalde*	80,0	262,670	3,258
3. „ „ „ *ober* „ „	101,2	231,560	2,342
4. „ „ „ *unter dem Mannhartsberge*	85,7	261,966	3,082
5. „ „ „ *ober dem Mannhartsberge*	92,0	234,015	2,544
Total	359,7	1,328,793	3,701
B. Pays au-dessus de l'Ens (haute Autriche).			
1. Le cercle dit *Hausruck-Viertel*	42,8	175,912	4,188
2. „ „ „ *Traun-Viertel*	77,3	181,664	2,359
3. „ „ „ *Mühl-Viertel*	57,5	203,633	3,572
4. „ „ „ *Inn-Viertel*	39,7	135,910	3,485
5. „ „ de Salzbourg	130,6	142,782	1,098
Total	347,9	839,901	2,420
Somme des totaux	707,6	2,168,694	3,067
II. Le duché de Styrie.			
A. La Styrie supérieure.			
1. Le cercle de Joudenbourg	104,5	98,678	949
2. „ „ „ Bruck	71,1	76,271	1,074
Total	175,6	174,949	998

	Milles carrés géographiques.	Population.	Habitants par mille carré.
B. La Styrie inférieure.			
1. Le cercle de Gratz	102,4	341,945	3,352
2. „ „ „ Marbourg	61,7	210,572	3,432
3. „ „ „ Cilli	67,9	208,110	3,106
Total .	232,0	760,627	3,278
Somme des totaux .	407,6	935,576	2,299
III. Le royaume d'Illyrie.			
A. Le gouvernement de Laibach.			
1. Le cercle de Laibach ⎫ duché de	61,7	164,579	2,698
2. „ „ „ Neustadtl ⎬ Carniole	75,3	183,433	2,446
3. „ „ d'Adelsberg ⎭	44,9	88,076	2,001
Somme pour la Carniole .	181,9	436,088	2,409
4. Le cercle de Clagenfort ⎫ duché de	88,9	178,523	2,006
5. „ „ „ Villach ⎬ Carinthie	99,3	122,860	1,241
Somme pour la Carinthie .	188,2	301,383	1,603
Somme pour le gouvernement de Laibach	370,1	737,471	1,993
B. Le gouvernement de Trieste.			
1. La ville et le territoire de Trieste . .	1,6	70,813	—
2. Le cercle de Gorice	52,8	176,570	3,331
3. „ „ „ l'Istrie	89,9	211,020	2,344
Somme pour le gouvernement de Trieste	144,3	458,403	3,188
Somme totale .	514,4	1,195,874	2,326
IV. Le comté princier de Tyrol.			
1. Le cercle de l'Innthal inférieur .	92,0	128,544	1,397
2. „ „ „ „ supérieur .	105,6	92,938	885
3. „ „ du Pusterthal	103,3	100,540	976
4. „ „ de l'Etschthal	60,6	106,469	1,774
5. „ „ „ Trente	77,4	184,686	2,398
6. „ „ „ Rovérédo	33,4	105,518	3,197
7. „ „ „ Voralberg	43,9	96,197	2,186
Total .	516,2	814,892	1,579

	Milles carrés géographiques.	Population.	Habitants par mille carré.
V. Le royaume lombardo-vénitien.			
A. Le gouvernement de Milan.			
1. La délégation de Milan	37,0	522,702	14,127
2. „ „ „ Pavie	24,4	158,512	6,605
3. „ „ „ Lodi et Créma	24,0	205,329	8,555
4. „ „ „ Crémone	25,0	188,276	7,531
5. „ „ „ Mantoue	42,8	257,234	6,125
6. „ „ „ Brescia	61,7	327,930	5,376
7. „ „ „ Bergame	76,3	340,211	4,476
8. „ „ „ Sondrio	59,6	89,792	1,522
9. „ „ „ Come	52,2	370,093	7,117
Total	403,0	2,460,079	6,104
B. Le gouvernement de Venise.			
1. La délégation de Venise	46,0	253,956	5,520
2. „ „ „ Rovigo	19,8	140,828	7,041
3. „ „ „ Padoue	38,6	291,352	7,667
4. „ „ „ Vérone	52,2	284,411	5,469
5. „ „ „ Vicence	51,2	318,537	6,245
6. „ „ „ Trévise	43,9	262,721	5,971
7. „ „ „ Belluno	58,8	136,835	2,359
8. „ „ „ du Frioul	119,2	385,478	3,155
Total	429,7	2,074,118	4,823
Somme des totaux	832,7	4,534,197	5,449
VI. Le royaume de Dalmatie.			
1. Le cercle de Zara	103,5	133,393	1,295
2. „ „ „ Spalatro	93,0	156,827	1,686
3. „ „ „ Raguse	26,4	49,458	1,902
4. „ „ „ Cattaro	11,5	33,801	3,073
Total	234,4	373,479	1,596

	Milles carrés géographiques.	Population.	Habitants par mille carré.
VII. Le royaume de Bohême.			
La ville de Prague	—	105,529	—
1. Le cercle de Kaurzim	52,3	193,791	3,727
2. ,, ,, ,, Beraun	53,3	177,322	3,345
3. ,, ,, ,, Rakonitz	40,7	166,567	4,062
4. ,, ,, ,, Saatz	42,8	135,158	3,143
5. ,, ,, ,, Leitmeritz	68,0	359,881	5,292
6. ,, ,, ,, Bunzlau	77,3	413,233	5,366
7. ,, ,, ,, Klattau	46,0	177,361	3,855
8. ,, ,, ,, Pilsen	68,0	207,656	3,054
9. ,, ,, ,, Ellnbogen	56,4	248,341	4,434
10. ,, ,, ,, Tabor	56,5	208,218	3,718
11. ,, ,, ,, Budweis	78,4	206,853	2,652
12. ,, ,, ,, Prachin	90,9	255,148	2,835
13. ,, ,, ,, Bidschow . . .	44,9	258,557	5,745
14. ,, ,, ,, Kœniggrætz . . .	59,6	337,246	5,716
15. ,, ,, ,, Chrudim	58,5	303,977	5,241
16. ,, ,, ,, Czaslau	58,5	247,087	4,260
Total .	952,1	4,001,925	4,204
VIII. Le margraviat de Moravie et la Silésie autrichienne.			
1. Le cercle de Brunn	85,7	366,226	4,308
2. ,, ,, d'Olmutz	88,8	430,739	4,839
3. ,, ,, de Prerau } Moravie	56,4	259,164	4,628
4. ,, ,, ,, Hradisch	67,9	248,101	3,648
5. ,, ,, d'Iglau	50,1	181,957	3,639
6. ,, ,, de Znaim	54,3	157,752	2,908
7. ,, ,, ,, Troppau } Silésie	50,1	237,156	4,743
8. ,, ,, ,, Teschen	43,9	193,151	4,492
Total .	497,2	2,074,246	4,174

	Milles carrés géographiques.	Population.	Habitants par mille carré.
IX. Le royaume de Galicie.			
1. Le cercle de Léopol *(Lemberg)*	43,9	175,601	3,991
2. ,, ,, ,, Brzezan	81,5	211,010	2,605
3. ,, ,, ,, Wadowice	70,0	336,307	4,804
4. ,, ,, ,, Sandec	67,9	236,083	3,472
5. ,, ,, ,, Jaslo	60,6	244,518	4,075
6. ,, ,, ,, Sanok	89,9	264,011	2,933
7. ,, ,, ,, Sambor	95,1	289,080	3,043
8. ,, ,, ,, Stry	119,2	217,916	1,831
9. ,, ,, ,, Stanislawow	100,4	233,932	2,339
10. ,, ,, ,, Kolomea	83,6	205,459	2,596
11. ,, ,, ,, Czernowitz	189,2	314,057	1,662
12. ,, ,, ,, Bochnia	46,0	214,006	4,652
13. ,, ,, ,, Tarnow	71,1	230,926	3,252
14. ,, ,, ,, Rzeszow	83,6	274,556	3,308
15. ,, ,, ,, Przemysl	70,1	240,532	3,436
16. ,, ,, ,, Zolkiew	95,1	210,043	2,211
17. ,, ,, ,, Zloczow	95,1	232,964	2,452
18. ,, ,, ,, Tarnopol	66,9	197,647	2,954
19. ,, ,, ,, Czortkow	68,9	189,712	2,749
Total	1598,1	4,518,360	2,821
X. Le royaume de Hongrie avec ses annexes.			
A. Le royaume de Hongrie.			
Comitats en deça du Danube.			
1. Le comitat de Pesth, Pilis et Solth	191,4	553,481	2,898
2. ,, ,, ,, Bacs et de Bodrogh	170,7	486,755	2,863
3. ,, ,, ,, Strigonie *(Gran)*	19,0	67,440	3,549
4. ,, ,, ,, Néograde	77,6	212,524	2,760
5. ,, ,, ,, Honth	46,1	136,804	2,974
6. ,, ,, ,, Bars	49,1	133,600	2,726
7. ,, ,, ,, Sol	50,5	105,869	2,117
À transporter	604,4	1,696,473	—

	Milles carrés géographiques.	Population.	Habitants par mille carré.
Transport	604,4	1,696,473	—
8. Le comitat de Turocz	21,2	53,258	2,536
9. „ „ „ Lipta	42,4	92,880	2,211
10. „ „ „ Arva	37,4	104,281	2,818
11. „ „ „ Trentschin	87,8	327,171	3,717
12. „ „ „ Neutra	121,9	391,407	3,209
13. „ „ „ Presbourg	82,6	319,565	3,897
Total	997,7	2,985,035	2,994
Comitats au delà du Danube.			
1. Le comitat d'Oedenbourg	57,6	220,198	3,863
2. „ „ de Wieselbourg	35,2	86,914	2,483
3. „ „ „ Raab	28,7	118,838	4,097
4. „ „ „ Comorn	53,7	146,734	2,768
5. „ „ d'Albe-Royal	75,8	181,687	2,394
6. „ „ de Wesprim	74,4	193,144	2,610
7. „ „ d'Eisenbourg	96,9	297,928	3,071
8. „ „ de Szálad	100,2	289,582	2,895
9. „ „ „ Simeg	114,6	215,822	1,893
10. „ „ „ Tolna	65,9	200,325	3,035
11. „ „ „ Barany	91,7	266,620	2,929
Total	794,7	2,217,792	2,793
Comitats en deça de la Teisse.			
1. Le comitat de Zips	66,5	224,510	3,401
2. „ „ „ Sáros	65,1	235,444	3,622
3. „ „ „ Zemplin	108,4	339,932	3,147
4. „ „ „ Unghvár	59,5	136,938	2,321
5. „ „ „ Beregh	67,4	138,972	2,074
6. „ „ d'Aba-Ujvár	52,7	207,484	3,914
7. „ „ de Torna	10,7	42,853	3,896
8. „ „ „ Gömör	76,2	222,209	2,919
9. „ „ „ Borsod	65,5	232,600	3,578
10. „ „ „ Hevès	120,7	292,354	2,416
Total	692,7	2,073,296	2,992

	Milles carrés géographiques.	Population.	Habitants par mille carré.
Comitats au delà de la Teisse.			
1. Le comitat de Marmaros	178,9	172,066	961
2. „ „ d'Ugocs	22,6	46,003	2,091
3. „ „ de Szathmar . . .	106,5	248,444	2,344
4. „ „ „ Szaboltsc . . .	115,2	209,153	1,819
5. „ „ „ Bihár	200,3	444,430	2,222
6. „ „ d'Arad	108,3	229,487	2,125
7. „ „ de Békés	65,4	149,792	2,304
8. „ „ „ Csongrad . . .	62,9	124,534	1,977
9. „ „ „ Csanad	29,1	68,265	2,353
10. „ „ „ Torontal	132,1	323,768	2,453
11. „ „ „ Temés	116,5	323,835	2,791
12. „ „ „ Crasso	108,8	228,602	2,097
Total .	1246,6	2,568,379	2,061
Les districts particuliers.			
1. Le district des Heiduques . . .	17,6	64,820	3,813
2. „ „ de la Cumanie inférieure	47,8	70,855	1,476
3. „ „ „ „ „ supérieure	20,0	54,726	2,736
4. „ „ des villes des Heiduques	17,7	57,976	3,221
Total .	103,1	248,377	2,411
Somme pour le royaume de Hongrie	3834,0	10,092,879	2,632
B. Le royaume de Croatie.			
1. Le comitat d'Agram	107,6	339,528	3,173
2. „ „ de Varasdin . . .	34,2	175,916	5,174
3. „ „ „ Creuz	30,2	101,036	3,362
4. „ Littoral	6,3	42,977	7,163
Total .	178,3	659,457	3,704
C. Le royaume d'Esclavonie.			
1. Le comitat de Verőcz	83,6	171,644	2,068
2. „ „ „ Poséga	45,2	90,251	2,005
3. „ „ „ la Sirmie . . .	43,2	124,711	2,900
Total .	172,0	386,606	2,248

	Milles carrés géographiques.	Population.	Habitants par mille carré.
Récapitulation.			
A. Le royaume de Hongrie . . .	3834,0	10,092,879	2,632
B. „ „ „ Croatie . . .	178,3	659,457	3,704
C. „ „ „ l'Esclavonie . .	172,0	386,606	2,248
Somme des totaux .	4185,3	11,138,942	2,659

XI. La Grande-Principauté de Transylvanie.

A. Le pays des Hongrois.

	Milles carrés géographiques.	Population.	Habitants par mille carré.
1. Le comitat de Clausenbourg . .	91,8	147,021	1,598
2. „ „ „ Thorenbourg . .	87,8	134,096	1,523
3. „ „ „ Kokelbourg . .	28,3	82,258	2,937
4. „ „ d'Albe-Julie inférieur .	94,0	198,524	2,111
5. „ „ „ supérieur .	30,4	46,809	1,560
6. „ „ de Hunyad . . .	106,4	139,920	1,320
7. „ „ „ Zaránd . . .	25,3	35,583	1,423
8. „ „ „ Doboka . . .	56,9	100,470	1,763
9. „ „ „ Szolnok intérieur .	39,6	122,680	3,146
10. „ „ „ „ moyen .	63,0	85,869	1,355
11. „ „ „ Kraszna . . .	19,8	19,555	977
a. District de Kóvár . . .	18,7	37,105	1,953
b. „ „ Fogaras . . .	32,1	58,903	1,841
Total .	694,1	1,208,293	1,741

B. Le pays des Szeklers.

1. Le comitat de Maros	26,4	74,455	2,863
2. „ „ d'Udvarhely . . .	51,0	81,242	1,593
3. „ „ d'Aranyos . . .	6,1	19,547	3,258
4. „ „ de Csik	84,0	81,595	971
5. „ „ „ Háromszék . .	54,8	96,189	1,749
Total .	222,3	353,028	1,583

	Milles carrés géographiques.	Population.	Habitants par mille carré.
C. Le pays des Saxons.			
1. Le siège de Hermanstadt . . .	37,1	114,785	3,102
2. „ „ „ Reissmarkt	3,8	15,818	5,273
3. „ „ „ Muhlenbach	5,6	20,787	1,157
4. „ „ „ Broos	8,1	23,220	2,902
5. „ „ „ Leschkirch	5,8	17,136	2,856
6. „ „ „ Gross-Schenk . . .	11,6	27,175	2,470
7. „ „ „ Medias	12,1	41,269	3,439
8. „ „ „ Schæssbourg . . .	10,8	21,598	1,963
9. „ „ „ Reps	10,7	19,671	1,788
a. District de Cronstadt . . .	32,6	97,721	3,053
b. „ „ Bistritz	57,2	35,842	628
Total .	195,4	435,022	2,231
Récapitulation.			
A. Le pays des Hongrois	694,1	1,208,293	1,741
B. „ „ „ Szeklers	222,3	353,028	1,583
C. „ „ „ Saxons	195,4	435,022	2,231
Somme des totaux .	1111,8	2,170,343	1,953
XII. La limite militaire.			
La limite militaire de la Hongrie.			
A. La limite de la Croatie.			
a. La limite de Carlstadt.			
1. Le district du régiment de Licca .	47,5	67,122	1,428
2. „ „ „ „ „ Ottoch .	50,6	62,348	1,246
3. „ „ „ „ „ Ogulin .	46,0	63,397	1,378
4. „ „ „ „ „ Szluin .	26,6	55,704	2,142
Total .	170,7	248,571	1,462
b. La limite du Banat.			
1. Premier district du régiment du Banat	25,3	56,193	2,247
2. Second „ „ „ „ „	24,7	59,767	2,490
Total .	50,0	115,960	2,319

	Milles carrés géographiques.	Population.	Habitants par mille carré.
c. La limite de Varasdin.			
1. Le district du régiment de Creuz	29,6	58,862	2,029
2. „ „ „ „ „ St. Georges	37,8	69,098	1,818
Total	67,4	127,960	1,909
B. La limite de l'Esclavonie.			
1. Le district du régiment de Brood	36,0	72,372	2,010
2. „ „ „ „ des Gradiscains	30,4	60,352	2,011
3. „ „ „ „ „ de Péter-Waradin	56,6	97,696	1,744
4. „ „ „ du bataillon des Tschaikistes	16,5	29,027	1,814
Total	139,5	259,447	1,866
C. La limite du Banat	182,2	243,923	1,340

La limite militaire de Transylvanie a 150 milles carrés et 174,049 habitants.

Récapitulation.			
A. La limite de la Croatie :			
a. La limite de Carlstadt	170,7	248,571	1,462
b. „ „ du Banat	50,0	115,960	2,319
c. „ „ de Varasdin	67,4	127,960	1,909
B. La limite de l'Esclavonie	139,5	259,447	1,866
C. „ „ du Banat	182,2	243,923	1,340
Total	609,8	995,861	1,635
Récapitulation générale.			
I. L'archiduché d'Autriche	707,6	2,168,694	3,067
II. Le duché de Styrie	407,6	935,576	2,299
III. Le royaume d'Illyrie	514,4	1,195,874	2,326
IV. Le comté princier de Tyrol	516,2	814,892	1,579
V. Le royaume lombardo-vénitien	832,7	4,534,197	5,449
VI. Le royaume de Dalmatie	234,4	373,479	1,596
A transporter	3212,9	10,022,712	—

	Milles carrés géographiques.	Population.	Habitants par mille carré.
Transport .	3212,9	10,022,712	—
VII. Le royaume de Bohême . . .	952,1	4,001,925	4,204
VIII. Le margraviat de Moravie et la Silésie	497,2	2,074,246	4,174
IX. Le royaume de Galicie. . . .	1598,1	4,518,360	2,821
X. „ „ de Hongrie et ses annexes	4185,3	11,138,942	2,659
XI. La grande-principauté de Transylvanie	1111,8	2,170,343	1,953
XII. La limite militaire	609,8	995,861	1,635
Somme de tous les totaux .	12167,2	34,922,389	—

Telle était déjà la population en 1837, non compris le militaire; avec ce dernier elle se montait à 35,398,438 habitants. Or, comme on a calculé que la population s'accroît annuellement de 120,000 âmes, ce qui fait pour huit années (1838-1845) 960,000 individus, on peut admettre avec fondement que la population actuelle de l'empire d'Autriche s'élève à plus de 36 millions d'individus [1]. De ce nombre environ 11,000,000 habitent dans les pays bohémo-galiciens, 5,400,000 dans les pays germano-illyriens, 5,200,000 dans les provinces dalmato-italiennes et 14,400,000 dans les provinces hongroises et transylvaines et la limite militaire.

Pour ce qui concerne l'étendue, l'Autriche comprend presque la treizième partie de l'Europe, et tient sous ce rapport la troisième place parmi les Puissances de cette partie du monde, attendu qu'elle n'est surpassée, quant à la grandeur des possessions, que par la Russie et le royaume suédo-norwégien, dont la première nomme environ 75,000 milles carrés, et le second 13,760 milles sa propriété.

La population de la Monarchie est principalement composée de quatre nations: *Allemands, Slaves, Hongrois et Italiens*, et de

[1] Selon une notice statistique du docteur S. B., insérée dans le journal du Lloyd autrichien, la population de la Monarchie se monterait, d'après le dénombrement de l'année 1843, si la donnée relative au nombre d'habitants des provinces hongroises est exacte, à plus de 38,000,000 d'âmes, y compris le militaire.

quelques peuplades dispersées parmi les autres, tels que les *Valaques, Arméniens, Grecs, Albanais, Israélites et Zigains* (Zingari). Parmi toutes ces nations la plus nombreuse est celle des Slaves, dont l'empire d'Autriche renferme six tribus différentes; savoir: les *Bohèmes* (Tchèques), les *Slovaques* (Slovaks), les *Polonais*, les *Rusniaques* (Russiens), les *Vendes* et les *Serbes* (improprement appelés Serviens).

Voici la proportion dans laquelle se trouvent les différentes nations, en somme ronde:

Allemands	7,000,000
Slaves	15,500,000
Hongrois ou Magyars	4,700,000
Italiens	5,800,000
Valaques, descendents des colonies romaines	1,700,000
Israélites	680,000
Zigains	120,000

Les Arméniens, les Grecs, Albanais &c. forment le reste de la population.

Sous le rapport de la religion on peut compter aujourd'hui:

Catholiques	26,500,000
Grecs-unis	600,000
Grecs-non-unis	3,000,000
Luthériens	1,480,000
Calvinistes	3,200,000
Israélites	680,000
Unitaires en Transylvanie	40,000

La Monarchie autrichienne compte 798 villes, 2396 bourgs et 67,590 villages et hameaux.

Les villes principales sont:

Vienne (non compris le militaire) avec	334,000	habitants
Milan „ „ „	146,000	„
Prague „ „ „	106,000	„
Venise „ „ „	93,000	„
Pesth „ „ „	65,000	„
Léopol (Lemberg) „ „ „	59,000	„
Trieste „ „ „	53,000	„
Vérone „ „ „	51,000	„

En tout il n'y a qu'une ville dont la population excède le nombre de 300,000 habitants; deux villes qui en ont plus de 100,000; 5 de 50 à 100,000; 20 de 20 à 50,000 et 25 de 10 à 20,000.

Vienne est la capitale de la basse Autriche, la résidence de l'Empereur et le siège principal du Gouvernement. L'archiduc *Joseph*, palatin de Hongrie, réside à Bude, l'archiduc *Rénier*, vice-roi du royaume lombardo-vénitien, tient sa Cour alternativement à Milan et à Venise; l'archiduc *Étienne*, gouverneur de la Bohème, a son siège à Prague, et l'archiduc *Ferdinand d'Este*, gouverneur-général civil et militaire en Galicie, à Léopol.

Les Autorités suprêmes de l'Empire, qui siègent à Vienne, sont:

I. La Conférence d'État, présidée par l'Empereur. Les archiducs *François-Charles* et *Louis*, les ministres d'État et des conférences, *prince de Metternich* et *comte de Kolowrat* en sont aujourd'hui les membres permanents. Selon les affaires qu'on y traite, les autres ministres d'État et des conférences, les conseillers d'État et des conférences, et les présidents des Départements auliques y assistent aussi, pour être entendus sur les objets qui sont de leur ressort.

II. Le Conseil d'État et des Conférences pour les affaires intérieures, qui est divisé en quatre sections: 1. des affaires politiques, 2. de la justice, 3. des finances et 4. de l'état militaire, ayant chacune pour chef un ministre d'État et des conférences, se compose de conseillers d'État et des conférences, de conseillers auliques référendaires, tirés des Départements auliques, d'un directeur de chancellerie et d'autres employés subalternes. Les attributions de ce Collège sont d'examiner et de juger en dernier ressort toutes les affaires dont le monarque s'est réservé la décision, de rédiger les ordonnances *(Resolutionen)* relatives aux objets dont il s'agit, et de les soumettre ensuite à l'approbation de l'Empereur, qui décide ce qu'il trouve convenable et fait expédier les pièces munies de sa signature par son *Cabinet intime*, composé d'un chef-directeur, de secrétaires et de commis *(Officialen)*, qui les transmet aux Départements auliques, lesquels sont seuls autorisés à adresser des rapports et des propositions *(Vorträge)* directement au monarque.

III. La Chancellerie intime de Cour, d'État et de la Maison Impériale et Royale (Ministère des affaires étrangères). Cette suprême Autorité aulique, dont le Chef porte le titre de Chancelier de Cour, d'État et de la Maison impériale, est partagée en deux divisions : celle des affaires étrangères et celle des affaires intérieures. Chaque division se compose d'un conseiller d'État et des conférences, de trois ou quatre conseillers auliques, de conseillers de chancellerie d'État, de secrétaires auliques et d'autres employés subalternes. Indépendamment du personnel fixe, quelques autres individus sont ordinairement employés en service extraordinaire dans ce grand Collège qui a, outre son bureau des enrégistrements et celui des expéditions, une Chambre des archives secrètes et une caisse particulière pour ses dépenses. L'académie orientale, les interprètes auliques des langues orientales et les couriers de Cabinet sont subordonnés à ce Ministère.

Les attributions de la Chancellerie de Cour et d'État sont d'abord celles de Chancellerie de la Maison Impériale, puis de diriger et surveiller tout ce qui concerne les ambassades et les légations dans les États étrangers, la correspondance avec les Cours étrangères, les négociations diplomatiques, la conclusion et le maintien des traités avec les autres Puissances, la légalisation des actes et écrits valables en pays étranger, en un mot tout ce qui se rapporte aux relations extérieures et aux objets de haute politique, tant intérieurs qu'étrangers.

L'administration supérieure de l'État est répartie entre les Départements auliques *(Hofstellen)* qui suivent :

Pour les affaires politiques de l'intérieur.

I. La Chancellerie aulique réunie, qui est composée d'un Chancelier suprême, d'un Chancelier aulique, d'un Chancelier, d'un Vice-chancelier, de conseillers, secrétaires auliques &c.

De ce Département dépendent :
1. Les Régences *(Regierungen)* de la basse et de la haute Autriche.
2. Les Gouvernements *(Gubernien)* des différents royaumes et provinces (excepté la Hongrie et la Transylvanie), auxquels sont subordonnés les cercles *(Kreise)* dans les provinces allemandes et les délégations *(delegazioni)* dans le royaume lombardo-vénitien.
3. La Caisse principale des fonds publics &c.

Pour les Finances.

II. La Chambre aulique générale, qui se compose d'un Chef et Président, de plusieurs Vice-présidents, de conseillers et secrétaires auliques &c., est divisée en sénats selon les différentes branches de l'administration, à chacun desquels sénats préside un vice-président.

Les principales branches de ce Ministère sont :
1. La direction générale des fabriques de tabac.
2. La direction de la loterie.
3. Le bureau aulique général des taxes et des expéditions.
4. La direction suprême des Postes.
5. Le fisc *(Hof- und Kammer-Procuratur)*.
6. La direction de l'imprimerie de la Cour et de l'État.
7. Les caisses camérales et de crédit suivantes :
 a. La caisse centrale, dans laquelle sont versés tous les fonds et revenues de l'État, et qui pourvoit ensuite les sept caisses principales de l'État des sommes dont elles ont besoin.
 b. La caisse générale camérale.
 c. „ „ des dettes de l'État et de la banque.
 d. „ „ d'amortissement des dettes de l'État.
8. La direction générale des chemins de fer de l'État.
9. Les administrations camérales réunies à Vienne et dans les provinces, auxquelles sont subordonnées les administrations camérales dans les différents districts, qui sont chargées de la régie supérieure des domaines, ainsi que des revenus de l'État, provenant des droits de douane et autres péages, des salines, du tabac, du timbre, de l'impôt général de consommation &c.; les administrations sont aussi chargées de la surveillance de la Garde financière *(Finanzwache)*, qui est subordonnée au Ministère des finances, et à laquelle sont préposés des commissaires particuliers.

III. La Chambre aulique des Mines et Monnaies[1]).
Ce Département, dont le personnel consiste en un Chef et Président, en un Vice-président, en conseillers et secrétaires auliques &c., comprend :
1. L'office des Monnaies.
2. L'académie des graveurs de monnaies et de médailles.
3. L'office pour l'essai des monnaies.
4. La direction du débit des productions des mines.
5. La caisse d'administration et du débit des productions des mines.

---

[1]) Ce Département aulique était incorporé, il y a quelques années, dans la Chambre aulique générale, qui était alors nommée *Chambre aulique générale réunie*.

Pour l'administration et l'exploitation des mines d'or, d'argent, de sel et autres, plusieurs bureaux, offices et juridictions sont établis dans les provinces.

Les revenus de la Monarchie, qui consistent dans le produit des douanes, dans les régales, les contributions directes et indirectes et autres impôts, n'étaient à l'avénement de l'empereur François que de 86 millions de florins argent de convention; mais ils se montent actuellement à plus de 185 millions même monnaie. De cette somme

l'Autriche au-dessous de l'Ens paye	19,490,000
la Lombardie	19,200,000
la Hongrie	16,990,000
la Bohème	16,050,000
Venise	15,040,900
la Galicie	12,647,000
la Moravie et la Silésie	9,160,000
l'Autriche au-dessus de l'Ens	5,040,000
la Styrie	4,321,000
la Carinthie et la Carniole	3,981,000
la Transylvanie	3,867,000
le Tyrol	3,242,000
la limite militaire	2,629,000
la Dalmatie	921,000.

Les dettes publiques, principalement occasionnées par les longues guerres (1793-1814) et les deux invasions ennemies (1805 et 1809) s'élèvent, il est vrai, à la somme d'au delà d'un milliard de florins; mais quelque grande que soit cette somme, les calculs et les pronostics sinistres de certains écrivains haineux ou mal instruits ont si peu affaibli la confiance des créanciers de l'État, tant étrangers qu'indigènes, que les effets publics sont montés à un taux qu'ils n'avaient jamais atteint auparavant. Cette confiance est fondée sur la connaissance que les capitalistes ont des grandes ressources que l'Autriche renferme dans son sein, sur sa fidélité et son exactitude à remplir ses engagements dans toutes les conjonctures possibles, sur la bonne foi et loyauté éprouvée du gouvernement, et surtout sur la sage et active administration des finances, dont toutes les opérations ne tendent qu'à rétablir et à maintenir l'équilibre entre la recette et la dépense de l'État. Pour l'extinction graduelle des dettes, il a été établi une caisse particulière d'amortissement, qui à la fin du premier semestre 1845 possédait un fonds de 194,126,621 fl. 31 ½ kr. et un revenu de 10,371,641 fl. 30 kr., argent de convention.

Pour la Justice.

IV. La Cour suprême de justice, qui est composée d'un Président suprême, d'un premier, d'un second et d'un troisième président, de conseillers et secrétaires auliques &c.

Cette Cour suprême décide en dernier ressort, lorsque la Cour d'appel ne confirme point l'arrêt ou le jugement prononcé par le tribunal de première instance, et elle est en outre chargée de l'organisation et de la surveillance de toutes les parties de l'ordre judiciaire.

De ce Département dépendent:
1. Le tribunal supérieur pour les revenus de l'État.
2. La Commission aulique pour la judicature.
3.   „   „   pour la rédaction des lois mercantiles.
4.   „   „   „   „   du code pénal.
5.   „   „   „   „   „   „   maritime.

Tribunaux d'appel et de première instance.

1. Les Cours d'appel dans la basse et la haute Autriche, ainsi que dans les autres provinces; elles sont sous la direction supérieure du sénat du sixième Département de justice, séant à Vienne.
2. Les tribunaux des nobles *(Landrechte)*.
3. Les magistrats des villes, qui jugent en première instance, tant en matière criminelle que civile.
4. Les juridictions seigneuriales et plusieurs autres.

Pour la Police et la Censure.

V. Le suprême Département de police et de censure est composé d'un chef et Président, de conseillers auliques, de conseillers de régence, de secrétaires auliques &c. et a une caisse principale pour ses payements. Ce Ministère a la direction suprême de la censure des livres, et est l'autorité centrale à laquelle sont soumises:

1. La direction supérieure de la police à Vienne, de laquelle dépendent:
   a. Les bureaux de police dans le quatre quartiers de la capitale.

b. Les bureaux de police dans les faubourgs de Vienne.
c. La direction de la maison de police.
d. La garde militaire de police.
2. Les directions de police dans les provinces, avec les bureaux de police et les commissariats subalternes &c.
3. Les bureaux de censure et de révision des livres, tant à Vienne que dans les autres capitales et plusieurs villes de la Monarchie.

Pour les affaires militaires.

VI. *Le Conseil aulique de guerre*, qui est composé d'un Chef et Président, d'un premier et d'un second Vice-président, de conseillers auliques référendaires, dont chacun est chargé d'une branche différente du service, de secrétaires auliques &c. Ce grand Conseil, divisé en différentes branches d'administration, est une autorité suprême centrale, à laquelle sont subordonnés tous les Commandements généraux des provinces, la caisse principale de guerre et toutes les branches militaires. Le Département de la guerre a des tribunaux séparés de ceux de l'état civil. Le Conseil de chaque régiment est le tribunal de première instance pour tous les individus du régiment, et les officiers généraux, les auditeurs et d'autres militaires dépendent, sous ce rapport, du tribunal délégué mixte *(Judicium delegatum mixtum)*. De ces deux tribunaux on appelle, pour se pourvoir en cassation, à la Cour d'appel militaire, qui prononce en dernier ressort et renvoye ensuite les procès au Conseil de guerre.

Les rangs militaires sont: celui de Feldmaréchal, de Général d'artillerie *(Feldzeugmeister)*, de Général de cavalerie, de Lieutenant-général *(Feldmarschall-Lieutenant)*, de Général-Major, de Colonel, de Major, de Capitaine de cavalerie *(Rittmeister)*, de Capitaine d'infanterie *(Hauptmann)*, de Capitaine en second, de Premier-lieutenant, de Sous-lieutenant et de sergent.

L'armée est composée de 63 régiments d'infanterie de ligne, de 17 régiments d'infanterie de frontière nationaux, d'un régiment de chasseurs, de 12 bataillons de chasseurs, de 6 régiments de dragons, de 7 régiments de chevau-légers, de 12 régiments de hussards, de 4 régiments d'Uhlans, de 5 régiments d'artillerie de campagne, d'un corps de mineurs, d'un corps de sapeurs et d'un corps pour les charrois *(Fuhrwesen-Corps)*.

Chaque régiment d'infanterie est composé de trois bataillons et d'un bataillon de milice régulière *(Landwehr)*. En temps de guerre, lorsque les régiments sont au complet, l'armée se monte à plus de 400,000 hommes, y compris les employés militaires, et peut être portée avec l'insurrection hongroise et des levées extraordinaires à 700,000 combattants. Dans les temps tranquilles, le tiers, ou une plus grande partie encore des gens de guerre sont ordinairement en congé, et l'on ne retient que le nombre nécessaire au service, ce qui est une grande économie pour l'État. Cependant les soldats qui ont obtenu un congé indéterminé, restent toujours disponibles et peuvent être rappelés à chaque instant sous les drapeaux, comme cela a lieu aux temps d'exercice et des manoeuvres. La durée du service militaire était jusqu'ici fixée à quatorze années; mais l'empereur *Ferdinand*, qui n'a d'autre ambition que de rendre ses sujets heureux et contents, ayant considéré, que le conscrit, après ce long espace de temps, n'est plus guère propre à l'exercice de son ancienne profession, encore moins à l'apprentissage d'un nouveau métier, et tombe par conséquent à charge à sa famille ou à l'État sans leur être d'une grande utilité, a réduit ce terme à huit ans, où le soldat est encore dans toute la vigueur de l'âge et à même de gagner son pain.

Parmi les forteresses il y en a six du premier rang; ce sont *Josephstadt* et *Thérésienstadt* en Bohème, *Olmutz* en Moravie, *Mantoue* et *Peschiéra* en Lombardie et *Comorn* en Hongrie.

L'État entretient aussi une marine pour la protection et la sûreté de la navigation. Elle consiste actuellement en 3 frégats, 2 corvettes, 3 bricks, 3 goëlettes et 46 à 50 autres plus petits navires, ensemble environ 60 vaisseaux avec 510 pièces d'artillerie, et est commandée par 1 vice-amiral, 2 contre-amiraux, 4 capitaines de vaisseau et un nombre proportionné d'officiers subalternes.

Le port de mer principal est *Venise*, le siège du vice-amiral et où se trouve un arsenal maritime remarquable avec 35 chantiers y appartenants, 5 fonderies de canons, 54 forges avec des fabriques de cordons, de voiles et autres ateliers destinés à la construction des vaisseaux.

Pour la comptabilité.

VII. Le Directoire général des comptes, dont le personnel consiste en un Président, un Vice-président, en conseillers auliques, en conseillers de commission, en secrétaires auliques &c., est la suprême Cour des comptes de l'État, à laquelle sont subordonnées:

1. Le Bureau aulique de comptabilité du crédit de l'État et central.
2. „ „ de comptabilité caméral principal.
3. „ „ „ „ de la Hongrie et de la Transylvanie.
4. „ „ „ „ de la Cour.
5. „ „ „ „ des bâtisses.
6. „ „ „ „ des revenus et domaines.
7. „ „ „ „ des mines et des monnaies.
8. „ „ „ „ du tabac et du timbre.
9. „ „ „ „ de la Poste.
10. „ „ „ „ de la loterie.
11. „ „ „ „ des fonds politiques.
12. „ „ „ „ de la guerre, et
13. les 10 bureaux de comptabilités provinciaux, séants dans les villes capitales respectives.

CLERGÉ.
Église catholique romaine.
Dans l'archiduché d'Autriche.

1. L'archevêché de Vienne [1]).
2. Les évêchés de Saint-Hippolyte *(St. Pölten)* et de Linz.
3. Les abbayes ou prélatures de Melk, de Closterneubourg, de Gottwick *(Göttweih)*, de Sainte-Croix *(Heiligenkreuz)*, de Zwettel, de Herzogenbourg, de Lilienfeld, des Écossais à Vienne, d'Altenbourg, de Seitenstetten, de Geras, de la Sainte-Trinité à Wiener-Neustadt en basse Autriche, et
4. Les abbayes de Cremsmunster, de Saint-Florien, de Lambach, de Wilhering, de Schlægel, de Reichersberg et de Schlierbach en haute Autriche.

Dans le duché de Salzbourg.

1. L'archevêché, dont l'archevêque est Primat d'Allemagne.
2. L'abbaye de Saint-Pierre à Salzbourg.

---

[1]) Chaque archevêché et évêché se compose d'un Chapitre métropolitain et d'un Consistoire, auxquels sont subordonnés les séminaires, les couvents, les presbytères et autres établissements ecclésiastiques.

En Styrie.

1. Les évêchés de Seckau et de Léoben.
2. Les abbayes d'Admont, de Saint-Lambert et de Rein.

En Bohème.

1. L'archevêché de Prague.
2. Les évêchés de Leitmeritz, de Kœniggrætz et de Budweis.
3. Les abbayes de Strahow, d'Osseg, de Hohenfort, de Brzewnow, de Seelau, de Tépel et d'Emaus.

En Moravie et en Silésie.

1. L'archevêché d'Olmutz.
2. L'évêché de Brunn.
3. Les abbayes de Raigern, de Neureisch et d'Alt-Brunn.

En Galicie.

1. L'archevêché de Léopol.
2. Les évêchés de Prémislas (Przemysl) et de Tarnow.

En Lombardie.

1. L'archevêché de Milan.
2. Les évêchés de Bergame, de Brescia, de Come, de Créma, de Crémone, de Lodi, de Mantoue et de Pavie.

Dans les provinces vénitiennes.

1. Le patriarchat de Venise.
2. Les évêchés d'Adria, de Belluno et Feltre, de Ceneda, de Chioggia, de Concordia, de Padoue, de Trévise, d'Udine, de Vérone et de Vicence.

En Dalmatie.

1. L'archevêché de Zara.
2. Les évêchés de Spalatro, de Raguse, de Sébénico, de Lésina, Brazza et Lissa, et celui de Cattaro.

En Illyrie.

1. L'archevêché de Gorice.
2. Les évêchés de Gurk, de Lavant, de Laibach, de Trieste et Capo d'Istria, de Parenzo et Pola, et de Veglia.

En Tyrol.

Les évêchés de Trente et de Brixen.

En Hongrie.

1. Les archevêchés de Strigonie *(Gran)*, de Colocza et d'Erlau.
2. Les évêchés d'Agram, de Bosnie ou de Diakowar et Sirmie, de Cassovie, de Czanad, de Cinq-Églises *(Fünfkirchen)*, du Grand-Waradin, de Neusol, de Raab, de Rosenau, de Stein-am-Anger, d'Albe Royale, de Szathmar, de Vesprim, de Waitzen, de Zengg et Modrussa.

Il y a en outre dans le royaume de Hongrie 22 évêques titulaires, comme d'Ansarie, de Bacz, de Boson, de Belgrade et Sémendria, de Serbie (Servie) &c.

En Transylvanie.

L'évêché qui a son siège à Albe-Caroline (Carlsbourg).

Église catholique grecque.

1. L'archevêché de Léopol.
2. Les évêchés de Prémislas, de Creuz, d'Épériès, de Munkacs, du Grand-Waradin et celui de Fogaras en Transylvanie.

Église catholique arménienne.

L'archevêché du rite arménien à Léopol.

Église grecque-orientale non-unie.

1. L'archevêché de Carlowitz.
2. Les évêchés d'Arad, de Carlstadt, de Bude, de Pakratz, de Témeswar, de Werschely, de Transylvanie (à Hermanstadt), de Dalmatie et Istrie (à Sébénico) et celui de la Bukovine.

Pour les églises réformées, ainsi que pour les Unitaires en Transylvanie on a établi des surintendances et consistoires dans les différentes provinces et districts de la Monarchie.

Pour le culte israélite il y a une synagogue à Vienne, à Prague, à Léopol et autres endroits.

LES ÉTATS PROVINCIAUX.

Les États des différents royaumes et provinces, à la tête desquels se trouve un maréchal du pays et en Bohême le grand-burgrave, sont composés de prélats, de seigneurs séculiers, de chevaliers et de représentants des villes domaniales *(landesfürstlich)*. Des Collèges de députés permanents et des Comités *(Ausschüsse)* des États sont établis pour la gestion des affaires courantes et pour la direction des bureaux et branches subordonnés au corps des États.

Ces corporations existent de toute ancienneté en *Autriche*, tant dans le pays au-dessous de l'Ens, que dans celui au-dessus de ce fleuve, — en *Bohême*, en *Moravie*, en *Silésie*, en *Styrie*, en *Carinthie*, en *Carniole* et en *Tyrol*. En *Galicie* les États sont de plus nouvelle création.

La sphère d'activité des États dans ces royaumes et provinces ci-dessus nommés se réduit en général à des pétitions et remontrances qui concernent les intérêts, le bien-être ou l'utilité des pays respectifs, ainsi qu'à la répartition de la taille foncière *(Grundsteuer)*, qui leur est communiquée chaque année en forme de postulation. Dans la basse Autriche, en Styrie, en Carinthie et en Tyrol, ce sont aussi les États qui prélèvent cet impôt et en versent le produit dans le trésor public. Outre cela, les États jouissent de diverses prérogatives, qui cependant ne sont pas les mêmes dans toutes les provinces, attendu que, d'après leur constitution particulière, les affaires assignées aux États du pays sont aussi de nature différente.

Dans la règle les attributions des États provinciaux sont:
1. De tenir en évidence le cadastre des impositions.
2. D'élire les membres du Collège des députés permanents, comme aussi ceux du Comité, et de nommer leurs employés et serviteurs.
3. De confectionner et de tenir en évidence leur matricule.
4. De régir leur fonds domestique *(Domesticalfond)*, qui est destiné aux besoins et à l'acquittement des obligations du corps des États, et lequel fonds consiste aussi, dans la basse Autriche, en Bohême, en Silésie et en Galicie, en terres, en capitaux et en impôts particuliers secondaires.
5. De gérer les affaires du crédit des États du pays, lorsqu'il existe des dettes qui sont à leur charge, ou des dettes d'État assignées sur la province.

6. D'administrer leurs instituts d'éducation, d'arts, d'industrie ou autres établissements, comme p. e. en Bohème l'école technique, celle d'équitation et d'escrime, le théâtre à Prague &c., — en Moravie l'académie des États à Olmutz et le lombard, — en Styrie le Johannée, l'académie de dessin, la Galerie de tableaux, le théâtre à Gratz &c. Enfin les États provinciaux ont aussi le droit de présentation pour les pensions et bourses *(Stiftungen)* fondées par des membres de leur corporation dans des instituts et Collèges de garçons, tels que l'académie noble Thérésienne et celle des Ingénieurs à Vienne, l'école militaire à Neustadt &c. Les prébendes fondées par les États dans des pensionnats de jeunes filles, entre autres dans le couvent des Dames anglaises à Saint-Hippolyte, l'institut civil de jeunes filles et le pensionnat pour les filles d'officiers à Vienne, sont à la collation du Collège des députés et du Comité des États.

Dans le royaume lombardo-vénitien, les congrégations centrales et provinciales remplacent les États. Leurs attributions sont de répartir les contributions imposées au pays et les charges fixes, de surveiller les instituts de bienfaisance et d'aider le gouvernement de leurs conseils et avis, afin que les voeux et les besoins des habitants soient plus facilement reconnus, et la marche de l'administration accélérée dans les affaires qui concernent le bien réel des communes et des fondations pieuses.

HAUTES CHARGES HÉRÉDITAIRES ET GRANDS OFFICIERS DU PAYS.

En Hongrie.

1. Palatin; 2. Grand-Juge du royaume; 3. Ban de Croatie, d'Esclavonie et de Dalmatie; 4. Grand-Trésorier; 5. Grand-Chambellan; 6. Grand-Majordôme; 7. Grand-Huissier; 8. Grand-Écuyer; 9. Grand-Sénéchal; 10. Grand-Échanson; 11. Capitaine de la Garde noble; 12. Comte de Presbourg; 13. Gardien de la couronne.

En Bohème.

Grandes charges héréditaires.

1. Majordôme héréditaire; 2. Sénéchal héréditaire; 3. Échanson héréditaire; 4. Écuyer héréditaire; 5. Maître des Cuisines. 6. Trésorier

héréditaire; 7. Garde-vaisselle héréditaire; 8. Porte-Bannière de l'ordre des seigneurs; 9. Porte-Bannière de l'ordre des Chevaliers; 10. Huissier héréditaire.

Grands officiers du pays.

1. Grand-Chancelier; 2. Grand-Burgrave; 3. Grand-Maréchal du pays; 4. Grand-Chambellan du pays; 5. Président d'appel; 6. Grand-Juge du pays; 7. Grand-Juge féodal; 8. Grand-Greffier du pays; 9. Sous-Chambellan du pays; 10. Burgrave du cercle de Kœniggrætz; 11. Guardien de la couronne de l'ordre des seigneurs; 12. Guardien de la couronne de l'ordre des chevaliers.

Dans le royaume lombardo-vénitien.

Grands officiers du pays.

1. Grand-Maître; 2. Chapelains de la couronne; 3. Capitaine de la Garde noble; 4. Grand-Chambellan; 5. Grand-Écuyer; 6. Grand-Sénéchal; 7. Grand-Maître des Cérémonies; 8. Grand-Échanson.

En Galicie et Lodomérie.

Grandes charges du pays.

I. De l'ordre du clergé.

Primat du royaume.

II. De l'ordre des seigneurs.

1. Grand-Maître du pays; 2. Grand-Maréchal; 3. Grand-Chambellan; 4. Grand-Maître des Cuisines; 5. Grand-Écuyer; 6. Grand-Veneur; 7. Grand-Fauconnier; 8. Grand-Échanson; 9. Grand-Maître de la Vaisselle.

III. De l'ordre des chevaliers.

1. Archiécuyer-Bouche; 2. Sous-Maréchal de pays; 3. Sous-Chambellan; 4. Porte-Glaive; 5. Trésorier du pays; 6. Sous-Maître de la Vaisselle; 7. Écuyer-tranchant; 8. Porte-Bannière du pays.

En Illyrie.

A. Dans le duché de Carinthie.

1. Majordôme héréditaire du pays; 2. Chambellan; 3. Maréchal; 4. Écuyer; 5. Échanson; 6. Écuyer-Bouche; 7. Intendant de la vé-

nerie; 8. Fauconnier; 9. Maître des Cuisines; 10. Écuyer-tranchant; 11. Bâtonnier héréditaire du pays *(Erblandstabelmeister)*.

B. Dans le duché de Carniole.

1. Majordôme héréditaire du pays; 2. Chambellan; 3. Maréchal; 4. Écuyer; 5. Intendant de la vénerie; 6. Bâtonnier; 7. Échanson; 8. Écuyer-Bouche; 9. Fauconnier; 10. Écuyer-tranchant; 11. Maître de la Vaisselle; 12. Maître des Cuisines.

Dans l'archiduché d'Autriche.

Grandes charges héréditaires, tant dans le pays au-dessus (haute Autriche) que dans celui au-dessous de l'Ens (basse Autriche).

1. Grand-Maître héréditaire; 2. Grand-Chambellan; 3. Grand-Maréchal; 4. Grand-Écuyer; 5. Grand-Échanson; 6. Grand-Sénéchal; 7. Grand-Veneur; 8. Grand-Maître de la Vaisselle; 9. Grand-Maître des Cuisines; 10. Grand-Maître de la Monnaie; 11. Grand-Hussier; 12. Grand-Porte-Bannière; 13. Grand-Chapelain; 14. Grand-Écuyer-tranchant; 15. Grand-Juge de camp et Porte-Bouclier; 16. Grand-Bâtonnier; 17. Grand-Fauconnier; 18. Grand-Maître des Postes héréditaire du pays.

En Styrie.

Grandes charges héréditaires.

1. Majordôme héréditaire; 2. Chambellan; 3. Maréchal; 4. Écuyer; 5. Échanson; 6. Écuyer-Bouche; 7. Intendant de la vénerie; 8. Maître de la Vaisselle; 9. Maître des Cuisines; 10. Écuyer-tranchant; 11. Bâtonnier; 12. Fauconnier; 13. Grand-Maître des Postes héréditaire du pays.

En Moravie.

Grandes charges héréditaires.

1. Capitaine du pays; 2. Grand-Chambellan; 3. Grand-Juge du pays; 4. Sous-Chambellan; 5. Grand-Greffier; 6. Burgrave du pays.

En Tyrol.

Grandes charges héréditaires du pays.

1. Majordôme; 2. Chambellan; 3. Maréchal; 4. Écuyer; 5. Échanson; 6. Écuyer-Bouche; 7. Intendant de la vénerie; 8. Maître

de la Vaisselle; 9. Maître des Cuisines; 10. Écuyer-tranchant; 11. Bâtonnier; 12. Fauconnier héréditaire du pays.

Chapitres de Dames.

1. Le Chapitre des dames nobles de Savoye à Vienne.
2. „ „ „ demoiselles nobles à Brunn.
3. „ „ thérésien des dames nobles au château de Prague.
4. „ „ des dames dans la ville-vieille (*Altstadt*) à Prague.
5. „ „ „ „ nobles en Styrie.
6. „ „ „ demoiselles nobles en Carinthie et en Carniole.
7. „ „ „ dames nobles à Gorice, à Inspruck et à Hall en Tyrol.

Instruction publique.

La Commission aulique des études, qui forme un Département particulier de la Chancellerie aulique réunie, a la suprême direction et surveillance des universités, des gymnases, des écoles d'humanité, normales, et de tous les autres instituts et maisons d'éducation de la Monarchie (la Hongrie et la Transylvanie exceptées), sur lesquels les régences et gouvernements provinciaux ont la surveillance supérieure. Les principaux des instituts sont:

1. Les universités de Vienne, de Prague, d'Olmutz, de Léopol, d'Inspruck, de Pavie et de Padoue.
2. L'institut pour la formation de prêtres séculiers à Vienne.
3. L'académie médicinale-chirurgicale-josephine à Vienne.
4. „ des arts à Vienne.
5. „ „ Ingénieurs à Vienne.
6. „ militaire à Neustadt.
7. „ noble Thérèsienne à Vienne.
8. L'institut des dames anglaises à Saint-Hippolyte.
9. „ pour la formation des demoiselles du civil à Vienne.
10. „ „ „ „ filles d'officiers à Hernals.
11. L'école d'économie forestière à Mariabrunn près Vienne.
12. „ polytechnique à Vienne.

Il y a en outre dans toutes les provinces des collèges, des conservatoirs, des lycées et des écoles pour toutes les confessions.

Établissements pour le change, le commerce, le crédit et l'utilité publique.

1. La Banque nationale d'Autriche.
2. La Bourse publique.
3. Le Lloyd autrichien à Trieste.
4. Les caisses d'épargne.
5. Les compagnies d'assurance contre l'incendie, sur la vie, fonds dotaux et les survivances etc.

Sociétés de sciences, d'agriculture et de beaux-arts &c.

1. Sociétés d'économie rurale et d'agriculture à Vienne, à Prague, en Hongrie, en Tyrol &c.
2. La société des amateurs de la musique de l'empire d'Autriche à Vienne.
3. Les associations pour les progrès de la musique à Prague, à Linz, à Gratz, à Clagenfort, à Léopol &c.
4. Le musée francisco-carolin à Linz; le musée national à Prague, le Johannée à Gratz, le musée national à Brunn, celui d'antiquités à Spalatro en Dalmatie &c.
5. Les instituts des arts et sciences à Milan et à Venise.
6. L'institut littéraire du comte Ossolinsky à Léopol.
7. Les sociétés de savants à Pesth et à Rovérédo.

Hôpitaux, Hospices et autres instituts d'humanité et de bienfaisance.

1. Le grand hôpital général.
2. L'hôpital bourgeois.
3.   ,,   militaire.
4. L'hospice de la maternité.
5.   ,,   pour les aliénés.
6. L'établissement des enfants trouvés et abandonnés.
7. La maison des orphelins.
8. L'institut des sourds et muets.
9.   ,,   ,,   aveugles.

} à Vienne

10. L'hospice des Élisabethines.
11. „   „   frères de Charité.
12. L'établissement des soeurs grises.
13. La maison de correction.
14. La société des Dames nobles pour l'avancement du bon et de l'utile.
15. L'institut général de pensions pour les veuves et orphelins et plusieurs autres.

} à Vienne.

De pareils établissements et fondations existent à proportion dans les autres capitales et villes de la Monarchie.

Hongrie.

Ce royaume, où les *Magyars*, c'est-à-dire les véritables Hongrois, sont loin de former la grande masse des habitants, puisque leur nombre excède à peine la troisième partie de la population, n'est ni assez peuplé, ni assez cultivé, ni assez policé en proportion de son étendue, de sa fertilité et du rang qu'il occupe parmi les États de l'empire d'Autriche; ce qu'on ne peut attribuer qu'à la Constitution féodale qu'il tient de ses anciens rois, mais qui ne se comporte point avec l'esprit de civilisation et d'humanité qui domine aujourd'hui en Europe.

Les principales Autorités constituées de la Hongrie sont:

I. Le Conseil et Chancellerie aulique, siégant à Vienne, qui est composé d'un chancelier aulique, de conseillers, de secrétaires auliques &c. Ce Collège suprême est l'organe par lequel le Roi exerce son autorité souveraine, et dirige les affaires politiques de l'intérieur.

II. Le Conseil du gouvernement (Statthalterei) à Bude, dont le Palatin, en sa qualité de lieutenant du Roi, est toujours le président. Le Roi nomme les conseillers qui sont toujours pris parmi les prélats, les magnats et les Nobles. À ce grand Conseil sont subordonnés:

1. Le commissariat provincial, composé d'un directeur général, ainsi que de plusieurs assesseurs, qui a la surveillance de tous les commissariats établis dans les différents districts du royaume.

2. Les comitats, dont les chefs portent le titre de comtes suprêmes *(comites supremi,* en all. *Obergespäne),* qui sont nommés par le Roi et ont sous eux un vice-comte *(Vicegespan)* ordinaire et un vice-comte substitué *(substitutus),* lesquels sont élus par les Nobles.
3. Les villes libres royales, où les affaires d'administration sont du ressort du bourgmestre, et les affaires judiciaires de celui du juge nommé *Stuhlrichter.*

III. La Table septemvirale aulique *(curia regia),*

qui est le premier tribunal de justice de la Hongrie et des pays qui en dépendent, et se compose d'un président, de plusieurs assesseurs ecclésiastiques et séculiers &c., est une Cour de cassation, à laquelle reviennent, par voie d'appel, les procès jugés à la Table royale, comme tribunal de première instance, ou qui lui avaient été renvoyés par d'autres tribunaux, par voie d'appel.

IV. La Table royale *(Tabula regia),* ainsi nommée

parce que le Roi est censé y rendre lui-même la justice, suivant l'ancien usage, a pour chef un président qu'on appelle communément le *Personal (Personalis),* comme représentant la personne du monarque. Les nombres de ce tribunal aulique sont deux assesseurs ecclésiastiques et deux séculiers, le vice-palatin, le vice-grand-juge du royaume, des protonotaires et autres employés.

La Table royale est en même temps une Cour d'appel, où l'on appelle des sentences des tribunaux de district et d'autres tribunaux subalternes, et un tribunal de première instance dans les causes où il est question de prouver la propriété légitime, — dans celles où les femmes demandent les mêmes droits que les hommes dans la possession des biens, — dans les matières féodales, au sujet des biens des Nobles qui demeurent sans héritiers, auquel cas le fisc royal hérite de la succession, — dans les procès criminels pour les délits de lèse-majesté &c.

La Croatie a une Cour d'appel particulière, nommée *Tabula banalis,* qui a dans la Croatie et l'Esclavonie la même juridiction que la Table royale en Hongrie, avec la différence que de la *Tabula banalis* on peut appeler à la Table royale. Le ban de Croatie, d'Esclavonie de Dalmatie et préside la *Tabula banalis,* composée de huit assesseurs, en partie ecclésiastiques et en partie séculiers &c.

V. La Chambre aulique de Hongrie, dont le personnel consiste en un président, un vice-président, en conseillers et secrétaires de finance *(Hofkammerräthe und Secretäre)* &c., administre les revenus du royaume qu'on peut diviser en trois parties: *a.* les revenus provenant des domaines de la Couronne et de la Chambre, *b.* les droits réguliers et *c.* l'impôt territorial fixe, appelé *Contribution*.

Cette dernière, qui a été introduite 1715 pour l'établissement d'une armée permanente, est divisée en *contribution militaire* et en *contribution domesticale*. La première, qui est proprement la contribution de guerre, est destinée à l'entretien des troupes nationales, et la seconde se verse dans les caisses domesticales des comitats et des villes, pour subvenir aux dépenses de l'administration municipale (appointements des employés du magistrat, huissiers, édifices publics, grands chemins, ponts et chaussées &c.). La contribution militaire se partage en 6000 portions, plus ou moins, nommées *Porten*[1]), dont chacune est évaluée à environ 688 florins. La répartition sur les comitats et les villes libres s'en fait à la Diète, et la distribution ultérieure de cet impôt, comme aussi la répartition de la contribution domesticale sur les communes, sont déterminées par les Autorités des comitats. La Noblesse en Hongrie où, selon *Alexis Fégyes*[2]), chaque vingtième individu est noble, et où il faut l'être pour posséder une terre, est exempte de toute contribution, de tout impôt, et ne paye que des subsides volontairement, ou en vertu d'une concession faite par la Diète. De là vient que ce royaume, qui d'après son étendue et sa population, qui comprennent presque la troisième partie de l'empire d'Autriche, devrait porter le *tiers* des charges publiques, n'y contribue pas même pour un *huitième*, comme il est démontré dans le tableau des revenus de la Monarchie tracé plus haut. Cependant, quelque modique que soit la somme que paye ce royaume privilégié, les finances de l'État n'en tireraient pas la quatrième partie sans les droits d'entrée et de sortie que le gouvernement, pour ne pas surcharger les autres pays de l'Empire, en partie bien moins opulents que la Hongrie, s'est vu contraint d'établir sur les denrées et marchandises hongroises.

[1]) Une *Porta* (porte) servait déjà dans les anciens temps de règle pour la répartition des tailles, et indiquait au fond un domicile ou une terre de paysan avec une porte *(porta, per quam currus frugibus oneratus intrare et exire potest)*.

[2]) Voir sa *Statistique de la Hongrie*.

La conscription militaire, introduite dans tous les autres États, quelque soit leur Constitution, ne l'est pas en Hongrie. Les régiments nationaux se recrutent par une levée, décrétée à la Diète, ou par des enrôlements. Les corps de troupes, excepté ceux de la Limite militaire qui dépendent directement du Conseil aulique de guerre à Vienne, sont subordonnés au commandement-général à Bude, et leur organisation et discipline sont les mêmes que celles dans les autres pays de la Monarchie.

Transylvanie.

La Chancellerie aulique de Transylvanie, siégeant à Vienne, et composée d'un chancelier aulique, de conseillers et secrétaires auliques &c., est l'Autorité suprême du pays, à laquelle est subordonné le *Conseil de gouvernement* à Clausenbourg, qui dirige et surveille toutes les affaires politiques et ecclésiastiques de la grande-principauté.

Les autres principales branches d'administration sont :
1. Le Commissariat général.
2. La Trésorerie, qui administre les affaires financières.
3. La Table royale, qui est un tribunal de première instance, dont on appelle au Conseil de gouvernement et en dernier ressort à la Chancellerie aulique à Vienne.

On distingue en Transylvanie deux classes d'habitants, savoir les nations principales, reçues par les lois constitutionnelles, et les nations tolérées. La première classe est composée de *Hongrois*, de *Szeklers* et de *Saxons*, qu'on nomme ordinairement les *trois nations*. Elles jouissent depuis longtemps du droit de faire exclusivement partie des États du pays, dont le commissaire royal *(regius commissarius plenipotentiarius)* est le président. Les Hongrois, qui sont les plus distingués, se partagent en comitats et en districts, aux premiers desquels appartient chaque Noble. Les assemblées des comitats choisissent leurs représentants. Les Szeklers sont divisés en siéges *(Stühle)*, qui ont chacun leur congrégation, dans laquelle la Noblesse et les Szeklers libres ont voix et séance. Enfin les Saxons ont des droits et priviléges particuliers, fondés sur les lettres de franchise du roi André II; ils jouissent, en vertu de ce diplôme, du droit de propriété illimité, de la libre administration municipale, de l'élection libre de leurs ecclésiastiques, ainsi que d'une pleine égalité devant la loi. Les Saxons sont également divisés en sièges et en districts, à la tête desquels se trouve un bourgmestre ou un juge supérieur de ville et de district. Il n'y a chez eux ni Noblesse, ni sujets, ni classes privilégiées, et ils sont encore toujours ces colons simples, paisibles, industrieux et diligents, qui vers le milieu du XII**ème** siècle vinrent de la Flandre, de la Saxe et de la Thuringe s'établir dans le nord-ouest de la Transylvanie et firent de cette contrée, alors inculte et déserte, un pays très-florissant.

FIN DU TABLEAU STATISTIQUE.

de Hambourg, où le roi de Danemark voulait moyenner celle entre l'Empereur et la Suède, ne conduisirent à aucun rapprochement. En revanche, l'Empereur eut, avant de mourir, la satisfaction de voir son fils *Ferdinand* élevé à la dignité de *roi des Romains*. Le 22 décembre 1636, ce prince fut élu à Ratisbonne par tous les électeurs, à l'exception de l'électeur de Trèves (encore détenu à Vienne), et couronné dans la même ville, le 30 du mois précité. L'empereur Ferdinand II ne survécut que peu de temps à l'élévation de son fils. Il mourut à Vienne, le 15 février 1637, dans la cinquante-neuvième année de son âge, et dans la dix-neuvième après son avénement à l'empire.

―― monarque n'a été plus différemment jugé
            ἰmpereur *Ferdinand II*. Au-
          autant l'autre s'est déchaîné
          ité, certes, ne sanctionnera
          t l'ont comblé les Catholiques;
          ute bien moins encore le mal
          nistes. Ces derniers semblent
          s difficiles où se trouvait Fer-
          l'obligation naturelle où est
          ttre et de rendre inuisibles
          de sa Maison, de son pays,
de sa religion,   avoir oublié leur propre opiniâtreté, leur instigation, les États étrangers, et tant d'autres raisons qui rendirent vaines toutes les tentatives, faites par Ferdinand II pour effectuer une réconciliation et rétablir la paix. Cependant, il se trouva parmi les contemporains aussi des hommes équitables, impartiaux et exempts de préjugés, qui apprécièrent les vertus de ce prince, et en ont transmis le tableau à la postérité.

D'après leur témoignage, Ferdinand II était un père tendre, un maître bon et confiant, un prince juste, un

Souverain actif et diligent. La chasse et la musique étaient presque ses seuls délassements. Les affaires publiques étaient examinées et discutées au conseil d'État et Ferdinand exigeait des assesseurs la plus grande franchise dans les débats. Il joignait toujours la droiture et la sincérité à la bonté de coeur et à l'affabilité, la confiance en Dieu à une fermeté inébranlable dans les dangers. Il était dévoué avec un zèle passionné à la religion catholique. Cependant ce n'est que l'entière conviction, acquise par une expérience de cent ans (1519-1619), qu'il n'existait pas encore en ce temps-là des moyens pour convertir les zélateurs fanatiques d'alors de la doctrine nouvelle en sujets obéissants d'un prince catholique et en voisins accommodants de concitoyens de cette religion, qui peut avoir prescrit à Ferdinand II les rigoureuses, les dures mesures qu'il employa effectivement contre les Protestants, mesures qui dépeuplèrent une grande partie des États autrichiens, surtout la Bohème, dont les habitants abandonnèrent leur patrie plutôt que de renoncer à leurs opinions religieuses. Au reste, si ce Souverain restreignit la liberté de conscience, il ne porta du moins aucune atteinte à la constitution politique de ses pays, ni supprima leurs droits et privilèges. Il les soulagea, au contraire, autant que les circonstances malheureuses et impérieuses du temps le lui permettaient, les gouverna avec douceur et sagesse, et s'il se servit de moyens coërcitifs contre les religionnaires, ce fut probablement par la raison, qu'effrayé des grands et rapides progrès que faisait dans ses pays le Protestantisme, il ne lui restait d'autre choix pour la conservation de l'État et de la religion de ses pères; mais il est certain que la rigueur dont il crut devoir user, était étrangère à son coeur, et que ce ne fut qu'à regret qu'il y eut recours. Ferdinand II fit aussi de bonnes lois et ordonnances; il fonda plusieurs

CPSIA information can be obtained at www.ICGtesting.com
Printed in the USA
LVOW02s1930110813

347336LV00011B/205/P